초기 한국 장로교회와 민주주의

초기 한국 장로교회와 민주주의

장삼식 지음

머리말

 민주화가 시작된 지 30년이 지났지만 우리 사회의 민주주의는 아직 성숙하지 못했다. 그리고 한국의 근대화와 민주주의를 선도했던 한국교회의 민주주의는 크게 후퇴했다. 교인 주권과 교인들에 의해 직접 선출된 대표로 구성된 당회를 통해 이루어지는 대의제 민주정치, 목사로 대표되는 영적 리더십과 장로로 대표되는 회중 리더십 사이의 조화와 균형, 당회와 제직회를 통한 회중 리더십 사이의 견제와 균형, 당회, 노회, 총회로 이어지는 삼심제 치리기구를 통해 발전해온 교회내 민주주의는 점점 그 빛을 잃어가고 있다. 이러한 교회 민주주의의 쇠퇴는 교회에 대한 시민사회의 비판과 우려를 넘어 교회의 위기를 심화시키고 있다. 그리고 치열한 경쟁과 황금만능주의, 심화되는 양극화, 인공지능과 4차 산업혁명으로 대표되는 미래에 대한 불안 속에서 현대인들의 영적 열망은 높아져 가고 있지만, 안타깝게도 한국교회는 따뜻한 위로와 희망이 되지 못하고 있다.
 한국 사회의 민주주의가 지난 30년 동안의 성과와 한계를 넘어 새로운 미래를 향해 변화와 혁신을 이루어가야 하듯이 한국교회의 민주주의 역시 새로운 모습으로 거듭나야 한다.
 근대 민주주의의 발전의 초석이 되었던 종교개혁자 존 칼빈과 존 낙스에 의해 체계화된 장로주의 정치제도의 본질적 이상과 초기 한국교회에서 제도화되고 실천되었던 장로교 정치제도의 구체적 모습을 검토함으로써 한국교회의 새로운 변화와 교회 민주주의의 발전을 위한 방안을 모색해 보려는 소망을 담고 있는 이 책은 "초기 한국 장로교회 정치제도에 나타난 민주정치에 관한 연구"라는 필자의 신학박사 학위논문을 수정, 증보한 것이다. 학위논문에서는 칼빈이 창안한 장로교 정치제도의 이상을 구체적으로 실천한 스코틀랜드와 영국의 정치제도에 대한 분석과 한국교회에서 실천된 민주주의가 한국의 근대화와 민주주의 발전에 기여한 구체적 내용을 담아내지 못해 아쉬웠다. 그동안 목회와 강의에 바쁘다는 핑계로 이를 보완하는 작업을 미루어왔으나, 더 이상 지체할 수 없다는 생각에 다소 늦은 감이 있지만 이들 내용을 보충하여 내놓게 되었다. 한국 민주주의의 성숙과 교회의 변화와 혁신에 작은 보탬이 될 수 있기를 바라며, 독자 여러분의 아낌없는 비판과 격려를 기대한다.

　무엇보다 일상의 삶과 연구, 영적 여정을 인도해 주시는 하나님께 감사와 영광을 드린다. 그리고 언제나 새로운 가르침으로 일깨워 주시는　여러 스승님들과 연구와 목회를 위해 기도해 주시는 모든 믿음의 형제들에게도 깊이 감사드린다. 또한 원고 교정 작업을 포함하여 여러 일들을 늘 가까이에서 도와주고 있는 이하나 목사님에게 깊은 감사의 마음을 전한다. 그리고 항상 곁에서 학업과 연구를 도와주고 있는 아내에게 고마움과 미안함을 전한다. 아울러 부족한 글을 좋은 책으로 만들기 위해 성심을 다해주신 한국학술정보의 이강임 팀장님과 편집진 여러분들께도 진심으로 감사드린다.

2020년 1월
智山 장삼식 목사

차례

서론 제1장

130여 년의 짧은 역사에도 불구하고 한국 교회는 세계가 주목할 만한 놀라운 성장을 이루었다. 하지만 21세기에 접어든 이후 한국 교회는 심각한 위기에 직면하고 있다. 한국 교회의 위기의 원인에는 교회 지도자들의 도덕성 상실과 개교회주의, 물량주의 등 여러 가지가 있겠으나 교회정치의 난맥상 역시 가장 중요한 원인 가운데 하나라고 할 수 있다.

교회정치에서 장로주의 정치는 감독제 정치나 회중주의 정치가 지니고 있는 한계와 문제점을 극복하고 영적 리더십과 민주적 대의정치를 실현할 수 있는 성경적이고 가장 바람직한 정치제도라고 할 수 있다. 선교 초기 전근대적 봉건질서가 지배하고 있고 민주주의에 대한 경험이 전혀 없었던 한국 사회에서 한국 장로교회는 하나님 주권과 교인 주권에 기초한 대의제 민주정치와 목사로 대표되는 영적 리더십과 장로로 대표되는 회중 리더십의 분리와 균형, 그리고 당회, 노회, 총회로 이어지는 삼심제 치리기구를 통한 민주적 교회정치를 실현함으로써 한국 사회의 근대화와 민주주의 발전에 지대한 공헌을 했다. 하지만 총회 창립 100년을 경과한 시점에서 한국 장로교회는 장로교 정치제도의 핵심에서 벗어난 모습을 많이 노출하고 있다.

이는 장로교 정치제도의 장점이라고 할 수 있는 영적 리더십과 민주적 대의정치의 조화와 균형을 상실하고 교회의 위기를 초래하는 중요한 원인의 하나가 되고 있다. 장로교 정치제도는 목사를 중심으로 하는 영적 리더십과 장로를 중심으로 하는 민주적 대의정치의 조화와 균형을 그 핵심으로 하고 있다. 하지만 오늘날 교회 현장에서는 이들 두 리더십의 조화와 균형이 상실되어 가고 있다. 목회자가 카리스마적인 영적 리더십을 가진 교회에서는 목회자 중심의 일방적 교회 운영이 문제가 되고 있고, 당회에 권한이 과도하게 집중되어 있는 교회에서는 교회 운영에서 당회의 일방적 독주와 권한의 남용으로 인해 교회 공동체 구성원들 사이의 갈등이 노정되고 있는 상황이다. 교회 내에 항상 존속해야 한다는 의미를 가졌던 항존직 개념이 장로나 집사의 종신직 개념으로 이해되면서 교회 지도자로서의 영적 지도력과 교인의 대표로서의 책임성을 상실한 경우에도 당회원으로서 교회 운영에 중심적 역할을 하게 됨으로써 교회 공동체 내의 갈등과 분쟁을 야기하기도 한다. 그리고 장로교 정치제도는 당회, 노회, 총회로 이어지는 대의적 치리기구와 더불어 제직회와 공동의회라고 하는 기구를 통해 목회자의 영적 리더십과 평신도들의 회중 리더십 사이의 질서와 균형을 추구하고 있다. 하지만 한국 교회의 현실은 총회나 노회가 상급 치리회로서의 책임 있는 역할을 상실해 가고 있으며, 당회 중심의 정치로 변화되어 감에 따라 개교회주의가 확산되고 교회 사이의 협력과 연합이 점점 어려워져 가고 있다. 그리고 각 지교회에서는 당회가 교회 운영에서 핵심적 위치를 차지하는 반면 제직회나 공동의회가 당회를 견제하는 역할을 상실해 감으로써 교회정치에서의 조화와 균형을 상실해 가고 있다. 위기의 시대 한국 교회가 새롭게 변화되기 위해서는 여러 가지로 난맥상을 보이고 있는 교회정치를 성경적 원리에 근거하여 21세기 변화된 현실에 맞게 새롭게 갱신할 필요가 있다.

한국 장로교회의 정치제도는 1907년 조선예수교장로회 독노회가 조직되면서 채택한 정치규칙과 1912년 총회가 창립된 이후 웨스트민스터 정치규칙에 기초하여 제정한 1922년의 완전한 헌법을 토대로 하여 발전되고 변화되어 왔다. 따라서 한국 장로교회 정치제도의 새로운 변화를 위해서는 먼저 한국 장로교회가 조직되고 장로교 정치제도가 형성되던 초기의 정치제도에 관해 살펴볼 필요가 있다. 한국 장로교회의 정치제도가 교회 조직 초기에 어떻게 형성되어 왔으며, 그 구체적 내용은 어떠했는가를 살펴봄으로써 우리는 오늘의 변화된 현실에서 한국 교회의 정치제도 개선을 위한 바람직한 방안을 도출해 낼 수 있을 것이다.

이 책에서 우리는 한국 장로교회 정치제도 형성에 결정적 공헌을 했던 곽안련 선교사(Rev. Dr. Charles Allen Clark: 1878-1961, 선교사 재임 기간: 1902-1941)의『敎會政治問答條例』[1]를 중심으로 초기 한국 장로교회 정치제도에 나타난 민주정치의 본질과 그 구체적 내용을 살펴보고자 한다. 나아가 초기 한국 장로교회를 중심으로 전개되었던 근대 민주주의를 향한 실천이 한국의 근대화와 민주주의 형성과 발전에 어떠한 영향을 미쳤는지를 탐색해 보고자 한다.

한국 장로교회는 교회의 지도자를 교인의 직접 투표로 선출하는 대의제 민주정치와 목사로 대표되는 영적 리더십과 장로로 대표되

---

1) 곽안련,『敎會政治問答條例』(京城: 朝鮮耶蘇敎書會, 1917).

는 회중 리더십의 분립과 균형, 당회, 노회, 총회로 이어지는 삼심제 치리기구를 제도화함으로써 봉건적 신분질서하에서 근대 민주주의의 경험이 전무했던 한국 사회가 민주주의를 형성하고 발전시키는 데 중요한 기여를 하였다. 하지만 오늘날 한국 장로교회의 정치는 많은 문제점을 드러내고 있으며, 교회 위기의 중요한 원인의 하나가 되고 있다. 오늘날 한국 교회가 직면하고 있는 교회정치의 위기와 난맥상을 극복하기 위해서는 초기 한국 장로교회 정치제도의 형성과정과 그 구체적 내용을 살펴볼 필요가 있다.

세례교인의 수가 점차 증가하고 교회 조직이 확대되어 감에 따라 선교회들 간의 협의와 치리기구의 필요성을 절감한 내한 선교사들은 1890년대 들어 미국 북장로회와 남장로회, 캐나다 장로회, 호주 장로회 등 조선에 들어와 있던 4개 장로교 선교부가 연합하여 '장로회선교사공의회'를 조직하였다. 이 공의회는 규칙을 제정하여 교회정치를 관장하면서 조선예수교장로회 독노회가 조직되기까지 개혁 신앙과 장로교 정치를 사용하는 단일 교회를 세우기 위해 활동하였다. 1907년 독노회가 조직되던 때, 한국 교회의 여러 가지 형편을 고려하여 인도 장로교회의 12신조와 정치규칙을 임시로 채택하여 사용하던 한국 장로교회는 1912년 총회 창립 이후 웨스트민스터 정치규칙에 기초한 본격적인 헌법을 제정하기 위한 작업에 착수하였다. 1915년 대한예수교장로회 총회는 '교회정치편집위원회'를 구성하였고, 1916년에는 '정치편집위원회'와 '정치위원회'를 연합하여 교회정치와 관련된 헌법을 편술하도록 하였다. 곽안련 선교사는 정치편집위원의 한 사람으로서 초기 한국 장로교회의 정치제도 형성과정에서 중요한 역할을 담당하였다. 정치편집위원회가 웨스트민스터 정치규칙과 미

국 장로교회의 헌법을 비롯한 세계 각국 장로교회의 정치제도를 검
토하는 가운데, 곽안련 선교사는 1917년 하지(J. A. Hodge)의 *What
is Presbyterian Law as Defined by the Church Courts*(1903)[2])에서 한국
교회의 실정에 맞게 필요한 부분을 발췌하여 번역한『教會政治問答
條例』를 역술하였고, 총회는 이를 교회정치를 위한 정식 참고도서로
채택하였다.

이처럼 곽안련 선교사가 역술한『教會政治問答條例』는 초기 한국
장로교회의 정치제도 형성과정에서 매우 중요한 의미를 지니고 있
다. 우리는 이 책에서 곽안련 선교사가 역술한『教會政治問答條例』
를 중심으로 웨스트민스터 정치규칙[3])과 미국 장로교회의 헌법,[4]) 하
지(J. A. Hodge)의『교회정치문답조례』, 그리고 한국 장로교회의 최
초의 완전한 헌법인 1922년의『朝鮮예수長老教會憲法』에 나타난
정치제도를 비교함으로써 초기 한국 장로교회 정치제도가 어떻게
형성되었으며, 그 구체적 내용은 어떠한가를 검토하고자 한다.

한편, 초기 내한 선교사들이 채택한 네비우스 선교정책은 한국 장
로교회의 성장과 발전에 지대한 공헌을 했다. 성경공부를 중심으로
'자전'과 '자립', '자치'의 '3자원리'를 그 핵심 내용으로 하는 네비우
스 선교정책은 전근대적 봉건질서 속에서 민주주의 문화와 제도, 그
리고 정치적 실천에 무지했고 경험이 전혀 없었던 한국인들로 하여

---

2) 이 책을 2011년에 배광식 등이『교회정치문답조례』라는 제목으로 번역하여 출간했다. J.
   A. Hodge/ 배광식, 정준모, 정홍주 공역,『교회정치문답조례』(서울: 대한예수교장로회총
   회, 2011).

3) D. W. Hall and J. H. Hall, (eds.), *Paradigms in Polity* (Grand Rapids: William B.
   Eerdmans Publishing Company, 1994).

4) Presbyterian Church of U.S.A., *The Constitution of The Presbyterian Church in The U.S.A.*
   (Philadelphia: Presbyterian Board of Publication and Sabbath-school Work, 1904). 이하에
   서는 *CPC*로 약칭함.

금 '자전'과 '자립', '자치'를 통한 민주주의 실천을 경험하게 하고 민주주의 문화에 자연스럽게 접하게 함으로써 민주적 시민의식을 갖도록 하는 데 크게 공헌하였다. 그리고 교인들의 자발적 참여 속에서 교인의 대표인 장로를 직접 선출하고 당회와 제직회를 조직하며, 노회와 총회로 이어지는 삼심제 치리기구를 통한 민주적 정치 실천을 경험함으로써 민주적 정치제도를 형성하는 데 공헌하였다. 특히 1907년 독노회 창립 당시 마련된 정치규칙과 헌법, 그리고 총회 창립 이후 완전하게 제정된 1922년의 대한예수교장로회의 헌법은 국가의 헌법이 만들어지기 훨씬 이전부터 민주적 정치질서를 제도화함으로써 그 후 한국의 민주주의 발전에 크게 기여하였다.

초기 한국 장로교회의 정치제도에 내포되어 있는 민주정치의 구체적 내용과 한국의 근대 민주주의의 실현을 위한 실천과 역사적 제과정에 대한 우리의 탐구는 오늘날 한국 교회가 직면하고 있는 교회정치의 문제점을 해결하고 교회의 갱신을 바탕으로 한국 사회의 민주주의 발전에 이바지할 수 있는 방안을 모색하는 데 크게 기여할 수 있을 것이다.

그동안 초기 한국 장로교회의 정치제도에 관한 연구는 거의 이루어지지 않았다. 한국 장로교회의 정치제도에 관한 연구는 대체로 한국 장로교회의 헌법에 포함된 정치를 해설하거나,[5] 한국 장로교회

---

5) 대한예수교장로회총회, 『헌법해석집: 역대총회 헌법유권해석 모음』 (서울: 대한예수교장로회총회, 1992); 김득룡, 『개혁파 교회 정치신강』 (서울: 총신대학교출판부, 1984); 박병진, 『교회정치통람』 (서울: 성광문화사, 1993); 박윤선, 『(대한예수교장로회) 헌법 주석: 정치, 예배모범』 (서울: 영음사, 1983); 손병호, 『교회헌법학원론: 장로회 정치, 예배, 권징』 (서울: 유앙겔리온, 2001); 이종일, 『교회헌법정해: 정치, 권징조례, 통상회의법 해설』 (서울: 성광문화사, 1994); 이창승, 『교회 갱신과 장로교 헌법』 (부산: 교회문제연구원, 1989); 임택진, 『장로회 정치 해설』 (서울: 한국장로교출판사, 1994); 지영근, 『(문답식) 교회헌법 연구』 (성남: 한남성경연구원, 1992).

의 정치체제나 치리회에 관해 연구하거나,[6] 칼뱅이나 스코틀랜드 장로교회의 정치제도나 교직제도와 한국 장로교회의 정치제도나 교직제도를 비교한 연구,[7] 그리고 현행 한국 장로교회 정치제도의 문제점과 개선방안을 모색하는 연구[8]에 집중되어 있었다.

기장, 고려, 통합, 합동 등 한국 장로교 4개 교단의 헌법을 대조하여 분석하고[9] 한국 장로교회 각 교단의 헌법적 오류를 분석[10]하기도 했던 박병진은 1922년의 대한예수교장로회 헌법이 어떻게 변화되어 왔는지, 그리고 1950년대 들어 장로교회가 분열된 이후 각 장로교단의 헌법이 어떻게 변화되어 왔는지를 교회정치를 중심으로 분석하였다.[11] 하지만 그의 연구는 한국 장로교회의 정치제도가 1922년 이래 어떻게 변화되어 왔는지를 분석하고는 있으나, 1922년 헌법이 제정되고 장로교회 정치제도가 형성되는 과정에 대해서는

---

6) 신현철, "한국 장로교회 헌법의 정치체계에 관한 연구: 대한예수교장로회 합동측 헌법을 중심으로" (총신대학교 석사학위논문, 1998); 백형기, "한국 장로교 헌법에 나타난 치리회에 관한 연구" (한신대학교 박사학위논문, 1993); 정청송, "장로회 헌법상 치리제도에 관한 연구" (경희대학교 석사학위논문, 1992).

7) 강수아, "스코틀랜드 장로교 정치제도와 한국 장로교(합동) 정치제도의 비교 연구" (대신대학교 석사학위논문, 2013); 김영순, "칼빈의 교직제도에 비추어 본 한국 장로교회(예장통합)의 교직제도 연구" (장로회신학대학교 석사학위논문, 2005).

8) 김철동, "장로제도의 역사와 한국 교회의 바람직한 장로직에 관한 연구" (한신대학교 박사학위논문, 1998); 박성엽, "교회 개혁을 위한 장로임기제 고찰" (안양대학교 석사학위논문, 2003); 강훈, "교회 내의 정치에 대한 연구: 광주시 D교회의 사례를 중심으로" (전남대학교 석사학위논문, 2011); 안승모, "장로회주의의 정체성과 위기에 관한 연구" (총신대학교 석사학위논문, 2002); 우정우, "한국 장로교회의 장로주의 정체성 회복에 관한 고찰" (안양대학교 석사학위논문, 2004); 이봉근, "장로회 정치체제의 상호 견제 및 통제구조에 관한 연구" (칼빈대학교 석사학위논문, 2006); 이태세, "한국 개신교 장로제도의 합리적인 운영에 관한 연구" (호서대학교 석사학위논문, 2007).

9) 박병진, 『교회헌법 대조해설: 기장, 고려, 통합, 합주 원헌법의 비교』 (서울: 성광문화사, 1982).

10) 박병진, 『한국 장로교단의 헌법적 오류』 (서울: 성광문화사, 1983).

11) 박병진, 『한국 장로교회 헌법 100년 변천의 개관』 (서울: 성광문화사, 1989).

분석하지 못하는 한계가 있다.

서원모[12]는 1922년의 대한예수교장로회 헌법을 중심으로 한국 장로교회의 초기 정치제도가 어떤 정치원리를 기초로 어떠한 과정을 거쳐 형성되었는지를 분석한 다음 미국 장로교회의 헌법과 비교하고 있다. 하지만 그의 연구는 1922년 헌법의 정치제도가 형성되는 과정에서 중요하게 고려되었던 웨스트민스터 정치규칙이나 하지(J. A. Hodge)의 『교회정치문답조례』, 곽안련 선교사가 역술한 『敎會政治問答條例』와의 상호 연관성 속에서 1922년 헌법의 정치제도를 분석하지 못함으로써 초기 한국 장로교회의 정치제도가 단지 미국 장로교회 정치제도에 영향을 받아 형성된 것으로 이해하는 데 머무르고 말았다.

한편, 초기 한국 장로교회의 헌법이 제정되는 과정과 그 내용을 분석한 전재홍의 연구[13]는 공의회 시기로부터 독노회 시기, 그리고 총회 창립 이후 각 정치규칙과 헌법이 만들어진 과정과 그 내용을 분석하였고, 1922년 대한예수교장로회의 헌법이 제정된 과정을 자세히 분석하였다. 그리고 곽안련 선교사가 역술한 『敎會政治問答條例』의 내용과 1922년의 헌법을 비교하면서 누락된 항목과 추가된 부분이 무엇인지를 제시하고 있다. 또한 그는 1922년 대한예수교장로회의 헌법을 제정하는 과정에서 곽안련 선교사가 행한 역할에 대해 비교적 상세하게 분석하고 있다. 하지만 그의 연구는 1922년의 헌법에 제시된 정치제도의 각 조항들을 단순히 나열하는 차원에 머

---

12) 서원모, "한국 장로교회 정치원리와 실제: 1922년 헌법을 중심으로", 『장신논단』 제45권, 제1호 (2013).

13) 전재홍, "초기 한국 장로교회에 있어서 헌법의 형성과정 및 내용에 관한 연구" (계명대학교 박사학위논문, 2008).

무르고 있으며, 1922년 헌법의 정치제도가 형성되는 과정에서 웨스트민스터 정치규칙과 미국 장로교회 헌법, 그리고 하지(J. A. Hodge)의 『교회정치문답조례』가 곽안련이 역술한 『敎會政治問答條例』에 어떠한 영향을 미쳤고, 그것이 1922년 헌법의 정치제도에 어떻게 반영되었는지에 대해서는 충분한 분석을 하지 못하고 있다.

초기 한국 장로교회가 한국의 민주주의 문화 발전에 끼친 영향을 분석한 황재범의 연구[14]는 초기 한국 장로교회가 네비우스 선교정책을 통해 민주주의의 뿌리를 내렸고, 이를 통해 당회, 노회, 총회라고 하는 이상적 민주주의 정치제도를 실현하였으며, 국가의 헌법보다 훨씬 앞서 헌법을 채택하여 시행함으로써 헌법적 민주주의를 한국 사회에 알리고 뿌리내리게 하는 데 크게 공헌하였음을 밝히고 있다. 하지만 그의 연구는 곽안련 선교사의 『敎會政治問答條例』를 중심으로 초기 한국 장로교회의 정치제도가 형성되는 과정과 그 구체적 내용을 분석하는 데까지는 나아가지 못하고 있다.

한편, 곽안련 선교사에 관한 연구는 그의 신학과 사상에 대한 연구[15]와 곽안련 선교사의 사역과 관련한 연구[16]가 있다. 그리고 네비

---

14) 황재범, "초기 한국 개신교회가 한국 민주주의 문화의 형성에 끼친 영향: 한국 장로교회를 중심으로", 『신학사상』 제159집 (2012. 12.).

15) 김지환, "곽안련(Charles A. Clark) 선교사의 성례신학과 방법론에 관한 연구" (장로회신학대학교 석사학위논문, 2002); 이호우, "곽안련 선교사의 생애와 신학사상", 『역사신학논총』 제5집 (2003); idem, 『초기 내한 선교사 곽안련의 신학과 사상』 (서울: 생명의 말씀사, 2005).

16) 김기영, "곽안련의 설교와 그의 선교학이 한국 교회에 끼친 영향" (총신대학교 석사학위논문, 2002); 서만선, "곽안련의 설교 원리와 방법 연구" (백석대학교 박사학위논문, 2010); 이덕식, "곽안련의 목회신학 연구: 『강도학』과 『목사지법』을 중심으로" (호서대학교 박사학위논문, 2007); 최정일, "곽안련의 예배방법론 분석과 적용에 관한 연구" (백석대학교 석사학위논문, 2008); 이호우, 『곽안련 선교사의 사역 고찰(e-Book)』 (서울: 크리스천투데이, 2004).

우스 선교정책에 관한 연구로는 네비우스 선교정책에 관한 연구[17] 와 초기 한국 교회의 성장과 네비우스 선교정책과의 연관성을 분석한 연구[18]가 있다. 그러나 한국 장로교회 정치제도의 형성과정에서 곽안련 선교사가 행한 역할과 그의 정치사상에 대한 연구는 거의 찾아보기 어렵다. 그리고 네비우스 선교정책이 한국 장로교회 정치제도의 형성과 발전에 미친 영향에 대한 연구도 찾아보기 어렵다.

1901년 이후 '조선예수교장로회공의회'를 중심으로 개혁 신앙과 장로교 정치를 사용하는 단일한 교회 설립을 추구하던 한국 교회는 1907년 역사적인 조선예수교장로회 독노회를 조직하였다. 공의회 시기 규칙을 제정하여 교회에 대한 치리권을 행사하던 한국 교회는 독노회 설립 시 한국 교회의 여러 가지 사정을 고려하여 인도 장로교회의 12신조와 정치규칙을 채용하여 사용하기 시작하였다. 그러나 1912년 대한예수교장로회 총회 창립 이후 완전한 헌법과 정치제도를 마련하기 위한 작업에 본격적으로 착수하였다. 1915년 총회는 '교회정치편집위원회'를 구성하였고, 1916년에는 '정치편집위원회'와 '정치위원회'를 연합하여 교회정치와 관련된 헌법을 편술하도록 하였다. 곽안련 선교사는 정치편집위원의 한 사람으로 참여하여 한국 장로교회의 정치제도와 헌법의 형성과정에서 중요한 역할을 담당하

17) 김남식, "네비우스 선교방법 연구", 『神學指南』 제52권, 제3호 (1985. 9.); 김성철, "네비우스 선교방법론에 대한 재해석: 곽안련의 3자원리를 비판하면서" (호남신학대학교 석사학위논문, 2004); 김영재, "네비우스 선교정책에 대한 재평가", 『神學指南』 제51권, 제3호 (1984. 9.).

18) 강성민, "초기 한국 교회의 네비우스 선교정책 결과와 성장 관계" (백석대학교 석사학위논문, 2008); 김주범, "네비우스 선교방법이 한국 장로교 선교정책에 미친 영향" (안양대학교 석사학위논문, 2000); 박은열, "네비우스 선교정책이 한국 교회에 미친 영향 및 해외선교에의 적용" (안양대학교 석사학위논문, 2005); 이삼서, "네비우스 선교정책이 한국 장로교 초기 교회 성장에 미친 영향에 관한 연구" (전주대학교 석사학위논문, 1998).

기 시작하였다. 곽안련 선교사는 1917년 하지(J. A. Hodge)의 *What is Presbyterian Law as Defined by the Church Courts*(1903)의 일부분을 발췌하여 역술한 『敎會政治問答條例』를 발간하였고, 총회는 이를 교회정치를 위한 정식 참고도서로 채택하였다. 1917년 '정치편집위원회'가 웨스트민스터 정치규칙과 당시 사용하던 독노회의 정치규칙을 편집하여 대조하고 검토하는 과정에서 곽안련 선교사는 1915년부터 14명의 정치편집위원들이 함께 연구한 내용을 바탕으로 1919년 『朝鮮長老敎會政治』를 저술하여 보급하였다.[19] 이 책은 1907년에 독노회가 채택한 정치규칙과는 달리 웨스트민스터 정치규칙을 기초로 하여 캐나다 장로교회와 호주 장로교회, 미국 북장로교회와 남장로교회, 그리고 일본 장로교회(그리스도교회)에서 사용하던 정치제도의 내용 가운데서 중요한 것을 택하여 편집한 것으로서 1922년의 헌법에는 제18장 선교사회에 대한 규정만 추가되었고, 약간의 자구 수정을 거쳐 그대로 반영되었다. 또한 곽안련 선교사는 『神學指南』에 헌법이나 교회정치와 관련된 여러 편의 글을 기고하였으며,[20] 1918년과 1935년에는 『長老敎會史典彙集』을 발간하여 공의회 시기부터 총회 시기에 이르기까지 교회정치와 관련된 내용을 기록하였다.[21] 그리고 초기 한국 교회의 상황과 네비우스 선교방법론을 정리하여 1928년 시카고대학에 철학박사 학위논문으로 제출

---

19) 곽안련, 『朝鮮長老敎會政治』 (京城: 朝鮮耶蘇敎書會, 1919).

20) 곽안련, "朝鮮耶蘇敎長老會憲法", 『神學指南』 제6호 (1919. 7.); Idem, "本 長老敎會 新憲法", 『神學指南』 제7호 (1919. 10.); Idem, "교회정치의론", 『神學指南』 제26호 (1925. 4); Idem, "교회정치에 대한 문답", 『神學指南』 제27호 (1925. 7.); Idem, "무임목사를 치리장로로 시무케함이 어떨까", 『神學指南』 제87호 (1936. 5.); Idem, "장로투표시 기표가 갈리는 경우에 엇떠케할가", 『神學指南』 제88호 (1936. 7.).

21) 곽안련, 『長老敎會史典彙集』 (京城: 朝鮮耶蘇敎書會, 1918); Idem, 『쟝로교회사뎐휘집(長老敎會史典彙集)』 (京城: 朝鮮耶蘇敎書會, 1935).

했던 "The Korean Church and the Nevius Methods"라는 논문을 1930년 뉴욕에서 출간하였다.[22] 그리고 1937년에는 이 책의 1장과 12장, 14장, 통계를 다룬 15장을 새롭게 수정하여 *The Nevius Plan for Mission Work*라는 제목으로 서울에서 출간하였다.[23]

우리는 초기 한국 장로교회의 정치제도 형성과정에서 곽안련 선교사가 행한 역할에 주목하면서 그가 역술한 『敎會政治問答條例』를 중심으로 웨스트민스터 정치규칙과 미국 장로교회 헌법, 하지(J. A. Hodge)의 『교회정치문답조례』, 그리고 완전하게 제정된 1922년의 『朝鮮예수長老敎會憲法』을 비교하면서 초기 한국 장로교회의 정치제도에 나타난 민주적 교회정치의 구체적 내용을 살펴보고자 한다. 이 과정에서 곽안련 선교사가 교회의 헌법과 정치제도에 관해 저술한 글들과 네비우스 선교정책과 관련된 글들 및 한국 장로교회의 역사와 관련된 저서를 함께 살펴볼 것이다. 그리고 초기 한국 장로교회의 역사와 관련된 여러 문헌들을 포괄적으로 검토할 것이다. 나아가 초기 한국 교회가 한국의 근대 민주주의 발전에 기여한 모습을 보여주는 여러 문헌들을 검토할 것이다.

제2장에서는 스코틀랜드 종교개혁과 영국 청교도혁명을 통해 장로교 정치제도가 어떻게 형성되었으며, 존 녹스(John Knox)의 스코틀랜드 『제1 치리서』[24]와 앤드류 멜빌(Andrew Melville)의 『제2 치

---

22) C. A. Clark, *The Korean Church and The Nevius Methods* (New York: Fleming H. Revell Company, 1930).

23) C. A. Clark, *The Nevius Plan for Mission Work* (Seoul: Christian Literature Society of Korea, 1937); 이 책을 박용규와 김춘섭이 1994년 대한기독교서회에서 『한국 교회와 네비우스 선교정책』이라는 제목으로 번역하여 출간했다. Idem/ 박용규, 김춘섭 공역, 『한국 교회와 네비우스 선교정책』 (서울: 대한기독교서회, 1994).

24) J. Knox, "The Book of Discipline(1560)", D. W. Hall and J. H. Hall, *Paradigms in Polity*, (Grand Rapids: William. B. Eerdmans Publishing Company, 1994).

리서』25)에 나타난 장로교 정치제도의 핵심적 내용을 검토한 다음 장로교 정치제도의 성경적 근거와 정치사상에 대해 살펴보고자 한다. 이어서 제3장에서는 초기 한국 장로교회가 형성되고 조직되던 시기 한국의 정치사회적 상황과 종교적 상황을 살펴보고, 초기 한국 장로교회의 성립과 선교사들의 신학에 관해 살펴볼 것이다. 나아가 한국 교회의 성장과 발전에 중대한 영향을 미쳤던 네비우스 선교정책의 핵심 원리인 자전, 자립, 자치의 3자원리가 한국 장로교회의 민주적 정치제도 형성과 발전에 어떻게 기여했는지를 검토하고자 한다. 이어서 초기 한국 장로교회의 정치제도 형성과정에서 곽안련 선교사가 행한 역할과 그의 정치사상에 관해 살펴볼 것이다. 그리고 제4장에서는 초기 한국 장로교회가 조직되는 과정에서 정치제도가 어떻게 형성되었는지 그 과정을 공의회 시기로부터 독노회 시기와 총회 시기로 나누어 살펴보고자 한다. 내한 선교부들 사이의 협의와 조정을 위해 1893년 장로회선교사공의회가 조직된 이후, 1901년부터 한국인 총대가 함께 참여하는 조선예수교장로회공의회로 개편되고, 선교사 중심의 '영어위원회'와 한국인 대표가 함께 참여하는 '한국어위원회'로 이원화된 치리기구 내에서 한국 장로교회의 민주적 정치제도를 형성하기 위해 구체적으로 실천해 온 과정들을 살펴볼 것이다. 나아가 1907년 조선예수교장로회 독노회 설립이 지니는 교회사적 의의와 최초의 한국 장로교회 헌법인 독노회 헌법에 수록된 정치규칙에 관해 살펴볼 것이다. 아울러 1912년 총회 창립 이후 본격적인 헌법 제정을 통해 한국 장로교회의 민주적 정치제도가 형성

---

25) A. Melville, "The Second Book of Discipline(1578)", D. W. Hall and J. H. Hall, *Paradigms in Polity*, (Grand Rapids: William. B. Eerdmans Publishing Company, 1994).

되는 과정과 그 과정에서 곽안련 선교사가 행한 역할을 살펴볼 것이다. 그리고 제5장에서는 곽안련 선교사의 『敎會政治問答條例』에 담겨 있는 민주적 교회정치의 구체적 내용을 교회 직원의 자격과 선출, 영적 리더십과 회중 리더십의 분립과 균형, 그리고 삼심제 치리기구의 제도화라는 측면에 초점을 맞추어 살펴보고자 한다. 나아가 그것이 1922년 대한예수교장로회의 헌법에 어떻게 반영되어 있는지를 검토하고자 한다. 장로교회의 정치제도는 교인의 대표를 교인들의 직접 투표로 선출하는 대의제 민주정치와 목사를 중심으로 하는 영적 리더십과 장로를 중심으로 하는 회중 리더십의 분립과 균형, 회중 리더십의 양대 축이라 할 수 있는 당회와 제직회의 견제와 균형, 그리고 당회, 노회, 총회로 이어지는 삼심제 치리기구를 통한 민주정치의 구현을 그 핵심으로 하고 있다. 따라서 민주적 교회정치를 실천하기 위한 정치사상과 제도가 초기 한국 장로교회의 헌법에 어떻게 구체적으로 나타나고 있는지를 살펴보고자 한다. 이를 토대로 제6장에서는 초기 한국 교회에서 경험되고 실천된 민주적 교회정치가 한국 사회의 민주주의와 민주적 문화 발전에 어떠한 영향을 미쳤는지를 살펴보고자 한다. 그리하여 한국의 근대화와 민주주의 발전에 공헌한 한국 교회의 역사적 의의를 조명함으로써 21세기 한국 사회의 더 나은 민주주의와 문화 발전을 위해 한국 교회에 요청되는 역할과 사명이 무엇인지를 모색해 보고자 한다.

제2장

장로교 정치제도의 형성과 사상

1. 스코틀랜드 종교개혁과 장로교 정치제도의 성립

1) 존 녹스의 스코틀랜드 종교개혁

스코틀랜드의 종교개혁을 이끌었던 존 녹스(John Knox, 1513-1572)는 스코틀랜드 역사에서 정치, 경제, 사회 및 종교적으로 매우 복잡하고 혼란스러운 시대를 살았다. 16세기 유럽 사회는 중세 봉건사회로부터 근대 자본주의사회로 이행하는 과도기였다. 15세기 말부터 유럽 사회 전반에 걸쳐 진행된 급속한 인구 증가에 힘입어 상공업과 도시가 발전하고 경제가 성장했으며, 봉건 귀족이 몰락하고 신흥 자본가가 등장하기 시작했다. 하지만 급속한 경제성장은 물가 상승과 경기 변동을 초래했고, 이는 신대륙으로부터의 은의 유입으로 가속화되었다.[1] 당시 유럽 대륙에 비해 산업이 낙후되어 있던 스코틀랜드는 에든버러(Edinburgh) 등 동부의 일부 항구 도시들이 양모나 해산물을 수출하기도 했으나, 대부분의 공산품과 사치품을 대륙에서 수입하고 있었다. 따라서 스코틀랜드 경제는 물가 상승과 경기 변동

---

1) W. S. Reid/ 서영일 역, 『하나님의 나팔수: 존 낙스의 생애와 사상』 (서울: 기독교문서선교회, 1984), 3.

에 취약할 수밖에 없었고, 1550년대 후반에는 심각한 불황이 밀어닥치고 있었다.[2]

정치 상황 역시 혼란이 계속되고 있었다. 계속되는 나이 어린 국왕의 즉위는 필연적으로 왕권의 약화를 초래했고, 권력을 향한 귀족들 간의 분열과 투쟁은 국력의 쇠퇴를 가져왔다. 종교개혁의 거센 물결 속에서 영국과 스페인, 프랑스는 자신들의 정치적·종교적 영향력을 확대시키기 위해 스코틀랜드를 자국의 영향력하에 두고자 했다. 한편, 지속적으로 병합과 지배의 야욕을 드러내고 있는 영국에 대항하기 위해 스코틀랜드는 프랑스와 동맹을 맺었으며, 이는 영국에는 위협으로 작용했다. 이러한 상황에서 영국과 프랑스는 스코틀랜드에 대한 영향력을 확대하기 위해 각기 스코틀랜드 내부에 자기 파 세력을 육성하고자 했다.[3] 스코틀랜드 귀족들은 친프랑스 성향의 가톨릭 측과 친영국 성향의 개신교 측으로 분열되어 대립하고 있었지만, 녹스가 활동하던 16세기 중반에 이르러서는 가톨릭 세력이 우세를 보이기 시작했다.[4]

스코틀랜드 교회는 국토의 절반을 소유할 정도로 많은 재산을 가지고 있었다. 재정이 취약했던 국왕이나 경제적으로 몰락의 길을 걷고 있던 봉건 귀족들, 그리고 성장하고 있던 신흥 자본가들 모두 교회가 가진 엄청난 재산을 수단과 방법을 가리지 않고 자신들의 수중에 넣고 싶어 했으며, 이를 위해 자식들을 성직에 진출시키고자 했다. 정치권력과 종교 지도자들의 유착이 심화되는 가운데 수도원들

---

2) Ibid., 6-7.

3) W. Walker/ 송인설 역, 『기독교회사』 (서울: 크리스찬다이제스트, 2002), 555.

4) 홍치모, 『스코틀랜드 종교개혁과 영국혁명』 (서울: 총신대학교출판부, 1991), 5.

은 금욕적 이상을 상실한 채 쇠퇴하고 있었고, 교구 교회는 무식하고 가난한 대리주교 아래에서 백성들의 영적·정신적 희망이 되지 못하고 조롱과 멸시를 받고 있는 등 교회 개혁에 대한 요구가 팽배해져 가고 있었다.[5]

종교개혁의 물결이 유럽 대륙으로부터 밀어닥치기 이전부터 스코틀랜드에는 성경을 깊이 사랑하고 이신칭의 교리를 가지고 있던 켈트족 교회가 국민들에게 영향을 미치고 있었다.[6] 그리고 위클리프(John Wycliffe, 1330?-1384)와 그의 추종자들이 교황의 무오성과 연옥설, 성자와 유물숭배 등 성경에 근거하지 않은 일체의 신앙 관습을 비판하면서 스코틀랜드에 영향을 미치고 있었다.[7] 또한 개혁주의 사상을 가진 로마 가톨릭교회의 지도자들이 개혁주의 신앙을 전파하다가 순교하기도 했다.[8] 독일의 비텐베르크를 방문하고 마르부르크에서 공부한 패트릭 해밀턴(Patrik Hamilton, 1503-1528)은 루터의 이신칭의 교리를 설교하다가 1528년 2월 29일 화형을 당했으며, 유명한 설교자였던 조지 위샤트(George Wishart, 1513-1546)도 1546년 3월 2일 화형을 당했다.[9]

1539년 말 사제 서품을 받은 존 녹스는 존 메이어 밑에서 훈련을 받았고, 1540년에서 1543년 무렵 조지 위샤트를 만나 생의 큰 전환점을 맞았다. 1546년 3월 위샤트의 순교 이후 녹스는 세인트 앤드류의 신교도들의 강요로 설교 사역을 시작했다. 그의 설교는 수많은

5) W. Walker, 『기독교회사』, 555.
6) A. M. Renwick/ 홍치모 역, 『스코틀랜드 종교개혁사』 (서울: 생명의 말씀사, 1980), 9.
7) Ibid., 29-30.
8) Ibid., 33-42.
9) W. Walker, 『기독교회사』, 556.

사람들에게 개혁주의 신앙을 고백하게 만들었다.[10] 그러나 그는 세인트 앤드류성의 반란을 진압한 프랑스군의 포로가 되어 1547년 가을부터 19개월 동안 갤리선에서 강제 노역을 해야 했다. 1549년 초 영국 왕 에드워드 6세의 도움으로 극적으로 석방된 그는 영국으로 건너와 궁정목사가 되었다. 하지만 1552년 로체스터의 주교직을 사임했으며, 1554년 메리가 영국 여왕으로 즉위하자 유럽 대륙으로 도피해야만 했다.[11] 스위스 제네바에서 칼뱅을 만난 녹스는 그로부터 신학적으로 엄청난 영향을 받게 되었다.[12]

칼뱅이 주창한 교회의 기본적인 정치원리는 그리스도의 주권과 직분의 분립 및 평등성, 그리고 대의정치였다. 교회의 머리 되신 그리스도의 주권 아래 모든 교인들의 평등성과 목사와 치리장로의 동등성, 목사와 치리장로, 집사로 나누어진 직분자들을 통해 스스로 운영되는 교회의 자율성, 그리고 교인들의 직접선거로 선출된 대표를 통해 이루어지는 대의제 민주정치, 노회를 중심으로 하는 교회의 연합성 추구가 그 특징이었다. 이러한 칼뱅의 정치사상은 존 녹스를 통해 장로교회 정치원리의 근간으로 자리 잡았다.[13]

스코틀랜드 국민들은 정치적으로 프랑스에 의존하는 것을 영국에 예속되는 것만큼이나 싫어하였고, 당시 스코틀랜드의 개혁주의 신앙과 국가의 정치적 독립은 긴밀하게 맞물려 있었다. 녹스가 스코틀랜드 종교개혁의 지도자가 된 것은 이와 같은 정치적·종교적 자유를

10) 최선, "존 낙스의 생애와 사역", 『역사신학논총』 제14집 (2007), 309.
11) W. Walker, 『기독교회사』, 556.
12) 최선, 『존 낙스의 정치사상』 (서울: 그리심, 2008), 214.
13) 배광식, 『장로교 정치사상사』 (서울: 이레서원, 2008), 104.

향한 복합적인 투쟁 상황에서였다.[14] 녹스는 1555년 스코틀랜드에 귀국하여 개혁주의 신앙을 담대하게 설교하기 시작했다. 그러나 혁명의 기운은 아직 무르익지 않았고,[15] 녹스는 제네바로 되돌아갔다. 하지만, 1557년 12월 3일 스코틀랜드의 많은 개신교 교인들과 반프랑스파 귀족들은 가장 복된 하나님의 말씀과 하나님의 회중을 세우자는 언약을 맺었다. 1558년 4월 24일 메리 스튜어트와 프랑스 왕자의 결혼은 스코틀랜드의 개혁 운동에 기름을 끼얹었다.[16] 메리가 아들을 낳으면 그는 스코틀랜드와 프랑스의 통치자가 될 것이고, 만일 메리가 아들을 낳지 못한다면 스코틀랜드는 프랑스에 귀속된다는 비밀 협약이 되어 있었기 때문에 스코틀랜드에 대한 프랑스의 지배력은 두 배로 강화되어 있었던 것이다.[17]

1558년 11월 17일 영국 여왕 메리가 사망하고 엘리자베스 1세가 즉위하자 때가 이르렀다고 생각한 녹스는 제네바를 떠나 1559년 5월 스코틀랜드로 돌아왔으며, 개혁주의 신앙의 확립을 위해 선두에 서서 열정적으로 설교했다. 군중들이 폭동을 일으켜 도시의 수도원과 교회를 파괴하자 내전이 시작되었다.[18] 내전 초기에는 개신교 측과 섭정 메리 측의 세력이 팽팽했으나, 1559년 7월 10일 메리 스튜어트의 남편인 프랑스 왕 프란시스 2세가 섭정 메리를 지원하기 위해 군대를 파견하자 전세는 개신교 측에 불리해지기 시작했다. 하지만 1560년 1월 영국의 지원이 이루어지고 6월 11일 섭정 메리가 사

---

14) W. Walker, 『기독교회사』, 557.
15) Ibid.
16) Ibid.
17) Ibid.
18) Ibid.

망하면서 전세는 개신교 측에 유리한 방향으로 전개되었다. 7월에는 영국과 프랑스 사이에 협정이 맺어지고 프랑스군이 철수함에 따라 스코틀랜드는 정치적 독립을 획득했다.[19]

1560년 8월 17일 스코틀랜드 의회는 녹스와 그의 동료들이 준비한 칼뱅주의 신학에 뿌리를 둔 신앙고백을 국가의 신조로 채택하였고, 그로부터 일주일 뒤에는 스코틀랜드에 대한 교황의 관할권을 폐지하고 미사를 금지시켰다. 그리고 스코틀랜드 신앙고백에 위배되는 모든 법령을 폐지하였으며, 칙령을 위반하는 자들에 대해서는 재산을 몰수하고 신체적 처벌과 추방 및 사형이 가해질 것이라고 선포했다.[20] 1560년 12월에는 최초의 스코틀랜드 총회(General Assembly)가 개최되었으며, 1561년 1월에는 칼뱅이 창설한 교회정치를 전국교회에 적용하기 위해 스코틀랜드 장로교회의 정치 지침인 『제1 치리서(The First Book of Discipline)』를 의회에 제출하여 승인을 받았다. 마침내 목사와 장로로 구성된 규율위원회(후일 당회로 발전함)와 노회, 대회, 총회로 이어지는 장로교회의 정치체제가 조직되었다.[21]

2) 스코틀랜드 제1 치리서

스코틀랜드의 종교개혁을 비준한 의회는 교회의 행정과 권징의 시행을 위한 치리서 작성을 존 녹스와 그의 동료들에게 요청했다. 녹스를 비롯한 6명의 존은 1560년 4월 29일부터 5월 20일까지 연구

---

19) Ibid.

20) T. M. Lindsay/ 이형기, 차종순 공역, 『종교개혁사』 (서울: 한국장로교출판사, 2003), 320-339.

21) W. Walker, 『기독교회사』, 558.

와 토의를 거쳐 스코틀랜드 장로교 정치제도의 근간을 이루는『제1 치리서』를 완성했다.[22] 그러나『제1 치리서』는 녹스가 국민들의 교육과 빈민복지, 종교를 위해 로마 가톨릭교회가 소유하고 있던 재산을 개혁주의 교회에 귀속시킬 것을 주장함으로써 귀족들의 반대에 부딪혀 의회의 인준을 받지 못했다.[23] 1월 15일 소집된 성직자와 귀족의 합동회의에서 6일간의 검토와 수정 및 보완을 거쳐 해밀턴(James Hamilton)을 비롯한 27명의 귀족들이 서명함으로써『제1 치리서』는 스코틀랜드 장로교회의 공식적인 정치 지침이 되었다.[24]

스코틀랜드 장로교회 정치제도의 토대가 된『제1 치리서』는 총 9장으로 구성되어 있다. 개혁교회의 교리와 조직, 재정에 관한 내용은 물론 설교와 교리 공부, 성찬 참석의 자격과 기도, 가정교육에 대한 지침을 제시하고 있으며, 기독교교육을 위한 제안까지 포함하고 있다.[25] 교회의 직제와 관련하여 스코틀랜드 교회는『제1 치리서』에서 1556년 제네바의 영국 난민 교회에서 녹스가 사용하던『공중예배규정서(Book of Common Order)』에 규정된 목사와 박사, 치리장로, 집사의 4개 직분에 관한 규정을[26] 약간 수정하여 목사와 집사를 교회의 항존직으로 인정하면서 치리장로의 임기를 1년으로 제한하였다. 그리고『제1 치리서』는 교회 직분자의 선출 방법에 강조점이 놓여 있었는데, 가장 독특한 점은 10개 내지 12개 지역을 관할하

---

22) 홍치모,『영미장로교회사』(서울: 개혁주의신행협회, 1998), 40.
23) A. M. Renwick,『스코틀랜드 종교개혁사』, 154; 배광식,『장로교 정치제도 어떻게 형성되었나』(서울: 토라, 2006).
24) 배광식,『장로교 정치제도 어떻게 형성되었나』, 92.
25) 홍치모,『영미장로교회사』, 41.
26) 배광식,『장로교 정치제도 어떻게 형성되었나』, 92.

는 지역순회감독과 자격을 갖춘 목사의 부족을 보완하기 위해 고안된 직분으로서 주로 성경과 기도문을 읽는 일에 종사할 독경사에 관한 규정이었다.27) 『제1 치리서』에 규정된 감독과 독경사 제도는 18년 가까이 교회에서 중요한 위치를 차지하고 있었다는 점과 그 후 확립된 노회 제도의 많은 직무 관련 사항들이 지역순회감독 제도로부터 유래했다는 점에서 매우 중요한 역사적 의미를 갖는다.28)

당시 자격을 갖춘 목사가 매우 부족한 상황이었음에도 불구하고 『제1 치리서』에 규정된 목사의 자격 기준과 시험은 매우 엄격하였으며, 『제1 치리서』는 말씀의 선포를 목사의 가장 중요한 의무로 규정하고 있었다.29)

『제1 치리서』 제4장은 목사의 선출과 관련된 사항을 다루고 있다. 스코틀랜드 장로교회에서 목사는 시험과 인허를 통해 합법적인 자격을 취득하고 규칙에 따라 선출되어 부름을 받기 전에는 설교를 하거나 성례를 집례해서는 안 된다고 규정하고 있다.30) 목사를 선택할 권한은 전적으로 지교회의 교인들에게 있었으며, 목사의 자격에 대한 심사는 목사와 장로에 의해 이루어졌다. 목사는 일상생활과 태도, 교리와 성경 지식, 하나님으로부터 받은 은사와 발표력 등 여러 측면에서 예수 그리스도의 양 무리를 먹일 만큼 충분한 자격을 갖추고 있는지의 여부를 공개적으로 시험받아야 했으며, 교황주의나 아리우스파와 같은 각종 이단적 가르침에 대항할 수 있는 능력을 갖추고

---

27) J. Knox, "The Book of Discipline", 219.

28) J. G. Macgregor/ 최은수 역, 『장로교 정치제도 형성사』 (서울: 솔로몬, 2001), 72.

29) A. M. Renwic, 『스코틀랜드 종교개혁사』, 156-157.

30) J. Knox, "The Book of Discipline", 219.

있는지의 여부를 검증받아야 했다.[31] 이러한 시험을 통해 생활이 건전하여 책망할 것이 없고, 건전한 신학과 신앙을 소유하고 있으며, 건전한 교리로 교인들을 가르치고 설득하며 반대자들을 완전히 납득시킬 수 있는 사람은 다양한 공적 설교로 공개된 양 무리에게 봉사하기 위해 스코틀랜드 개혁교회와 회중들에게 파송될 수 있다고 규정하고 있다.[32] 각 지교회 교인들은 스코틀랜드 개혁교회가 승인한 목사를 선택할 수 있으며, 만일 스코틀랜드 개혁교회가 파송한 목사를 받아들이기를 거절한다면, 그 지교회는 자신들이 원하는 더 훌륭한 목회자를 스코틀랜드 개혁교회에 추천할 수 있다. 그리고 스코틀랜드 개혁교회는 그 목회자에 대해 규정된 시험을 거친 후에 해당 지교회의 목사로 승인할 수 있다고 규정하고 있다.[33] 이 경우 지교회를 섬길 목사로 위임받을 사람에 대한 해당 지교회 교인들의 제안은 스코틀랜드 개혁교회나 공의회의 제안보다 우선권을 가져야 하며, 자신의 목회자를 선택할 각 지교회 교인들의 자유는 보존되어야 한다고 규정하고 있다.[34] 그러나 『제1 치리서』는 모든 지교회는 하나님에 대한 두려움과 백성의 구원을 위해 스코틀랜드 개혁교회가 그들을 가르치기에 충분하다고 인정된 사람을 파송했을 때 그 뜻을 존중해야 한다고 권면하고 있다.[35]

『제1 치리서』는 또한 목사에게는 설교자로 임명되는 지교회에서 예수 그리스도의 양 무리를 최선을 다해 돌보고, 하나님의 현존과

---

31) Ibid., 220.
32) Ibid.
33) Ibid.
34) Ibid.
35) Ibid.

배가된 성령의 은혜 안에서 건전한 생활을 유지하며, 다른 사람을 설득하는 말과 언어가 확고해야 한다는 계명이 주어져야 한다고 규정하고 있다.36) 아울러 교인들에게는 예수 그리스도의 대사이자 하나님의 종인 목사에 대한 존경과 경외심을 갖고, 목사가 성경에 근거하여 선포하는 하나님의 말씀에 복종해야 한다는 계명이 주어져야 한다고 규정하고 있다.37) 그리고 『제1 치리서』는 비록 사도들이 안수를 한 것은 사실이지만, 사도직의 종결과 함께 안수를 통해 기적을 행하는 것과 같은 어떤 안수의 기능들은 중단되었다고 하면서 목사 위임식에서 손을 얹어 안수하는 것은 필요하지 않다고 규정하고 있다.38) 또한 『제1 치리서』는 공적인 시험을 거쳐 승인되고 교인들의 선출을 통해 지교회에 위임된 목사는 자기 마음대로 맡겨진 사역과 양 무리를 떠나서는 안 되며, 양 무리들 역시 자신들의 기호에 따라 그들의 목사를 거부하거나 교체해서도 안 된다고 규정하고 있다.39) 그리고 『제1 치리서』에 의하면, 목사에 대한 치리에서 각 지교회의 치리회(Consistory)가 가장 큰 권한을 가지고 있으며, 지역순회감독이 지교회 교인들의 동의하에 목사를 면직시킬 수 있도록 하는 규정을 가지고 있었다.40)

　『제1 치리서』에 의하면, 장로는 하나님의 말씀에 대한 훌륭한 지식을 가지고 있고, 말과 행동에서 정직하고 신실하며, 생활이 깨끗해야 했다.41) 이러한 자격을 갖춘 사람을 교인들은 장로 후보자로

---

36) Ibid., 222.

37) Ibid.

38) Ibid.

39) Ibid.

40) J. G. Macgregor, 『장로교 정치제도 형성사』, 69.

추천할 수 있지만, 추천을 받은 사람이 공적으로 불명예스러운 일이 알려진다면, 타락한 종은 하나님의 교회에서 다스리는 권위를 가지기에 부적절하기 때문에 그는 물러나야 한다고 했다.[42] 그리고 만약 누군가가 교회가 추천한 후보자보다 더 훌륭한 자질을 갖춘 사람을 알고 있다면, 교회가 선택할 수 있도록 그 사람을 장로 후보자로 추천해야 한다고 규정하고 있다.[43] 『제1 치리서』에 의하면 장로는 교회의 모든 공적인 일에서 목사를 도와야 했다. 그리고 당회의 회원으로서 장로의 임기는 1년이었으나, 교인들의 자유로운 투표를 통해 다시 선출될 수도 있었다. 하지만 시무 기간이 3년을 넘기지는 못하도록 규정되어 있었다.[44] 『제1 치리서』가 장로의 임기를 1년으로 제한하고 재선될 경우에도 총 시무 기간이 3년을 넘지 못하도록 규정한 것은 『제2 치리서(The Second Book of Discipline)』에서 장로를 종신직으로 규정한 것과 큰 차이가 있다.[45]

『제1 치리서』에 의하면 장로는 목사의 생활과 태도, 목회와 성경 연구에서의 성실성과 자세 등을 잘 살펴 바람직한 방향으로 목사를 권유하고 부족한 점이 드러나면 시정하도록 해야 하며, 죄과가 과중하여 면책이 합당한 경우에는 교회 법정에 제소해야 할 의무가 있었다.[46] 장로가 목사에 대한 감독권을 갖도록 한 이 규정은 목사와 장로의 평등권을 규정한 것으로 신약성경에 그 근거를 두고 있는 것이

---

41) J. Knox, "The Book of Discipline", 224.

42) Ibid.

43) Ibid.

44) Ibid.

45) 배광식, 『장로교 정치제도 어떻게 형성되었나』, 94.

46) J. Knox, "The Book of Discipline", 225.

었다. 그리고 이는 장로는 교회 운영에서 목사의 횡포와 독주를 막고, 목사는 장로의 임기를 제한함으로써 장로의 교권 행사를 극소화시킬 수 있다는 의미에서 중세 로마 가톨릭교회의 위계적 교직체제에 대한 혁명적 도전이었다고 할 수 있다.[47]

『제1 치리서』에 의하면 집사의 주된 임무는 교회의 재정을 관리하고, 구제비를 수집하여 경제적으로 어려움을 겪고 있는 교인들에게 나누어 주는 것이었다. 그리고 집사는 교회를 다스리고 재판 사무를 시행하는 일에서 목사와 장로를 도와야 한다고 규정되어 있었다.[48] 그리고 집사의 선출을 위한 선거는 장로 선거와 마찬가지로 매년 한 차례 실시하여 해마다 새로 임명되도록 하였으며, 집사와 회계원은 3년 내에 다시 직분을 맡지 못하도록 규정하고 있었다.[49]

『제1 치리서』에 의하면 지역순회감독은 한 지역에 1명씩 배치되어 관할 지역을 정기적으로 순회하면서 감독하도록 규정되어 있었다. 그들은 매주 세 차례 설교를 하고, 정식 목사가 없는 교회에서 성례를 집행하며, 죄과를 범한 교인들에 대해 권징을 시행하도록 규정되어 있었다.[50] 1565년의 규정에서는 목사나 독경사가 지역순회감독의 권고를 받아들이지 않을 경우에는 그 사안에 대해 스코틀랜드 개혁교회 총회가 결정을 내릴 때까지 그들의 사역을 중지시키고 사례금을 지불하지 않을 수 있는 권한을 지역순회감독에게 부여하고 있었다.[51]

---

47) 이형기, 『장로교의 장로직과 직제론』 (서울: 한국장로교출판사, 1998), 172.

48) 서창원, 『장로교회의 역사와 신앙』 (서울: 진리의 깃발사, 1995), 73.

49) J. Knox, "The Book of Discipline", 224.

50) A. M. Renwic, 『스코틀랜드 종교개혁사』, 157-158.

51) J. G. Macgregor, 『장로교 정치제도 형성사』, 133.

한편, 『제1 치리서』에 의하면 목회자가 없는 교회에서 교인들의 신앙이 보다 충실하게 성장할 수 있도록 교회와 교인들을 훈련시키기 위해 공중기도문과 성경을 또렷하게 읽을 수 있는 가장 적절한 사람으로서 독경사가 임명되어야 한다고 규정하고 있다.[52] 독경사는 향후 교회의 더 나은 지도자로 성장할 수도 있으며, 사려 깊은 목회자와 교회의 동의에 의해 성례전을 집례하는 목회자로 허락될 수도 있었다. 그러나 개혁교회의 교리를 완벽하게 전하고 교인들을 설득할 수 있는 능력을 갖추고 허락을 받기 전에는 성례전을 집행할 수도 없고, 설교를 할 수도 없었으며, 독경을 제외한 어떤 공적인 일도 해서는 안 된다고 규정하고 있다.[53]

『제1 치리서』는 목사와 치리장로, 집사가 교회의 치리회에 참석하는 것을 스코틀랜드 장로교회 정치제도의 본질적인 원칙으로 삼고 있었다.[54] 그리고 1560년까지 스코틀랜드 장로교회에는 지교회 치리회(Consistory), 성경 해석을 위한 주례 회동(Weekly Assembly of the Interpretation of Scripture), 지역순회감독자회의(Superintendent's Council), 그리고 총회(General Assembly)라고 하는 네 종류의 치리 기구가 있었다.[55] 지교회 치리회는 목사와 장로, 집사로 구성되었으며,[56] 지교회 내에서의 치리권을 행사하고 지교회의 업무를 관장하며, 해당 지교회의 목사를 선출할 때, 일시적으로 일반 회중의 일원으로 간주되는 집사를 제외시킨 채, 목사와 장로로 구성된 심사위원

---

52) J. Knox, "The Book of Discipline", 223.

53) Ibid.

54) 배광식, 『장로교 정치제도 어떻게 형성되었나』, 95.

55) J. G. Macgregor, 『장로교 정치제도 형성사』, 80.

56) Ibid., 81.

회를 통해 주도적인 역할을 수행하는 등의 세 가지 직무가 있었다.[57] 그런데 교회가 종교개혁의 핵심적인 원칙 가운데 하나인 만인제사장주의를 제대로 인식하지 못함에 따라 치리회가 권한을 독점하고 남용하는 독재적인 경향이 나타나기 시작했다. 그리고 장로나 집사 등 교회 직분자들을 일반 평신도들과 구별하여 특별하게 다루려는 잘못된 태도가 드러나기 시작했다.[58] 성경 해석을 위한 주례 회동 혹은 성경토론회는 교회의 치리회로 보기는 어렵지만, 일반적으로 목사가 지교회에서 행한 설교를 검토하고 판단하는 중요한 기능을 담당하고 있었다. 하지만 스코틀랜드 개혁교회에서 성경토론회는 목사의 설교를 분석하고 판단하는 모임이라기보다는 순수하게 성경을 연구하는 모임의 성격이 강했다. 그리고 이 토론 모임을 특정 지교회 내의 모임으로 한정시키지 않고 보다 넓은 지역의 사람들이 참여하여 함께 성경을 연구하도록 개방하고 있었다는 특징을 가지고 있다.[59] 지역순회감독자회의는『제1 치리서』에서 목사를 선출하는 선거와 관련하여 언급된 제도인데, 이 감독자회의가 지역순회감독이 직접 목회하는 교회의 지교회 치리회를 의미하는 것인지, 아니면 그 지방에 있는 목사와 장로들로 구성된 상급 치리회를 의미하는 것인지는 분명하지 않다. 하지만 지역순회감독은 교회를 개척하고 돌보며, 관할 지역의 지교회를 순회하며 설교하는 것이 주된 직무였다.[60] 스코틀랜드 개혁교회 총회의 구성에 대해서는 자세히 언

---

57) Ibid., 81-82.
58) Ibid., 82.
59) Ibid., 85.
60) Ibid., 86.

급되어 있지 않지만, 지역순회감독을 일정한 지역에서 다른 지역으로 이관시키고 목사를 일정한 교회에서 다른 교회로 이관시키며, 지역순회감독들로부터 관할 지역에 속한 지교회의 상황을 보고받는 것을 주된 직무로 하고 있었다.[61]

3) 앤드류 멜빌의 제2 치리서

스코틀랜드 종교개혁의 제2 세대 지도자였던 앤드류 멜빌(Andrew Melville, 1545-1622)은 존 녹스의 뒤를 이어 스코틀랜드 교회를 개혁하고 장로교 정치제도를 발전시켰다. 멜빌은 스코틀랜드의 세인트 앤드루스 대학(University of st. Andrews)을 거쳐 6년간 프랑스에서 유학한 후 1569년 스위스 제네바로 건너가 베자(Theodore Beza, 1519-1605)의 도움으로 제네바 아카데미에서 교수로 일했다.[62] 제네바에서 교수로 활동하는 동안 멜빌은 유럽 대륙의 정치 상황과 스위스의 정치제도를 폭넓게 이해하게 되었고, 제네바 교회의 정치제도를 몸으로 깊이 경험하였다.[63] 1574년 스코틀랜드로 돌아온 그는 글래스고 대학(Glasgow University)의 학장을 거쳐 1580년에는 세인트 앤드루스 대학의 총장에 취임했다. 평생 현장 목회자라기보다는 학자와 학교 행정가로 일했던 멜빌은 1578년 장로교 정치제도의 근간이 된 스코틀랜드 교회의 『제2 치리서(The Second Book of Discipline)』를 작성하여 의회의 승인을 받았다.[64] 그리고 1582년에는 스코틀랜

---

61) Ibid.
62) 오덕교, 『종교개혁사』 (수원: 합동신학대학원출판부, 2002), 319.
63) J. G. Macgregor, 『장로교 정치제도 형성사』, 144.
64) 오덕교, 『장로교회사』 (수원: 합동신학대학원출판부, 2005), 174.

드 개혁교회의 총회장이 되어 장로교 정치제도 발전을 위해 일했다.

앤드류 멜빌이 작성한 스코틀랜드 교회의『제2 치리서』는 1560년
에 작성된 스코틀랜드 교회의『제1 신앙고백서』와『제1 치리서』에
그 뿌리를 두고 있다. 스코틀랜드 개혁교회는『제1 신앙고백서』와
『제1 치리서』를 통해 종교개혁의 기틀을 마련하기는 했지만, 아직
체계적인 제도와 정치체제를 갖추지 못하고 있었다.『제1 치리서』를
통해 가장 이상적이고 바람직한 개혁교회의 정치제도를 만들기 위
해 힘을 다했지만,『제1 치리서』에서 제시된 교회 직제의 성경적 근
거는 미약했다.[65] 그뿐만 아니라『제1 치리서』는 존 녹스가 경험한
제네바 교회의 정치제도로부터 영향을 받은 것이었다. 제네바는 소
규모 도시국가였기 때문에 녹스는 스코틀랜드와 같은 보다 큰 규모
의 전국적 조직을 갖춘 교회의 정치를 실천해 본 경험이 없었다. 따
라서 제네바 교회의 정치제도를 스코틀랜드 개혁교회에 그대로 적
용하는 것은 한계가 있었다. 그리고『제1 치리서』는 당시의 스코틀
랜드 개혁교회가 직면하고 있던 현실과 국민적 정서에도 부합하지
못했다.『제1 치리서』를 반대하는 세력이 여전히 존재하고 있는 상
황에서『제1 치리서』에 토대를 둔 정치제도가 정착되는 것은 쉽지
않은 일이었다. 귀족들이 교회가 가지고 있던 막대한 재산을 사유화
함에 따라 개혁교회의 재정이 고갈 상태에 놓여 있었던 것도『제1
치리서』에 기초한 정치제도의 정착을 어렵게 만든 또 하나의 원인
이 되었다. 개혁을 지속적으로 이끌어 가고 새로운 정치제도를 정착
시켜 나가는 데 주도적 역할을 담당해야 할 목사들의 생활이 불안정

---

65) J. G. Macgregor,『장로교 정치제도 형성사』, 135.

한 상황에서 올바른 교회정치의 이상을 실천하는 것은 어려운 일이었다. 지역 차원에서의 각 지교회들의 유기적 연합과 전국적 차원에서의 역동적 통일성을 충분히 발휘하지 못한 점 또한『제1 치리서』를 기반으로 개혁적인 교회정치를 추구했던 스코틀랜드 개혁교회가 직면해야 했던 현실적인 한계였다.[66]

1578년 앤드류 멜빌에 의해 작성된『제2 치리서』는 1592년 스코틀랜드 개혁교회가 의회의 승인을 받아 국가교회로 공인될 때까지 스코틀랜드 장로교회의 정치제도를 규정하는 교회 헌법의 역할을 담당했다. 1592년 국교회로 공인을 받은 이후 스코틀랜드 개혁교회의 최고 권위는 총회(General Assembly)에 속하게 되었다. 그리고 총회는 스코틀랜드 개혁교회의 헌법이라 할 수 있는『교회 치리서(The Book of Discipline)』에 따라 운영되었다.[67] 영국 국교회와는 달리 스코틀랜드 개혁교회에서 교회의 통치자는 국왕이 아니라, 장로교회의 최고 치리회인 총회였다.

칼뱅은 제네바 개혁교회의 정치를 위해 컨시스토리(Consistory)[68]를 창안하여 운영했으며, 이는 후일 앤드류 멜빌의『제2 치리서』에서 장로교회의 치리조직을 설계하는 데 중요한 토대가 되었다.[69]『제2 치리서』는 1572년 이후 완전히 정립되지 못했던 교회정치 문제를 매듭지은 문서로서[70] 교회의 직분을 성경에 묘사된 장로와 집사

---

66) 최은수, "스코틀랜드 장로교회의 'Eldership or Presbytery'의 형성사 연구",『개혁신학』제15집 (2003), 254-255.

67) P. Collinson/ 이종인 역,『종교개혁』(서울: 을유문화사, 2005), 186-187.

68) 칼뱅 시대의 제네바 컨시스토리에 관해서는 이억주, "장 깔뱅 시대의 제네바 컨시스토리 회의록(1542-1544) 연구" (계명대학교 박사학위논문, 2008)을 참고할 것.

69) 배광식,『장로교 정치사상사』, 140.

70) Ibid., 141.

로 한정하면서 로마 가톨릭교회의 잔재가 남아 있었던『제1 치리서』
를 대체하는 것이었다.[71]

『제2 치리서』는 교회의 정치와 세속 국가의 정치가 엄격히 구별
된다는 점을 지적하면서 교회가 행사하는 권력과 권위는 오직 예수
그리스도를 통하여 하나님에 의해 부여된 것으로 성경에 그 기초가
놓여 있음을 분명히 하고 있다.[72] 또한『제2 치리서』는 교회의 정치
가 하나님의 말씀에 근거하여 합법적인 부르심과 위임을 통해 교회
의 직분자들에게 부여되고 실천되는 영적인 권위에 의한 통치와 질
서의 형식으로서 하나님의 영광을 드높이고 전체 교회의 복지와 평
안을 위해 통치권과 재판권을 행사한다고 규정하고 있다.[73]『제2 치
리서』에 의하면 하나님과 예수 그리스도로부터 나오는 교회의 권력
은 때로는 교사들에 의해 개인적으로 행사되고, 때로는 직분자들의
상호 동의에 의해 집합적으로 행사되는데,[74] 오직 하나님의 말씀과
교회의 영원한 통치자이신 예수 그리스도의 법에 따라 행사되어야
함을 분명히 하고 있다.[75] 이는 교회의 권력과 권위는 교회의 머리
되신 예수 그리스도로부터 유래하는 영적인 것이므로 예수 그리스
도만이 교회의 유일한 왕이자 통치자이며, 그 외의 다른 어떤 인간
적인 통치자와 권위자를 인정하지 않는다는 것을 의미하며, 로마 가
톨릭교회의 교황체제를 정면으로 부인하는 것이었다. 따라서『제2
치리서』는 로마 가톨릭교회의 위계적인 직제나 감독교회의 직제와

---

71) A. Melville, "The Second Book of Discipline", 233.
72) Ibid., 234.
73) Ibid.
74) Ibid.
75) Ibid., 235.

는 달리 성경에 근거하여 장로와 집사의 직분만을 교회의 직분으로 인정하고 있다.[76]

『제2 치리서』는 교회의 모든 정치는 교리와 권징과 헌신이라고 하는 세 가지 주요 요소로 구성되며, 설교하는 목사와 치리하는 장로, 그리고 구제하는 집사의 세 직분이 이들 각 요소를 관할한다고 규정하고 있다.[77] 비록 하나님의 교회가 유일한 왕이시요, 교회의 머리요, 제사장이신 예수 그리스도에 의해 다스려지고 지배된다 할지라도 하나님은 교회의 영적 통치를 위해 성령의 은사 안에서 생활하며, 하나님의 말씀과 성령을 통하여 부름을 받고 훈련된 직분자들을 세우시고, 동등한 권한과 형제에 대한 사랑으로 주어진 직분을 수행하도록 하셨음을 지적하고 있다.[78]

『제2 치리서』는 복음의 시대에 말씀의 선포를 위해 사도와 예언자, 복음 전도자, 목자, 박사를, 교회의 선한 질서와 권징을 위해 치리장로를, 그리고 교회적인 선행을 위해 집사를 세웠다는 증거가 신약성경에 제시되어 있다고 했다. 하지만 사도와 복음 전도자, 예언자는 일시적이고 특수한 직분으로서 지금은 사라졌으며, 오늘날 하나님의 교회에는 목사 혹은 감독과 박사, 치리장로, 집사의 네 직분이 교회정치와 통치를 위해 일상적이고 항구적인 직분으로 남아 있다고 규정하고 있다.[79] 그리고 『제2 치리서』는 스코틀랜드 개혁교회가 당시의 교회 상황과 필요에 따라 비상 직분으로 두었던 지역순

---

76) Ibid., 233.
77) Ibid., 236.
78) Ibid.
79) Ibid.

회감독직은 하나님의 말씀에 근거하고 있지 않기 때문에 합법적이지 않다고 선언했다. 그리고 목사가 부족한 상황에서 기도문과 성경을 낭독하도록 세웠던 독경사직을 폐지했다.[80]

『제2 치리서』에 의하면 교회의 직분은 하나님의 부르심을 받고 선한 마음의 증거가 있으며, 하나님의 말씀과 교회의 질서에 따라 합법적으로 선출되어야 했으며, 교인들의 승인을 받지 않은 사람들에게는 결코 허용되어서는 안 되었다.[81] 그리고 이러한 교회 직분에로의 일상적인 부르심은 하나님의 말씀에 비추어 경건한 삶과 건전한 신앙을 갖춘 사람들 가운데 교인들에 의해 선출되고 임직을 통해 이루어지도록 규정되어 있었다.[82]

『제2 치리서』에 의하면 하나님의 말씀의 선포와 성례의 집행에 관한 권한은 목사에게만 부여되었다.[83] 하나님으로부터 목사로 부르심을 받고 목회 사역에 헌신해야 하는 목사는 그에게 맡겨진 양 무리가 없이는 선출되어서는 안 되었다. 그리고 분명한 소명 의식을 갖고 있어야 하고, 충분한 시험을 거쳐 자격이 있음을 확인한 후에 안수를 받아야 했다. 그리고 교인들에 의해 정식으로 선출되어 목회 직무를 받아들인 후에는 자의로 그 직분에서 떠나서는 안 되며, 직분을 사직하고자 할 경우에는 반드시 노회와 총회의 승인을 얻어야만 했다.[84] 만일 목사가 자신에게 주어진 목회직을 임의로 사직하거나 책임을 방기하면 훈계와 권징을 받아야 했으며, 복종하지 않는

---

80) 배광식, 『장로교 정치사상사』, 142.

81) A. Melville, "The Second Book of Discipline", 237.

82) Ibid.

83) Ibid., 238.

84) Ibid.

자는 출교되어야 했다.[85] 또한 목사에게는 하나님의 말씀을 올바르게 전하고 성례를 거룩하게 집행하는 것뿐만 아니라, 결혼식을 엄숙히 거행하고, 교인들을 축복하며, 성도들이 영적인 건강을 유지하도록 그들의 삶을 돌아보고, 가난한 이웃과 병든 자를 섬기고 위로하는 사역이 주어져 있었다.[86]

『제2 치리서』에 의하면 장로직은 목사직과 마찬가지로 영적인 직분으로서 일상적이며 항구적인 직분이었다. 따라서 한 번 장로로 부름 받고 임직한 장로는 임의로 그 직분을 버려서는 안 되었다.[87] 장로는 목사가 성례전을 거룩하고 엄숙하게 집행할 수 있도록 도와주어야 하며, 성도들이 말씀의 열매를 잘 맺을 수 있도록 목사를 도와 성도들의 삶과 영적인 생활을 보살피고, 병든 자를 방문하여 위로해야 하는 직무가 주어져 있었다.[88] 그리고 장로는 하나님의 말씀에 따라 성도들이 정직하고 책임을 다하도록 부지런히 훈계해야 했다. 그리고 개인적 훈계를 통해 교정할 수 없을 경우에는 장로들의 회의에서 논의해야 했으며, 교회에 선한 질서를 세우고 영적 지도력을 확립하기 위해 목사와 더불어 관할 치리권 내에 있는 사람들에게 합법적인 권징을 시행해야 할 책임이 있었다.[89] 장로는 교회를 영적으로 다스리는 데서 목사와 동등한 권한을 가지고 있지만,[90] 하나님의 말씀을 가르칠 권한은 가지고 있지 않았다.[91]

---

85) Ibid.
86) Ibid., 239.
87) Ibid.
88) Ibid., 240.
89) Ibid.
90) Ibid., 239.

『제2 치리서』에서 장로의 직분은 교회에 항존 해야 할 직분으로서 종신직이 되었고 안수를 통하여 임직하도록 함으로써 『제1 치리서』에 비해 영적 권위가 높아지고 권한이 강화되었다. 하지만 『제1 치리서』에 포함되어 있던 목사를 감독하고 권징 할 수 있는 권한은 사라졌다.[92] 『제2 치리서』에서 장로의 권위가 격상되고 권한이 강화된 것은 당시 연약하던 스코틀랜드 개혁교회가 국왕의 지배하에 들어갈 위험이 상존하고 있는 상황에서 교회를 국가권력의 간섭과 지배로부터 보호할 필요가 있었기 때문이었다.[93] 『제1 치리서』가 장로를 회중에 의해 선출된 회중의 대표로서 정해진 기간 동안 시한부로 시무하는 평신도로 보고 있다면, 『제2 치리서』는 장로를 성경에 근거를 둔 영적 직분으로서 하나님의 법에 따라 거룩한 안수 예식을 통하여 임직하고 평생토록 교회를 위해 봉사하는 직분으로 이해하고 있다는 차이가 있다. 그리고 『제2 치리서』에서는 장로의 권위가 격상되어 목사와 동등한 직분이 됨에 따라 목사를 말씀을 가르치는 장로로, 장로를 치리하는 장로로 구분하게 되었다.[94]

『제2 치리서』에 의하면 교사 혹은 박사는 교회에서 성경과 신학을 가르치고, 대학에서 성경의 의미를 해석해 주고 기독교 신앙의 기초를 가르치며, 학교를 책임지도록 하기 위해 세워진 직분이었다.[95] 그리고 집사의 직분은 그리스도의 몸 된 교회의 일상적이고 항구적인 직분으로서, 구제품을 접수하고 배분하며, 교회의 선한 일

---

91) Ibid., 240.
92) 배광식, 『장로교 정치사상사』, 143.
93) Ibid.
94) Ibid.
95) A. Melville, "The Second Book of Discipline", 245.

들을 조직하고 재정을 관리하는 직무가 주어져 있었다.[96] 집사 역시 목사나 장로와 마찬가지로 교회의 영적인 직분으로서 충분한 자격을 갖춘 사람 가운데 하나님의 부르심을 받고 교인들의 선거를 통해 합법적으로 선출되어야 했다.[97] 그리고 감독은 지배와 우월성을 의미하는 것이 아니라 교회를 관찰하고 보살피는 것을 의미하기 때문에 다른 목사들과 동등한 직분이었다.[98] 참된 감독이라면 다른 사람들이 돌보기를 회피하는 양 무리라 할지라도 헌신적으로 돌보아야 했다.[99]

『제2 치리서』는 장로교회 정치의 치리기구로서 목사와 박사, 그리고 말씀과 교리의 사역을 하지 않고 교회를 다스리는 치리장로들로 구성되는 지교회 치리회(당회), 지방치리회(노회), 대회, 그리고 총회라고 하는 네 종류의 치리기구를 제시하고 있다.[100] 그리고 모든 교회 치리회는 교회에 관계되고 그들의 직무에 속하는 일들을 처리하기 위해 합법적으로 회집할 권한을 가지고 있다고 규정하고 있다.[101] 지교회 치리회(당회)는 비록 특정 지교회 내에 있다 하더라도 상호 동의하에 전체 교회의 권한과 권위와 관할권 및 재판권을 행사할 수 있었다.[102] 또한 특정 지교회가 교인의 수가 너무 적고 미약하여 독자적으로 치리회를 구성할 수 없을 경우에는 같은 지역에 있

---

96) Ibid., 243.
97) Ibid., 237.
98) Ibid., 244.
99) Ibid.
100) Ibid., 240.
101) Ibid.
102) Ibid., 241.

는 두세 개 교회들이 연합하여 하나의 치리회(당회)를 조직할 수 있도록 되어 있었다.[103] 지교회 치리회(당회)는 교회 내에서 하나님의 말씀이 순수하게 선포되고, 성례전이 올바르게 집행되며, 권징이 바르게 시행되도록 감독해야 할 직무가 주어져 있었다. 즉 지교회 치리회는 참된 개혁교회의 3대 표지가 바르게 지켜지며, 교회의 선이 타락하지 않고 유지되도록 할 책무가 있었다.[104] 또한 지교회 치리회는 관할 교회 내에서 교회의 질서를 어기고 무례한 사람들을 교회가 성실히 조사하고, 그들이 건전한 신앙으로 돌이킬 수 있도록 훈계하고 교정하여 교회의 선한 질서를 유지해야 할 책임이 있었다.[105] 그뿐만 아니라 지교회 치리회는 노회나 대회, 그리고 총회에서 제정한 법령과 규칙을 준수하고, 그에 따라 재판사무를 진행하며, 그들 상급 치리회에서 결정한 사항들을 준수해야 할 의무가 있었다.[106] 그리고 지교회 치리회는 교회의 질서를 유지하기 위하여 노회나 대회, 총회에서 제정한 법령과 규칙에 위반되지 않는 범위 내에서 지교회 형편에 맞는 규칙을 제정하여 사용할 수 있는 권한이 있었다.[107] 또한 지교회 치리회는 지교회에서 시무할 목사와 장로, 그리고 집사를 선출하고 임직할 권한과 함께 거짓되고 타락한 교리를 가르치고 훈계를 받은 후에도 회개하지 않고 부도덕한 생활을 계속하는 교인이나 직분자를 면직하거나 출교할 수 있는 권한을 가지고 있었다.[108]

---

103) Ibid.
104) Ibid.
105) Ibid.
106) Ibid.
107) Ibid., 242.

『제2 치리서』에 의하면 일정한 지역 내의 교회와 형제들의 연합체로 지칭되는 지방회인 노회는 목사와 교사, 치리장로로 구성되며, 관할 지역 내 소속 지교회 상호 간의 동의와 형제들의 지지에 의해 반드시 처리되어야 할 비중 있는 문제와 공통의 관심사를 처리하기 위해 회집되었다. 그리고 노회는 교회의 질서를 유지하고 지교회 치리회에서 간과되고 잘못 처리된 모든 사항들을 바로잡을 수 있는 권한을 가지고 있었다.[109] 또한 노회는 교회의 선한 목적을 위해 직분을 박탈할 필요가 있다고 인정되는 관할 지교회 직분자들의 직분을 박탈할 권한도 가지고 있었다.[110] 또한 보다 광범위한 지역을 관할하는 대회는 소속 노회 목사와 교사, 치리장로로 구성되었으며, 시찰위원을 파송하여 관할 노회와 지교회에 대한 특별 조사를 시행할 권한을 가지고 있었다. 그리고 총회는 전국 교회를 관할하고 다스리는 최고 치리회로 규정되었다.[111] 총회는 노회나 대회 등 지방 치리회에서 누락되거나 잘못 처리된 모든 사항을 조정하고 바로잡을 수 있는 최종적인 권한을 가지고 있었다. 그러한 권한은 전체 교회의 복지와 하나님의 영광을 위해 사용되어야 했다.[112]

---

108) Ibid.

109) Ibid.

110) Ibid.

111) 배광식, 『장로교 정치사상사』, 146.

112) A. Melville, "The Second Book of Discipline", 243.

2. 영국의 청교도혁명과 장로교 정치제도의 형성

1) 영국의 청교도혁명과 웨스트민스터 총회

헨리 8세(Henry Ⅷ, 1491-1547)에 의해 시작된 영국의 종교개혁은 독일과 프랑스, 제네바 등 유럽 대륙에서의 종교개혁과는 사뭇 다른 모습으로 진행되었다. 유럽 대륙에서 종교개혁의 물결이 거세게 휘몰아치던 당시 로마 가톨릭교회의 7성례를 지지하는 책을 발간하여 교황 레오 10세에게 헌정함으로써 1521년 교황으로부터 '가톨릭 신앙의 수호자'라는 칭호를 얻기까지 했던 헨리 8세[113]는 스페인 왕실 출신의 왕후 캐서린(Catherine)과의 이혼 문제를 둘러싸고 교황청과 대립하기 시작하면서 영국적 특색을 가진 종교개혁을 단행하였다. 왕후 캐서린과의 사이에 아들이 없었던 헨리 8세는 자신의 왕권을 안정적으로 계승할 아들을 얻기 위해 캐서린과 이혼하고 앤 볼린(Anne Boleyn)과 재혼하기를 원했다. 하지만, 교황청은 캐서린의 조카로서 당시 로마를 지배하고 있던 스페인 왕 찰스 5세와의 관계를 의식하여 헨리 8세의 이혼을 허락하지 않았다. 이에 헨리 8세는 1531년 캔터베리에서의 대주교회의를 통해 자신이 영국 교회와 성직자들의 유일한 보호자요, 수장이라고 선언함으로써 교황청과의 결별을 선언했다. 그리고 1533년 1월에 헨리 8세는 앤 볼린과 비밀리에 결혼을 하였고, 1534년 11월 영국 의회는 수장령을 발표함으로써 교황청과의 관계를 완전히 단절했다.[114]

---

113) W. Walker, 『기독교회사』, 541.
114) Ibid., 542-543.

1547년 헨리 8세의 뒤를 이어 영국의 왕이 된 에드워드 6세 (Edward Ⅵ, 1537-1553)는 섭정 에드워드 세이모어(Edward Seymour) 와 함께 아버지 헨리 8세가 시작한 영국의 종교개혁을 계속해 나갔다.[115] 에드워드 6세는 로마 교황청과의 단절과 국왕을 중심으로 하는 새로운 종교체제로 인해 종교적 혼란을 겪고 있던 영국 국민들의 단결을 위해 1549년 '일치령'을 선포하고, 크랜머가 주재한 신학자 위원회에서 '공동기도서'를 발표했다.[116] 그리고 1552년에는 이 첫 번째 공동기도서에 대한 마르틴 부처(Martin Bucer)의 비판과 조언을 받아들이고,[117] 버미글리(Bermigli)을 비롯한 개혁자들의 도움에 힘입어 첫 번째 공동기도서를 보완하는 '제2 공동기도서'를 제정하여 '새 일치령'을 선포하였다.[118] 또한 1553년에는 크랜머와 니콜라스 리들리(Nicholas Ridley) 등이 작성하고 영국 국교회의 신조가 된 '42개조 신앙고백'을 공인함으로써 좀 더 개혁적인 방향으로 나아갔다.[119] 하지만 중도적인 성향을 가진 국교회 중심의 영국 종교개혁을 이끌었던 에드워드 6세는 병약했던 몸으로 인해 개혁을 끝까지 완수하지 못하고 이른 나이에 사망하고 말았다.[120]

에드워드 6세의 뒤를 이어 영국의 왕이 된 메리 여왕(Queen Mary, 1516-1558)은 헨리 8세로부터 이혼을 당했던 왕후 캐서린의 딸이었던 만큼 영국의 종교개혁에 강한 반감을 가지고 있었고, 로마

---

115) 오덕교, 『종교개혁사』, 391.

116) W. Walker, 『기독교회사』, 548.

117) J. Heron/ 박영호 역, 『청교도 역사』 (서울: 기독교문서선교회, 1982), 66-67.

118) Ibid., 72.

119) 오덕교, 『종교개혁사』, 397.

120) W. Walker, 『기독교회사』, 550.

가톨릭 신앙을 열렬하게 옹호했다. 스페인 왕 필립 2세와 결혼한 메리 여왕은 교황청과 스페인을 배경으로 에드워드 6세가 공포했던 여러 가지 개혁적인 교회법을 폐지하고 로마 가톨릭교회로의 회귀를 추진하였다. 그녀는 그동안 개혁된 형태로 이루어지고 있던 영국 국교회의 예배 의식을 종교개혁 이전의 가톨릭적인 모습으로 되돌렸으며, 투옥되었던 가톨릭 측 주교들을 석방하고 크랜머를 비롯한 수많은 국교회 성직자들을 처형하는 피의 숙청을 단행하였다.[121] 하지만 메리의 이러한 가톨릭으로의 회귀는 역사의 흐름을 되돌리기에는 역부족이었다. 비록 영국의 종교개혁이 헨리 8세의 이혼이라는 다소 개인적인 이유로 촉발되기는 했으나, 로마 가톨릭에 대한 영국인들의 반감은 높아져 가고 있었고, 위클리프나 롤라드 운동에서처럼 종교개혁에 대한 열망은 유럽 대륙 못지않게 고조되어 가고 있었다. 이러한 상황에서 메리의 스페인 왕과의 결혼은 영국인들의 반스페인적 감정을 자극하였으며, 그녀의 개혁자들에 대한 피비린내 나는 숙청은 국민들의 반감을 사기에 충분했다. 결국 메리 여왕의 통치 기간 동안 이루어진 반종교개혁과 로마 가톨릭으로의 회귀는 실패로 귀결되었고, 영국 국민들의 로마 가톨릭에 대한 반감을 강화시키고 개혁에 대한 열망을 더욱 고조시켰다.[122]

피의 여왕 메리의 뒤를 이어 엘리자베스 1세(Queen Elizabeth Ⅰ, 1533-1603)가 즉위하자 메리의 탄압을 피해 유럽 대륙으로 피신했던 종교개혁자들이 영국으로 돌아왔다. 대륙으로 피신하여 프랑스, 제네바 등지에서 유럽 대륙의 종교개혁을 경험했던 개혁가들은 열

---

121) W. R. Estep/ 라은성 역, 『르네상스와 종교개혁』 (서울: 그리심, 2002), 531.
122) J. L. Gonzalez/ 엄성옥 역, 『종교개혁사』 (서울: 은성출판사, 2012), 133-134.

렬한 칼뱅주의자가 되어 영국으로 돌아왔다. 그들은 변화된 영국의 정치 상황하에서 제네바식 개혁교회를 영국에 세우고자 했다. 이는 당시 주교회의를 장악하고 있던 로마 가톨릭적 지향을 가진 성직자들과의 사이에 갈등과 충돌을 불러일으킬 수밖에 없었다.[123] 이러한 상황에서 엘리자베스 1세는 앤 볼린의 딸로서 태생적으로 친개혁적 입장에 서 있기는 했으나, 정치적으로는 급진적인 개혁파들과 거리를 두면서도 종교적으로는 조심스럽게 반가톨릭적 정책을 추진함으로써 자신의 정치적 기반을 강화하고 종교적 혼란을 수습하고자 했다.[124] 엘리자베스 1세의 종교정책은 의도적인 모호성과 중용을 그 특징으로 하는 것이었다.[125] 하지만 그녀의 지나친 신중함과 중도적 노선은 보다 급진적인 개혁을 원했던 의회 내 개혁파들을 만족시키지 못했다. 영국 의회는 마침내 1559년 4월 가톨릭적 성향을 가진 주교들의 강한 반대를 무릅쓰고 교황에 대한 기도와 성찬식에서 무릎을 꿇는 것이 경배를 함축한다는 선언이 삭제된 새로운 수장령과 1559년 6월 24일 이후 모든 예배를 새로운 예배 의식에 입각하여 드리도록 규정한 새로운 일치령을 통과시켰다.[126] 이를 통해 1563년까지 엘리자베스 1세의 초기 중도적이고 온건한 개혁은 완수되었다. 하지만 이러한 그녀의 초기 종교정책은 로마 가톨릭과 청교도 양측으로부터의 반대에 부딪혀야만 했다. 1570년 교황은 그녀를 파문하고 신하들에게 그녀를 폐위시키라고 종용했으며, 청교도들은 보

---

123) W. R. Estep, 『르네상스와 종교개혁』, 535.

124) W. Walker, 『기독교회사』, 553.

125) R. H. Bainton/ 홍치모, 이훈영 공역, 『16세기 종교개혁』(서울: 크리스찬다이제스트, 1993), 190.

126) W. Walker, 『기독교회사』, 553-554.

다 철저하고 급진적인 개혁을 요구하기 시작했다.[127] 1570년대 이후 엘리자베스 1세는 로마 가톨릭 측과 개혁파 양측 모두를 탄압하면서 교회에 대한 국왕의 통치를 강화하기 시작했다.[128]

영국 교회는 로마 가톨릭과의 정치적 관계를 단절하고 미사를 폐지하는 등 종교개혁을 단행했으나, 예배 의식이나 교리는 여전히 로마 가톨릭과 별 차이가 없었고, 교황을 대신하여 국왕에 의한 통치가 이루어지고 있을 뿐이었다. 1570년대 이후 교회에 대한 국가의 지배력이 강화되어 가면서 영국 교회의 보다 철저한 개혁을 요구하는 움직임이 청교도를 중심으로 보다 강하게 일어나기 시작했다. 청교도들은 영국 국교회 내의 로마 가톨릭적 요소와 신학, 그리고 교회 체제를 완전히 제거하는 보다 철저한 개혁을 요구하면서 영국 교회가 국교회의 국가주의로부터 완전히 벗어날 것을 표방하였다. 그들은 교역자들의 부도덕과 잘못된 교리에 저항하였으며, 순수한 개혁주의적 교회정치와 정교 분리, 그리고 순수한 칼뱅주의 신학의 토대 위에 영국 교회를 새롭게 세우고자 하였다.[129] 엘리자베스 1세와 영국 국교회로부터 성직을 박탈당한 많은 청교도 성직자들은 가정집에서 존 녹스의 기도서를 사용하여 예배를 드리고 성례를 거행하기 시작하였으며, 장로를 세우고 제네바 교회의 예배서에 따라 장로교회의 성도를 양육하고자 노력하였다.

1603년 엘리자베스 1세의 뒤를 이어 1567년부터 스코틀랜드를 다스리고 있었던 제임스 1세(James Ⅰ, 1603-1625)가 영국의 새로운

---

127) Ibid., 555.

128) Ibid., 609.

129) 이형기, 『세계 개혁교회 신앙고백서』 (서울: 한국장로교출판사, 2003), 300-302.

왕으로 즉위했을 때, 청교도들은 자신들의 요구를 담은 '1천 명 청원서'를 제출하였다.[130] 그리고 1604년 1월 국왕이 임석한 가운데 국교회 주교들과 청교도들의 연석회의가 열렸다. 하지만 청교도들은 아무것도 얻어내지 못했고, 국교회 주교들은 수많은 반청교도적 법안들을 의회에서 통과시키는 데 성공했다.[131] 하지만 제임스 1세는 독단적인 의회 운영과 30년 전쟁에서 박해받고 있던 독일 개신교도들을 효과적으로 지원하지 못한 일, 그리고 자기 후계자를 스페인 공주와 결혼시키려다 실패한 일 등의 정치적 실책으로 인해 백성들의 분노를 불러일으켰다. 이로 인해 영국 의회는 점점 청교도들과 정치적 공감대를 형성하기 시작했고, 청교도주의가 점차 의회 내에서 힘을 얻기 시작했다.[132]

제임스 1세의 뒤를 이은 찰스 1세(Charles Ⅰ, 1625-1649)는 제임스 1세와 마찬가지로 '왕권신수설'을 제창하면서 전제정치를 감행했다. 그는 국교회 지도자 윌리엄 로드(William Laud, 1573-1645)와 함께 청교도를 탄압하였고, 1637년에는 영국 국교회의 예배모범과 신앙고백을 스코틀랜드에 강요함으로써 영국과 스코틀랜드의 종교적 일치와 통일을 꾀하고자 했다.[133] 하지만 찰스 1세는 알미니안주의자를 고위 성직에 임명하였으며, 강제로 세금을 징수하고 세금을 내지 않는 사람들을 투옥하는 등의 계속되는 정치적 실책으로 인해 의회와 국민들의 반감을 사기 시작했다.[134] 이에 의회의 다수를 차

---

130) W. Walker, 『기독교회사』, 610-611.
131) Ibid., 611.
132) Ibid., 613.
133) Ibid., 616.
134) Ibid., 614-615.

지하고 있던 청교도들은 찰스 1세의 강압적 통치와 종교 탄압에 대항하여 저항하기 시작했다. 그리고 영국 국교회의 예배모범이 처음으로 시행되던 날, 에든버러의 가일 성당에서 폭동을 일으킨 스코틀랜드에서는 저항의 불길이 타올랐다. 스코틀랜드 장로교회는 1638년 2월, 참된 개혁주의 교회를 수호하기 위해 총회를 소집하고 개혁주의 신학을 지지하는 '국민 언약'에 서명하였다. 그리고 12월에 총회는 주교를 면직시키고 제임스 1세와 찰스 1세에 의해 임명된 전체 교직 구조를 거부했다.[135] 찰스 1세는 군대를 동원하여 스코틀랜드 총회를 무산시키려 했으나 그 시도는 성공하지 못했다. 1639년 일단 스코틀랜드와 휴전을 했던 찰스 1세는 1640년 스코틀랜드를 완전히 진압하기 위해 전쟁비용 조달을 목적으로 4월에 영국 의회를 소집했다. 그러나 찰스 1세가 소집한 단기 의회는 종교정책과 의회 운영에 대한 의원들의 거센 반발로 곧바로 해산되었으며, 연이은 전쟁에서 스코틀랜드는 영국 진입에 성공하였다.[136] 1640년 11월에 소집된 장로교 계통의 청교도들이 다수를 차지한 장기 의회는 로드를 감옥에 가두고 고등위원회를 폐지하였다. 1642년 1월 찰스 1세가 다섯 명의 하원 의원을 반역죄로 기소하여 체포하려 했을 때, 찰스 1세와 의회파 사이에 내전이 일어났다. 1643년 초 감독제를 폐지하는 법령을 통과시킨 의회는 교회의 신조와 행정을 위한 규정을 마련하기 위해 121명의 성직자와 30명의 평신도로 구성된 회의를 소집하여 법령 제정권을 장악한 의회에 자문을 하도록 했는데, 이것이 웨스트민스터회의(Westminster Assembly)였다.[137] 그 후 찰스 1세와

---

135) Ibid., 616.

136) Ibid.

의 내전에서 전세가 불리해진 의회는 1643년 9월, 스코틀랜드의 지원을 얻기 위해 잉글랜드와 스코틀랜드, 아일랜드 내에서 종교 문제에 대한 최대한의 일치를 약속하고 감독제를 반대한다는 내용의 신성동맹과 계약을 채택했다.[138] 웨스트민스터 총회는 1644년 의회에 예배모범(Directory of Worship)과 전적으로 장로교 정치체제로 구조화된 정치규칙을 제출했으며, 1645년 1월 의회는 기도서를 폐지하고 웨스트민스터 총회가 제출한 예배모범으로 대치시켰다. 그리고 1645년에는 장로교 정치체제를 부분적으로 명령했으며, 1646년 후반 웨스트민스터 총회는 신앙고백서를 의회에 제출했다. 이 신앙고백서는 1647년 8월 27일 스코틀랜드 총회에 의해 받아들여졌고, 이후 스코틀랜드와 미국 장로교회의 기본적인 표준이 되었다. 그리고 영국 의회는 1648년 6월 몇몇 부분을 수정하여 승인했다. 웨스트민스터 총회는 1647년 대요리 문답과 소요리 문답을 완성하여 의회에 제출하였고, 이는 1648년 영국 의회와 스코틀랜드 총회에 의해 승인되었다.[139] 5년에 걸친 장기간의 회의를 거쳐 완성된 신앙고백서를 비롯한 웨스트민스터 표준 문서들은 장로교회에 청교도적 개혁주의 성격을 지닌 성경적인 교리의 표준과 정치모범으로 인정되어 전 세계 장로교회에서 채택되어 왔다.

2) 웨스트민스터 정치규칙과 장로교 정치제도의 형성

'장로교회의 정치형태(The Form of Presbyterian Church Government)'

---

137) Ibid., 617.
138) Ibid.
139) Ibid.

혹은 '교회 정치지침(The Directory for Church Government)'으로 알려진 웨스트민스터 정치규칙은 웨스트민스터 종교회의에 참석한 스코틀랜드 대표들의 영향하에서 작성되었다.[140] 스코틀랜드 교회는 이미 1560년에 존 녹스 등에 의해 작성된 정치 원리인『제1 치리서』와 1578년에 앤드류 멜빌에 의해 작성된『제2 치리서』를 가지고 있었다. 그리고 영국과 스코틀랜드는 1643년에 영국 국교회를 폐지하고 스코틀랜드의 장로교회를 중심으로 종교적 통일을 이루기 위한 목적으로 중요한 협약서인 '거룩한 협약과 언약'을 체결하고 있었다.[141] 그러므로 웨스트민스터 정치규칙을 작성하는 과정에서 스코틀랜드 대표들이 결정적으로 중요한 역할을 담당했다고 할 수 있다.

1645년 7월 4일 웨스트민스터 총회는 정치규칙을 채택하면서 교회정치에 대한 이 규칙이 교회정치에 성경 중심적인 가르침을 충분하게 대표한다는 것을 결정했다.[142] 웨스트민스터 총회에서 채택된 정치규칙은 크게 국가 통치자의 종교회의 소집권과 장로교 정치의 치리권에 대한 문제의 두 부분으로 나누어져 있다.[143] 웨스트민스터 총회 당시 장로교회의 개혁주의적 신학을 가장 강력하게 주장했던 사무엘 러더포드(Samuel Rutherford)와 스티븐 마샬(Stephen Marshall), 조지 길레스피(George Gillespie)에 의해 오직 교회 지도자만이 교회의 치리권과 교회 문제 해결을 위한 정치적 지도권을 갖는다는 조항이 확정되었다. 그리고 각 지교회와 노회의 관계에서 교회의 치리권은

---

140) 배광식,『장로교 정치사상사』, 154.

141) Ibid.

142) D. W. Hall and J. H. Hall, *Paradigms in Polity*, 260.

143) 배광식,『장로교 정치사상사』, 157.

성직자 개인이 아니라 노회에 있다는 사실이 천명되었다.[144]

웨스트민스터 정치규칙은 신약성경에는 예수 안에서 신앙을 고백하고 그의 사도들에 의해 가르쳐진 믿음과 삶의 법칙에 따라 그리스도께 복종하는 성도들과 그 자녀들로 이루어지며, 예수 그리스도에 의해 주어지고, 현재와 미래의 삶에서 성도를 모으고 완전하게 하는 가시적 보편 교회가 제시되어 있으며, 가시적 교회는 목사와 계시, 의식을 가지고 있다고 명기했다.[145] 또한 웨스트민스터 정치규칙은 교회의 직제와 관련하여 사도와 예언자와 복음 전도자는 교회에서 임시적인 직분으로서 지금은 사라졌으며, 교회에는 목사와 치리장로, 가르치는 교사 혹은 박사와 집사의 네 가지 직분이 있는데, 이들 직분은 교회에 일상적으로 존재해야 하는 항존직이라고 규정하고 있다.[146] 목사는 공적으로 성경을 낭독하고, 설교하며, 기도하고 성례를 거행하며, 교인들을 가르치고 다스리며, 위로하고 축복하는 직분이다. 그리고 교사 혹은 박사는 목사처럼 말씀의 목회자요, 성례를 집행하고 성경과 교리를 가르치며, 권징을 행사할 권한을 갖는 직분이라고 규정하고 있다. 또한 장로는 목사와 연합하여 교회를 치리하는 직분이며, 집사는 장로들의 지도 아래 가난한 사람들을 위해 헌금을 수집하고 배분하며, 위로하는 직분이라고 규정하고 있다.[147] 웨스트민스터 정치규칙은 성경적 직분으로서 교사나 박사는 목사처럼 말씀 사역과 성례전과 권징에 관한 권한을 가지고 있다고 규정하

---

144) Ibid., 157-158.
145) D. W. Hall and J. H. Hall, *Paradigms in Polity*, 261.
146) Ibid., 262.
147) Ibid.

고 있다. 그리고 한 교회 안에 여러 명의 목사들이 있을 수 있으나 이들 가운데 한 사람이 목회 전체를 관장해야 하며, 이들 가운데 가르침의 은사를 받은 목사는 교사로서 일할 수 있다고 규정하고 있다.[148] 그리고 목사(말씀의 사역자)가 해야 할 직무에 대해서는 교회를 치리하는 일이 아니라 교인들의 영적인 양육을 위한 말씀의 사역이라는 것에 강조점을 두고 있다. 치리장로의 역할과 관련해서는 목사와 교사를 포함한 '말씀의 사역자와 더불어'라는 표현을 사용하고 있는 것으로 보아 치리장로들은 가르치는 직분에서는 제외되어 있었던 것으로 보인다.[149]

웨스트민스터 정치규칙은 교회의 치리기구와 관련하여 하나님의 말씀에 일치하고 합법적인 것으로 당회, 노회, 총회의 삼심제 치리기구를 제시하고 있다.[150] 그리고 각 지교회는 저마다 말씀과 교리에 종사하고 다스리는 일에 종사하는 한 사람의 목사와 그와 함께 교회를 다스리는 치리장로를 선출하여야 한다고 규정하고 있다. 또한 당회가 치리장로를 선출하되 회중의 동의와 인준을 받아야 하며, 집사 역시 당회가 선출하되 회중의 동의와 인준을 받아야 한다고 규정하고 있다.[151]

또한 웨스트민스터 정치규칙은 모든 지교회는 그 자체가 지니고 있는 본질적 연약성과 상호 의존성으로 인해 연합과 도움을 필요로 한다고 하면서 성경은 여러 지교회들이 하나의 장로주의 정치 아래

---

148) Ibid.
149) 배광식, 『장로교 정치제도 어떻게 형성되었나』, 118.
150) D. W. Hall and J. H. Hall, *Paradigms in Polity*, 263.
151) Ibid., 265.

존재했다는 것을 보여 준다고 지적하고 있다.[152] 노회는 일정한 지역 내에 있는 여러 시찰회로부터 대표로 파송되는 말씀의 사역자(목사와 교사)와 치리장로들로 구성되는데, 대표의 수는 해당 지역 내 시찰회의 수보다 많아야 한다고 했다. 각 시찰회로부터 2명의 목사와 2명의 치리장로가 파송을 받아야 하고, 그 수를 늘려야 할 경우에도 각 시찰회로부터 목사와 치리장로가 각각 6명을 넘어서는 안 되며, 목사가 다수가 되어야 한다고 규정하고 있다.[153] 그리고 목사 안수를 위한 준노회에는 여러 도시와 이웃 마을에 조직된 설교 장로(Preaching Presbyters)가 참여하도록 규정하고 있다. 목사가 어느 지교회를 위해 안수를 받거나, 한 교회에서 다른 교회로 옮겨 갈 경우에는 지교회의 동의를 받도록 하고, 목사가 한 지교회에서 목사직을 수행할 수 있게 되기까지의 과정 역시 노회에서 시험을 거치고 지교회에서 설교와 교제를 하도록 규정하고 있다. 이처럼 웨스트민스터 정치규칙은 모든 정치 과정이 장로주의적인 공동체적 협의구조 안에서 진행되도록 함으로써 개별 목사나 지교회의 횡포를 완전히 차단하고 교회정치가 공동체성을 지향하도록 하는 구조적 특징을 가지고 있었다.[154] 총회는 각 노회로부터 파송된 목사와 치리장로로 구성되는데, 각 노회로부터 3명의 목사와 3명의 치리장로가 파송되고, 각 대학으로부터 학문과 경건을 겸한 5명의 박사가 파송되어야 한다고 규정하고 있다. 그리고 총회는 매년 한 차례 회집되어야 하지만, 필요한 경우에는 더 자주 회집하여야 한다고 규정하고 있

---

152) Ibid., 266.

153) Ibid., 267.

154) 배광식, 『장로교 정치제도 어떻게 형성되었나』, 121.

다.155)

웨스트민스터 정치규칙은 웨스트민스터 총회에서 채택된 이래 전 세계 장로교회에 정치원리와 규정을 제공하고 교회정치를 발전시키는 데 크게 기여했다. 비록 웨스트민스터 정치규칙이 영국 교회에 의해 받아들여지지 않았고, 웨스트민스터 총회 이후 찰스 2세의 왕정복고와 함께 통일령에 의해 감독정치로 회귀하면서 청교도들이 박해를 받고 장로교회 운동이 쇠퇴하기는 했지만, 웨스트민스터 정치규칙은 1647년 스코틀랜드 교회 총회에 의해 채택되었으며, 네덜란드와 미국으로 전해져 미국 장로교회의 기초가 되어 왔다. 그리고 20세기 들어 미국 선교사들에 의해 조직과 신학이 형성된 한국 장로교회에도 전해져 한국 장로교회 정치규칙의 기본으로 자리하게 되었다.

웨스트민스터 정치규칙은 교인을 가르치고 양육하며, 성례를 거행하고 교회의 영적 질서를 잡아 나가는 일에 말씀의 사역자인 목사와 치리장로의 협력과 동등성, 목사 안수에 대한 노회의 전권과 교인의 대표로 선출된 장로와 목사로 구성된 당회를 통한 교회정치를 규정함으로써 영적 리더십과 회중 리더십의 균형을 추구하고 있다. 회중에 의해 선출된 장로가 당회의 다수를 구성하는 점과 관련하여 치리장로들이 교회 운영에서 권한을 남용하지 못하도록 목사 안수에 대한 전권을 노회에 부여하면서도 동시에 노회가 목사를 안수하거나 위임할 때에 지교회 교인들이 참여할 수 있는 여건을 마련함으로써 어느 한 목사나 개별 교회가 권한을 남용하여 횡포를 부리지

---

155) D. W. Hall and J. H. Hall, *Paradigms in Polity*, 268.

못하도록 견제와 균형을 추구하고 있다. 그뿐만 아니라 교회의 직원인 치리장로와 집사를 당회가 선출하도록 하면서도 전 회중의 동의와 인준을 받도록 하여 교회정치의 기본적 주권이 교인들에게 있음을 분명히 하고, 당회의 독주를 견제하도록 하였다. 나아가 당회, 노회, 총회로 이어지는 삼심제 치리기구의 단계적 구성과 실천을 규정하고 있다. 웨스트민스터 정치규칙의 이러한 측면들은 근대 민주정치의 핵심이라 할 수 있는 대의정치와 리더십 사이의 견제와 균형, 주권재민 및 삼심제적 사법 질서의 근간을 형성하는 것이었다. 웨스트민스터 정치규칙에서 체계화된 장로주의 정치의 구조와 사상은 근대 민주주의의 사상적·정치적·법적 토대가 되었던 것으로 근대 민주주의 발전에 크게 공헌하였다. 그리고 이는 근대 한국에서의 민주주의의 형성과 발전에서도 마찬가지였다.

3. 장로교 정치제도의 성경적 근거와 사상

1) 장로교 정치제도의 성경적 근거

장로교회의 정치제도를 의미하는 '장로주의(Presbyterianism)'는 교회의 대표인 장로들로 구성된 치리회인 장로회에 의해 교회정치가 이루어진다는 뜻을 담고 있는 장로회(Presbytery)라는 말에서 유래한 것으로 가장 성경적인 교회 정치체제이다.[156] 장로교 정치제도의 원형적 모습은 신구약 성경 곳곳에서 풍부하게 만날 수 있는데, 족장

---

156) 홍철, 『미국 장로교회의 역사와 신학』 (서울: CLC, 2005), 7.

이 공동체를 다스리는 족장 정치는 장로주의 정치형태의 근간을 이루고 있다(출 24:1). 족장은 풍부한 지혜와 경험, 오랜 경륜을 바탕으로 공동체를 이끌었고, 족장이 공동체를 다스리던 족장 제도는 사회의 변화와 더불어 나이 든 원로들이 공동체를 다스리는 장로 정치로 발전했다.157) 모세는 70인의 장로를 세워 이스라엘 공동체를 다스리게 했는데, 시내산에서 하나님과 언약을 맺으면서부터 장로제도는 이스라엘 공동체를 다스리는 정치제도가 되었다고 볼 수 있다.158)

장로에 관한 기록은 모세오경을 비롯하여 선지서에 이르기까지 구약성경 곳곳에 풍부하게 나타나고 있으며, 그 직무는 매우 다양했다. 장로는 민족 공동체의 어른으로서 존경을 받았고(출 18:12), 하나님께 제사를 드릴 때 제물에 안수하고(레 4:15) 예언을 하였다(민 11:25). 또한 장로는 백성의 권면자요, 전쟁의 지도자로서, 때로는 재판관과 국가 사무를 관장하는 행정가로서 일했으며(스 10:8), 왕의 고문으로 활동하기도 했다(왕상 20:8, 21:11).159) 장로들은 이스라엘 공동체의 대표이자 지도자로서 정치와 경제를 비롯한 공동체의 제반 일들을 관장하고 다스렸다.160)

바벨론 포로기에 장로들은 "이스라엘 공동체의 신앙과 종교적 유산을 계승하고 보존하는 매우 중요한 역할을 담당했으며, 포로 귀환 이후에는 제2 성전을 건축하는 과정에서 중요한 지도력을 발휘했다. 그리고 신구약 중간기 이후에는 70인의 장로로 구성된 예루살렘 산

---

157) 오덕교, 『장로교회사』, 15.
158) Ibid., 22.
159) 심창섭, "장로교 정치제도의 기원은 무엇인가? 2", 『神學指南』 제252호 (1997. 9.), 170.
160) Ibid., 170-171.

헤드린을 형성하여 이스라엘 공동체를 다스렸다.[161)

　회당은 예루살렘 성전이 파괴되고 제사장을 비롯한 성전 제도가 무너진 상황에서 예배를 위한 절박함에서 형성된 이스라엘 공동체의 예배 처소였다. 이스라엘 공동체의 지도자들은 회당을 통해 이방 종교와 문화로부터 백성들의 신앙을 지켜 내고 종교적 전통과 율법을 계승하고 보존하고자 했다.[162) 회당에서의 예배는 신앙 고백과 기도, 성경 봉독, 설교, 축도 등으로 이루어졌는데, 회당의 모든 권위는 장로들로 구성된 장로회에 의해 행사되었다.[163) 개별 회당은 각기 당회와 치리회 조직을 가지고 있었고(마 10:17; 마 23:34; 막 13:9), 장로 중심의 정치체제로 형성되었으며, '지역사회의 자치 기관으로 공동체의 법적이고 종교적인 문제들을 결정하고 관장했다.[164) 그리고 예루살렘 산헤드린에 속한 장로는 대 산헤드린에서 임명하였고, 다른 지역의 디아스포라 공동체에서는 법에 따라 직접 선거로 장로를 선출하였다.[165)

　구약시대 이스라엘 공동체의 정치제도는 권위가 아래로부터 위로 올라가는 상향식 구조로 되어 있었으며(출 18:24-26), 포로기 이후 이스라엘 장로들로 구성된 최고의 치리 기관이었던 산헤드린 역시 권위가 아래로부터 위로 올라가는 상향식 체제로 이루어져 있었다. 구약시대 이스라엘 공동체의 정치체제는 위계적 구조가 아니라 자유와 평등의 민주적 원리에 기초한 상향적인 장로주의 정치체제를

---

161) Ibid., 171.
162) Ibid., 173.
163) Ibid.
164) Ibid., 174.
165) Ibid., 173.

형성하고 있었다. 장로회는 율법에 따라 판단하고, 다수의 뜻에 따라 결정하며, 공동체가 결정하기 힘든 사안에 대해서는 우림과 둠밈으로 하나님의 뜻을 물어 결정했다.166) 모든 것을 인간의 뜻이 아니라 하나님의 뜻에 따라 행하고자 했던 장로주의 정치제도와 사상은 회당 제도와 산헤드린과 함께 신약의 교회에 의해 계승되었다.

신약성경에서 장로는 타인의 존경을 받을 만한 인격과 깊은 신앙심을 가지고 풍부한 경험을 바탕으로 사도들을 도와 그리스도의 복음을 전하고 회중을 지도하는 사람들로 묘사되고 있다. 이들은 허세를 부리거나 주장하는 자세가 아니라 회중을 위해 섬기고 봉사하는 모범을 보여 왔다. 신약시대 장로들은 교회를 치리하는 과정에서 사도들과 밀접한 관련을 맺고 있었다.167) 베드로전서에서는 베드로와 요한을 장로로 칭하고 있고(벧전 5:1), 바울은 밀레도에서 행한 고별사에서 에베소 교회의 장로들을 감독으로 부르고 있다(행 20:28). 초대교회에서 장로들은 덕망 있는 지도자로서 사도들의 인정을 받아 교회를 치리하는 과정에 사도들과 함께 참여했다. 특별히 영적 은사를 가지고 성만찬에 참여하는 장로는 교회를 관할하는 감독으로 인정되었던 것으로 보인다.168) 감독이 장로들 가운데 독보적인 지위를 차지하게 된 것은 각종 이단들로부터 교회를 방어하기 위해 스스로 막강한 권한을 소유했던 안디옥의 감독 이그나티우스 때부터였다고 할 수 있다.169) 사도시대 장로들은 사도들의 회의에 참석하고(행

---

166) 오덕교, 『장로교회사』, 18.
167) 심창섭, "장로교 정치제도의 기원은 무엇인가? 2", 180.
168) Ibid.
169) Ibid., 180-181.

15:2, 15:4, 15:6, 15:22), 모금된 헌금을 수령하며(행 11:29-30), 병자를 돌보고(약 5:14), 성도를 가르치고 권면하며 설교를 하기도 했다(행 20:28; 딤전 5:17). 장로들은 사도적 전승의 계승자이고, 보존자이며(요이 1:1; 요삼 1:1), 순교자들과 같은 거룩한 존재이며(계 7:9-17), 교회의 대표로서 제의적 기도를 담당하는(계 4:4, 7:11, 14:3) 직분으로 이해되었다.[170]

신약성경에 의하면 교회는 머리 되신 예수 그리스도의 가르침에 따라 조직되고 운영되어야 한다. 따라서 교회는 성경적 기준과 원리에 따라 감독과 장로, 집사의 직분을 세우고 감독과 장로를 중심으로 하는 정치체제를 통해 교회를 다스리고 주어진 사역을 감당해야 했다. 감독은 성직자인 목사를 돕고, 치리장로는 감독을 도와 교인을 다스리는 직분으로 이해되었다(고전 12:28).[171] 바울은 사도행전 20장 17-28절에서 에베소 교회의 장로들에 대해 언급하면서 그들을 감독으로 부르고 있으며, 디도서 1장 5-7절에서 디도에게 모든 성에 장로를 세울 것을 명하면서 그들을 감독으로 칭하고 있다. 그리고 디모데전서 3장 2절에서는 교회에서 가르치고 다스리는 직분을 감독으로 칭하다가도 5장 17절에서 그들에 대한 대우 문제를 이야기할 때에는 장로로 부르고 있다.[172] 바울은 구약성경의 배경과 용도를 고려하여 그들의 신앙과 인격적 성숙의 정도와 사회적 지위를 표현하기 위해 장로라는 명칭을 사용했고, 헬라어의 관용적 표현을 염두에 두면서 교회를 돌보고 다스리는 지도자를 감독으로 칭했다고

---

170) 홍치모, "장로제의 기원에 관한 역사적 고찰", 『神學指南』 247호 (1996. 6.), 156.
171) 오덕교, 『장로교회사』, 25-27.
172) 심창섭, "장로교 정치제도의 기원은 무엇인가? 2", 181.

볼 수 있다.173)

베드로전서 5장 1절에서 베드로는 장로들에게 하나님의 양떼를 돌보는 일을 명하면서 스스로를 장로라 칭하고 있으며, 예루살렘 사도회의를 다루고 있는 사도행전 15장에서도 사도와 장로들이 함께 사역하고 있음을 확인할 수 있다(행 15:2-4, 22-24). 그리고 디모데전서 4장 14절에서는 장로회에서 디모데가 안수를 받은 것으로 나타나고 있고, 사도행전 13장 1-3절에서는 안디옥 교회의 선지자와 교사들이 사울과 바나바에게 안수한 것으로 되어 있다. 그리고 바울은 에베소 교회의 직분자를 이야기하면서 사도와 선지자, 복음 전도자, 목사, 교사로 칭하고 있다(엡 4:11).174)

사도시대 교회에서 목사와 복음전도자, 교사는 모두 동일한 장로로 불렸으며, 안수를 비롯하여 장로와 같은 직무를 행한 것으로 볼 수 있다. 교회는 장로나 감독을 목사나 복음전도자, 교사로 임명하여 교회가 필요로 하는 사역을 맡긴 것으로 이해할 수 있을 것이다.175) 따라서 신약성경은 감독과 장로를 동일한 직분으로 이해하고 있는 것으로 볼 수 있다.176) 신약성경에서 동일한 직분을 감독과 장로라는 서로 다른 명칭으로 부른 것은 장로와 감독 사이에 기능상의 차이가 있었기 때문이었다. 감독과 목사는 사역의 성격을 나타내고, 장로는 직분의 명칭을 가리키는 것으로 이해할 수 있을 것이다.177)

---

173) W. G. Knight, "Two Offices(Elders or Bishops and Deacons) and two Orders of Elders(Preaching or Teaching Elders and Ruling Elders): a New Testament Study", *Presbyterian* 11 No. 1 (Spr. 1985), 4.

174) 심창섭, "장로교 정치제도의 기원은 무엇인가? 2", 181.

175) Ibid.

176) 오덕교, 『장로교회사』, 29.

177) 심창섭, "장로교 정치제도의 기원은 무엇인가? 2", 182.

장로주의 정치제도는 창세 이래 이스라엘 역사를 통해 계승되고 발전되어 왔으며, 신약시대 교회가 형성되면서 자연스럽게 기독교 교회의 정치제도로 자리 잡아 왔다. 하지만 콘스탄티누스 황제 이후 기독교가 로마의 국교가 되고 중세를 거치면서 성경적이고 사도적인 장로주의 정치체제는 교황 중심의 비민주적이고 위계적인 정치체제로 변질되어 갔다. 칼뱅과 녹스가 주창한 종교개혁은 로마 가톨릭교회의 교황정치의 비민주성을 극복하고 민주적이고 성경적인 장로주의 정치를 회복하기 위한 것이었다.

2) 장로교 정치제도의 원리와 사상

장로교회는 장로주의(Presbyterianism)를 가장 성경적인 교회정치의 원리로 고백하고, 장로를 중심으로 교회를 치리하는 장로회(presbytery)를 교회를 조직하고 다스리는 기본적인 정치조직으로 삼고 있다. 따라서 장로교 정치는 역사적으로 사도적 교회를 계승하는 전통적인 교회 정치체제로 간주되어 왔다.

장로교 정치제도는 지교회에서 교인의 대표로 파송되는 장로(치리장로와 목사장로)로 구성되는 노회를 중심으로 교회정치를 형성하는 정치체제이다. 개별 지교회는 교인들의 주권에 의해 소속 노회의 목사를 청빙하고 교인들이 직접 투표로 선출한 치리장로들과 함께 당회를 조직하여 교회를 다스리며, 소속 목사와 지교회에서 총대로 파송하는 장로들로 구성된 노회의 관할을 받는다. 그리고 각 노회에서 총대로 파송하는 총대목사와 총대장로로 구성되는 총회를 조직하여 전국 교회의 연합과 일치를 추구한다. 그리고 장로교 정치제도는 목사와 치리장로의 동등성을 기반으로 목사로 대표되는 영적 리더십과 장로로 대표되는 회중 리더십의 분립과 균형을 통해 교회 내 민주주의를 실현하고, 당회, 노회, 총회로 이어지는 삼심제 회의체 치리기구를 통해 공동체성을 추구한다.

종교개혁자 칼뱅은 로마 가톨릭교회의 교황을 정점으로 하는 위계적 지배 구조를 비판하면서 성경의 가르침에 근거하여 참다운 기독교 신앙과 그리스도인의 삶을 뒷받침해 줄 수 있는 새로운 교회 조직과 정치체제를 발전시키고자 했다.[178] 그는 예수 그리스도가 교회의 머리로서 신앙되고, 그리스도가 다스리는 교회가 참된 교회라고 보았다. 그리고 하나님의 복음이 순수하게 선포되고 성례전이 올바르게 집행되는 곳에 참된 교회가 있다고 보았으며, 이러한 참된 교회의 두 가지 표지가 교회를 그리스도의 교회가 되게 하는 결정적인 요소라고 했다(Institute, Ⅳ.1.10).[179] 칼뱅은 하나님의 말씀의 주권이 온전하게 드러나고 인정되는 교회만이 참다운 예수 그리스도의 교회라고 했다. 성경에서 하나님께서 성령을 통하여 직접 말씀하시고 예수 그리스도가 바로 하나님의 말씀이시기 때문에 하나님의 말씀이 선포되는 곳에 말씀이신 예수 그리스도는 하나님의 복음이자 직접 역사하시는 능력으로 그 자리에 임재하신다고 했다.[180] 그리고 교회 공동체에서 집행되는 세례와 성만찬의 성례는 그 자리에 계시지 않는 예수 그리스도를 단순히 가리키는 상징이 아니라, 우리의 눈으로 볼 수 있는 떡과 포도주라는 상징을 통해 눈에 보이지 않

---

178) 최영, 『개혁교회 신학의 주제』 (서울: 지성과 실천사, 2005), 103-122.
179) J. Calvin/ 성서서원 편집부 역, 『새 영한 기독교 강요(하)』 (서울: 성서서원, 2005), 35-37.
180) 최영, "교회정치의 신학적 의의", 『한국기독교신학논총』 제62호 (2009), 185.

는 말씀이신 예수 그리스도께서 그 안에 현존하는 상징이라고 했다.[181] 그러므로 하나님의 말씀이 올바르고 순수하게 선포되고 성례전이 바르고 거룩하게 집행되는 곳에 참다운 그리스도의 교회가 존재하며(Institute, IV.1.9),[182] 그러한 곳에서야만이 성령으로 말미암아 하나님의 말씀으로 다스리시는 예수 그리스도의 주권이 온전하게 확립된다고 할 수 있다. 따라서 참다운 말씀의 선포와 성례전의 올바른 집행이야말로 교회가 참다운 예수 그리스도의 교회인지를 분별하는 참된 지표라고 할 수 있다.[183] 또한 칼뱅은 참다운 교회의 표지에 권징을 포함시키지는 않았으나, 하나님과 사람이 보기에 부끄럽고 추악한 생활을 하고 있는 사람들이 그리스도인이라는 영예로운 칭호를 사용하지 못하도록 하여 하나님의 이름을 영화롭게 하고, 선하고 경건한 그리스도인들이 악한 사람들과 교제함으로써 타락하는 것을 방지하며, 범죄로 인하여 치욕을 당하고 출교의 위기에 놓여 있는 사람들을 회개시켜 올바른 신앙생활을 하도록 이끌기 위해 반드시 권징이 필요하다고 보았다.[184] 칼뱅의 영향을 받아 스코틀랜드에서 종교개혁을 이끌고 장로교회의 초석을 놓았던 존 녹스는 권징을 참된 교회의 3대 표지의 하나로 포함시켰다.[185]

칼뱅에 의하면 교회는 인간의 선택이나 결정에 의해 설립된 것이 아니라, 제자들을 부르시고 죄인들을 십자가의 보혈로 용서하셔서

---

181) L. T. H. Parker/ 박희석 역, 『칼빈신학입문』 (서울: 크리스챤다이제스트, 2001), 186.
182) J. Calvin, 『새 영한 기독교 강요(하)』, 33-35.
183) 최영, "교회정치의 신학적 의의", 186.
184) Ibid., 186-187.
185) 윤은수, "개혁신학에 나타난 '권징'에 대한 역사적 고찰" (계명대학교 박사학위논문, 2009), 59.

하나님의 자녀가 되게 하신 예수 그리스도에 의해 직접 설립된 것이기 때문에 교회의 주권은 사도들이 아니라 그들에게 사도의 직분을 주시고 교회를 다스릴 권세를 위임하신 예수 그리스도에게 있다. 따라서 교회정치는 인간이 한 집단 내에서 주도권을 장악하고 권력을 행사하는 지배와 피지배의 문제가 아니라, 하나님의 자녀들이 교회의 머리 되신 예수 그리스도에게 어떻게 순종하며 하나님의 영광과 거룩한 공동체를 만들기 위해 어떻게 섬기고 헌신하는가 하는 문제이다.186) 칼뱅에 의하면 예수 그리스도의 주권이 올바르게 세워지고, 예수 그리스도의 통치가 바르게 이루어지는 곳에서는 한 사람이 다른 사람 위에 군림하여 지배하는 그 어떠한 위계적 구조와 정치 질서도 존재할 수 없고, 오직 교회 공동체와 형제를 사랑하고 섬기는 종의 사역이 존재할 뿐이었다.187)

장로교 정치제도는 교회의 주권이 예수 그리스도와 교인에게 있는 민주공화제 정치로서 대의제 민주정치를 통해 교회를 다스리고 운영하며, 질서를 유지한다. 교회의 주권을 가진 지교회 교인들에 의해 직접선거로 선출되는 치리장로와 삼위일체 하나님의 이름으로 안수를 받고 교인들의 자발적 의사에 의해 선택되는 목사로 구성되는 당회가 예수 그리스도와 교인들로부터 주권을 위임받아 지교회를 다스린다. 그리고 노회 소속의 목사와 지교회에서 교인의 대표로 파송되는 치리장로로 조직되는 치리기구인 노회를 통해 개별 지교회의 한계를 극복하고 오류를 방지하며 교회의 보편성과 공동체성을 추구한다. 장로교 정치의 핵심적 원리 가운데 하나는 바로 교회

---

186) 최영, "교회정치의 신학적 의의", 187-188.

187) Ibid., 189.

의 주권이 예수 그리스도와 교인에게 있다는 것이며, 감독정치나 교황정치처럼 특정한 성직자 개인에게 주어진 것이 아니라는 것이다. 아울러 장로교 정치는 교인들의 직접선거를 통해 선출되는 교인의 대표인 장로가 교인들로부터 주권을 위임받아 교인을 대신하여 교회를 다스리는 대의제 민주정치를 실현하고 있다는 것이다. 이는 회중들에 의해 직접 다스려지는 회중 정치와 구별되는 장로교 정치의 매우 중요한 원리가 된다.

장로교 신앙의 근본은 성경에 기록된 하나님의 말씀에 있다. 교회의 직분은 하나님의 일과 교회 공동체를 위해 하나님과 교인들로부터 위임된 것이며, 그것을 통해 하나님의 뜻을 섬기고 교회를 거룩한 사랑의 공동체로 만들어 가기 위해 세워진 것이다. 그러므로 장로교 정치체제는 교인들의 주권을 인정하지 않고 교회의 직분을 맡은 자가 평신도 위에 군림하거나 지배하는 감독 정치나 교황 정치를 배격한다. 그리고 장로교 정치체제는 노회나 총회와 같이 개별 지교회 단위를 넘어서는 상급 치리회를 인정하지 않고, 교회의 연합과 일치를 경시하는 회중 정치를 반대한다.[188]

칼뱅은 그리스도의 몸 된 교회를 다스릴 직임을 온전히 맡길 수 있을 만큼 선하고 경건한 사람이 존재하지 않고, 회중들은 교회 공동체를 이끌어 가는 데 중요한 사항들에 대해 올바른 판단과 결정을 할 수 있을 정도의 자질을 가지고 있지 못하다고 보았다. 범죄로 인해 전적으로 타락한 존재라는 인간에 대한 근본 인식을 토대로 그는 한 사람의 지배가 초래할 수 있는 자만심과 독재를 방지하고, 회중

---

188) 임택진, 『장로회 정치 해설』, 29.

들의 무질서와 변덕을 동시에 막아 내기 위해 공동체를 이끌어 갈 수 있는 일정한 자격을 갖춘 사람들로 구성되는 치리회를 조직하고 그 치리회를 중심으로 교회를 다스리는 대의정치를 주창했던 것이다.[189] 장로교 정치체제에서 대의정치가 바르게 시행되기 위해서는 교회의 주권이 예수 그리스도에게 있다는 것을 분명히 자각하면서 모든 교인들이 하나님의 뜻과 인도하심을 따라 회중의 대표를 선출할 권리와 함께 자신이 직접 선출한 대표들로 조직된 당회와 노회, 총회와 같은 치리회의 결정과 권징에 절대적으로 순종해야 할 의무에 대해 공통의 이해를 가지고 있어야 한다.

장로교 정치제도는 목사와 치리장로의 동등성을 또 하나의 핵심적인 원리로 하고 있다. 칼뱅은 신약성경에 제시되어 있는 감독과 장로, 목사가 같은 직분을 가리키는 것으로 보았다(딛 1:5-7; 딤전 3:1)(Institute, V.3.8).[190] 성경은 교회에서 직임을 맡은 모든 직분자들이 하나님으로부터 동등한 권한을 부여받았음을 가르치고 있다. 그리고 종교개혁의 전통 위에서 장로교 정치제도는 성경이 교회의 직분이 교회의 권력을 위한 계급적인 지위가 아니라, 하나님의 나라를 섬기기 위해 구체적으로 담당해야 할 기능상의 차이를 가리키는 것으로 이해하고 있다. 그리고 직분을 맡은 사람의 권위는 그가 가진 권력과 조직 내에서 차지하고 있는 위계적인 지위에 의해 주어지는 것이 아니라, 하나님의 나라를 위해 하나님의 뜻에 따라 부름을 받고 하나님과 교회 공동체를 섬기고 하나님의 일을 행하는 사람으로서 하나님의 뜻에 대한 순종과 맡은 직분에서의 신실함을 통해 교

---

189) 최영, "교회정치의 신학적 의의", 194.
190) J. Calvin, 『새 영한 기독교 강요(하)』, 107-109.

회 공동체로부터 주어지는 신뢰와 존경을 전제로 획득되는 것으로 이해하고 있다.

장로교 정치제도는 목사와 장로의 직분상 동등성을 전제로 하면서 목사로 대표되는 영적 리더십과 장로로 대표되는 회중 리더십의 분립과 균형을 추구하고 있다. 개별 지교회 교인들은 자발적 의사에 따라 자신들의 교회에서 사역할 목사를 선택할 권한을 가지고 있지만, 목사는 지교회 당회가 아니라 노회에 소속되어 노회의 관할을 받도록 하고 있다. 교인들의 대표로 선출된 장로와 목사로 조직되는 당회가 지교회에 대한 치리권을 가지고 있는 장로교 정치제도에서 목사가 지교회에 소속되어 지교회의 관할을 받게 되면 당회에서 장로들에 비해 소수일 수밖에 없는 목사의 영적 리더십은 침해를 받을 수밖에 없다. 따라서 영적 리더십을 대표하는 목사가 노회에 소속되어 노회의 관할을 받도록 함으로써 교인들에 의한 목사의 선택권, 즉 교인의 주권을 인정하면서도 지교회 목사에 대한 관할과 위임의 권한을 노회가 갖도록 하여 영적 리더십과 회중 리더십의 균형을 추구하는 것이 장로교 정치제도의 핵심적 원리의 하나가 되고 있는 것이다. 그리고 노회와 총회는 총대목사와 총대장로의 수를 같게 함으로써 영적 리더십과 회중 리더십의 균형을 꾀하고 있다. 이는 교회 공동체를 이끌어 가는 두 리더십의 분립과 균형을 통해 하나님의 영광을 드러내고 교회 내 민주주의를 확립하기 위한 것이며, 삼위일체 하나님의 사랑의 관계를 본받아 교회를 사랑의 공동체로 만들기 위한 것이다.

이뿐만 아니라 장로교 정치제도는 교회의 통치가 교황이나 감독 등 특정 개인에 의해 이루어지는 것이 아니라, 치리회를 통해 공동

체적으로 이루어지고, 당회, 노회, 총회로 단계적으로 구성되는 치리
회를 통해 교회의 연합과 일치를 추구하는 것을 또 하나의 핵심 원
리로 하고 있다. 장로교 정치체제에서 교회를 다스리는 권한은 각
지교회의 당회에 있으며, 지교회 교인들과 당회는 노회의 지도와 감
독하에 목사와 직분자를 선출할 권리를 가지고 있다. 양심을 주재하
시는 하나님께서 각 개인에게 양심과 신앙의 자유를 허락하셨듯
이[191] 모든 지교회에 교회의 자유를 주셨다. 어떠한 지교회도 다른
지교회에 대해 권위를 내세우거나 지배할 수 없으며, 다른 교회로부
터 권리를 침해받지 않을 자유가 있다.[192] 하지만 장로교 정치체제
는 자율적인 공동체로서의 각 지교회의 연합과 교리와 정치의 일치
를 위해 노회와 총회라고 하는 상급 치리회를 단계적으로 조직한
다.[193] 각 지교회 당회는 교인의 수에 따라 일정한 비율로 총대장로
를 노회에 파송하여 노회에 소속되어 노회 관할을 받고 있는 목사와
함께 노회를 조직하고, 각 노회에서 동수로 총대목사와 총대장로를
파송하여 총회를 조직하여 교회의 연합과 일치를 추구한다. 그리고
노회는 소속 지교회를 관할하고, 장로교회의 최고 치리회인 총회는
소속된 전국 노회와 당회 및 지교회를 대표하며 통일성을 나타낸
다.[194]

　　당회, 노회, 총회로 이어지는 장로교 정치제도의 삼심제 치리기구
는 개별 교인들의 신앙의 자유와 각 지교회의 독자성, 당회의 자율

---

191) 이종일, 『교회헌법정해: 정치, 권징조례, 통상회의법 해설』, 30.
192) 박근원, 김경재, 박종화 편, 『장로교 신조 모음』 (서울: 한국기독교장로회출판사, 2003), 168.
193) J. Macperson/ 이종전 역, 『장로교회의 정치원리』 (서울: 아벨서원, 1998), 175.
194) 최영, "교회정치의 신학적 의의", 194.

적 치리권을 기초로 하면서 교회의 연합과 일치를 추구하는 대의제 민주정치의 중심적인 형식임과 동시에 교회정치의 공동체성을 확보하기 위한 소중한 장치라고 할 수 있다. 각 지교회에 속한 교인들은 당회의 치리에 순종해야 할 책임이 있고, 각 지교회 당회는 노회의 관할을 받고 노회의 결정에 순종해야 할 책임이 있다. 하지만 당회나 노회의 결정이나 명령이 성경이나 교회의 헌법에 위배될 경우에는 상급 치리회에 상소할 수 있는 권리를 가지고 있다. 교인과 지교회의 자율성과 책임, 치리회의 관할과 상소권 등 장로교 정치제도가 발전시킨 이러한 원리와 정치사상은 근대 민주정치의 핵심적 원리가 되고 있다.

제3장

네비우스 선교정책과
곽안련의 정치사상

1. 한국 장로교회 성립 초기 시대적 상황

1) 정치사회적 상황

기독교가 전래되고 수용되던 19세기 중후반의 조선 사회는 안으로는 봉건사회의 질곡이 극에 달하여 통치자들의 무능과 관료들의 부패로 인해 백성들의 삶이 도탄에 빠져 있었고, 밖으로는 제국주의 시대를 맞아 세계열강들의 침략 야욕이 거세게 밀어닥치고 국가의 존망이 위태롭던 내우외환의 시대였다. 세계열강들은 앞다투어 식민지 개척을 위해 한반도로 계속 밀려들고 있었지만, 조선 정부는 쇄국정책을 표방하면서 국가의 문을 굳게 걸어 잠그고 있었다. 1866년 프랑스 신부 3명이 천주교에 대한 박해로 인해 조선에서 순교하는 일이 발생하자 프랑스 정부는 이를 문제 삼아 1866년 10월 7척의 함대를 보내어 강화도를 점령하고 조선과의 외교관계를 수립하고자 하였다.[1] 그리고 미국은 대동강에서 미국 상선이 조선과의 통상을 요구하다 조선군에 의해 불타고 토마스 선교사를 비롯한 선원들이

---

1) 한국근현대사학회, 『한국근현대사강의』 (서울: 한울, 2013), 27.

죽임을 당한 제너럴셔먼(General Sherman)호 사건이 발생하자 이를 문제 삼아 1871년 신미양요를 일으키고 조선에 통상을 요구하였다.[2] 하지만 조선을 실질적으로 통치하고 있던 흥선대원군은 서구 열강들의 지속적인 문호개방 압력에도 불구하고 나라의 문을 굳게 잠근 채 쇄국정책을 고수하였다.[3] 그러나 대원군의 쇄국정책이 계속되는 중에서도 국내에서는 대원군의 쇄국정책을 반대하는 개화파 세력이 명성황후를 중심으로 형성되고 있었으며, 쇄국정책을 고수하던 수구파와 개화파 사이의 갈등과 대립은 점차 개화파의 승리로 귀결되고 있었다.

1874년 타이완을 침략한 일본은 군사력을 동원하여 조선을 압박함으로써 조선과의 교섭을 시도하고자 했다. 1875년에는 운요호 사건을 일으켰고, 이를 빌미로 1876년 강압적으로 조선 정부와 강화도조약을 체결하였다.[4]

일본의 무력에 밀려 불평등한 강화도조약을 체결한 조선 정부는 개화파를 중심으로 국정을 개혁하고자 했으나 그들의 노력은 성공적이지 못했다. 개항장을 중심으로 시장이 개방되면서 일본 상인의 진출이 급속히 증대되었다. 대외무역의 역조 현상이 나날이 심각해져 가는 상황에서 일본으로의 쌀의 대량 반출은 식량 부족을 야기했고, 때마침 밀어닥친 가뭄은 쌀 가격의 폭등을 가져왔다.[5] 민생이 피폐해 가는 상황에서 구식 군대에 대한 차별이 원인이 되어 1882

---

2) Ibid., 29.
3) 백낙준, 『한국개신교사』 (서울: 연세대학교출판부, 1998), 62-63.
4) 한국근현대사학회, 『한국근현대사강의』, 32.
5) Ibid., 68.

년에 임오군란이 발생하였다. 이를 진압하기 위해 청국 군대가 조선에 들어왔으며, 뒷전에 밀려나 있던 대원군이 다시 정권을 장악하자 개화정책은 실패하고 말았다.[6)

한편, 임오군란을 계기로 개화파는 개화정책의 추진 방법과 청국과 일본에 대한 외교 문제를 둘러싸고 온건 개화파와 급진 개화파로 분화되어 갔다. 김홍집과 김윤식, 어윤중 등의 온건 개화파는 동도서기론(東道西器論)의 입장에서 기독교를 비롯한 서양의 문화와 사상은 배제한 채 서양의 문물과 과학기술만을 받아들여 점진적으로 개혁과 근대화를 이루어 가면서 청국과는 종래의 사대적 외교관계를 유지하자는 입장이었다. 이에 반해 김옥균과 박영효, 홍영식 등의 급진 개화파는 일본의 메이지유신(明治維新)을 표본으로 삼아 서양의 문물과 과학기술뿐만 아니라 기독교를 포함한 서양의 근대적인 사상과 제도까지도 대폭적으로 수용하자는 입장이었다.[7) 임오군란 이후 중국의 내정간섭이 심화되는 상황에서 고종의 친 중국적인 개화정책은 실패를 거듭하고 있었고, 이에 불만을 품은 급진 개화파는 1884년 일본을 등에 업고 갑신정변을 일으켰으나 3일천하로 실패하고 말았다.[8)

개항 이후 일본의 경제적 수탈이 심화되어 가는 가운데, 조선 정부의 개화정책이 실패함에 따라 백성들의 삶은 날로 피폐해져 갔으며, 이는 급기야 동학을 매개로 반외세 반봉건 개혁을 주창한 동학농민전쟁으로 폭발되었다.[9) 하지만 농민들의 봉기는 외국 군대의

---

6) Ibid.
7) Ibid., 68-69.
8) Ibid., 70-72.

지원을 받은 조선 정부의 군대에 의해 진압되고 말았다. 그리고 임오군란과 갑신정변을 거치면서 일본과 청국의 갈등은 날로 심화되어 갔으며, 이는 마침내 1894년 청일전쟁으로 비화되었다.[10] 1894년 6월 21일 일본군이 경복궁을 무력으로 점령함으로써 시작된 청일전쟁은 9월 15-17일 일본군이 평양에서 14,000명의 청국군을 격파하고 황해 전투에서 청국 함대를 격침시켜 제해권을 장악함으로써 일본의 승리로 기울었다. 이리하여 청일전쟁은 1895년 4월 17일 시모노세키조약(下關條約)을 통해 일본의 승리로 종결되었다.[11]

이러한 와중에 일본은 대원군을 내세워 김홍집, 김윤식, 어윤중을 중심으로 하는 새로운 내각을 구성하고 군국기무처(軍國機務處)를 발족시켜 갑오개혁을 단행하였다.[12] 일본은 군국기무처를 통해 봉건적 신분질서를 폐지하고 근대적 화폐제도와 은행제도, 근대적 교육제도를 도입하는 개혁을 단행하여 평등주의적이고 민주적인 근대적 사회경제질서를 수립하고자 했다. 하지만 일본 주도하의 갑오개혁은 조선 경제의 일본 제국주의 경제로의 예속과 정치사회질서의 일본 관료주의 체제로의 편입을 가속화시켰다.[13] 청일전쟁 이후 일본의 내정간섭과 경제적 침탈이 심화되는 가운데 일본은 명성황후를 시해하고 단발령을 공포하는 등 조선에 대한 침략을 가속화해 나갔다. 고종은 1898년 대한제국으로의 개혁을 단행하고 일본의 간섭에서 벗어나고자 노력했으나 성공적이지 못했다.[14]

---

9) Ibid., 86-89.

10) Ibid., 72.

11) Ibid., 73.

12) Ibid.

13) Ibid., 73-74.

청일전쟁 이후 조선에 대한 지배력을 계속해서 강화해 가던 일본은 만주를 지배하면서 남진정책을 지속적으로 추구하던 러시아와 충돌할 수밖에 없었으며, 이는 1904년의 러일전쟁으로 정점에 달하였다. 일본은 러시아의 남진정책을 저지하려는 뜻을 같이하고 있던 영국과의 동맹을 통해[15] 한반도에 대한 독점적 지배에 대한 국제사회의 동의를 얻어 낸 후, 1904년 2월 뤼순 항을 공격함으로써 러일전쟁을 도발했다. 그리고 이 전쟁은 일본의 승리로 귀결되었다.[16] 러일전쟁의 승리로 조선에 대한 독점적 지배력을 확보한 일본은 1905년 을사늑약(乙巳勒約)을 통해 조선의 외교권을 박탈하고 통감부를 설치하여 조선을 실질적으로 지배하기 시작했다.[17] 을사늑약이 체결되자 황성신문의 장지연이 11월 20일 자 논설에서 '시일야방성대곡'이라는 사설을 통해 저항하는 등 지식인들의 반발[18]이 거세게 일어났다. 그리고 전국 곳곳에서 봉기한 의병운동을 비롯하여 전국민적 저항이 거세게 일어났다. 하지만 이러한 저항은 일본 제국주의의 강압적 침탈을 막아 내기에는 역부족이었다.[19] 또한 일본 제국주의의 경제적 침탈이 심화되는 가운데 대구 상인 서상돈을 중심으로 국권 회복을 위해 대한제국이 일본에 지고 있는 채무 1,300만 원을 국민들의 노력으로 갚아 나가자는 국채보상운동이 일어났지만, 이 역시 일본 통감부의 방해로 성공하지 못했다.[20] 1906년 4월 '대

---

14) Ibid., 99-106.

15) 김성희, 『1면으로 보는 근현대사』 (서울: 서해문집, 2009), 26-27.

16) 김진수, "총회가 설립되던 당시의 시대적 상황에 대한 이해", 황재범 외, 『초기 한국장로교회사』 (서울: 한국장로교출판사, 2012), 22.

17) 강만길, 『고쳐 쓴 한국근대사』 (경기도: 창작과 비평사, 2010), 255-256.

18) 김진수, "총회가 설립되던 당시의 시대적 상황에 대한 이해", 25.

19) 한국근현대사학회, 『한국근현대사강의』, 126-127.

한자강회'의 설립 이후 애국계몽운동이 지속적으로 전개되었다.[21] 그리고 1907년 4월에는 안창호의 주도로 상동교회 청년들을 비롯한 기독교계 청년들이 중심이 되어 비밀단체인 '신민회'를 결성하여 국권회복운동을 전개하였다.[22] 신민회는 기독교의 교세가 비교적 강했던 서북지역의 교회와 학교의 교사와 학생, 토착 상공인을 중심으로 비밀리에 조직을 확산시켜 나갔지만, 일제가 조작한 105인 사건으로 인해 와해되고 말았다.[23]

한편, 조선예수교장로회 독노회가 설립되던 1907년, 대한제국의 고종 황제는 일본의 침략 야욕을 세계에 알리기 위해 헤이그에서 열린 만국평화회의에 밀사를 파견하기도 했지만, 안타까운 실패로 끝나고 말았다.[24] 초대 통감 이토 히로부미(伊藤博文)는 내각 총리대신 이완용과 비밀리에 대한제국의 행정권을 일본에 넘겨주는 '정미7조약'을 체결하고 유명무실하던 군대를 완전히 해산시켜 버렸다.[25] 그리고 일본 제국주의는 1908년 8월에 동양척식주식회사를 설립하여 경제적 침탈을 가속화시켰고, 1910년 5월에는 헌병경찰제를 실시하였으며, 1910년 8월 29일에는 마침내 한반도를 강제로 병합하

---

20) 김진수, "총회가 설립되던 당시의 시대적 상황에 대한 이해", 35-37.

21) 강준만, 『한국근대사 산책 제5권』 (서울: 인물과 사상사, 2007), 9.

22) 한국기독교사연구회, 『한국 기독교의 역사 I』 (서울: 기독교문사, 1989), 294-295.

23) 105인 사건은 일제가 비밀결사인 신민회 조직을 와해시키고 서북지역의 기독교 저항세력을 탄압하기 위해 신민회가 배후 조종을 하여 평북 선천에서 데라우치(寺內正毅) 총독을 암살하려다 실패한 것으로 조작한 사건이다. 일제는 서북지방의 기독교계 지도자 700여 명을 검거하여 극심한 고문을 했지만, 혐의를 확인하지 못한 채 대표적인 인물 105인에게 유죄를 선고하였다. 김성희, 『1면으로 보는 근현대사』, 70-71; 윤경로, 『한국근대사의 기독교사적 이해』 (서울: 역민사, 1992), 178. 105인 사건과 신민회에 관한 보다 자세한 논의는 윤경로, 『105인 사건과 신민회 연구』 (서울: 일지사, 1990)을 참고할 것.

24) 한국근현대사학회, 『한국근현대사강의』, 145.

25) 김진수, "총회가 설립되던 당시의 시대적 상황에 대한 이해", 28.

였다. 이리하여 대한제국은 국권을 상실하고 일본 제국주의의 완전한 식민지로 전락하고 말았다.[26]

한일합병 이후 일본 제국주의는 총독부를 설치하여 직접적인 강압적 통치를 행하면서 헌병경찰제를 통해 민족적 저항을 봉쇄해 나갔다.[27] 그리고 토지조사사업을 통해 토지를 수탈하고 막대한 양의 식량을 일본으로 반출해 가면서 전반적인 경제적 수탈을 자행하였다.[28] 그리고 문화적으로는 철저한 민족 말살 정책을 통해 한민족을 완전히 동화시켜 영원히 일본에 복속시키려는 정책을 펼쳐 나갔다.[29] 이러한 일본 제국주의의 강압적인 식민지 통치는 1919년 3.1 독립만세운동이라는 전 국민적 저항을 촉발시켰다. 1917년 미국 대통령 윌슨(Woodrow Wilson)의 민족자결주의가 선포되고 제1차 세계대전의 뒤처리를 위해 프랑스 파리에서 강화회의가 열리게 되자, 이를 독립을 달성할 수 있는 기회로 포착한 기독교를 비롯한 종교계 지도자들과 민족 지도자들이 독립선언을 하게 되었고, 청년 학생들이 앞장선 가운데 전 국민적인 독립만세운동을 전개하였던 것이다.[30] 3.1 독립만세운동은 안으로는 민족의 단결과 투쟁을 이끌어내어 일본 제국주의의 강압적인 무단통치를 무너뜨렸고, 밖으로는 일본 제국주의의 식민지 통치의 잔학상과 한민족의 고난을 전 세계에 폭로하는 계기가 되었다.[31] 3.1 독립만세운동 이후 일본 제국주

---

26) Ibid., 29-30.
27) 한국근현대사학회, 『한국근현대사강의』, 157.
28) Ibid., 158.
29) Ibid., 157.
30) Ibid., 162.
31) Ibid.

의는 그동안의 무단통치를 기만적인 문화통치로 변화시켰다. 이는 헌병경찰제를 보통경찰제로 바꾸어 한국인들의 저항을 물 위로 떠오르게 하여 반발을 약화시키고 지도층을 분열시키고자 하는 것이었다.[32] 일본 제국주의는 제1차 세계대전 이후 국내적으로는 쌀 소동을 비롯한 경제적 수탈 구조의 위기와 저항에 대처하고, 밖으로는 서구 열강들의 아시아 진출 확대에 신속히 대처해야만 했다. 따라서 1920년대 일본 제국주의는 국내적으로는 노동자와 농민의 저항을 탄압하면서 군부와 관료, 자본가들의 동맹을 강화하여 군비 확장과 금융독점자본의 이윤 확대를 추구하고, 국제적으로는 식민지 조선에 대한 지배를 보다 강화하면서 만주를 기반으로 대륙으로 진출하려는 군국주의적인 정책을 추진하고 있었다.

2) 종교적 상황

조선 말기의 정치사회적 혼란 속에서 백성들은 종교적으로도 심한 아노미[33] 상태에 빠져 있었다. 삼국시대와 고려시대를 거치면서 민족적·민중적 종교로 자리 잡았던 불교는 조선시대 들어 불교를 억압하고 유교 중심적인 지배 이데올로기가 강화되면서 힘을 잃어갔으며, 백성들의 삶이 도탄에 빠져 있는 상황에서 종교적인 영향력과 지도력을 발휘하지 못하고 있었다. 고려 말 불교는 정치권력과 유착하여 온갖 부정과 부패를 양산하였고, 무교나 풍수지리, 도참사

---

32) Ibid.

33) 아노미(anomie)란 사회적 규범의 동요나 이완, 붕괴 등으로 인해 일어나는 혼돈 상태 혹은 구성원들의 욕구나 행위의 무질서 상태를 나타내는 말로서 프랑스의 사회학자 에밀 뒤르켐(Emile Durkheim)의 『자살론』(1897)에서 유래하였다.

상 등과 결합하여 민심을 혼란시키기도 하였다. 엄청난 돈을 들여 사찰을 짓고 불교 행사를 마련하는 등 백성들의 삶을 외면한 사치는 고려가 멸망하는 하나의 원인이 되기도 하였다.[34]

정치권력과 유착한 불교의 부패를 비판하면서 주자학을 새로운 이데올로기로 하여 건국한 조선 사회에서 유교는 중심적인 종교가 되어 갔다.[35] 조선시대 초기에는 기본적으로 숭유억불(崇儒抑佛) 정책을 통해 유교가 지배적인 이데올로기로 정착되어 가는 상황에서도 승려 선발을 위한 과거제도와 도첩(度牒) 발급이 제도화되고, 불교 서적과 경전이 간행되었으며, 왕실의 안녕을 기원하는 행사가 이루어지는 등 불교는 왕실과 백성들의 삶에 여전히 영향을 미치고 있었다. 하지만 성종시대 이후 신진 사림들의 불교에 대한 비판이 강화되면서 불교는 점차 힘을 잃고 산속으로 밀려나고 말았다.[36]

조선왕조의 지배 이데올로기로서 막강한 영향력을 행사했던 유교역시 국가의 위기가 심화되는 속에서 급격한 시대적 변화에 제대로 대응하지 못하고 쇠퇴하기 시작했다. 유교는 종교로서의 건강한 지도력을 발휘하지 못하고 당파싸움의 도구로만 활용되면서 백성들의 절망적인 마음을 전혀 위로하지 못하고 있었다. 지방 유생들의 강한 반발에도 불구하고 국가의 재정을 충원하고 유림 세력을 약화시키기 위해 단행된 대원군의 서원 철폐는 유교에 결정적인 타격을 주었다.[37] 그리고 서구 제국주의 열강들의 쇄도하는 통상 압력에 맞서

---

34) 박남규, "한국 개신교의 제사금지정책에 대한 비판적 고찰과 대안 연구" (계명대학교 박사학위논문, 2009), 34-35.

35) J. H. Grayson/ 강돈구 역, 『한국종교사』 (서울: 민족사, 1995), 164-165.

36) 한영우, 『다시 찾는 우리 역사』 (서울: 경세원, 1997), 283.

37) Ibid., 419-423.

쇄국정책으로 주자학의 정통성을 회복하려는 보수 세력과 서구의 문물을 받아들여 근대화를 추진하려는 개화 세력 사이의 사상적·정치적 갈등과 혼란은 유교의 급격한 쇠퇴를 가져왔다.[38] 국가의 운명이 풍전등화와 같이 위태롭고 백성들의 삶이 극도로 피폐해져 있던 당시 지나치게 신비주의적 경향을 보였던 불교와 정서적이고 신비적인 면을 지나치게 경시했던 유교는 모두 정치적·사회적 혼란과 삶의 위기 속에서 백성들에게 아무런 희망을 주지 못했고 종교로서의 지도력을 발휘하지 못했다.[39]

한편, 유교와 불교가 중국으로부터 전래된 4세기 이전부터 무교는 한국인들의 심성에 강하게 자리 잡고 있었다. 한국의 무교는 시베리아에서 발견되는 것과 유사한 것으로 질병과 악귀, 불운 등을 쫓아내고 복을 비는 샤머니즘적 신앙이었다. 무속 신앙은 한국인들의 종교적 심성의 바탕을 이루면서 유입되는 외래 종교와의 혼합을 통해 변형되면서 한국인들의 역사와 삶 속에 깊이 자리 잡았다.[40] 정치적·사회적 혼란과 경제적 위기가 계속되던 조선 말기 불교와 유교 같은 전통 종교가 종교로서의 영향력을 상실하고 정신적·사상적 혼란이 가중되는 상황에서 무속 신앙은 백성들의 삶 속에 그 어느 때보다도 깊이 파고들었다. 하지만 무속 신앙은 삶의 방향을 잃고 방황하는 백성들을 건강한 종교생활과 문화로 이끌지 못하고 혼란만을 가중시키고 있었다.

18세기 중엽 이후 서학 서적을 통해 자생적으로 생겨난 천주교

---

38) 한국종교연구회, 『세계종교사 입문』 (서울: 청년사, 1991), 353-355.
39) 민경배, 『한국기독교회사』 (서울: 연세대학교출판부, 2007), 120.
40) 유동식, 『한국 종교와 기독교』 (서울: 대한기독교서회, 1996), 15.

신앙은 1784년 이승훈이 중국에서 세례를 받고 돌아와 이벽, 권일신과 함께 스스로 성직자가 되어 신앙을 전파하면서 정약용, 정약전 등의 양반층은 물론 김범우와 같은 중인층에게도 신앙이 확산되는 등 급속히 성장하기 시작하였다.[41] 하지만 이들 천주교 신앙을 가진 사람들이 김범우의 집에 모여 예배를 드리는 장면이 당국에 적발되어 김범우가 유배를 당하는 '을사추조적발사건(乙巳秋曹摘發事件)'이 일어나면서부터 천주교에 대한 박해가 시작되었다.[42] 천주실의(天主實義)와 칠극(七克)을 읽고 천주교인이 된 정약용의 외종인 윤지충이 1791년 모친 권씨가 돌아가셨을 때 상복을 입고 부복은 하였으나 위패를 모시지 않고 제사를 지내지 않은 '진산사건(珍山事件)'이 발생하자 남인 사이의 당쟁이라는 정치적 상황과 맞물리면서 신해교난이 일어나 천주교는 심한 박해를 받았다.[43] 하지만, 극심한 박해 속에서도 신앙을 수호하고 칠성사의 수령을 갈망하는 조선 천주교인들의 요청으로 중국인 신부 주문모(周文謨)가 입국하여 활동하기 시작하자 여성 신자들이 크게 증가하면서 천주교의 교세는 다시 확장되기 시작하였다.[44] 정조시대 잠시 느슨하던 천주교에 대한 박해는 정조의 뒤를 이어 순조가 왕위에 오르자 섭정을 맡은 정순왕후와 노론 시파가 손을 잡고 벽파를 제거하는 과정에서 새롭게 시작되었다. 1801년 시작된 신유박해로 권철신, 정약종 등 많은 천주교인들이 처형당하였고, 주문모 신부도 순교하였다.[45] 그리고 박해를

---

41) 김인수, 『한국기독교회사』 (서울: 한국장로교출판사, 2010), 35-37.
42) 한국기독교사연구회, 『한국 기독교의 역사 I』, 77.
43) 김인수, 『한국기독교회사』, 42.
44) C. Dallet/ 안응렬, 최석우 공역, 『한국천주교회사(상)』 (서울: 한국교회사연구소, 1990), 397.

피해 배론(舟論)에 피신해 있던 황사영이 조선 정부의 천주교인들에 대한 박해 상황을 알리며, 서구 기독교 국가들의 동정을 얻고 조선을 청나라에 예속시켜서라도 신앙의 자유를 얻고자 한다는 내용을 담은 이른바 '황사영백서(黃嗣永帛書)'를 북경에 있는 주교에게 보내려다 적발되어 순교를 당하면서 천주교에 대한 박해는 가일층 심화되었다.46)

조선 천주교회의 1세대 지도자들이 순교와 배교로 교회를 떠난 뒤 정하상을 비롯한 2세대 지도자들은 계속되는 박해 속에서도 지속적으로 신앙을 전파하였으며, 로마 교황청에 독자적인 조선교구의 창설과 선교사의 파송을 요청하였다. 그 결과 1831년 조선에 독립 교구가 창설되었고,47) 1836년 1월에는 프랑스 외방전교회 소속의 모방(Pierre P. Maubant) 신부가 입국하였다. 그리고 이듬해에는 제2대 조선교구장 엥베르(Laurent M. J. Imbert) 주교와 샤스탕(Jacques H. Chastan) 신부가 입국함으로써 교회의 기틀이 잡혀 가기 시작했으며, 교인 수가 9,000명에 이를 정도로 천주교 신앙은 급속히 성장했다.48) 하지만 1839년 4월 헌종의 섭정 순원왕후가 '사학토치령(邪學討治令)'을 반포함으로써 신유박해보다 더 극심한 기해박해가 시작되었다. 이 박해로 인해 엥베르 주교를 비롯한 프랑스 신부들과 정하상 등의 지도자들을 포함하여 수많은 교인들이 체포되고 순교하였다.49) 또한 1845년 8월 북경에서 제3대 조선교구장 페레올(Jean J.

---

45) 김인수, 『한국기독교회사』, 43-45.

46) Ibid., 45-46.

47) Ibid., 51.

48) C. Dallet/ 안응렬, 최석우 공역, 『한국천주교회사(중)』 (서울: 한국교회사연구소, 1990), 253-254.

Ferreol) 주교에 의해 조선인 최초의 사제로 서품을 받고 입국하여 활동하던 김대건 신부가 1846년 체포되어 순교하는 병오박해가 시작되자 많은 교인들이 희생되었다.[50] 헌종이 사망하고 철종이 즉위하자 천주교에 호의적이던 안동 김씨 세력이 정국의 주도권을 장악하게 되면서 천주교에 대한 박해는 한동안 느슨해지기 시작했다. 1856년 3월에는 제4대 조선교구장 베르뇌(Simon F. Berneux) 신부가 젊은 신부들을 대동하고 입국하여 선교함으로써 교인 수가 1857년에는 13,000명, 1865년(고종 2년)에는 23,000명에 이를 정도로 증가하였으며, 밀입국하여 활동하던 신부가 12명이나 될 정도로 천주교의 교세가 급속히 확장되었다.[51] 그러나 이러한 급속한 교세의 확장은 러시아의 남하를 프랑스의 힘으로 막아 보려던 대원군의 기대를 정치문제에 개입하기를 꺼리던 베르뇌 주교가 만족시켜 주지 못한 일과 겹치면서 1866년 병인박해를 유발하였다. 병인양요와 신미양요 등 서구 열강들의 압박이 계속되는 상황에서 대원군의 아버지 남연군(南延君)의 묘소를 도굴한 사건과 같은 서구인들의 파렴치한 행위가 겹치면서 천주교에 대한 박해는 대원군이 실각하던 1873년까지 계속되었으며, 수많은 교인들의 순교를 낳았다.[52]

100년 가까운 세월 동안 오랜 수난과 극심한 박해 속에서도 조선 천주교회는 지속적으로 발전하였고 꾸준히 교세가 확장되었다. 하지만 급변하는 세계정세 속에서 쇄국정책으로 문을 굳게 걸어 잠그고

---

49) 김인수, 『한국기독교회사』, 53-54.
50) C. Dallet/ 안응렬, 최석우 공역, 『한국천주교회사(하)』 (서울: 한국교회사연구소, 1990), 118-120.
51) 김인수, 『한국기독교회사』, 57.
52) Ibid., 60-62.

위정척사(衛正斥邪)를 외치는 대원군과 조선 정부의 박해 앞에서 천주교회는 여전히 지하교회로 남아 있었다. 조선 천주교회는 정치사회적 혼란과 삶의 위기, 종교적 아노미 상태에 직면해 있는 백성들을 위로하고 희망을 주기에는 역부족이었다.

이러한 조선 말기의 종교적 상황하에서 한국 땅을 밟은 개신교 선교사들에게 한국은 종교가 없는 나라로 보였다. 설령 종교가 있다 하더라도 그들의 눈에는 샤머니즘이나 미신에 지나지 않는 것으로 비칠 수밖에 없었다.[53]

한편, 정치, 경제, 사회, 문화, 종교 등 사회 전반의 총체적 위기와 혼란이 가중되는 상황에서 일본의 강압에 의한 강화도조약 이후 서구 열강들에게 문호를 개방하면서 유입되기 시작한 개신교에 대해 조선의 정치인들과 사상가들은 매우 혼란된 입장을 가지고 서로 대립하고 있었다. 1881년 3월의 '영남만인소' 운동으로 대표되는 위정척사파는 전통적인 유교 문화가 서양의 기독교 문화보다 우월하며, 서양의 사상이나 외부 세력에 의해 전통문화와 사상이 변질되거나 흔들려서는 안 된다는 것을 강조했다.[54] 위정척사파가 서구의 사상과 문물에 대해 극단적인 폐쇄성을 드러내면서 개화에 대해 부정적

---

53) 비숍(Isabella B. Bishop, 1832-1904)에게 한국인들은 종교에 무관심하고 종교 없이도 잘 지내온 사람들로 보였고, 의료선교사 알렌(H. N. Allen)에게도 유교는 도덕적 제도에 지나지 않고 불교는 이미 명성을 잃어 사실상 한국인들에게는 종교가 없는 것으로 비쳤다. 그리고 언더우드(H. G. Underwood)와 게일(J. S. Gale)에게도 한국에는 성직자나 사원이 없고 신앙생활을 하는 신자도 없으며, 특별한 종교가 존재하지 않는 것으로 보였다. I. B. Bishop/ 이인화 역, 『한국과 그 이웃나라들』(서울: 살림출판사, 1994), 85; H. N. Allen/ 신복룡 역, 『조선견문기』(서울: 평민사, 1986), 136; J. S. Gale/ 신복룡 역, 『전환기의 조선』(서울: 평민사, 1986), 49-50; H. G. Underwood/ 한동수 역, 『와서 우릴 도우라』(서울: 기독교문서선교회, 2000), 91; 박남규, "한국 개신교의 제사금지정책에 대한 비판적 고찰과 대안 연구", 36-37.

54) 류대영, 『개화기 조선과 미국 선교사』(서울: 한국기독교역사연구소, 2004), 151.

인 입장을 가졌다면, 개화파는 개화의 방법을 둘러싸고 두 가지 입장으로 나뉘어 있었으며, 개신교에 대한 입장과 태도도 서로 달랐다. 온건 개화파로 불리는 김윤식과 김홍집 등의 동도서기파는 중국이 택했던 자강운동 방식을 개화의 모델로 삼아 서구의 사상과 기독교는 배척하고 서양의 우수한 기술과 문물만을 받아들여 개화를 추진하자는 입장을 취하고 있었다.[55] 이에 반해 김옥균, 박영효 등의 급진 개화파는 일본이 서구에 문호를 완전히 개방하고 기독교를 포함한 서구 사상과 기술문명을 적극적으로 받아들인 결과 급속한 근대화를 이루게 되었다고 보고, 서양의 기술과 문물뿐만 아니라 기독교와 서구의 사상까지 적극적으로 받아들이고자 하였다. 당시 급진개화파 인사들은 서구 열강들과 기독교를 주체적으로 견제할 힘도 없었고, 일본 제국주의의 도움에 의지하는 것이 초래할 파장을 깊이 고민할 여유도 없이 일본의 제국주의적 침략과 민족적 정체성 사이에서 갈등과 혼란을 겪고 있었다.[56]

서구 열강들과 일본 제국주의가 식민지 침탈을 위해 무력을 앞세워 한반도로 밀어닥치고 있는 상황에서 조선의 정치 지도자들과 사상가들은 세계정세의 변화를 읽어 낼 지각도 없었고 제국주의 열강들의 침탈을 막아 낼 힘도 없었다. 그들은 개화가 가져올 정치경제적·사회문화적 파장을 깊이 성찰할 마음의 여유도 없는 상황에서 고정관념과 단순하고 짧은 생각에 젖어 서로 대립하면서 사회적·정신적 혼란을 가중시키고 있었다. 그러는 사이 일본 제국주의는 침략을 위한 군홧발을 우리 민족의 가슴 위로 성큼성큼 옮겨 놓기 시

---

55) Ibid., 161-162.
56) Ibid., 387.

작했고, 백성들은 날로 피폐해져만 가는 삶의 위기 속에서 희망을 잃고 방황하고 있었다. 그럼에도 불구하고 전통 종교는 조국의 미래와 백성들의 삶을 비춰 줄 한 줄기 빛조차 발산하지 못하고 있었고, 백성들의 위로와 안식이 되지 못하고 있었다. 이처럼 일본과 서구의 제국주의 열강들이 식민지 침탈을 강행하던 당시 정치적·사회적 혼란과 경제적 위기가 심화되는 속에서 의지할 종교조차 없이 백성들이 희망을 잃고 방황하며 서러움에 싸여 있던 상황이 개신교가 전래되던 당시의 한국의 모습이었다.[57]

2. 초기 교회의 발전과 내한 선교사들의 신학

1) 선교의 시작과 초기 교회의 발전

한국에서의 개신교 신앙은 선교사들이 입국하기 전 만주와 일본에서부터 시작되었다. 스코틀랜드 선교회는 1872년 존 로스(John Ross)와 존 매킨타이어(John Mcintyre)를 중국 선교사로 파송하였고, 이들은 만주의 영구(營口)에 선교본부를 개설하고 선교사업을 시작하였다.[58] 윌리암슨(A. Williamson)으로부터 영국인 선교사 토마스(Robert Thomas) 목사의 순교에 관한 이야기를 전해 들은 로스는 한국에 대한 관심을 갖게 되었고 한국 선교에 대해 열정을 불태우고 있었다.[59] 1874년 영구를 출발하여 압록강 하류 국경지역에 있는

---

57) 민경배, 『한국기독교회사』, 125.
58) 김인수, 『한국기독교회사』, 77.
59) Ibid., 78.

고려문(Korean Gate)을 방문한 로스는 한국인 상인을 만나 한국의 사정을 듣고 간단한 한국말을 익혔다. 그는 한문으로 된 신약성경을 그 상인에게 건네주었는데, 그 상인은 그것을 아들 백홍준과 친구들에게 주어 읽게 하였다.[60] 이듬해 다시 고려문을 방문한 로스는 파선하여 어려움을 겪고 있던 의주 사람 이응찬을 만나 큰 도움을 주었다. 이것이 계기가 되어 이응찬은 로스의 어학선생이 되었으며, 백홍준, 이승하, 김진기 등과 함께 1876년 세례를 받고 로스와 맥킨타이어를 도와 성경을 번역하기 시작했다.[61] 그 후 의주 청년 서상륜이 동생 서경조와 함께 홍삼 장사를 위해 영구에 왔다가 서상륜이 심한 열병에 걸려 생명이 위독하게 되었을 때, 로스 선교사를 만나 선교부가 운영하는 병원에서 극진한 치료를 받고 완치되었다. 이 일이 계기가 되어 서상륜은 기독교를 받아들이고 1879년에 로스로부터 세례를 받게 되었다.[62]

한국 교회의 첫 세례자인 이들은 로스와 맥킨타이어를 도와 신약성경 번역에 착수하였다. 그리하여 1882년 봄에 『예수셩교 누가복음전서』를 발간하였고, 같은 해 5월에는 『예수셩교 요한복음전서』를 발간하였다. 그리고 1884년에는 마태복음과 마가복음을 번역하여 출간하였으며, 1887년에는 신약성경 전체를 번역하여 『예수셩교전서』를 발간하였다.[63]

서상륜을 비롯하여 만주에서 선교사들과 함께 성경을 번역했던

60) 대한예수교장로회총회 역사위원회, 『대한예수교장로교회사(상)』 (서울: 대한예수교장로회총회, 2003), 37.

61) Ibid.

62) 김인수, 『한국기독교회사』, 79.

63) Ibid., 80.

의주 청년들은 매서인과 권서인이 되어 자신들이 번역한 성경을 짊어지고 다니면서 복음을 전하고, 교회를 세우는 일꾼이 되었다.[64] 기독교 복음의 선교가 여전히 국가의 법률로 엄격하게 금지되어 있던 당시 비밀리에 성경을 반입하여 팔면서 복음을 전하는 일은 매우 어렵고 위험한 일이었다. 하지만 고향에 돌아온 의주 청년들은 열심히 전도하여 많은 신자를 얻었다. 백홍준이 요리문답반을 운영하면서 신자들이 더욱 증가하였고, 1885년에는 약 18명의 신자들이 모여 예배를 드리는 예배처가 생겨났다.[65] 서상륜은 성경을 팔고 전도를 하다가 관청에 적발되어 체포령이 내려지자 황해도 장연의 송천(솔내)으로 도피하였다. 그는 그곳에서도 열심히 성경을 보급하고 전도하여 많은 신자를 얻었는데, 이들을 중심으로 솔내에는 한국 최초로 교회가 세워졌다.[66]

한편, 로스 선교사가 심양에서 서상륜에게 보낸 6천 권의 한글성경이 제물포 세관에서 적발되어 압수당할 위기에 처했지만, 묄렌도르프(P. G. Von Mölendorf)의 도움으로 이 성경책을 무사히 반출할 수 있었다. 서상륜은 이 한글성경을 가지고 서울에서도 열정적으로 전도하였다. 그리하여 그는 매서인으로 서울에 파송되어 전도하기 시작한 2년 만에 70명 이상의 세례 요청자를 확보하고 설교당을 마련하였다.[67] 미국 선교사들이 입국한 후에 이들 가운데 13명에게 세례를 베풀었다. 이러한 서상륜의 복음을 전하기 위한 열정적이고 놀

---

64) Ibid.
65) Ibid., 81.
66) 백낙준, 『한국개신교사』, 51.
67) 대한예수교장로회총회 역사위원회, 『대한예수교장로회교회사(상)』, 63.

라운 활동은 한국 장로교회의 자립정책 수립에 큰 영향을 미쳤다.[68] 또한 1883년에는 김청송의 뒤를 이어 두 번째로 한글성경 인쇄에 관여했던 동지사 출신의 청년은 모친이 위독하다는 소식을 듣고 고향으로 돌아가면서 한글성경을 가지고 갔다. 그 청년 역시 집과 여관에서 공공연하게 성경을 판매함으로써 평양에도 한글성경이 보급되기 시작했다.[69]

일본에서의 기독교 복음의 수용은 이수정에 의해 이루어졌다. 온건 개화파에 속하는 인물로 임오군란 당시 명성황후를 충주까지 무사히 피신시켜 왕실의 신임을 받고 있었던 이수정은 1882년 일본 문물을 시찰하기 위해 수신사로 가는 박영효의 비공식 수행원으로 일본을 방문하게 되었다. 농업에 관심이 많았던 그는 기독교인 농학자 츠다센(津田仙)을 만나 기독교를 알게 되었고, 그에게서 기독교의 교리를 배웠다. 이수정은 그해 12월 25일 도쿄 제일장로교회 성탄 축하예배에 참석하여 큰 감명을 받았다. 그는 녹스(G. W. Knox)와 세례문답을 한 후 이듬해 4월에 이스즈끼마찌(露月町)교회에서 야스가와(安川亨) 목사에게 세례를 받았다.[70] 그리고 그는 그해 5월 8일부터 5일간 도쿄에서 개최된 제3회 전국 기독교 대친목회에 참석하여 특별 기도 순서를 맡아 공식적인 일본 기독교 집회에서 한국어로 첫 번째로 공중기도를 드렸으며, 최초로 신앙고백[71]을 문서로

---

68) Ibid., 45.

69) Ibid., 47.

70) Ibid., 39.

71) 성경에 대한 절대적 권위와 오직 믿음으로 구원받는다는 개신교 정통 이신칭의 신앙을 고백한 이수정의 신앙고백은 송길섭, 『한국신학사상사』 (서울: 대한기독교서회, 1997), 32-34에 실려 있다.

남겼다.[72] 그는 재일 미국 성서공회 총무 루미스(H. Loomis)의 권유로 한글성경 번역에 착수하였으며, 일본에서 유학하고 있는 한국인들에게 전도하여 큰 성과를 거두었다.[73] 그는 성경 번역에 열중하여 1883년 11월에 한문성경에 토를 붙여 만든 현토성경인『신약성서마태전』을 출간하였고, 이듬해 8월에는『마가전』과『사도행전』을 역시 현토하여 출간하였다. 계속해서 그는 한글성경 번역에 매진하여 1885년 2월에 요코하마에서 6,000부를 간행하였다. 이수정이 번역한 한글성경을 1885년 언더우드(Horace G. Underwood)와 아펜젤러(Henry G. Appenzeller) 선교사가 휴대하고 입국하였으며, 이는 초기 한국 교회에서 공식적인 한글성경의 역할을 하였다.[74] 이수정은 또한 민족이 복음화되기 위해서는 선교사가 필요하다고 생각하고 한국에 선교사를 파송해 줄 것을 호소하는 편지를 미국 선교부에 보내기도 하였다. 그의 편지는 미국 교회로 하여금 한국 선교에 대한 관심을 갖도록 촉발시키는 데 결정적인 역할을 하였다.[75]

1882년 5월 22일, 제물포에서 '한미수호통상조약'이 체결됨으로써 미국 선교사의 입국의 문이 열리게 되었다.[76] 미국과의 외교관계가 수립된 이후 조선 정부는 특명전권공사 민영익과 대리공사 홍영식 등을 사절단으로 미국에 파견하였는데, 사절단 일행은 워싱턴으로 가는 기차 안에서 볼티모어(Baltimore)에 있는 가우처대학의 설립자이자 감리교 목사인 가우처(John F. Goucher) 박사를 만나게 되었

---

72) 대한예수교장로회총회 역사위원회,『대한예수교장로교회사(상)』, 40.

73) Ibid.

74) Ibid., 41.

75) Ibid., 40-41.

76) Ibid., 50.

다.77) 가우처 박사는 한국 선교의 가능성을 내다보면서 1883년 11월 감리교 외지선교본부에 2,000달러의 헌금과 함께 한국 선교를 권유하는 편지를 보냈다. 그리고 일본에서 사역하고 있던 감리교 선교사 맥클레이(R. S. Maclay)에게도 직접 편지를 보내 한국 선교에 착수할 것을 촉구하였다.78) 1884년 6월 한국을 방문한 맥클레이가 김옥균을 통해 한국에서 의료사업과 교육사업을 할 수 있도록 허가해 줄 것을 요청한 청원이 고종에 의해 받아들여지면서 한국 선교의 발판이 마련되었다.79) 그리고 이수정의 선교 호소문을 읽은 맥윌리암스(David W. Mcwilliams)가 한국 선교를 위해 5,000달러를 헌금함으로써 미국 북장로교의 한국 선교도 기반이 마련되었다.80) 그리하여 마침내 1884년 의료선교사 알렌(Horace N. Allen)이 입국하고, 1885년 안수 받은 목사선교사 언더우드와 아펜젤러가 입국함으로써 개신교의 한국 선교가 본격적으로 시작되었다.81)

알렌 선교사가 갑신정변으로 심한 부상을 당한 민영익을 치료해 준 일로 인해 조선 정부의 신임과 고위층의 호의를 받게 되고 '광혜원(제중원)'이 개설되면서 의료선교가 본격적으로 시작되었다. 그리고 언더우드와 아펜젤러가 입국함에 따라 한국에서의 교육선교도 힘차게 진행되기 시작하였다. 하지만 아직 기독교 복음의 선교가 공식적으로 허용되지 않고 있는 상황에서 언더우드는 광혜원에서 알렌과 함께 일하면서 서상륜과 협력하여 성경을 보급하고 복음을 전

---

77) 김인수, 『한국기독교회사』, 88.

78) Ibid., 88-89.

79) Ibid., 89.

80) Ibid., 90.

81) Ibid., 91-92, 95-97.

파하기 시작했다. 그리고 그는 1886년 5월에 고아원을 설립하여 사회사업과 교육선교를 시작하였다.[82] 또한 1885년 11월 5일부터는 그동안 미국 대사관에서 선교사들만이 드리던 주일예배를 언더우드의 사택에서 드리기 시작하였는데, 이 예배는 점차 공사관 직원과 한국인에게까지 확대되었다. 그리고 그는 1886년 7월 18일 주일에 노도사라고 불리던 노춘경에게 한국에서 최초로 세례를 베풀었다.[83]

서상륜을 만난 언더우드는 1887년 1월 23일 황해도 솔내로 내려가 서상륜의 동생 서경조를 비롯한 3명에게 세례를 베풀었다. 그리고 선교사들의 지방 순회여행이 자유롭지 못한 상황에서 서상륜이 데리고 온 사람들에게 세례문답을 하였으며, 그해 6월에는 9명에게 세례를 베풀었다.[84] 그리고 서상륜과 함께 1887년 9월 27일에는 한국인 14명이 참석한 가운데 장로 2명을 장립하고 한국 교회 최초의 조직교회인 정동교회(새문안교회)를 창립했다.[85]

1890년대 들어 네비우스 선교정책이 본격적으로 시행되면서 선교사들의 순회전도여행이 활발하게 전개되었다. 그리고 매서인과 권서인, 그리고 전도부인들의 헌신적인 활약에 힘입어 한국 교회는 가파르게 성장하기 시작했으며, 내한 선교부의 선교사업도 다양하게 확장되기 시작하였다. 1893년에는 평양에 장대현교회, 부산에 초량교회, 그리고 원산에 광석동교회가 설립되었고, 서울에서 경신학교가 문을 열었다. 그리고 '대영성서공회'가 서울에 진출하였고, 마포삼열

---

82) 대한예수교장로회총회 역사위원회, 『대한예수교장로교회사(상)』, 68.

83) Ibid., 69-70.

84) Ibid., 71.

85) Ibid.

(Samuel A. Moffett) 선교사에 의해 미국 북장로회의 평양선교부가 개설되었다. 또한 1894년에는 아담스(James E. Adams) 선교사에 의해 대구선교부가 설치되는 등 기독교 복음이 급속히 확산되기 시작하였다. 특히 1894년의 동학농민전쟁과 청일전쟁을 거치면서 전도의 문이 크게 열려 삶의 위기에 직면한 많은 사람들이 교회로 들어왔다.[86]

1893년에는 미국 북장로회 선교사와 남장로회 선교사를 비롯한 장로교 선교사들이 연합하여 조직한 장로회선교사공의회가 설립되어 내한 선교부들 사이의 협의 기구로 자리 잡았다. 1901년부터는 이 공의회가 선교사와 한국인 총대가 함께 참여하는 조선예수교장로회공의회로 확대 개편되면서 전국 교회를 관할하는 치리기구로서의 역할을 담당하게 되었다.[87] 그리고 이때부터 본격적으로 조선예수교장로회 독노회 창립을 준비하기 시작하였다.[88] 1905년의 을사늑약을 통해 국권이 상실되어 가고 있는 상황에서 교회는 세력을 확장해 가면서 전국적인 조직망을 갖추고 독자적인 헌법을 가진 조직교회로서의 면모를 갖추어 갈 준비를 착착 진행하고 있었던 것이다.

1903년 원산에서 시작된 부흥의 물결은 1907년 평양 대부흥운동으로 이어졌다.[89] 한국 장로교회는 놀라운 회개와 부흥의 물결 속에서 1907년 9월 17일 역사적인 조선예수교장로회 독노회를 조직함으로써 전국적 조직과 헌법을 가진 명실상부한 교회로 우뚝 서게 되었다.[90]

---

86) Ibid., 75.
87) 곽안련, 『長老敎會史典彙集』, 15-18.
88) 김인수, 『한국기독교회사』, 124.
89) Ibid., 167-170, 174-176.
90) Ibid., 189-191.

초기 한국 장로교회가 성립되고 발전하는 과정에서 우리가 주목
해 보아야 할 것은 주체적인 복음수용자들의 활약이다.[91] 만주와 일
본에서 복음을 접한 주체적 복음수용자들은 자신이 받아들인 기독
교 복음을 가족과 친구, 이웃들에게 전하기 위해 자신들이 번역한
한글성경을 들고 여러 지방을 순회하며 열정적으로 복음을 전하였
다. 그리고 이들의 자발적 헌신을 통해 한국 교회는 급속히 성장하
기 시작했다. 이러한 주체적이고 자발적인 전도의 열정은 후일 네비
우스 선교정책과 만나면서 3자원리의 가장 중요한 원리 가운데 하
나인 자진 전도의 가치를 분명하게 해주었다. 초기 주체적 복음수용
자들의 전도를 향한 이러한 자발적이고 헌신적인 열정은 교회의 자
립적 운영과 자주적 치리라고 하는 네비우스 선교정책이 한국에서
성공적인 역할을 하도록 하는 데 중요한 기초가 되었고, 한국 교회
를 성장시키고 든든한 자립적 기반 위에 올려놓는 데 크게 기여하였
다. 나아가 교회 내에서의 실천을 기반으로 근대 한국의 민주적 정
치사회질서를 형성해 나가는 데도 의미 있는 기여를 하였다.

2) 초기 내한 선교사들의 신학

한국 장로교회의 신학과 신앙이 형성되는 과정에서 내한 선교사
들의 영향은 지대했다.[92] 그중에서도 선교사들의 대부분을 차지했
던 미국 선교사들의 신학적 경향이 어떠했는가를 이해하는 것은 초

---

91) 초기 한국 교회에서 한국인들에 의한 주체적 복음 수용에 대해서는 이만열, 『한국 기독
교 수용사 연구』 (서울: 두레시대, 1998)을 참고할 것.
92) 강돈구, "한국 근대 종교운동과 민족주의의 관계에 관한 연구: 종교민족주의의 구조적
다양성을 중심으로" (서울대학교 박사학위논문, 1990), 182.

기 한국 장로교회의 신학과 정치제도를 이해하는 데 필수적이라 할 수 있다.

청교도들의 이주가 시작된 1620년대 이후 1776년 영국으로부터 독립하기까지 미국에는 영국과 네덜란드 등지로부터 수백만 명의 사람들이 이주하였다. 급격한 인구 증가와 함께 유럽으로부터 합리주의 철학과 다양한 문화가 유입되면서 미국 사회는 청교도 신앙에 기반한 근면과 성실을 토대로 개인주의적인 자본주의사회로 발전해 나갔다.[93] 이러한 상황 속에서 미국에서는 18세기 중엽 이후 두 차례의 대각성운동(Great Awakening Movement)이 일어났으며,[94] 대각성운동을 휩쓸었던 복음주의 물결은 왕성하게 성장하고 있는 미국 경제의 뒷받침에 힘입어 미국 교회로 하여금 세계 선교에 관심을 돌리게 했다.[95]

1812년 어느 겨울, 8명의 젊은이들이 인도를 향해 출발한 것을 기점으로 시작된 미국 교회의 해외 선교는 19세기 중반 남북전쟁 시기까지 급속히 번창했다. 미국 교회의 해외 선교는 남북전쟁의 파괴적 영향하에서 한동안의 침체기를 겪기도 했지만, 1880년대 말부터 다시 급속한 증가를 보이기 시작했다.[96] 그런데 제2차 대각성운동 이후 미국 교회는 정치제도로부터뿐만 아니라 청교도적 공동체의 이상으로부터도 벗어나 경험 중심의 시장경제적인 종교로 자리 잡아 가고 있었다.[97] 19세기 미국 중산층은 국가의 중추세력으로 자리

---

93) 한국교회사학연구원, 『한국기독교사상』 (서울: 연세대학교출판부, 1998), 229.

94) W. Walker, 『기독교회사』, 674-675.

95) 류대영, 『초기 미국 선교사 연구』 (서울: 한국기독교역사연구소, 2001), 35.

96) Ibid., 35-36.

97) Ibid., 212.

잡아 가면서 자신들의 가치관을 사회 전체로 확산시키고자 했다. 금주와 매춘 금지, 주일학교 교육과 해외 선교를 위한 여러 단체들은 이를 실천하기 위한 중요한 자발적 사회봉사기관들(Voluntary Societies)이었다.[98] 학생자발운동(Student Volunteer Movement: SVM)을 비롯하여 미국의 해외 선교에서 중요한 역할을 담당했던 중산층 여성들 역시 이러한 미국 자본주의의 중산층적 가치를 전 세계에 전파하고자 하는 목적을 가지고 있었다.[99] 그리고 내한 미국 선교사들 역시 대부분은 풍족하지는 못하더라도 편안한 여건 속에 살고 있었던 중산층 집안의 자녀들이었다. 그리고 그들 가운데 절반 이상이 미국 중서부, 오대호 부근의 신흥 공업 중심 도시의 중산층 출신으로서 95% 이상이 미국 개신교 주류 교단에서 성장한 대학 졸업자들이었다.[100] 많은 초기 내한 미국 선교사들은 19세기 말 이후 미국 해외 선교 운동의 어머니요, 유모요, 교육자요, 선전자라고 할 수 있는 학생자발운동(SVM)으로부터 영향을 받고 해외 선교사로 지원했다. 그리고 이들은 직간접적으로 학생자발운동과 관계를 맺고 활동했는데, 이 학생자발운동 역시 중산층적 배경을 가지고 있었다.[101] 미국 교회의 해외 선교 운동이 위기를 맞고 있던 1886년에 창설된 학생자발운동은 선교사를 직접 파송하지는 않았다. 하지만 학생자발운동은 성공하기 위해 열심히 공부하고 일하는 중산층 젊은이들에게 중산층적 가치를 심어 주고, 미국 교회가 파송한 해외 선교사의 절반 이

---

98) Ibid., 41.
99) Ibid., 42.
100) Ibid., 45-46.
101) Ibid., 48.

상을 모집함으로써 1880년대 후반 이후 해외 선교 운동의 새롭고 놀라운 부흥을 일구어 내었다.[102]

한국 장로교회는 미국 북장로교회와 남장로교회, 캐나다 장로교회, 그리고 호주 장로교회 등 4개 장로교회 선교부의 선교를 통해 형성되었다. 하지만 처음부터 미국 남북장로교회 출신의 선교사들이 한국 선교를 주도하였다. 대부분 프린스턴신학교(Princeton Theological Seminary)와 맥코믹신학교(McCormick Theological Seminary) 출신이었던 미국 남북장로교회 선교사들은 청교도 신앙의 전통에 서 있었으며, 보수적이고 복음주의적인 신학을 가지고 있었다.[103] 한국 선교 25주년이 되던 1909년 현재 미국 북장로교회 소속 40여 명의 선교사 가운데 16명이 프린스턴신학교, 11명이 맥코믹신학교, 그리고 4명이 샌안셀모신학교(San Anselmo Theological Seminary) 출신이었다.[104] 이들 신학교는 모두 19세기 칼뱅주의적인 미국 보수주의 신학의 중심이었던 미국 북장로교회의 교단 신학교들이었다. 그런데 비록 수적으로는 프린스턴신학교 출신보다 적었지만, 초기 한국 장로교회의 신학을 주도한 것은 맥코믹신학교 출신의 선교사들이었다.

선교가 시작된 수년 후부터 한국 선교는 평양을 중심으로 전도운동이 활발하게 전개되었고, 양적으로나 질적으로 열매를 맺기 시작하였다. 1907년의 대부흥운동도 평양을 중심으로 전개되었고, 신학 교육도 평양신학교를 중심으로 이루어졌다. 그리고 평양에서의 전도와 신학 교육은 맥코믹신학교 출신 선교사들의 주도하에 이루어

---

102) Ibid., 53.

103) 박형룡, "한국 장로교회의 신학적 전통", 『神學指南』 제43권, 제3호 (1976. 9.), 11.

104) 박용규, 『한국장로교사상사』 (서울: 총신대학교출판부, 1992), 66.

졌다.105) 평양신학교를 설립하고 오랫동안 교장을 지냈던 마포삼열 (Samuel A. Moffett)과 기독교 윤리와 구약 및 신약 주경학을 가르쳤던 스왈런(William L. Swallen), 설교학과 목회학, 교회법 등 실천신학을 가르쳤던 곽안련(Charles A. Clark), 그리고 이길함(Graham Lee) 선교사 등은 모두 맥코믹신학교 출신이었다. 또한 베어드(William M. Baird)와 무어(Samuel F. Moore), 그리고 아담스(James E. Adams) 선교사 등도 역시 맥코믹신학교 출신이었다.106)

프린스턴신학교와 맥코믹신학교는 1920년대까지 미국 장로교회 구학파 신학의 중심으로서 성경의 절대적 권위와 무오를 강력히 옹호하고 있었으며, 청교도적 신앙과 보수적 복음주의 신학을 토대로 목회자를 양성하고 있었다.107) 따라서 초기 내한 미국 북장로회 선교사들은 청교도 신앙의 전통 위에서 성경의 무오와 그리스도의 동정녀 탄생과 대속적 죽음, 육체적 부활과 재림이라는 다섯 가지 근본 교리를 고수하던 프린스턴신학교 구학파의 보수적인 칼뱅주의 신학을 가지고 있었다.108)

1934년 미국 북장로교 선교부가 한국 선교 50주년을 맞이하여 그동안의 한국 선교를 회고하고 반성하며 평가하기 위해 개최한 심포지엄에서 곽안련 선교사는 미국 북장로교의 한국 선교가 성공한 여러 가지 비결 가운데 가장 중요한 것은 선교부 일꾼들이 처음부터 인간의 죄인 됨과 그리스도의 피 흘림을 통한 구원, 성경에 기록된

---

105) Ibid., 67.

106) Ibid.

107) 마포삼열박사전기편찬위원회, 『마포삼열 박사 전기』 (서울: 대한예수교장로회총회교육부, 1973), 59.

108) Ibid.

초자연적 사실에 대한 믿음, 그리고 유일하고 최종적인 종교로서의 기독교에 대한 믿음 등 신학적으로 분명한 보수주의적 견해를 견지한 것이라고 했다.[109] 초기 한국 장로교회의 신학적 보수성은 1907년 독노회가 조직되면서 채택한 '대한 장로교회 신경'에도 그대로 반영되고 있다. 한국 장로교회 최초의 신앙고백이라 할 수 있는 12신조는 칼뱅주의의 대강령이라 할 수 있는 웨스트민스터 신앙고백서를 요약한 것이었다.[110] 하지만 초기 내한 선교사들에게는 보수적인 칼뱅주의와 프린스턴 구학파의 신학뿐만 아니라, 부흥회와 전도를 강조하는 신학파의 복음주의 신학이 공존하고 있었다.[111]

18세기 중엽 뉴잉글랜드를 중심으로 처음 발생한 이후 19세기 초와 19세기 말, 그리고 20세기 초에 일어났던 미국의 부흥운동은 근본적으로 엄격한 칼뱅주의적 신학과 전통에 대한 웨슬리적 신학과 신앙 습관의 점진적 승리 과정이라고 할 수 있다. 19세기 초에 일어난 제2차 부흥운동 기간 동안 미국 내 거의 모든 개신교 교파가 부흥운동의 영향력 아래 놓여 있었다.[112] 초기 내한 미국 선교사들은 1920년대 이후 미국에서 신학적 갈등과 정치적 분쟁이 발생하기 이전, 19세기 중후반의 복음주의적 분위기 속에서 자라고 교육받은 사람들로서 교단을 불문하고 대체로 전통적인 신학을 가지고 있었다. 한국에서 사역하던 미국 선교사들이 초교파적이고 복음주의적인 장

---

109) 류대영, 『초기 미국 선교사 연구』, 91.

110) Ibid., 92.

111) 한철하, "보수주의 신학의 어제와 오늘", 『기독교사상』 제146호 (1970. 7.), 98-99; 홍치모, "초기 미국 선교사들의 신앙과 신학: 장로교회를 중심으로", 『神學指南』 제51권, 제2호 (1984. 6.), 132-133.

112) 류대영, 『초기 미국 선교사 연구』, 94-95.

로회선교사공의회를 결성할 수 있었던 것도 이러한 배경에서 이루어진 것이었다.113)

한편, 초기 내한 선교사들은 경건한 청교도 신앙의 바탕 위에서 칼뱅주의적인 보수적 신학과 웨슬리주의적인 복음주의 신학을 함께 가지고 있었다. 하지만 그들의 복음주의는 다소 막연한 것이었고, 세대주의적 전천년주의 신학이 혼재된 것이었다.114) 부흥운동과 밀접히 연관되면서 발전한 세대주의적 전천년주의 신학에 바탕을 둔 비관주의적 역사관은 개인의 영혼 구원을 강조하면서 열정적인 해외 선교 운동으로 표현되었다. 초기 내한 선교사들이 가지고 있던 이러한 신학적·신앙적 경향은 일본 제국주의의 강압적인 식민지 지배가 가중되는 상황에서 1907년 평양 대부흥운동을 통해 점점 짙어져 갔다고 볼 수 있다.115)

이제 막 교회 조직이 정식으로 구성되고 선교사들이 여전히 주도하는 가운데 한국 교인들이 참정권을 얻어 가기 시작하던 20세기 초엽의 한국 장로교회는 선교사들의 신학과 가르침을 아무런 의심 없이 수용했다. 따라서 한국 장로교회의 신학은 곧 선교사들의 신학을 의미했다.116) 초기 내한 선교사들은 적어도 공식적으로 표현된 교회의 정치와 신학과 관련된 견해에서 미국 모교회의 대변자들로서 미국 교회의 신학을 별다른 여과 과정 없이 그대로 한국에 이식

---

113) Ibid., 98-99.

114) 홍치모, "초기 미국 선교사들의 신앙과 신학: 장로교회를 중심으로", 139.

115) 초기 한국 교회에 나타난 세대주의적 전천년주의에 대해서는 오주철, "한국교회사에 나타난 전천년설의 기원과 발전과정에 대한 교리사적 이해와 연구" (계명대학교 박사학위논문, 2008)을 참고할 것.

116) 류대영, 『초기 미국 선교사 연구』, 93.

시켰던 것이다.[117)

3. 네비우스 선교정책과 교회 민주주의

1) 초기 한국 선교와 네비우스 선교정책의 채택

하나님의 복음을 전파하는 것은 초기 내한 선교사들이 무엇보다 우선적으로 행해야 할 가장 중요한 과제였다. 하지만 선교사들은 당시의 시대적 여건과 정치사회적 상황을 고려하여 통전적인 선교방식을 채택하였다.[118) 다시 말해서 초기 내한 선교사들은 근대 교육의 기반이 전혀 형성되어 있지 않았던 한국에서 학교를 세워 학생들을 가르쳤고, 근대적인 의료시설이 전무했던 당시 병원을 설립하여 환자를 치료하였다. 그리고 국가 존립의 위기가 심화되고 백성들의 삶이 도탄에 빠져 있던 암울한 상황에서 교회를 세워 하나님의 복음을 통한 새로운 희망을 선포하였다. 그뿐만 아니라, 전근대적인 봉건적 신분질서하에서 사회로부터 배제되고 소외되어 있던 여성과 하층민들의 인간으로서의 기본적 권리를 회복시켜 줌으로써 위기 속의 한국 사회를 전반적으로 개혁하고자 했다.[119)

그러나 초기 내한 선교사들 사이에는 선교전략을 둘러싸고 여러 가지 이견이 있었고, 이로 인해 많은 갈등이 노출되기도 하였다. 선교전략을 둘러싸고 일어난 선교사들 사이의 갈등에서 가장 대표적

---

117) Ibid.
118) 최무열, "통전적 선교모델로서의 한국 초기 선교", 『선교와 신학』 제2집 (1998), 142.
119) Ibid.

인 것은 알렌과 언더우드의 갈등이었다.

1884년 9월 20일 미국 북장로교 의료선교사로 최초로 한국에 들어온 알렌 선교사는 주한 미국 공사관의 서기관과 전권공사 등을 역임하면서 21년간 활동하다가 1905년 5월 공사직에서 해임되어 본국으로 돌아갔다.[120] 알렌이 한국에 처음 도착한 1884년은 수구파와 개화파 사이의 첨예한 갈등으로 정치적 상황이 매우 불안정한 때였다. 그리고 비록 1876년의 강화도조약과 1882년의 한미수호통상조약으로 그동안의 쇄국정책이 막을 내리고 서구 열강들과의 외교관계가 시작되기는 했으나, 외국인에 대한 경계와 보수적인 분위기는 사회 전반에 걸쳐 여전히 팽배해 있었다. 비록 알렌이 갑신정변으로 중상을 입은 민영익의 생명을 구해 준 일이 계기가 되어 고종의 시의(侍醫)가 되고, 조선 정부 권력층의 호의를 입게 되기는 했지만,[121] 기독교의 선교는 국법에 의해 여전히 엄격하게 금지되고 있었다. 따라서 알렌은 선교사가 아니라 미국 공사관의 의사로 활동하였으며, 목사로 안수를 받은 선교사로 파송된 언더우드와 아펜젤러 역시 목사선교사가 아니라 교사로 활동할 수밖에 없는 상황이었다. 그러한 분위기 속에서 내한 초기에 곧바로 복음선교를 시작하는 것은 무리가 아닐 수 없었다.[122]

알렌은 기독교의 복음선교가 여전히 금지되어 있는 한국에서 복음을 전파하는 일은 매우 신중해야 한다고 보고, 언더우드와 같은 복음선교사들의 선교에 대한 조급함을 경계하고 있었다. 그리고 그

---

120) H. N. Allen/ 김원모 역, 『알렌의 일기』 (서울: 단국대학교출판부, 1991), 5.

121) 민경배, 『알렌의 선교와 근대 한미외교』 (서울: 연세대학교출판부, 1991), 127.

122) 류대영, "한말 미국의 대한정책과 선교사업", 『한국기독교와 역사』 제9호 (1998), 203.

는 하층민을 대상으로 하는 아래로부터의 선교방식보다는 고위층에 대한 선교를 중심으로 하는 위로부터의 선교방식을 더 선호했다. 정부의 허락하에서 합법적으로 진행되는 위로부터의 안전한 선교를 지향했던 알렌의 선교방식은 직접적인 복음전파보다는 학교나 병원을 통한 간접적인 선교로 나아갈 수밖에 없었다. 그리고 간접선교방식은 초기 내한 선교사들 대부분이 공감하는 선교방식이었다.[123]

학교와 병원을 통한 간접선교방식은 사회 전반에 보수적 분위기가 팽배해 있고, 복음선교가 엄격하게 금지되어 있던 상황에서 정부와 보수층의 기독교에 대한 반감을 완화시키고 선교 초기 복음선교의 기틀을 마련하는 데 크게 기여하였다. 그러나 의료선교사이자 미국 공사관의 관리로서 직접적인 방식의 복음선교에 열정이 없었고, 위로부터의 선교와 간접선교방식만이 한국에서 가능한 유일한 선교방법이라고 생각했던 알렌의 선교방법론은 복음주의 목사선교사였던 언더우드와의 갈등을 고조시켰다.

최초의 목사선교사로서 1885년 4월 5일 내한한 언더우드는 청교도적 신학과 경건주의적 부흥운동의 실천, 그리고 교회의 연합을 통해 선교적 과제를 실현하려는 포용주의적 신앙 위에 서 있던 철저한 복음주의적 선교사였다.[124] 이러한 그의 복음주의적 선교신학은 간접적인 선교방식보다는 직접적인 선교방식을 더욱 선호하게 만들었다. 내한 초기 2개월 정도 제중원에서 근무하던 언더우드는 의료선교사 헤론(J. W. Heron)이 내한하여 제중원의 의료사역에 참여하기 시작한 이후에는 거리로 나가 과감하게 직접적인 복음선교의 가능

---

123) F. H. Harrington/ 이광린 역,『개화기의 한미관계』(서울: 일조각, 1983), 83.
124) 주재용,『한국 그리스도교 신학사』(서울: 대한기독교서회, 1998), 58-59.

성을 타진하기 시작했다.[125) 1886년 고아원 사업을 시작하면서 그는 정부의 지원하에서 사업을 진행할 것을 주장했던 알렌과는 달리, 자신이 직접 그 사업을 주관하여 정부기관이 아니라 선교사업을 위한 기관이 되도록 해야 한다고 생각했다.[126) 언더우드는 고아원 사업을 통해 보다 자유롭고 직접적인 방식으로 복음선교를 진행하고자 했던 것이다.

하지만 당시 미국 북장로교 선교부는 알렌과 마찬가지로 직접적인 복음 선교에 대해 여전히 신중하고도 보수적인 입장을 가지고 있었다. 그래서 한국의 정치적 상황을 이유로 언더우드가 추진하고 있던 고아원 사업에 대해 1890년까지는 사업비와 인력을 확충해 주지 않았다.[127) 그리고 1887년 1월 언더우드가 제시한 세례 계획안에 대해서도 알렌과 함께 부정적인 입장을 표명했다.[128)

그러나 언더우드는 순교를 각오하고 1886년 7월 18일, 내한한 개신교 선교사로서는 처음으로 노도사(노춘경)에게 세례를 베풀었다.[129) 그리고 1887년 1월 23일에는 황해도 솔내에서 올라온 서경조, 최명오, 정공빈에게 세례를 베풀었으며,[130) 1887년 9월 27일에는 정동교회(새문안교회)를 조직하였다.[131) 이어서 10월에는 제1차

---

125) 민경배, 『알렌의 선교와 근대 한미외교』, 174.
126) H. G. Underwood/ 김인수 역, 『언더우드 목사의 선교편지』 (서울: 장로회신학대학교 출판부, 2002), 58.
127) 백낙준, 『한국개신교사』, 168-169.
128) M. Huntley/ 차종순 역, 『한국 개신교 초기의 선교와 교회성장』 (서울: 목양사, 1985), 122.
129) 김인수, 『한국기독교회사』, 106.
130) 대한예수교장로회총회 역사위원회, 『대한예수교장로회사(상)』, 153.
131) 김인수, 『한국기독교회사』, 107.

북부지방 순회전도여행을 통해 황해도 솔내에서 세례식을 거행했으며,[132] 12월 25일에는 처음으로 성찬예배를 드리기도 했다. 1888년 4월의 제2차 북부지방 순회전도여행에서는 솔내에서 7명에게 세례를 베풀었고, 1888년 11월에는 제3차 북부지방 순회전도여행을 단행하였다. 또한 1889년 3월 릴리어스 호턴(Lillias Horton Underwood)과의 신혼여행을 겸한 순회전도여행에서는 압록강을 건너가 33명에게 세례를 베풀기도 하였다.[133]

이러한 언더우드의 직접적인 선교방식은 당연히 알렌과의 심각한 갈등을 가져왔다. 그리고 선교방식을 둘러싼 선교본부와의 대립으로 언더우드는 선교사직을 그만두려는 마음을 먹기도 하였다. 선교방식을 둘러싼 선교본부와의 갈등과 심적 고통은 결국 언더우드로 하여금 중국에서 선교하고 있던 네비우스(John L. Nevius) 선교사를 초청하도록 하는 계기가 되었다.

당시 대부분 20대였던 초기 내한 선교사들은 한국의 상황에 대한 이해와 경험의 부족으로 인해 발생한 선교방법을 둘러싼 혼선과 갈등을 해소하고 한국 선교를 성공적으로 수행하기 위한 방안을 모색하고자 중국에서 선교하고 있던 네비우스 선교사를 초청하여 선교방법에 대한 조언을 구하고자 했다.[134] 1890년 6월 6일, 한국을 방문한 네비우스 선교사와 10일 동안 한국의 상황과 선교에 관한 많은 대화를 나눈 내한 선교사들은 깊은 신앙심으로 신중한 고민 끝에 네비우스가 제시한 선교방법론을 채택하기로 결정했다. 그리고 한국

---

132) 대한예수교장로회총회 역사위원회, 『대한예수교장로교회사(상)』, 79.

133) L. H. Underwood/ 이만열 역, 『언더우드』 (서울: 기독교문사, 1999), 343-345.

134) 이만열, 『한국기독교사 특강』 (서울: 성경읽기사, 1987), 55.

에 파송되는 새로운 선교사들은 누구든지 네비우스 선교원리를 완전히 터득한 후에 선교사로서 활동을 시작하도록 하는 제도적 장치를 마련하였다.[135]

1854년부터 1893년까지 미국 북장로교 선교사로 중국에서 사역했던 네비우스 선교사는 초기 선배 선교사들이 주로 사용하던 옛 방법(old method)을 따라 수행했던 산동성에서의 사역이 고통스러운 실패로 돌아간 뒤, 1880년 지푸에서 300마일 떨어진 새 지역을 개척하면서 새로운 방법(New Method)을 창안하여 자신의 선교사역에 적용하기 시작하였다.[136] 중국에서의 선교 초기 네비우스 선교사는 아편전쟁을 비롯한 서구 열강들의 제국주의적 침략이 심화되는 상황에서 제국주의에 대한 중국인들의 극도로 고조된 반감에 직면할 수밖에 없었다.[137] 중국인들이 선교사들을 제국주의의 앞잡이로 이해하고, 개종한 현지인들을 제국주의자들의 돈에 고용된 사람으로 바라보고 있던 상황에서 선교부의 자금으로 현지인 사역자를 고용하고 교회를 운영하는 옛 선교방식은 실패할 수밖에 없었다. 네비우스 선교사가 구상한 새로운 선교방법은 이러한 상황에서 어떻게 하면 현지인들의 선교사에 대한 반감과 불신을 극복하고 기독교 복음을 전파할 것인가 하는 실천적 고민 속에서 도출된 것이었다.[138]

네비우스 선교사의 새로운 선교방법은 영국 국교회의 헨리 벤

---

135) 김승태, "미북장로회 해외선교부 총무 스피어의 한국 선교지 방문 보고서", 『한국기독교와 역사』 제15호 (2001), 234.

136) 옥성득, "한국 장로교의 초기 선교정책(1884-1903)", 『한국기독교와 역사』 제9호 (1998), 136.

137) P. Buckley/ 이동진, 윤미경 공역, 『케임브리지 중국사』 (서울: 시공사, 2001), 368-369.

138) 네비우스의 중국 선교 경험과 새로운 선교방법에 대해서는 J. L. Nevius/ 김남식 역, 『네비우스 선교방법』 (서울: 성광문화사, 1985)를 참고할 것.

(Henry Venn)과 미국 회중교회의 루퍼스 앤더슨(Rufus Anderson)에 의해 제안된 자전(Self-propagation), 자급(Self-support), 자치(Self-government)의 3자원리를 기반으로 선교지에 설립된 교회가 선교부의 재정 지원에 의존하지 않고 스스로 자립할 수 있는 교회를 설립하는 것을 목적으로 하는 것이었다.[139] 벤과 앤더슨은 선교지 교회가 교회의 운영비나 목회자의 사례비를 선교부의 지원에 의존하지 않고 자급자족적인 기반 위에서 성장할 수 있도록 해야 한다고 했다. 그들은 현지인 사역자를 양성하여 선교지 교회가 스스로 교회를 다스릴 역량이 갖추어지면 현지인 목회자와 교인들에게 교회를 이양하는 것이 선교의 목표가 되어야 한다고 했던 것이다.[140]

하지만 당시 중국과 한국의 선교 상황은 매우 달랐다. 중국은 선교사를 파송한 기독교 국가들로부터 제국주의적 침탈을 당하고 있었다. 따라서 중국인들 사이에는 기독교와 선교사들에 대한 반감이 고조되어 있었다. 반면에 한국에 제국주의적 침탈을 자행한 것은 일본이지 서구 기독교 국가가 아니었다. 따라서 한국에서 기독교와 선교사들에 대한 반감은 별로 나타나지 않는 상황이었다. 오히려 한국인들에게 기독교와 교회는 일제의 국권 침탈을 막고 근대화를 이루기 위한 대안의 하나로 인식되고 있었다. 그러므로 중국에서의 경험을 바탕으로 창안된 네비우스의 새로운 선교방법을 한국 선교에 그대로 적용하는 것은 무리가 있었다. 그리고 실제로 한국 교회에 적용된 네비우스 선교방법은 언더우드가 원래의 네비우스 체계보다 훨씬 더 자립적이었다고 이야기한 것처럼 선교사업의 필요에 따라

---

139) J. Verkuyl/ 최정만 역, 『현대 선교신학 개론』 (서울: 기독교문서선교회, 1993), 286.
140) Ibid., 287.

한국의 상황에 맞게 발전된 것이었다.[141]

2) 네비우스 선교정책의 핵심 원리와 교회 민주주의

1893년 미국 북장로교와 남장로교 선교부가 장로회선교사공의회를 조직하면서 채택한 '장로교 선교정책'은 이후의 한국 장로교회 선교에 가장 중요한 영향을 미쳤다. 1902년 5월 맥코믹신학교를 졸업하고 한국에 파송되어 1941년 7월 일본 제국주의의 강압적인 추방에 의해 한국을 떠날 때까지 약 40년 동안 선교사로 헌신했던 곽안련(Charles Allen Clark) 선교사는 초기 한국 교회의 상황과 네비우스 선교방법론을 정리하여 1928년 시카고대학에 철학박사 학위논문으로 제출했던 "The Korean Church and the Nevius Methods"라는 논문을 1930년 뉴욕의 플레밍 출판사(Fleming H. Revell Company)에서 출판했다. 이 책에서 곽안련은 네비우스 선교방법론을 다음의 9가지로 요약하고 있다.

① 선교사의 폭넓은 순회설교를 통한 개인 전도.
② 자전(self-propagation): 모든 신자가 서로 가르치고 배우며, 사역의 확장을 위해 휘문이법(layering method)을 추구.
③ 자치(self-government): 선발된 무보수 영수(unpaid-leader)에 의한 그룹의 관할과 유급 조사(paid-helpers)에 의한 순회 교구 관할.
④ 자급(self-support): 신자들에 의한 예배당 건축과 각 그룹에 의한 순회 조사(circuit-helper)의 봉급 지불 및 선교회 자금으

---

141) H. G. Underwood/ 옥성득 역, "자립의 객관적 교훈", 『한국기독교와 역사』 제8호 (1998), 273.

로 개교회 목사에 대한 사례비 지불 금지.

⑤ 조직적인 성경공부: 신자는 그룹 영수와 순회 조사 아래서, 영수와 조사는 성경연구 모임을 통해 조직적인 성경공부.

⑥ 성경적 형벌에 의한 엄격한 권징.

⑦ 다른 선교회와의 연합과 협력 및 영역 분리.

⑧ 법적 소송 사건이나 유사한 문제에 대한 불간섭.

⑨ 토착민에 대한 경제적 지원.[142]

곽안련 선교사는 1937년에 이 책의 제1장과 제12장, 제14장, 그리고 통계를 다룬 제15장을 새롭게 수정하여 *The Nevius Plan for Mission Work*라는 제목으로 조선예수교서회에서 영문판으로 출판했다. 여기서 그는 제2항에 성경이 모든 사역의 중심이 되어야 한다는 항목을 추가하여 네비우스 선교정책을 10개 항목으로 새롭게 정리하고 있다.[143] 이러한 사실은 그가 성경이 네비우스 선교방법의 핵심 원리라는 것을 다시 한번 깊이 인식했다는 것을 보여 준다.

이 책에서 곽안련 선교사는 네비우스의 새로운 선교방법론을 헨리 벤과 루퍼스 앤더슨의 3자이론을 기초로 해석하고 있다. 비록 네비우스가 자신의 선교방법론을 '3자원리'로 명명한 것이 아니라, '옛 방법'에 대비한 '새 방법'으로 제시하고 있지만, 곽안련은 벤과 앤더슨의 3자이론이 당시 많은 선교사들에게 알려져 있었고, 네비우스 역시 이들 두 사람의 영향을 받았을 것으로 생각하고 네비우스가 제시한 새로운 선교방법을 3자원리로 정식화한 것이라고 볼 수 있다.

곽안련 선교사에 의해 정식화된 네비우스 선교정책의 핵심은 사

---

142) C. A. Clark, *The Korean Church and the Nevius Methods*, 33-34.

143) C. A. Clark, 『한국 교회와 네비우스 선교정책』, 44-45.

경회를 통한 성경공부를 기반으로 하는 자전, 자립, 자치의 3자원리라고 정리할 수 있다. 그는 네비우스 선교정책의 10개 조항 가운데 제2항에서 성경의 중심성을 강조한 데 이어 제3항과 제4항, 제5항에서 각각 자전(Self-propagation), 자립(Self-support), 자치(Self-government)의 세 가지 핵심적 원리를 제시하고 있다.[144] 곽안련은 선교사역을 확장시키기 위해 모든 개인과 그룹이 휘묻이법(Layering Method)을 추구하며, 자기보다 나은 다른 사람에게 기꺼이 배우면서 다른 사람을 가르치는 자가 되는 것으로 '자전'을 이해했다.[145] 그리고 '자립'에 대해서 그는 모든 교회의 예배당은 신자들 스스로에 의해 건축되어야 하고, 각 그룹은 창립되자마자 순회 조사(Circuit Helper)의 봉급을 지불해야 하며, 개별 교회 목사에게 선교회의 자금으로 사례를 지불하지 않아야 한다고 언급했다.[146] 계속해서 그는 '자치'에 대해서 모든 그룹이 선발된 무보수 영수(Unpaid Leader)의 관할을 받고, 순회 교구들이 나중에 목사가 될 유급 조사(Paid Helper)들의 관할을 받으며, 순회 집회 시에는 훗날 구역과 지방, 전국의 지도자가 되도록 교인들을 훈련해야 한다고 강조했다.[147]

네비우스 선교정책의 핵심 원리인 자전, 자립, 자치의 3자원리는 근대 민주주의의 중심적인 원리라고 말할 수 있다. 국가는 물론이고 소규모 공동체에 이르기까지 경제적으로 자립하고 정치적 주권을 가지고 자주적으로 통치하며, 스스로 공동체의 문화를 만들고 다른

---

144) Ibid.
145) Ibid., 44.
146) Ibid., 44-45.
147) Ibid., 44.

국가나 공동체와 관계를 맺으며 살아가는 것은 국가나 공동체의 민주주의를 위해 필수불가결한 것이다. 아무리 정치적 독립을 추구한다 하더라도 스스로 경제적으로 독립하지 못하고 다른 국가나 공동체의 지원을 받아야 한다면, 그 국가나 공동체는 정치적으로 독립을 유지할 수 없고, 다른 국가나 외부의 간섭을 받을 수밖에 없는 것이다. 그리고 경제적 자립과 정치적 독립 및 자주적 통치의 기반 위에서 스스로 자신들의 문화를 만들고 전파하지 않는다면, 그 국가나 공동체는 오래도록 자신의 정체성을 유지하면서 계속해서 발전해 나갈 수 없을 것이다. 오래도록 전근대적 봉건사회의 질서 속에서 살아왔던 한국인들에게 민주주의적 가치와 그 실천은 생소할 수밖에 없었을 것이다. 하지만 오랜 역사를 통해 계급적 신분질서의 억압 속에서 경제적으로 궁핍한 삶을 살아왔고, 중국의 영향력하에서 예속된 정치를 경험했으며, 밀려오는 제국주의 열강들의 무력 앞에서 국권의 상실을 경험했던 한국인들에게 자전, 자립, 자치를 통한 민주주의적 가치를 향한 열망과 기대는 남달랐을 것이다. 자전, 자립, 자치에 대한 강한 열망과 기대와 더불어 교회 공동체를 통한 실천의 경험은 한국 교회의 급격한 성장과 더불어 개화기 조선에서 민주주의의 싹을 힘차게 키워 나갈 수 있게 했다. 비록 일본 제국주의의 압제 아래에서 수많은 굴곡을 겪기는 했지만, 교회에서 실천되고 체득된 자전, 자립, 자치의 민주주의적 지향은 3.1 독립만세운동으로 집약되어 나타났던 것이다.

3) 3자원리의 실천과 교회 민주주의의 발전

곽안련 선교사는 네비우스 선교정책이 국내 지역 선교에서 지교회의 규모를 성장시키는 탁월한 방법이라고 평가하면서 한국 교회에서 실천되었던 3자원리에 대해 언급하고 있다. 곽안련 선교사에 의하면 평양노회 관할하에 있는 인구가 희박한 어느 산악지역에 교회가 하나도 없는 일개 면이 있다는 사실이 노회에 보고되자, 단 몇 분 만에 헌금이 약속되었고, 그 지역에 한 가족을 이주시켜 교회를 개척하자는 계획이 수립되었다고 한다. 그에 의하면 교회를 개척하고 건물을 세우며, 시계를 대신할 종을 구입하는 데에는 보통 3년이 소요된다고 한다. 첫해에는 새로 개척된 그 교회의 사역자에 대한 사례비 전체가 이 개척교회보다 재정이 든든한 지교회나 그룹으로부터 지원되는 자금으로 지불된다. 하지만 다음 해에는 그 개척교회가 스스로 건물의 연료비와 불을 밝힐 비용을 지불하기 시작하고, 한국 교회가 실시하는 모든 자선사업에 동참하도록 되어 있었다. 그리고 3년이 지나면 처음 그 교회를 개척한 사역자는 물러나고, 새롭게 개척된 그 교회는 인근의 사역자가 관할하고 있는 순회 교구에 편입되며, 그의 부양비를 지급해야 한다고 했다.[148] 하지만 곽안련은 어느 미전도 지역의 한 그리스도인 가족이 스스로 이사를 가거나, 미전도 지역 내에 거주하는 어느 가족이 소책자나 쪽복음을 읽거나 혹은 어떤 그리스도인 친구의 개인적인 권면을 통해 그리스도인이 되는 것이 이보다 더 나은 방법이라고 했다. 그리고 이런 방식으로 개척되는 교회는 보통 한층 더 자발적인 활력을 가지고 있다고

---

148) Ibid., 286-287.

했다.[149] 그는 미전도 지역으로의 이주 개척의 기간이 지나고 나면 교회는 자연스럽게 자전, 자립, 자치의 단계와 기타의 다른 단계로 나아가면서 성장해 간다고 했다.[150] 곽안련에 의하면 한국 교회 교인들은 일반적으로 자신들이 훈련을 받은 방법을 따라 신앙생활을 해 왔고, 자신들의 교회를 스스로 다스려 왔다고 했다. 그리고 자신들이 책임져야 할 청구서를 스스로의 돈으로 지불해 왔고, 자신들의 교회를 스스로의 힘으로 건축했으며, 마을에서의 개인적인 복음 전도를 통해 이웃들에게 좋은 소식을 확산시켜 왔다.[151]

곽안련 선교사는 다른 사람들을 그리스도에게로 인도하기 위해 개인적으로 노력을 기울이지 않는 것은 교회 안으로의 입교를 보장할 수 있는 충분한 믿음의 증거가 되지 못한다는 한국 그리스도인들의 신념과 선교사들의 헌신적이고 광범위한 전도 사역은 한국 교회에 복음 전도의 불길을 붙여 놓았으며, 한국 교회 교인들로 하여금 자발적으로 복음을 전하고 사람들을 구원하여 예수 그리스도를 믿게 만들었다고 하였다.[152] 그는 다른 사람을 구원하려는 노력을 최소한이라도 보이지 않는 사람에게 세례를 베풀지 않는다는 것을 선교회가 법으로 규정하지는 않았다 하더라도, 확실히 그것은 복음을 전하는 선교사들의 관습이었다고 했다.[153] 그리고 한국에서는 선교사나 유급 사역자들이 직접 세운 교회보다 평신도들이 이웃이나 친구, 친척 및 사업상의 동료들에게 복음을 전하여 그들을 구원함으로

---

149) Ibid., 287.
150) Ibid.
151) Ibid., 292.
152) Ibid., 138.
153) Ibid.

써 설립한 교회가 훨씬 더 많았다고 했다.154)

곽안련은 네비우스 선교방법의 원리에 나오는 '휘묻이법'이 바로 한국에서 진행되어 온 전도 사역을 정확히 묘사해 주는 것이라고 했다. 사업상의 목적으로 그리스도인이 없는 마을로 이사해 간 연륜이 깊은 성도는 이웃과 친구들에게 복음을 전하고, 몇 사람을 회심시킨 후 선교사를 초빙하게 된다고 했다. 때로는 한 가족이 이런 방식으로 의도적으로 교회를 개척하기 위해 거주지를 이전하여 같은 결과를 가져오기도 하며, 순회 조사와 전도부인들이 종종 그러한 곳에 살면서 역시 동일한 효과를 낳는 경우도 있다고 했다.155) 그는 미국 북장로교 해외 선교부(The Presbyterian Board of Foreign Missions)의 총무였던 로버트 스피어(Robert E. Speer) 박사의 말을 인용하면서 교회의 자전적 원리는 현지 교회가 설립되는 첫 순간부터 부여되어야 하고, 신자들이 세례를 받기 전, 교회 조직이 만들어지기 전에 최초의 결신자들에게 심어 주어야 한다고 했다. 그리고 모든 신자들에게 복음 전도 사역이 그리스도인의 의무라는 사실을 가르쳐야 한다고 강조했다.156)

내한 선교사들은 네비우스 선교정책에 따라 사경회에 참석하는 교인들이나 신학생의 경우에 필요한 경비를 스스로 부담하는 것을 원칙으로 정하고 있었다. 곽안련 선교사에 의하면 초기 한국 교회에서 사경회에 참석하는 교인들은 식비와 여행 경비를 스스로 부담해야 했다. 그리고 신학교에 입학하는 사람들은 학비 전액을 스스로

---

154) Ibid.
155) Ibid.
156) Ibid., 139.

부담해야 했으며, 집세와 침실의 난방비를 약간씩 부담하였다고 했다. 대부분의 신학교 학생들은 부양할 가족이 있었고 재산이 별로 없었기 때문에 신학을 공부하기 위한 학비를 조달하기가 매우 어려웠다. 그래서 그들이 조사로 섬기고 있는 교회나 순회 교구에서는 그들이 목사로 안수를 받은 후에 교회가 부담할 수 있는 수준의 사례비를 받으면서 목사로 해당 교회를 섬기겠다는 약정을 하고 사례비를 1년 내내 지불하면서 매년 3개월 반씩 학업을 할 수 있도록 자유 시간을 주었다. 하지만 선교부에서는 그들 신학생들에게 학비 조달을 위한 선교비는 전혀 지불하지 않았다. 물론 곽안련은 캐나다 선교부와 호주 선교부, 미국 남장로교 선교부가 관할하고 있는, 평양에서 멀리 떨어져 있는 지역에 거주하고 있는 학생들의 경우에는 평양 근방에 거주하고 있는 학생들과의 형평성을 고려하여 선교회가 교통비의 일부나 전부를 지급하기도 했다고 하였다.[157] 그는 또한 성경학교의 경우에도 모든 학생들은 자비로 학비를 부담해야 했으며, 단지 난방이 되지 않는 빈 침실만을 무료로 제공받았다고 했다.[158] 그리고 1901년부터는 장로회선교사공의회에 한국인 총대들이 참석하기 시작하였고, 이들이 공식적으로 교회의 대표로 파송된 것이 아니었기 때문에, 이들의 공의회 참석 경비는 어쩔 수 없이 선교부가 부담하였다고 했다. 하지만 1907년 독노회가 조직된 후에는 각 교회의 세례교인들이 일정한 비율로 총대들의 노회 참석 경비를 부담하게 되었다고 했다.[159]

---

157) Ibid., 166.
158) Ibid., 223.
159) Ibid., 167-168.

한국 장로교회가 초기부터 자립의 원칙하에 조직되고 운영되었다는 사실은 예배당 건축에서도 잘 드러나고 있다. 모든 지교회는 처음부터 자체의 예배당 건물을 마련하기 위해 헌금을 하였고,[160] 자체 건물을 확보할 수 있을 때까지 한 교인의 집이나 교실, 혹은 기타 건물에서 예배를 드렸다. 그리고 교회 건축을 위한 비용을 교인들이 부담하기에는 너무나 가난했기 때문에 교회 건물에 별로 치장을 하지 않았다.[161] 곽안련 선교사에 의하면 한국에서는 새로운 교회가 탄생할 때, 먼저 교인들이 누군가의 집에서 모였으며, 그 집에서 교인들을 다 수용할 수 없을 정도로 교인들의 수가 증가하면 인근의 초가집을 구입하여 여러 개의 방을 헐어 하나의 큰 방을 만들어 교회로 사용했다. 이때 매 단계에 교인들은 자력으로 필요한 시설물을 건축할 수 있었으므로 선교부의 보조금은 필요하지 않았다. 당시 3,254개 교회 건물 가운데 50여 개만이 건축비의 3분의 1 정도를 선교부로부터 보조받았는데, 그것은 그들 교회가 선교부가 소재한 지역에 자리 잡고 있었고, 사경회에 참석하는 거대한 인원을 수용하기 위해서는 지방의 교회들보다 훨씬 규모가 커야 했기 때문이었다.[162]

곽안련 선교사는 한국은 미국 북장로교 선교부가 선교 사업을 수행하고 있는 25개국 선교지에서 지출하고 있는 총 지출비의 7.6%밖에 받지 않고 있다고 했다. 그리고 그 금액 가운데 현지 교회의 직접적인 사역에는 1.33%밖에 사용하지 않았다고 지적했다.[163] 그리고

---

160) 제임스 게일(James S. Gale)은 많은 한국 교회 교인들이 예배당 건축을 위한 헌금을 하기 위해 저녁을 굶었고, 은비녀와 반지를 헌금함에 넣었다고 했다. H. A. Rhodes/ 최재건 역, 『미국 북장로교 한국선교회사(1884-1934)』 (서울: 연세대학교출판부, 2009), 384.

161) C. A. Clark, 『한국 교회와 네비우스 선교정책』, 199-200.

162) Ibid., 151.

미국 북장로교 선교부의 로버트 스피어 총무는 1897년 9월 1일까지 접수된 11개월 동안의 통계에 의하면, 한국 교회는 932명의 한국인 교인들이 인도 교회에 보낸 100-200달러의 구제 헌금과 기타 사업비 및 한국인 교인들의 자체 사업을 위한 비용을 충당할 헌금을 제외하고 은화 971달러를 헌금했는데, 그중에는 예배당 건축비 260달러 50전이 포함되어 있었다고 했다. 그리고 그는 한국 교회 교인들이 매우 적은 금액으로 값싼 예배당을 건축했고, 선교부는 예배당 건축비를 전혀 부담하지 않았다고 했다. 또한 그는 한국 교회의 경상비 총액 562달러 68전 가운데 545달러 16전이 교인들의 헌금이었다고 했다. 그리고 학교의 교사 외에 선교부가 봉급을 지불하는 유급 조수는 단지 5명에 불과했으며, 복음전도 사업에 종사하는 사역자들의 대다수가 자비로 사역하고 있다고 했다. 그리고 어떤 교회에서는 자력으로 자기 교회를 유지할 뿐만 아니라 나아가 유급 전도사를 채용하여 순회전도 사업에 종사하도록 하고 있다고 했다.[164] 미국 북장로교 선교부가 1934년에 한국 선교 50주년인 희년을 맞이하여 지난 50년 동안의 활동을 정리하여 펴낸 『미국 북장로교 한국 선교회사』에서 해리 로즈(Harry A. Rhodes) 선교사 역시 미국 북장로교 선교부가 관할하고 있는 선교지역에 있는 교회를 돌보고 있는 한국인 목회자들 가운데 극소수를 제외하고 300명의 사례비를 한국 교회가 지불하고 있고, 600명의 조사와 남녀 전도사 가운데 단지 10%만이 선교부의 자금으로 사례비의 일부나 전부를 지급하고 있다고 했다. 그리고 그는 선교부가 한국 교회 사역자들에게 매년 지

---

163) Ibid., 268.
164) 김인수, 『한국기독교회의 역사(상)』 (서울: 쿰란출판사, 2012), 254.

불하고 있는 금액은 총 5천 달러를 넘지 않았다고 했다. 그는 이 금액은 선교부의 총 전도 사역비의 3분의 1에 지나지 않는 것이었으며, 선교부가 받고 있는 연례 충당금 총액의 5분의 1 정도에 불과한 것이었다고 했다.[165]

　초기 내한 선교사들은 한국에 개혁주의 신앙과 장로교 정치형태를 보유하는 단 하나의 현지 교회를 일괄적으로 조직하고, 공의회를 구성하는 여러 선교회에 대해 자문 역할을 하며, 장로교의 관습에 따라 현지 교회가 조직될 때까지 현지 교회와 관련된 교회법적 문제에 대해 지도적 역할을 담당하도록 하기 위해 1893년 1월 26일 '장로교 정치형태를 사용하는 선교사공의회'를 조직했다.[166] 그리고 여러 지방에서의 교회법적 문제는 '공의회위원회'가 관할하고, 동 위원회들은 공의회가 소집될 때마다 이를 보고하도록 하였다. 그러나 교회가 여러 지역에 흩어져 있는 관계로 인해 각 공의회위원회들이 처음부터 새로 입교한 신자들에게 세례를 베푸는 일과 기타 모든 업무를 직접 수행하는 당회 역할을 하는 것이 불가능했다. 따라서 공의회위원회가 회원 가운데에서, 각 선교지의 여러 지교회들에서의 그러한 문제들을 담당하는 '분과위원회(Sessional Committees: 당회)'를 임명할 수 있도록 배려하였다.[167] 공의회위원회의 시찰과 통제를 받는 각 분과위원회는 특별한 경우 장로 선출에서 공의회위원회의 동의를 받아야 하기는 했지만, 세례를 받기 원하는 사람들을 심사하고, 성례를 베풀며, 권징을 시행하고, 장로 선출을 예정하는 등 실제적

---

165) H. A. Rhodes, 『미국 북장로교 한국선교회사(1884-1934)』, 383-384.

166) C. A. Clark, 『한국 교회와 네비우스 선교정책』, 125-126.

167) Ibid., 127.

으로 정식 당회의 모든 업무를 수행하였다.[168] 곽안련에 의하면 초기 한국 장로교회에서 조직이 미숙했던 것은 초기에 교회 조직이 단순해야 한다는 네비우스 선교정책의 원리를 주로 따른 것이었으며, 이로 인해 복잡한 규칙은 제정되지 않았다. 선교사들은 압제를 방지하고 모든 분야의 사역을 돌보고 감시할 수 있는 각 단계의 치리회 제도가 있어야 한다고 믿었다. 하지만 선교사들은 현지 교회 자체가 발전해 나가면서 점진적으로 결정하도록 하기 위해 대부분의 문제에는 손을 대지 않았다.[169]

조선예수교장로회공의회는 1901년부터 한국인 대표를 공의회에 참가시키기로 결정하고, 황해도 장연 송천의 솔내교회의 서경조와 평양 판동교회의 김종섭 두 사람을 장로로 임직했다.[170] 그리고 선교 초기 교회가 급속히 성장하고 있었지만, 종신직인 장로로 임직할 만큼 신앙 경험이 풍부하고 성숙한 사람이 많지 않은 상황에서 책임 있는 지도자를 신중하게 세워야 했던 선교사들은 안수를 받지 않고 치리장로의 모든 사역을 행하는 사람으로 영수를 임명하였다.[171] 영수제도는 1894년 마포삼열 선교사가 평양에서 이영언을 영수로 임명한 이후 1920년대까지 존속하면서 초기 한국 교회에서 중요한 역할을 감당했다.[172] 그리고 선교사들은 선교사들의 어학선생이나 개

---

168) Ibid.

169) Ibid., 127-128.

170) 車載明,『朝鮮예수教長老會史記(上)』(京城: 朝鮮基督教彰文社, 1928), 64-65; 곽안련은 1898년, 황해도 솔내교회에서 미국 장로교 총회의 공인하에 비공식적이긴 하지만 처음으로 장로가 선출되어 후일 공의회의 인준을 받았으며, 1901년 평양 중앙교회에서 최초로 장로가 정식으로 선출되었다고 했다. C. A. Clark,『한국 교회와 네비우스 선교정책』, 127.

171) 네비우스 선교방법을 연구한 김남식은 영수제도가 한국 교회의 자치에서 특기할 만한 것이었다고 보고 있다. 김남식, "네비우스 선교방법 연구", 168.

인 조수 출신으로서 순회 교구 안의 여러 교회들을 맡아 돌보는 조사(helper)를 세워 성례를 제외한 목회와 관련된 대부분의 사역을 담당하게 했다. 조사는 선교사의 자문을 받으면서 사실상의 동역 목사와 마찬가지로 선교사들과 함께 사역에 관한 여러 가지 일들을 결정하였다.[173] 1888년 언더우드 선교사가 백홍준, 서상륜, 최명우 세 사람을 조사로 임명한 이래, 조사의 수는 급속히 증가하여 1905년에는 80명, 1906년에는 105명, 그리고 1907년에는 160명이 되었다.[174] 또한 교회의 재정 문제를 맡기기 위해 서리집사를 임명하거나 선출하였으며,[175] 마을 교회의 여성들을 위해 조사들과 유사한 사역을 행하는 여성 사역자로서 '전도부인(bible woman)'을 임명하였다.[176]

이리하여 한국 교회는 그동안의 선교사 중심의 리더십으로부터 한국인과 선교사들이 협력하는 리더십으로 변화되었으며, 한국 교회에서 한국인들의 역할과 비중이 확대되는 결과를 가져왔다.[177] 그리고 영수와 조사, 서리집사와 같은 제도는 초기 한국 교회의 제도적 기반을 다지게 하여 이후 한국 교회가 자전, 자립, 자치하는 교회로 성장할 수 있는 토대를 마련해 주었다.[178]

1901년부터 조선예수교장로회공의회는 선교사들만 참석하는 영

---

172) 김양선, 『한국 기독교사 연구』 (서울: 기독교문사, 1971), 99.

173) C. A. Clark, 『한국 교회와 네비우스 선교정책』, 152.

174) 김양선, 『한국 기독교사 연구』, 99.

175) 서리집사 제도는 1887년 장로교의 정동교회에서 시작되었으며, 1907년경 시작된 것으로 보이는 안수집사 제도는 1908년 서울 새문안교회에 1명, 평양에 8명이 있었다. Ibid.

176) 전도부인은 권사(exhorter)나 여조사(woman-helper)로 불리기도 하였다. C. A. Clark, 『한국 교회와 네비우스 선교정책』, 153.

177) 박용규, 『한국기독교회사 2(1910-1960)』 (서울: 생명의 말씀사, 2004), 56.

178) 김양선, 『한국 기독교사 연구』, 99.

어를 사용하는 위원회와 선교사와 한국인 총대가 함께 참석하는 한국어를 사용하는 위원회로 이중적으로 운영되었다. 한국어위원회는 한국 지도자들이 가능한 한, 조속히 일반적인 장로교회의 운영 절차에 익숙해짐으로써 교회를 운영하는 데 능동적인 역할을 담당할 채비를 갖출 수 있도록 교회의 현안을 토의하는 데 목적이 있었다. 처음 이 새로운 위원회에는 입법권이 없었지만, 점차 그와 같은 권한을 가진 기관으로 발전해 갈 것이 기대되었다.[179] 1901년 한국어위원회에는 24명의 선교사 대표와 3명의 한국인 장로, 6명의 조사 대표가 참석하였다.[180] 첫 회의에서는 한 위원이 장로교회의 일반적인 정치형태와 각 단계의 치리회 및 목사와 장로 대표자의 자격 등에 대해 간략히 요약하였다. 그리고 아직은 한국 교회의 정치가 유아기이고 당회가 극소수이며, 목사가 전혀 없지만, 머지않아 정규적인 장로교회가 공식적으로 결성될 날이 오리라는 바람을 피력하는 선언문을 낭독하였다.[181] 또한 위원회는 홍수와 기근을 당한 교회에 보낼 구제 헌금을 의결하는 등 일부 입법적 활동을 하기도 하였다. 1901년부터 최초의 독노회가 설립되던 1907년까지는 한국어위원회 연례회의가 이러한 모델을 어느 정도 따르고 있었다.[182] 이러한 이중적 공의회 운영을 통해 한국 장로교회는 장로교 정치형태와 운영에 관해 전혀 알지 못했던 한국 교회의 지도자들에게 민주적 교회정치를 훈련시키는 계기를 마련하였으며, 이는 한국 교회의 자주적 치

---

179) C. A. Clark, 『한국 교회와 네비우스 선교정책』, 163.
180) Ibid., 164.
181) Ibid.
182) Ibid.

리를 향한 중요한 행보의 하나가 되었다.

1907년 조선예수교장로회 독노회 창립 이후 한국 장로교회의 자치는 계속해서 확대되어 나갔다. 독노회가 창립될 당시에는 최초로 독노회에서 안수를 받은 한국인 목사 7명과 선교사 38명, 한국인 장로 40명이 참석하였다. 독노회에는 처음부터 한국인 총대가 과반수를 차지하였고, 그 과반수는 언제나 3분의 2를 넉넉히 넘겼다.[183] 그리고 1912년 총회가 창립될 때에는 한국인 목사 총대 52명과 장로 총대 125명이 참석한 데 비해 선교사는 44명이 참석하는 데 지나지 않았다. 그리고 한국인들 중 어느 누구도 170명의 총대가 참석하는 거대한 회의를 주재하거나 사무를 처리해 본 경험이 없는 상황에서 한국인 총대들의 적극적인 지지에 의해 언더우드 선교사가 초대 총회장이 되었으나, 회계를 제외한[184] 나머지 임원은 모두 한국인들이 맡았다. 그리고 1915년 이후[185]에는 계속해서 한국인이 총회장이 되었다.[186] 선교사들은 약 200명의 총대로 이루어지는 총회에서 30여 명을 크게 상회한 적이 결코 없었고, 노회에서도 선교사가 대표의 5%를 넘은 적이 드물었다. 1923년 총회에서는 필요한 직원이나 위원 314명 가운데 선교사들은 단지 35개 자리만을 차지하였고, 총회에 참석한 총대 가운데 한국인 목사 총대가 74명, 장로 총대가 74명인 데 비해 선교사는 31명에 불과했다.[187]

---

183) Ibid., 189.

184) 독노회와 총회에서 회계는 모두 선교사가 맡았고, 부회계는 한국인 목사가 맡았다. 곽안련, 『長老敎會史典彙集』, 73.

185) 곽안련은 『한국 교회와 네비우스 선교정책』에서는 1919년 이후 한국인이 계속해서 총회장이 되었다고 하였다. C. A. Clark, 『한국 교회와 네비우스 선교정책』, 211, 237.

186) 곽안련, 『長老敎會史典彙集』, 73.

187) C. A. Clark, 『한국 교회와 네비우스 선교정책』, 237-238.

한편, 1907년의 독노회 헌법에서는 안수를 받은 모든 선교사는 한시적으로 현지 교회 치리회의 정식 회원이 되는 동시에 자국 노회의 회원권을 보유하고 자국 교회의 권징권에만 종속된다고 규정하고 있었다. 그리고 과반수의 선교사들이 교회의 치리회로부터 물러날 때가 되었다고 느낄 경우 모든 선교사들은 언제든지 집단적으로 물러날 것이라고 규정하고 있었다. 1913년 선교사들이 교회 치리회에서 물러날 때가 되었다고 믿었던 소수의 선교사들의 주장에 따라 장로회선교사공의회는 선교사들의 총회 참석 인원을 줄여 한국인 총대 총수의 5명에 1명이나 5명에 2명으로 대표자를 제한하자는 안건을 제출하였으나, 총회는 이 안건을 번번이 부결시켰다. 그리고 1917년부터 1920년까지 정치편집위원회가 새로운 헌법을 준비하는 과정에서 선교사들은 치리회에 참석하는 선교사들의 수를 줄이는 내용을 규정에 포함시켜야 한다고 거듭해서 촉구하였다. 그러나 한국인 위원들은 선교사는 본국 선교부로부터 임명장을 받아 한국 노회에 제출하고 승인을 받아 노회원이 되며, 한국 교회의 법령에 복종해야 한다는 규정을 마련하였다. 그리고 노회는 선교사에 대한 치리권을 행사하며, 노회가 선교사에게 특정 지교회에 대한 법적 권한을 부여할 때, 선교사는 지교회 당회와 노회에서 투표권을 획득하고, 노회는 총회로 파송하는 총대 목사 가운데 절반을 선교사로 선출한다는 규정도 마련하였다. 그리고 이 규정은 모든 위원회에 의해 만장일치로 채택되었고, 모든 노회의 투표에 의해 수용되었다. 1929년 총회는 여기서 한 걸음 더 나아가 신임 선교사는 노회에 소개장을 제출하고 한국인 목사나 장로들과 마찬가지로 한국 교회의 신조를 수락할 것을 확약해야 한다

고 규정하였다.[188]

이처럼 한국 교회는 1907년 내한한 미국 남북장로교와 호주 장로교, 캐나다 장로교 선교회의 본국 선교부로부터의 승인과 지원 아래 이루어진 독노회 창립을 통해 실질적인 자치형태를 이룩한[189] 이후 지속적으로 자치를 향해 나아갔다. 그리고 1922년의 완전한 헌법을 마련하면서부터 자치를 위한 제도적 틀을 완비하고 실질적인 자치 역량을 발전시켜 나갔다고 할 수 있다.

곽안련 선교사가 네비우스 선교정책의 핵심 원리로 제시하고 있는 자전, 자립, 자치는 근대 민주주의의 핵심적 원리라고 할 수 있다. 민주주의는 주권이 국민에게 있다는 주권재민 사상을 기본으로 하고 있는데, 어떠한 공동체이건 해당 공동체의 구성원들이 주권을 가지려면 경제적으로 자립하고 정치적으로 독립하여 자주적인 통치를 행해야 한다. 아무리 정치적 독립을 이룩했다 하더라도 경제적으로 자립하지 못한다면 그 공동체의 주권은 손상될 수밖에 없고, 경제적으로 의존하는 외부 세력에 의해 침해될 수밖에 없는 것이다. 한국 교회의 네비우스 선교정책을 연구하는 대다수의 연구자들이 한국 교회에서 실천된 선교정책은 주로 자립 운영과 관련된 것이었고, 자치에 대해서는 소극적이었다고 지적하고 있다.[190] 하지만 자치는 결코 자립의 기반 없이 이루어질 수 없다는 점을 감안한다면,

---

188) Ibid., 234-236.

189) 김남식, "네비우스 선교방법 연구", 168.

190) 전재홍은 한국 교회의 조직이 다른 지역에 비해 늦게 진행되었다는 브라운(A. J. Brown)의 지적과 『朝鮮예수敎長老會史記(上)』에서의 예를 들어 내한 선교사들은 자급과 자전을 중심으로 하는 한국 교회의 성장과 성경을 중심으로 하는 강력한 복음주의 교회를 세우는 것에 관심이 있었을 뿐 자치라는 개념에 대해서는 초기에 정립되지 못했다고 보고 있다. 전재홍, "초기 한국 장로교회에 있어서 헌법의 형성과정 및 내용에 관한 연구", 36-37.

초기 한국 교회의 형성과정에서 자립 운영에 대한 강조가 자주적 치리를 위한 중요한 밑거름이 되었음을 간과해서는 안 될 것이다. 그리고 초기 내한 선교사들이 공의회 시기를 거쳐 조선예수교장로회 독노회를 창립하고, 이어서 총회를 설립하는 과정에서 한국인 총대들이 장로교 정치제도의 골간을 이해하고 실천을 경험해 봄으로써 자주적으로 교회를 치리해 나갈 수 있도록 한 것은 자치를 향한 의미 있는 발걸음이었다고 하지 않을 수 없다. 그리고 앞서 살펴보았듯이 한국 교회는 복음을 수용하는 초기부터 스스로 전도하는 전통을 만들어 왔다. 복음을 접하고 세례를 받은 이후 선교사들과 함께 한글성경을 번역했던 의주 청년들이 자신들이 번역한 한글성경을 가지고 고향으로 돌아와 목숨을 걸고 열정적으로 전도한 것이나,[191] 일본에서 복음을 접하고 나서 한글성경을 번역하고 유학생들에게 힘써 복음을 전도했던 이수정의 예에서 보듯이 한국 교회는 기독교 역사상 유례를 찾아볼 수 없을 정도로 복음의 수용과 전파 과정에서 주체적이었다. 복음의 수용 과정에서의 주체적 열정은 선교사들이 내한하기 이전에 이미 예배 공동체가 형성되고 예배당이 마련된 것에서도 확인할 수 있다. 초기 한국 그리스도인들의 이러한 자전하는

---

191) 의주 청년들이 자신들이 번역한 성경을 들고 고향으로 돌아와 복음을 전하던 당시에는 비록 미국을 비롯한 기독교 국가들과 외교관계가 수립되고 선교사들이 입국해 있었지만, 기독교 복음의 선교는 여전히 국법에 의해 엄격히 금지되고 있었다. 따라서 정부에 의해 선교가 합법적으로 인정되기 이전까지 의주 청년들을 비롯한 초기 그리스도인들은 목숨을 걸고 복음을 전했다. 실제로 백홍준은 성경을 보급하면서 전도하다가 체포되어 재산을 몰수당하고 옥고를 치렀으며, 2년여 동안 계속되는 박해와 감옥생활로 결국 순교하고 말았다. 그리고 서상륜 역시 고향에서 성경을 배포하며 전도하다가 관리에게 적발되자 황해도 송천으로 도피하여 그곳에서 복음을 전하였고, 그의 열정적인 전도에 힘입어 한국 최초의 교회인 솔내교회가 황해도 송천에서 설립되기도 했다. 대한예수교장로회총회 역사위원회, 『대한예수교장로교회사(상)』, 46; 김인수, 『한국기독교회사』, 81.

열정은 이후에도 계속 이어져 한국 교회 성장의 바탕이 되었다. 그러므로 초기 한국 교회에서는 자전, 자립, 자치의 3자원리가 깊고 넓게 실천되었음을 확인할 수 있다.

초기 한국 장로교회에서 전면적으로 시행한 네비우스 선교정책의 핵심 원리인 자전, 자립, 자치의 3자원리는 각 교회의 운영에서 경제적 자립과 전도 사역에서의 자진 전도, 교회정치에서의 자주적 치리를 강조함으로써 봉건적 사회질서하에서 아직까지 근대적 민주정치와 민주적 시민사회를 경험하지 못했던 한국 교회 그리스도인들로 하여금 자전과 자립, 자치의 민주적 가치를 체계적으로 학습하고 경험하게 하였다. 그리고 교회 내에서의 민주적 의사결정 과정에 대한 경험과 실천은 교회 내 민주주의를 발전시키는 계기가 되었다. 이는 나아가 근대적 시민사회가 제대로 형성되지 않았고, 대의제 민주정치를 경험하지 못했던 근대 한국 사회에서 민주주의를 형성하고 발전시키는 데 크게 기여하였다

4. 초기 한국 장로교회 정치제도 형성과정에서 곽안련의 역할과 정치사상

1) 곽안련의 생애

곽안련 선교사(Rev. Dr. Charles Allen Clark)는 1878년 5월 14일 미국의 미네소타(Minnesota)주에 있는 스프링 밸리(Spring Valley)에서 청교도 후손인 아버지 윌리엄 클락(William Clark: 1850-1921)과

어머니 릴리언 알렌(Lillian C. Allen: 1848-1888) 사이에서 둘째 아들로 태어났다.[192] 곽안련 선교사의 가족은 1880년 미네소타주 미니애폴리스(Minneapolis)로 이주하였으며, 거기서 아버지 윌리엄은 건축업을 시작했다. 하지만 곽안련이 10살 되던 해 어머니 릴리언이 결핵으로 사망하고, 형 버턴(Burton)이 수영 도중 익사하는 슬픔을 겪게 되자[193] 그는 경제적으로 어려운 성장기를 보내야 했다. 그는 소년 시절 가계를 돕기 위해 10년 동안이나 아침저녁으로 신문을 배달하고, 아버지를 따라 공사 현장에서 목수, 석공, 배관공, 양철공 그리고 페인트공 등의 조수로 일을 하였다. 그리고 그는 출판업계에서도 10여 년 동안 일을 했는데,[194] 이러한 경험은 그를 어려서부터 매우 강인하고 독립적인 소년으로 성장하게 했다. 그리고 건축 공사 현장과 출판업계에서의 경험은 한국에서의 선교사역에 커다란 도움을 주었다. 그는 건축 현장에서의 경력이 선교사역에 미친 영향에 대해 "나는 선교회 자산 관리 위원회 위원으로 임명되어 30년이 넘게 이 일에 봉직하였다."[195]고 했다. 그리고 그는 여러 해 동안 '선교회 건축 고문'이라는 영예로운 칭호를 누려 왔으며,[196] "20여 년 동안 선교회에서 건축된 모든 건물은 나와 어느 정도 관계를 가지고 있다."[197]고 했다. 그리고 그는 그 당시에는 미처 깨닫지 못했으나

---

192) 김득룡, "실천신학 교수 곽안련 박사에 관한 소고", 『神學指南』 제52권, 제1호 (1985. 3.), 65.

193) C. A. Clark/ 박용규 역, "곽안련 선교사 60년 회고록", 『神學指南』 제59권, 제4호 (1993. 12.), 199.

194) Ibid., 196.

195) Ibid.

196) Ibid.

197) Ibid.

이 모든 것이 한국 선교사로 그를 준비시킨 하나님의 뜻이었음을 고백했다.198)

곽안련 선교사는 미니애폴리스에서 시립 학교들을 우수한 성적으로 졸업한 후 미네소타대학교에 진학했다. 그는 2년 동안 미네소타 대학교에서 헬라어에 탁월한 두각을 나타내었다. 2학년 말 그는 대학 YMCA로부터 졸업 후 대학에서 전임강사직을 거의 보장받고 교수로 진급할 수 있는 헬라어 보충반의 조교를 맡아 달라는 제의를 받았지만, 목회자로 헌신하기 위해 이 제의를 거절하고 매캘러스터 대학(Macalester College)으로 옮겼다.199) 매캘러스터대학에 재학 중이던 2년 동안 곽안련은 주일마다 남쪽으로 70마일 떨어진 굿휴(Goodhue)에서 설교를 하기 시작하였으며,200) 1899년 매캘러스터대학을 졸업한 후에는 곧바로 시카고에 있는 미국 장로교의 맥코믹신학교(McCormick Theological Seminary)에 진학했다. 맥코믹신학교에서 공부하던 시절, 그는 1899년에 6개월 동안 워터 스트리트 중국인 선교회(Water Street Chinese Mission)와 빈민가에 소재한 에리채플(Erie Chapel) 등에서 전도활동을 도왔다. 그리고 1900년 5월부터는 서부의 오스틴(Austin)에서 2년 동안 매 주일 두 번씩 설교를 하였고, 매주 목요일에는 15마일 떨어진 곳으로 나가 기도집회를 인도하였다. 맥코믹신학교 졸업반 시절 그는 학교 친구들과 함께 오스틴에서 어른들의 도움을 받지 않고 직접 2주 동안의 부흥회를 개최하기도 했다. 그 부흥회를 통해 회심한 43명의 새로운 신자들과 그 지

---

198) Ibid.
199) Ibid., 197-198.
200) Ibid., 201.

역의 교회에서 이명한 27명 등 70명의 교인들이 그가 한국으로 떠나던 주일에 새로운 교회를 조직했다. 이 교회는 후일 세례교인 823명이 출석하는 페이스교회(Faith Church)가 되었다.[201] 매캘러스터대학과 맥코믹신학교 시절에 그가 행한 이러한 사역의 경험과 훈련은 많은 성과를 거두었으며, 타고난 수줍음 많은 성격으로 인해 어린 시절부터 여러 사람 앞에 나서기를 두려워했던 곽안련 선교사로 하여금[202] 많은 청중들 앞에서 설교를 할 수 있는 담대한 용기를 가질 수 있게 해주었다. 그뿐만 아니라 그러한 실천과 경험은 그의 설교 역량을 한층 높여 주었으며, 평생 실천신학 교수이자 현장 목회자로서의 사역을 충실히 감당할 수 있도록 해 준 큰 밑거름이 되었다. 페이스교회의 거리 전도 목회를 하던 기간에 곽안련은 1876년 2월 28일 뉴욕의 브루클린(Brooklyn)에서 태어나 시카고에 거주하면서 페이스교회에서 주일학교 교사로 봉사하던 일생의 동반자 마벨 크레프트(Mabel N. Craft)를 만나 1902년 6월 17일 브루클린에서 결혼하였다.[203]

1902년 5월 맥코믹신학교를 졸업한 곽안련은 한국 선교사로 지망하였고, 미국 북장로교 선교부의 파송으로 1902년 9월 22일 제물포를 통해 한국에 입국했다. 그는 1904년 승동교회 부목사를 시작으로 수많은 교회에서 목회 사역을 하였으며, 1908년부터 1941년까지는 평양신학교 교수로 재직하면서 신학생들을 가르쳤다. 그는 1911년 매캘러스터대학에서 명예 신학박사 학위(D.D.)를 받았으며, 1920년

---

201) Ibid., 201-202.
202) Ibid., 198.
203) 이호우, 『초기 내한 선교사 곽안련의 신학과 사상』, 91.

에는 시카고대학(Chicago University)에서 문학석사 학위를, 1928년에는 같은 대학에서 철학박사 학위(Ph.D.)를 받았다.[204]

40년 동안 지칠 줄 모르고 왕성한 활동을 하던 곽안련 선교사는 1941년 '세계 평화 기도문 사건'에 연루되어 일제로부터 수난을 받았고, 미국으로 강제 추방되었다.[205] 그는 해방 이후 다시 한국에 선교사로 부임하기를 희망했지만, 고령으로 뜻을 이루지 못하였고, 1948년 은퇴하였다. 1946년 11월 17일 부인이 70세의 나이로 먼저 세상을 떠난 이후에도 홀로 오클라호마주 무스코그에 거주하면서 저술 활동을 계속하던 그는 1961년 5월 26일 하나님의 부르심을 받았다.[206]

2) 곽안련의 사역

곽안련 선교사가 입국하던 당시 한국의 상황은 콜레라로 인해 수만 명의 사람들이 죽어 갔으며, 천연두가 엄습하여 어린이들의 시체가 수백 명씩 동소문 밖으로 실려 나가 매장되거나 성벽을 따라 방치되는 등 참으로 형언하기 어려운 열악한 형편이었다.[207] 그 후 곽안련은 내습한 성홍열로 인해 첫아들을 잃었고, 연이어 둘째 아들마저 천국으로 가는 비운을 겪기도 하였다.[208]

선교지의 척박하고 열악한 환경과 1년에 두 아이를 잃은 슬픔에

---

204) C. A. Clark, "곽안련 선교사 60년 회고록", 197.

205) 이덕식, "곽안련의 목회신학 연구:『강도학』과 『목사지법』을 중심으로", 16.

206) Ibid.

207) C. A. Clark, "곽안련 선교사 60년 회고록", 201.

208) Ibid.

도 불구하고 곽안련의 선교사로서의 열정은 식을 줄 몰랐다. 1902년 9월 내한한 이래 1941년 7월 일본 제국주의의 강압적인 추방에 의해 한국을 떠날 때까지 40년 동안 선교사로 헌신했던 곽안련 선교사는 1908년부터 1939년까지 평양신학교에서 실천신학 교수로서 학생들을 가르쳤다. 그리고 그는 51권의 저서와 200여 편의 글을 남겼으며, 수많은 교회에서 목회자로 사역했다.[209]

선교지 한국에서의 적응을 위해 첫해를 보내고 난 곽안련 선교사는 서울 선교본부 앞 거리에서 조금 떨어진 곳에 세 개의 가두 설교 처소를 열고 매일 정기적으로 복음을 전하였다. 한국에 입국한 2년 뒤인 1904년에는 서울 승동교회 부목사가 되었고, 1906년에는 사무엘 무어(Samuel F. Moore) 선교사의 뒤를 이어 담임목사가 되어 1922년까지 사역했다.[210] 내한 3년이 지나면서부터 그는 도시와 농촌에서 항상 20개 이상의 교회를 담당했고, 때로는 동해안에 있는 교회까지 담당하기도 했다. 그리고 감리교회와의 선교지 분할이 논의되던 어느 해에는 102개 교회를 담당하기도 했다.[211] 그는 "그해에 나는 말 위에서 살다시피 하였다."[212]고 회상하기도 했다. 그는 한국에서 사역하던 40년 동안 서울과 평양에서 100개 이상의 교회를 설립하는 과정에 한몫을 담당하였다. 그리고 평양신학교 교수와 교장으로 재직하던 동안에도 주말이면 항상 그가 담당하던 몇 개 교회에서 학습교인을 받아들이고 세례를 베풀며 성례를 집행하였

---

209) 곽안련, 『목회학』(서울: 대한기독교서회, 2005), 5.
210) 김득룡, "실천신학 교수 곽안련 박사에 관한 소고", 68; 이호우, 『초기 내한 선교사 곽안련의 신학과 사상』, 30.
211) C. A. Clark, "곽안련 선교사 60년 회고록", 202.
212) Ibid.

다.[213] 선교지 한국을 떠나던 해에도 20마일 바깥 지점에서부터 25 평방마일 내에 있는 53개 교회를 목회했던[214] 그는 한국에서 선교활동을 하면서 가장 즐거웠던 것은 "시골 읍의 장터에서 복음을 전하는 일이었다."[215]고 회상하기도 했다.

한편, 곽안련 선교사는 1908년부터 33년 동안 평양신학교에서 학생들을 가르쳤으며, 마지막 6년 동안은 평양신학교 교장으로 재직했다.[216] 그는 평양신학교 교수가 되기 전부터 설교에 대하여 깊은 관심을 가지고 있었고, 이미 헤릭 존슨(Herrick Johnson)의 강의안을 정리하여 만든 설교학에 관한 책을 출판하기 위해 준비하고 있었다.[217] 1908년 5월 평양신학교에 교수 한 사람의 결원이 생긴 것을 계기로 대리강사로서 처음 설교학을 강의하기 시작한 그는 이후 1916년 정교수가 되어 계속해서 설교학과 실천신학, 목회학 그리고 교회법과 종교교육 등을 가르쳤다.[218] 실천신학 교수로서 그는 1,600여 명에 달하는 목회자와 평신도 지도자들을 양성했다.[219]

곽안련 선교사는 또한 평양신학교 교수로 실천신학을 강의하면서 『설교학』,[220] 『목회학』 등의 저서를 비롯하여 수많은 책을 저술하였는데, 한글로 된 42권과 영어로 된 7권, 그리고 스페인어로 된 2권 등 총 51권이었다.[221] 그뿐만 아니라 그는 1918년부터 1940년까지

---

213) Ibid.
214) Ibid.
215) Ibid., 203.
216) Ibid., 202.
217) Ibid., 204.
218) Ibid., 205.
219) 이호우, 『초기 내한 선교사 곽안련의 신학과 사상』, 31.
220) 곽안련, 『설교학』 (서울: 대한기독교서회, 1993).

평양신학교가 발행한 『神學指南』의 편집인과 발행인으로 활동하면서 약 200편의 글과 설교 본문을 기고하였다.[222] 이처럼 곽안련 선교사는 수많은 저술과 기고를 통해 초기 한국 장로교회의 신학이 형성되는 과정에서 매우 중요한 역할을 담당하였다.

또한 곽안련 선교사는 1909년부터 1921년까지 대한예수교장로회 총회 헌법위원회 위원으로 임명되어 한국장로교회의 헌법을 제정하고 보급하는 일에 헌신하였다.[223] 1915년에는 총회 정치편집위원이 되어 초기 한국 장로교회 정치제도 형성과정에서 주도적인 역할을 하였다. 1917년에는 하지(J. A. Hodge)의 책을 역술한 『敎會政治問答條例』를 발간하였고,[224] 1918년과 1935년에는 그동안의 한국 교회의 역사를 간추려 『長老敎會史典彙集』을 발간하기도 하였다. 그리고 1934년에는 조선예수교장로회 총회에서 발행하기로 한 『표준 성경 주석』의 발행 책임자로 선임되어 활동하면서 『욥기 주석』, 『시편 주석』, 『잠언 주석』, 『전도서 주석』, 『아가서 주석』 그리고 『로마서 주석』 등의 성경 주석을 저술하였다. 그리고 은퇴한 후에도 성경 주석 작업을 계속하여 1953년에는 『민수기 주석』, 1957년에는 『레위기 주석』, 그리고 1958년에는 『마가복음 주석』을 간행하기도 했다.[225]

교회 현장에서의 목회와 신학교에서의 강의, 각종 신학 서적의 저술 및 신학 잡지의 발행 외에도 곽안련은 한국에서 활동하던 40년

---

221) 이호우, 『초기 내한 선교사 곽안련의 신학과 사상』, 31.
222) Ibid., 31, 146.
223) Ibid., 30.
224) Ibid., 144.
225) Ibid., 31.

동안 출판업계에서 서적과 잡지 및 기타 문서의 창작과 판매를 담당하였다. 그리고 그는 장로교 출판기금(Presbyterian Publication Fund)의 관리자로 일하였고, 그 기간 내내 기독교서회의 사장직을 맡았으며, 성경번역위원회에서도 활동하였다.[226] 이뿐만 아니라 한국에 도착한 후 며칠 지나지 않아 선교회 자산관리 위원회(Mission Property Committee)의 위원으로 임명되어 30년 이상 봉직하였고, 여러 해 동안 선교회 건축고문으로 일하기도 했다.[227] 또한 그는 5년 이상 총회 종교교육부 총무로 활동하였고, 12년 동안 미국 북장로회 선교부 실행부위원으로 일했으며, 3년 동안은 회장으로 활동했다.[228] 이 외에도 그는 만주에 있는 한국인 교회를 다섯 차례 방문하였고, 28년 동안 일본에 있는 한국인 교회의 회계로 활동하였으며, 2년마다 그들을 심방하였고, 그 교회를 위한 헌법을 기초하기도 하는 등 해외 거주 한국인들을 위한 사역에서도 많은 역할을 하였다.[229]

3) 곽안련의 신학

곽안련 선교사는 자신이 목회자가 된 것은 전적으로 하나님의 직접적인 뜻이었으며, 하나님께서 그를 사용하시기에 부족함이 없도록 준비시켜 오셨다고 했다.[230] 그는 14세 되던 1882년에 중생에 대한 깊은 체험을 하였고, 복음전도자로서의 소명을 받았다고 느끼고 있

---

226) C. A. Clark, "곽안련 선교사 60년 회고록", 196.
227) Ibid.
228) 곽안련, 『목회학』, 6.
229) Ibid., 5-6.
230) C. A. Clark, "곽안련 선교사 60년 회고록", 198.

었다고 회고했다. 그러나 그는 학교에서 과제를 발표하는 시간에 급우들 앞에서까지 심한 부끄러움을 느끼던 성격으로 인해 자신이 하나님 앞에서 목회자로 쓰임 받을 것이라고는 생각하지 못했다고 했다. 그리고 만일 성직자가 된다면 해외 선교지로 나가야 하지 않을까 하는 두려움이 있었기 때문에 성직자가 되기를 원하지 않았다고 고백했다.231) 그는 대학 시절 초기 2년 동안 성직자가 되어야 한다는 생각을 계속 거부하고 있었으며, 하나님이 원하시는 일에 순종하지 않는 이상 기도할 권리도 없다고 생각하여 기도마저 할 수 없었다고 했다.232) 그는 대학에서 헬라어에 두각을 나타내고 있었고, 라틴어와 헬라어 교수가 되기 위한 공부를 계속하고자 했지만, 성직자로서의 하나님의 부르심에 항복을 한 후에는 날마다 기쁨의 찬송을 드렸다고 했다.233)

곽안련 선교사는 헬라어 교수가 되려는 꿈을 포기하고 성직자가 되기 위한 첫 과정으로서 미네소타대학을 떠나 매캘러스트대학으로 옮겼으며, 매캘러스트대학을 졸업한 후에는 시카고에 있는 맥코믹신학교에 진학했다. 그는 성직자가 되기로 결심하고 매캘러스트대학을 거쳐 맥코믹신학교를 졸업하기까지 5년 동안 복음전도자로서의 역할을 매우 성실히 수행했다. 매캘러스트대학 재학 시절에 그는 매주 굿휴(Goodhue)에서 설교를 했고,234) 맥코믹신학교에 재학하고 있던 중에도 오스틴에서 매주 두 번씩 설교를 했다. 또한 그는 매주 목요

---

231) Ibid.
232) Ibid., 198-199.
233) Ibid., 199.
234) 이호우, 『초기 내한 선교사 곽안련의 신학과 사상』, 52.

일의 기도모임 인도를 비롯한 수많은 전도활동에도 적극적으로 참여했다.[235] 이러한 복음전도를 위한 그의 뜨거운 열정은 복음의 불모지 한국의 복음전도 현장에서도 여실히 드러났다.

그렇지만 곽안련은 여전히 해외 선교사가 되기를 원하지 않았으며, 해외 선교지 대신 미국 국내에서 가장 어려운 선교 현장으로 가겠다는 타협안을 하나님께 제시하기도 했다.[236] 그러나 하나님은 해외 선교사로서의 그의 사명을 계속 압박하기 시작했으며, 오랜 시간의 씨름 끝에 그는 결국 맥코믹신학교를 졸업하기 4개월 전에 하나님께 해외 선교사로 나가겠다고 항복하고 말았다.[237] 그가 해외 선교사로 나가겠다고 결심하게 된 것은 친구였던 조지 레크(George Leek) 목사가 선교지에서 사망했다는 소식을 접한 것이 중요한 계기가 되었다. 매캘러스터대학 졸업 동기생인 레크는 1900년 10월 내한하여 선교사로 사역하다가 천연두에 걸려 1901년 12월 25일 선교지 한국에서 갑작스럽게 숨을 거두었던 것이다.[238] 친구의 죽음은 그에게 큰 충격과 함께 해외 선교에 대한 강력한 도전을 주었고, 그로 하여금 한국 선교사로 지원하게 했던 것이다.

곽안련 선교사가 졸업한 맥코믹신학교는 프린스턴 신학을 기초로 세워졌다. 프린스턴 신학은 아키발드 알렉산더(Archibald Alexander)에 의해 시작되고, 찰스 하지(Charles Hodge)와 벤자민 워필드(Banjamin B. Warfield)에 의해 체계화된 칼뱅주의 전통에 서 있었으며,[239] 신

---

235) Ibid., 91.

236) C. A. Clark, "곽안련 선교사 60년 회고록", 199.

237) Ibid., 198.

238) 이호우, 『초기 내한 선교사 곽안련의 신학과 사상』, 52.

239) 김기홍, 『프린스톤 신학과 근본주의』 (서울: 아멘서적, 1992), 45.

학의 모든 기초를 성경적 관점에서 해석해 왔다.[240] 맥코믹신학교는 칼뱅주의 신학과 성경을 중심으로 하는 복음주의 신앙을 토대로 점차 성장하여 잉글랜드(England) 지역에서 가장 큰 신학교로 발전했다. 그리고 설립 이후 80년 동안 2,500명의 졸업생 가운데 500명이 복음전도자가 될 정도로 해외 선교에 관심을 가지고 활동하는 학교가 되었다.[241]

개혁주의 전통과 웨스트민스터 신앙고백에 충실했던 다른 미국 북장로교 선교사들과 마찬가지로,[242] 곽안련 선교사는 보수적인 청교도 신앙 위에서 특별히 성경을 강조하였다. 그는 한국 교회가 성장한 주된 요인이 네비우스 선교정책에 있었다고 평가하면서도, 네비우스 선교정책의 자전, 자립, 자치의 3자원리보다 사역의 각 분야에서 성경을 보편적으로 사용한 것이 가장 큰 성공의 비결이라고 평가할 정도로 성경을 강조했다.[243] 그는 성경은 하나님의 유일한 말씀이며, 성경을 통하여 하나님은 말씀하신다고 확신했다.[244] 그는 성경은 세상의 여러 종교가 가지고 있는 경전들 가운데 하나가 아니라, 하나님께서 인간들에게 주신, 하나님께로부터 권위를 받은 유일하고도 구별되는 책이라고 강조했다.[245] 그는 미국 프린스턴신학교 교수인 하지(A. A. Hodge)와 워필드(B. B. Warfield)의 글을 자주 인용하고 성경의 절대 권위를 강력하게 변호했다. 그는 결코 기계적

---

240) 이덕식, "곽안련의 목회신학 연구:『강도학』과『목사지법』을 중심으로", 13.

241) Ibid., 13.

242) 박용규,『한국장로교사상사』, 70.

243) C. A. Clark,『한국 교회와 네비우스 선교정책』, 19.

244) 곽안련, "말씀하시는 하나님",『神學指南』제91호 (1937. 1.), 68.

245) 곽안련,『표준성경주석 마가복음』(서울: 대한예수교장로회총회종교교육부, 1958), 43.

영감설이 아닌 완전-축자영감설이 역사적이고 전통적이며 성경적인 영감론이라고 확신했다. 그리고 그는 성경의 영감과 무오를 원본에 국한시키고 사본이나 번역본에는 확대하지 않았다.[246] 그는 또한 전에 알지 못하던 어떤 진리를 초자연적으로 알려주는 것이 계시라면, 그 진리를 정확무오하게 전달하는 것이 영감이라며, 계시와 영감, 영감과 무오는 불가분의 관계를 맺고 있다고 주장했다.[247]

곽안련은 칼뱅주의적이고 정통주의적이며, 보수적이고 복음주의적인 신학을 가진 선교사였다. 그는 미니애폴리스의 올리버 장로교회에 출석하며 신앙생활을 했고, 보수적인 프린스턴 구학파 신학을 계승하고 있는 맥코믹신학교를 졸업한 후에는 미국 북장로교의 선교사로 파송되었다.[248] 따라서 그의 신학이 가진 보수적 성격은 미국의 구파(Old School) 장로주의와 웨스트민스터 표준문서에 표명된 칼뱅주의나 개혁주의 신학의 특징을 분명하게 보여 주고 있다.[249]

한편, 다른 초기 내한 선교사들과 마찬가지로 곽안련 역시 청교도적 전통 위에 서 있었다. 비록 어머니가 일찍 돌아가시기는 했지만, 그는 어머니의 혈통에 흐르고 있던 청교도적 신앙을 물려받았다. 그는 그리스도인의 삶을 인도하시는 하나님의 절대적인 주권을 믿었으며, 성경의 최종적인 권위와 엄격한 안식일 준수, 예배를 강조하는 청교도적인 신앙을 소유하고 있었다. 따라서 그는 하나님의 계명에 대한 엄격한 순종을 요구하였으며, 기독교 신앙의 순수성을 지키

---

246) 박용규, 『한국장로교사상사』, 79-81.

247) Ibid., 82.

248) 이호우, 『초기 내한 선교사 곽안련의 신학과 사상』, 351.

249) Ibid., 360.

기 위해 조상숭배와 신사참배를 강력하게 반대하였다.[250] 하지만 곽
안련은 평양신학교에서 목회학과 설교학 등 실천신학을 가르치면서
신학이 지닌 실제적이고 실천적인 성격을 강조하였으며, 한국 교회
의 상황하에서 부흥회의 필요성을 강조하는 등 그의 신학은 프린스
턴 신학파적인 요소 역시 포함하고 있었다.[251]

결국 곽안련의 신학은 엄격한 청교도 전통과 프린스턴 구학파 신
학의 영향하에서 형성된 것으로 ① 오직 그리스도를 통한 구원, ②
성경의 초자연성과 권위성, ③ 다른 종교보다 뛰어난 기독교의 유일
성, ④ 부흥에 대한 특별한 가치와 중요성 등으로 집약할 수 있을 것
이다.[252]

4) 초기 한국 장로교회 정치제도 형성과정에서 곽안련의 역할

초기 내한 장로교 선교사들은 한국에서의 선교 협의를 위해 장로
회선교사공의회를 조직하여 운영하였다. 1889년 미국 북장로교 선
교사들과 호주 장로교 선교사들로 구성된 '선교사연합공의회'를 출
발로 하여 1893년에 미국 남장로교 선교사들과 북장로교 선교사들
이 조직한 '장로교 정치형태를 사용하는 선교사공의회'를 거쳐 1901
년에는 한국인 총대와 선교사들이 함께 참여하는 조선예수교장로회
공의회를 한국에 있는 장로교회의 단일 치리 기구로 조직하였다. 그
리고 이를 토대로 1907년 조선예수교장로회 독노회가 조직될 때까
지 개혁교회 신경과 장로교 정치를 쓰는 연합교회 설립을 목표로 활

---

250) Ibid., 361-362.
251) Ibid., 187.
252) Ibid., 356.

동하였다.[253]

곽안련 선교사는 한국에 도착한 후 며칠 지나지 않아 교회자산관리위원회의 위원으로 임명되어 활동하기 시작하였다. 그리고 선교회 건축고문으로 일했으며, 선교회 집행위원회에서 12년 동안 일하면서 3년을 위원장으로 활동하기도 했다.[254] 따라서 곽안련 선교사는 내한 초기부터 1901년에 조직된 조선예수교장로회공의회에서도 활동했다고 볼 수 있다.

조선예수교장로회공의회는 1901년 공의회 규칙준비위원을 선정하여[255] 웨스트민스터 신앙고백과 대요리문답, 소요리문답, 정치형태, 권징조례 그리고 예배모범 등 선진 각국 장로교단의 규례를 조사하고 번역할 준비를 하도록 하였다.[256] 그리고 1902년에는 공의회 규칙준비위원이 헌법과 규칙을 판정 보고하자 임시로 출판하기로 결정하였고, 1904년에 이를 채용하였다.[257] 그리고 정치와 규칙준비위원회가 구성되면 자유교회가 되어 교회의 헌법과 각종 세칙을 제정할 권한이 있으므로 헌법준비위원을 선택하여 헌법을 준비하여 공의회의 채용을 얻어 노회에 제의할 것과 노회 규칙준비위원을 선택하여 규칙을 준비하여 공의회에 보고하였다가 노회에 제의할 것을 결정하였다.[258]

한편, 곽안련 선교사는 1902년 조선예수교장로회공의회가 위원을

---

253) 곽안련, 『長老敎會史典彙集』, 14-18; 대한예수교장로회총회 역사위원회, 『대한예수교장로교회사(상)』, 77-78, 104.

254) C. A. Clark, "곽안련 선교사 60년 회고록", 196, 219.

255) 곽안련, 『長老敎會史典彙集』, 22.

256) Ibid.

257) Ibid., 24.

258) Ibid., 27-28.

선정하여 앞으로 설립될 조선예수교장로회 독노회에서 사용할 신경과 규칙을 준비하라고 결정함에 따라 위원들과 함께 3년 동안 각국 장로교회의 신경을 규합하여 비교하고 연구하였으며, 여러 가지 신경을 참고하여 새로 신경을 제정하고자 하였다. 그러나 마침 새로 조직한 인도 자유장로교회가 채택한 신경이 한국 교회의 형편에 제일 적합하다고 판단하고, 이를 1905년에 공의회에 보고하였다고 밝히고 있다.[259] 그리고 곽안련 선교사는 한국 장로교회가 채택할 정치형태에 관해서 1905년에 많은 논의를 거친 후에 모든 정치형태의 기본이 되는 원리를 간추린 연합계약조문과 노회, 대회, 총회 등의 고등 치리회에 적용할 정치에 대한 보고서를 임시로 제출하였다고 했다. 하지만 이들 두 안건에 대해 공의회가 좀 더 연구하기 위하여 1년간 유안하기로 하여 결정이 미루어졌다고 언급했다.[260] 그리고 1906년에는 이 두 안건이 다시 제론되었으며, 위원들이 웨스트민스터 정치규칙대로 제정한 완전한 형태의 정치규칙(각 노회, 당회, 집사회 기타 각항 사건에 관한 정치규칙)을 제출하였으나, 공의회가 이를 협의한 후에 더 연구하기로 하고 다시 1년 동안 유안하기로 결정하였다고 언급하고 있다.[261] 그리고 완전한 정치규칙에 대해서 그는 1906년 영어위원회에서 다시 논의한 결과 이 정치규칙이 너무 짐이 무거워 연약한 한국 교회가 감당하기 어렵다고 판단했다고 밝혔다. 따라서 그는 교회의 정치규칙을 만국 장로교회의 보통 원리에 기초하여 간단히 제정하여 사용하다가 몇 년 뒤 교회가 장성하여 장

---

259) Ibid., 42.
260) Ibid., 41.
261) Ibid., 44.

로교회 교리에 익숙하게 된 후에 한국 교회의 형편에 맞는 정치규칙을 제정하는 것이 합당하다고 판단하여 공의회가 간단한 정치규칙을 제정하기로 결정했다고 지적했다.[262] 곽안련 선교사가 『長老敎會史典彙集』에서 조선예수교장로회 독노회의 신경과 정치규칙의 제정과 관련된 사항을 이처럼 상세하게 기술하고 있는 것을 보면, 비록 그가 규칙준비위원은 아니었다 하더라도 조선예수교장로회 독노회의 신경과 정치규칙을 제정하는 과정에 직간접적으로 관여하였으며, 공의회가 정치규칙을 결정하는 과정에 상당한 영향력을 행사하고 있었다고 추측할 수 있을 것이다.[263]

1907년에 창립된 조선예수교장로회 독노회는 헌법을 채택하면서 1904년에 인도 장로교회가 채택한 12신조와 정치규칙을 차용하여 채택하였는데, 1907년의 독노회 정치규칙은 1912년 총회가 창립될 때에도 그대로 채택되었다. 하지만 1907년의 독노회 정치규칙에는 권징조례와 예배모범이 빠져 있어 웨스트민스터 정치규칙에 기초한 완전한 헌법을 제정해야 할 필요성이 제기되면서 총회는 완전한 헌법을 제정하기 위한 준비에 착수하게 되었다. 1916년 9월 2일 평양에서 회집된 대한예수교장로회 제5회 총회는 곽안련, 마포삼열 등 선교사 6명과 양전백, 왕길지 등 한국인 총대 8명 등 14명으로 정치편집위원회를 구성하였다.[264] 그리고 정치편집위원회와 정치위원회를 연합하여 정치규칙의 개정을 준비하게 하였으며, 신경과 정치규칙, 권징조례와 각양 예식서를 완전하게 제정하도록 하였다.[265] 정

---

262) Ibid.

263) 전재홍, "초기 한국 장로교회에 있어서 헌법의 형성과정 및 내용에 관한 연구", 55.

264) C. A. Clark, *The Korean Church and the Nevius Methods,* 177; 예수敎長老會朝鮮總會, 『 예五回 會錄』 (平壤: 光文社, 1916), 89.

치편집위원회는 신경과 정치규칙, 권징조례를 완전히 제정하여 대한예수교장로회의 완전한 헌법을 제정하는 역할을 부여받았는데, 곽안련은 이 정치편집위원회에서 주도적인 역할을 하게 되었던 것이다.

1917년 9월 1일 서울 승동교회에서 개최된 대한예수교장로회 제6회 총회에서는 정치편집위원회가 웨스트민스터 정치규칙과 미국 남장로교회, 캐나다 장로교회, 호주 장로교회 그리고 일본 장로교회(그리스도교회) 등 각국 장로교회의 정치규칙과 1907년에 채택한 독노회의 정치규칙에서 중요한 것을 발췌하고 편집하여 검토하였다. 그리고 총회는 정치편집위원회가 번역하여 개정 작업을 마무리한 권징조례와 예배모범을 채택하였다.[266] 그리고 총회는 정치편집위원회의 보고에 따라 정치규칙은 곽안련과 함태영 두 사람에게 맡겨 편집하여 각 위원들에게 보내어 교열을 하도록 하고, 곽안련과 함태영, 배유지 그리고 남궁혁이 번역한 권징조례와 예배모범은 출판하여 각 노회에 당회와 목사의 수대로 책을 보내고 책값은 노회가 거두어 곽안련 선교사에게 보내도록 결정하였다.[267] 이처럼 곽안련 선교사는 총회 정치편집위원으로서 정치규칙을 편집하고 권징조례와 예배모범을 번역하여 출판하는 등의 일을 주도적으로 행함으로써 초기 한국 장로교회 정치제도 형성과정에서 중대한 역할을 하였다는 것을 확인할 수 있다.

한편, 곽안련 선교사는 1917년에 하지(J. A. Hodge)의 책 *What is*

---

265) 곽안련, 『長老教會史典彙集』, 65; 예수教長老會朝鮮總會, 『제五回 會錄』, 22-23.

266) 곽안련, "朝鮮耶蘇教長老會憲法", 74-75.

267) 韓國教會史學會, 『朝鮮예수教長老會史記(下)』 (서울: 延世大學校出版部, 1968), 21; 朝鮮예수教長老會總會, 『제六回 會錄』 (平壤: 光文社, 1917), 18-19; 곽안련, 『長老教會史典彙集』, 68.

*Presbyterian Law as Defined by the Church Courts*를 발췌하여 역술한
『教會政治問答條例』를 출간하였는데, 1919년 10월 4일 평양에서 개
최된 대한예수교장로회 제8회 총회에서는 이 책을 한국 장로교회의
정치제도에 대한 정식 참고도서로 채택하였다.[268] 곽안련 선교사는
이 책이 미국 장로교회가 사용하는 웨스트민스터 정치규칙에 대한
해석을 규합하여 편집한 것으로 교회정치에 대한 근본적인 해석을
알 수 있게 해주는 것이므로 교역자들은 이 책에 담긴 내용을 숙달
하여 맡은 직임을 능히 감당하게 해야 할 것이라고 역설했다.[269] 그
리고 1918년 8월 31일에 평안북도 선천 읍복교회에서 열린 제7회
총회에서는 『教會政治問答條例』 제618문답에 기재된 45개조의 장
로회 치리회 규칙을 각 치리회 보통회의 규칙으로 채택하였고,[270]
619문답에 기재된 11개조의 회의세칙도 수정 없이 그대로 세칙으로
적용하기로 결정하였다.[271] 이처럼 곽안련 선교사가 역술한 『教會
政治問答條例』에서 제시된 회의규칙과 세칙이 원안대로 총회에 의
해 받아들여졌다는 것은 한국 장로교회 정치제도가 곽안련 선교사
의 사상과 견해를 기초로 하여 형성되었다는 것을 입증하는 것이라
할 수 있을 것이다.

그리고 곽안련 선교사는 1918년과 1935년 두 차례에 걸쳐 『長老
敎會史典彙集』을 저술하였다. 이 책에서 그는 한국 장로교회의 창립
이후 각 치리회의 간략한 역사와 교회의 헌법, 그리고 각종 규례와

---

268) 朝鮮예수敎長老會總會, 『뎨八回 會錄』 (平壤: 光文社, 1919), 9-10; 곽안련, 『쟝로교회
    사뎐휘집(長老敎會史典彙集)』, 20.
269) 곽안련, "朝鮮耶蘇敎長老會憲法", 75-76.
270) 朝鮮예수敎長老會總會, 『뎨七回 會錄』 (平壤: 光文社, 1918), 77-89.
271) Ibid., 86-89.

예식, 인사의 변화와 각 해의 통계를 수집하여 기록하고 있다. 또한 그는 치리회의 회의록을 토대로 하여 정치규칙의 발전을 중심으로 어떤 사안에 대해 치리회에서 어떠한 논의가 이루어졌으며, 어떤 결정이 이루어졌는지를 상세하게 밝히고 있다.[272] 웨스트민스터 헌법의 제목과 구분에 따라 내용을 편성한 제2장 정치휘집에서는 1907년의 정치규칙을 소개하면서 각 항목과 관련된 노회나 총회의 결의를 주제별로 정리하여 수록함으로써 헌법이 실제 치리회의 결정에 어떻게 관련되고 있는지를 자세히 보여 주고 있다.[273] 또한 1919년에 그는 자신을 포함한 14명의 총회 정치편집위원들이 1915년부터 3년 동안 연구한 것을 토대로 1922년의 완전한 헌법의 정치규칙의 모체가 되는 『朝鮮長老敎會政治』를 저술하여 발간하였다. 이 책은 선교사회에 대한 규정을 담은 제18장이 추가된 것 외에는 1922년의 『朝鮮예수長老敎會憲法』에 거의 그대로 채택되었다.

한편, 곽안련 선교사는 『神學指南』에 기고한 "本 長老敎會 新憲法"이라는 글에서 정치편집위원회에서 새롭게 제정한 헌법(신경과 대소요리문답, 정치규칙과 권징조례, 예배모범)에 대하여 가을에 있을 총회에서 투표로 결정할 것이므로 그 전에 온 교회와 직원들이 본 교회 헌법의 기본 성질과 원리를 먼저 이해해야 한다고 강조하였다.[274] 또한 그는 이 헌법이 사람의 지혜로만 제정한 것이 아니라 성경의 원리에 기초하고 성령의 인도대로 제정한 것으로서 성경에 적합하고 규례에도 부합하며, 본 교회의 성질과 경력에도 적합하다

---

272) 곽안련, 『長老敎會史典彙集』, 5-6.
273) 서원모, "한국 장로교회 정치원리와 실제: 1922년 헌법을 중심으로", 75.
274) 곽안련, "本 長老敎會 新憲法", 89.

고 하였다. 그리고 이 교회는 예수의 교회요, 이 헌법은 예수의 헌법
이므로 이를 자세히 안 후에야 교회를 잘 치리하여 주 되신 예수 그
리스도를 기쁘게 할 수 있다고 역설했다. 그리고 그는 교회정치가
비록 귀하지만 교인들이 알지 못하면 무익할 것이므로 목사의 직분
에 있는 사람들이 각기 교인들에게 헌법을 충실하게 가르쳐야 한다
고도 역설하였다.[275]

이 외에도 곽안련은 『神學指南』에 기고한 "朝鮮耶蘇敎長老會 信
經論"[276] 등의 글을 통해 한국 장로교회의 신경과 새로 제정한 헌법
에 대해 소개하고 있으며, "교회정치의론", "교회정치에 대한 문답",
"무임목사를 치리장로로 시무케함이 어떨까", 그리고 "장로투표시
기표가 갈리는 경우에 엇떠케할가" 등의 글을 통해 한국 장로교회의
정치에 대해 적극적으로 소개하고 있다. 또한 그는 역시 『神學指南』
에 "권징 조례 주석"을 여러 차례 연재하여[277] 새로 제정한 권징 조
례를 열성적으로 홍보하였다. 그러므로 곽안련 선교사는 한국 장로
교회의 새로운 헌법과 정치규칙을 제정하기 위한 정치편집위원으로
서 중대한 역할을 하였으며, 동시에 그것을 목회자와 교인들에게 알
리고 보급하는 일에서도 매우 중요한 역할을 담당하였다는 것을 확
인할 수 있다.

곽안련 선교사는 1909년에서 1925년까지 조선예수교장로회 독노
회와 대한예수교장로회 총회의 헌법위원으로 활동하면서 헌법 제정

---

275) 곽안련, "朝鮮耶蘇敎長老會憲法", 76.

276) 곽안련, "朝鮮耶蘇敎長老會 信經論", 『神學指南』 제5호 (1919. 4.).

277) 곽안련, "권징조례주석", 『神學指南』 제9호 (1920. 4.); Idem, "권징조례주석", 『神學指
南』 제10호 (1920. 7.); Idem, "권징조례주석", 『神學指南』 제12호 (1921. 5.); Idem,
"권징조례주석", 『神學指南』 제14호 (1922. 11.); Idem, "권징조례주석", 『神學指南』 제
17호 (1923. 1.).

에 주도적인 역할을 하였다.[278] 특히 1919년에 헌법 초안을 만들 때
에는 16인 위원회의 위원장으로 활동했다. 이 위원회는 곽안련이 만
든 헌법 초안을 검토하고 수정하여 총회로 보냈으며, 총회로부터 이
수정안이 각 노회로 보내져 수의되고 표결되어 총회의 완전한 헌법
으로 채택되었다.[279] 이처럼 곽안련 선교사는 대한예수교장로회의
1922년의 완전한 헌법이 만들어지는 과정에서 초안을 작성하는 등
주도적인 역할을 하였으며, 초기 한국 장로교회 정치제도가 형성되
는 과정에서 그 형식과 사상에 지대한 공헌을 하였다고 할 수 있다.

5) 곽안련의 정치사상

곽안련 선교사가 교회정치를 어떻게 이해하고 있는가 하는 것은
1919년에 저술한 『朝鮮長老敎會政治』에 표현된 교회론과 정치원리
를 통해서 확인할 수 있다. 그의 교회에 대한 이해는 아래의 인용문
에 잘 나타나 있다. 곽안련에 의하면 교회는 하나님께서 영원토록
무한하신 은혜와 지혜를 나타내시고자 만국 가운데 택하신 큰 무리
요, 과거와 현재와 미래의 만국 성도로서 살아계신 하나님의 교회요,
예수의 몸이요, 성령의 전이었다.

> 하ᄂᆞ님씌셔 만국(萬國) 즁(中)에서 큰 무리(大衆)를 틱ᄒᆞ샤 그 무
> 리로 ᄒᆞ여곰 영원(永遠)토록 무흔ᄒᆞ신 은혜와 지혜를 현츌(顯出)
> ᄒᆞ시ᄂᆞ니 이 무리ᄂᆞ 성존(生存)ᄒᆞ신 하ᄂᆞ님의 교회오 예수의 지
> 톄(肢體)오 셩신(聖神)의 젼(殿)이라. 젼(前)과 지금과 이후에 만

---

278) C. A. Clark, "곽안련 선교사 60년 회고록", 218.
279) Ibid.; 韓國敎會史學會, 『朝鮮예수敎長老會史記(下)』, 26-31.

국의 성도(聖徒)니 명칭은 셩(聖) 공회(公會)라.280)

그리고 그는 아래에서 보는 바와 같이 아우구스티누스와 칼뱅의
전통을 따라 교회를 보이지 않는 교회와 보이는 교회의 두 가지로
구분하였다. 그는 보이지 않는 교회는 하나님만 아시는 참된 교회이
며, 보이는 교회는 온 세상에 설립되어 스스로를 그리스도인이라고
부르면서 삼위일체 하나님을 섬기는 자들의 모임이라고 했다.

교회에 두 가지 구별(區別)이 잇스니 보이지 아니ᄒᆞᄂᆞᆫ 교회와 보
이ᄂᆞᆫ 교회라. 보이지 아니ᄒᆞᄂᆞᆫ 교회의 교인은 하나님ᄭᅥ셔만 아시
ᄂᆞᆫ 바뙴이오 보이ᄂᆞᆫ 교회ᄂᆞᆫ 온 셰계(世界)에 셜립(設立)된 바 교
회니 그 교인은 그리스도인이라 ᄌᆞ칭ᄒᆞ고 셩부(聖父) 셩ᄌᆞ(聖子)
셩신(聖神) 삼위일톄(三位一體) 되신 하ᄂᆞ님을 공경ᄒᆞᄂᆞᆫ 쟈(者)
니라.281)

또한 곽안련은 하나님을 믿는 사람들이 각 지교회를 조직해야 할
필요에 대해 "교회의 큰 무리가 ᄒᆞᆫ 곳에 회집ᄒᆞ야 서로 교통ᄒᆞ며 하
ᄂᆞ님을 경비홀 수 업스니 각쳐에 지교회를 셜립ᄒᆞ고 각긔 회집ᄒᆞᄂᆞᆫ
거시 ᄉᆞ리에 합당ᄒᆞ고 셩경(聖經)의 긔록ᄒᆞᆫ 모범에도 합당ᄒᆞᆫ 거시니
라(갈 1:21, 22; 눅 1:4, 20, 2:1)."282)고 하였다. 여러 지역에 흩어져
사는 그리스도인들이 한 장소에 모여 하나님을 경배할 수 없기 때문
에 각 지역에 지교회를 설립하여 회집하는 것이 성경의 가르침에 합

---

280) 곽안련, 『朝鮮長老敎會政治』, 5.
281) Ibid., 6.
282) Ibid.

당하다는 것이었다. 또한 그는 아래에서 보는 바와 같이 예수를 믿는 사람들과 그 자녀들은 자신들의 희망에 따라 자기가 거주하는 곳에 지교회를 설립하여 합심하여 하나님을 경배하고 성결하게 생활하며, 하나님 나라를 확장하기 위하여 성경에 교훈한 모범에 따라 연합하고 정해진 정치에 복종하며 때를 정하여 회집하는 것이 성경에 기록된 교훈과 사리에 합당하다고 하였다.

> 아모 곳에던지 예수를 밋는다고 ᄒᆞᄂᆞ 사ᄅᆞᆷ들과 그 ᄌᆞ녀들이 그 (基) 원(願)대로 합심ᄒᆞ야 하ᄂᆞ님을 경비(敬拜)ᄒᆞ며 성결(聖潔)하게 생활하고 예수의 나라를 확장키 위(爲)ᄒᆞ야 성경에 교훈ᄒᆞᆫ 모범대로 련합(聯合)ᄒᆞ며 특별히 작뎡(酌定)ᄒᆞᆫ 바 정치(政治)를 복종ᄒᆞ며 ᄣᅢ(時)를 뎡(定)ᄒᆞ야 공동히 회집ᄒᆞ면 지교회라 ᄒᆞᄂᆞ니라.283)

이처럼 곽안련의 교회에 대한 이해에서는 1907년의 독노회 정치규칙284)에서와 마찬가지로 성부와 성자, 성령 하나님의 삼위일체를 강조하고 있는 것을 볼 수 있다. 그리고 교회정치와 제도를 강조하고 있는 특성도 확인할 수 있다.

한편, 곽안련 선교사는 1919년 『神學指南』에 발표한 "本 長老教會 新憲法"에서 현재 세계 교회가 사용하는 정치에는 감독정치와 독립정치, 그리고 장로정치의 세 가지가 있다고 소개하면서 장로교정치의 우수성을 지적하고 있다. 그는 감독정치는 교회의 주관이 계

---

283) Ibid.
284) 1907년의 독노회 정치규칙은 대한예수교장로회 부산노회, 『대한예수교장로회 노회록 (독노회, 제1-5회)』 (부산: 성문출판사, 1990), 31-41; C. A. Clark, 『한국 교회와 네비우스 선교정책』, 396-402에 실려 있다.

급적으로 되어 있는 대주교(대감독)와 주교(감독)와 신부나 목사의 자격이 있는 장로와 집사에게 있고, 각 직원이 하급 직원을 개인적으로 주관함으로써 권세가 위로부터 내려오는 정치라고 했다. 그리고 그는 독립정치는 감독정치와 달리 각기 따로 존재하는 교회의 교인들이 자기의 직원을 선출하고 예식과 모든 일을 주관하며, 원할 경우 일시적으로 다른 교회와 연합할 수 있으나 다른 곳의 치리나 명령을 받지 않고 복종해야 하는 상위 계급이 없는 성질을 가진 정치라고 했다. 또한 그는 장로교 정치는 교인들에 의해 직접 대표로 선출된 장로들로 조직된 당회와 노회와 대회 혹은 총회로 이어지는 단계적인 치리회를 가지고 있어 상고할 기회가 있고 상급 치리회가 전권으로 자기에게 부속된 구성원을 거느리는 것으로 개인적 주관이 아니라 공동체적이고 회의적인 주관의 정치라고 했다. 그리고 그는 장로교 정치는 권세가 위로부터 나오는 것이 아니라 아래로부터 나오는 것으로 교회의 주권이 보통 교인의 대표자와 목사들의 손에 있는 정치라고 했다.[285] 곽안련 선교사는 현재 세계 교회가 채용하고 있는 세 가지 정치형태를 비교하면서 장로교 정치의 특성과 우수성을 제시함으로써 근대 민주정치의 핵심이라 할 수 있는 국민주권과 대의제 민주정치, 그리고 삼심제 정치 구조를 실현할 수 있는 교회정치는 바로 장로교 정치임을 강조하고 있다.

나아가 곽안련 선교사는 성경에 기초한 교회정치의 원리를 다음과 같이 7가지로 제시하고 있다.

---

285) 곽안련, "本 長老敎會 新憲法", 92.

(1) 셩경에 ᄀᆞᄅ치기를 교우들이 마당(宜當)히 본 교회를 주관ᄒᆞᆯ 쟈를 퇴뎡(擇定)ᄒᆞᆯ 지니라. … (2) 둘재 원리는 감독의 직분과 쟝로의 직분이 쏙ᄀᆞᆺᄒᆞᆫ 것이니라. … (3) 셋재 원리는 각 디(地)교회 안에는 마당히 다수ᄒᆞᆫ 쟝로를 퇴(擇)ᄒᆞ야 셰우ᄂᆞᆫ 것이 됴흐니라. … (4) 넷재 원리는 안수ᄒᆞᆷ은 개인의 일이 아니오 치리회나 치리회의 허락으로 ᄒᆞᄂᆞ니라. … (5) 다ᄉᆞᆺ재 원리는 치리회는 계급뎍(階級的)으로 됨. … (6) 다ᄉᆞ재 말ᄒᆞᆫ 바 계급의 원리로 말믜암아 웃(上級) 치리회에 샹고(上告)ᄒᆞᄂᆞᆫ 원리가 잇(有)ᄒᆞ니 이거시 여섯재 원리라. … (7) ᄆᆞᄌᆞ막 원리는 교회에 홀로 ᄒᆞ신 머리는 예수 ᄒᆞᆫ 분 ᄲᅮᆫ이라.[286]

곽안련 선교사는 장로교회의 정치원리에는 첫째로 교인들이 교회를 주관할 자를 선택하고, 둘째로 감독과 장로의 직분은 동일하며, 셋째로 각 지교회는 다수의 장로를 택해야 하고, 넷째로 안수는 개인이 아니라 치리회에서 행해야 하며, 다섯째로 치리회는 단계적으로 구성되고, 여섯째로 하급 치리회는 상급 치리회에 상고할 권리가 있으며, 일곱째로 교회의 유일하신 머리는 예수 그리스도라고 하는 7가지 원리가 있다고 했다.

그는 이러한 일곱 가지 장로교회의 정치원리를 통해서도 교인에 의한 직원의 선택과 감독과 장로의 동등성, 그리고 삼심제 치리기구를 통한 교회의 치리와 상급 치리회에 상고할 권리를 제시함으로써 근대 민주정치의 핵심적인 가치를 표현하고 있다. 그가 두 번째 원리로 제시하고 있는 감독과 장로의 동등성은 근대 민주정치의 핵심원리 중의 하나인 삼권분립의 정신을 담고 있는 것으로 목사(감독)

---

286) Ibid., 95-102.

를 중심으로 하는 영적 리더십과 교인들의 직접선거에 의해 교인들의 대표로 선출된 장로를 중심으로 하는 회중 리더십 사이의 권력의 분립과 균형의 중요성을 내포하고 있다고 할 수 있다. 또한 그는 세 번째 원리에서 한 지교회 내에는 다수의 장로를 세우는 것이 좋다고 함으로써 교회 공동체가 한 사람이나 소수의 지도자에 의해 독점적으로 지배되는 것을 방지하고 여러 사람의 지도자에 의한 공동체적 치리가 이루어져야 한다는 것을 강조하고 있다. 그리고 네 번째 원리에서 그는 감독이나 장로와 같은 지도자를 세워 안수하는 것이 개인적인 일이 아니라 치리회의 일이며, 치리회의 허락으로 이루어져야 하는 것임을 명시함으로써 목사(감독)로 대표되는 영적 리더십을 세우는 일이나 장로로 대표되는 회중 리더십을 세우는 일이 교회 공동체의 대표로 구성되는 당회나 노회 등 합법적 치리회에 의해 이루어져야 함을 강조하고 있다. 그리고 다섯 번째와 여섯 번째 원리를 통해 그는 교회의 정치가 당회, 노회, 총회로 이어지는 삼심제 치리기구를 통해 이루어진다는 것을 강조하고 있다. 그는 장로교회의 이들 세 가지 치리기구는 단계적으로 구성되어 있고, 하급 치리회는 상급 치리회의 결정과 명령을 따라야 하며, 상급 치리회의 결정이나 명령에 동의하지 않거나 불만이 있을 때에는 상급 치리회에 상고할 수 있는 권리가 있음을 역설하고 있다. 단계적인 삼심제 치리기구의 조직과 이를 통한 교회정치의 실천이라고 하는 장로교 정치의 구조는 근대적인 민주정치의 삼심제 사법제도를 그대로 반영하고 있다고 할 수 있다. 이처럼 곽안련 선교사가 제시하고 있는 이들 일곱 가지 정치원리는 근대 민주주의 정치의 핵심 원리와 가치를 내포하고 있다고 할 수 있다. 따라서 곽안련은 이들 일곱 가지 정치원리를 새롭게 출범하는 한국 장로교회 정치를 통해 실현함으로써 교회는 물론 한국 사회 전반에 걸쳐 근대 민주주의의 핵심 원리와 가치를 구현하고자 했다고 볼 수 있을 것이다.

제4장

초기 한국 장로교회
정치제도 형성과정

1. 장로회공의회 조직과 정치제도

1) 장로회공의회 조직과 활동

초기 내한 장로교 선교사들은 한국에서의 선교 협의를 위해 장로
회선교사공의회를 조직하여 운영하였다. 1889년에는 처음으로 미국
북장로교 선교사들과 호주 장로교 선교사들이 '선교사연합공의회
(The United Council of Presbyterian Missions)'를 조직하였다.[1] 이
선교사연합공의회는 3, 4차례 모임을 갖고 몇 가지 일을 의논하였으
나, 이듬해인 1890년에 호주 선교사 데이비스(J. H. Davies) 목사의
갑작스러운 죽음으로 인해 폐지되고 말았다.[2] 그 후 1892년에 미국
남장로교 선교사들이 내한하자 미국 남북장로교 선교사들은 1993년
1월 26일에 조선에 개혁교회 신경과 장로교 정치를 쓰는 연합교회
설립을 목적으로 '장로교 정치형태를 사용하는 선교사공의회(The
Council of Missions Holding The Presbyterian Form of Government)'
를 조직하였다. 그리고 그 후 1891년에 내한한 호주 장로교 선교사

---

[1] 곽안련, 『長老敎會史典彙集』, 14-15.

[2] Ibid., 15.

들과 1898년에 입국한 캐나다 장로교 선교사들이 합류함에 따라 이 공의회는 한국에서 활동하고 있는 4개의 장로교 선교회의 연합기관이 되었다.[3] 이 장로회선교사공의회는 장로교의 정치규칙에 따라 교회가 완전히 조직될 때까지 전국 교회에 대하여 전권으로 치리하는 상회였다. 하지만 1900년까지는 회원이 선교사들로만 구성되어 있었다. 그리고 처음에는 선교사에 대한 치리권이 각 선교회에 있었고, 각 선교회에 대해서는 권고권만 있었다. 공의회는 오직 선교사들이 서로 의논하고 권고하며 친목하기 위한 조직이었다.[4] 장로회선교사공의회는 산하에 공의회위원회를 설립하여 각 지방에서의 교회법적 문제를 관할하고 공의회가 소집될 때마다 보고하게 하였다.[5] 그리고 공의회위원회 산하의 분과위원회(당회)는 공의회위원회의 감독하에 세례 후보자를 심사하고 성례를 계획하며, 권징을 시행하고, 장로 선거를 준비하는(장로의 선출은 공의회위원회의 동의가 요구되었음) 등 실질적으로 당회의 기능을 수행하였다.[6]

이 장로회선교사공의회는 1900년까지는 선교사들로만 구성되어 있어서 특별한 권한을 행사하지 못하였고, 초기의 교회 조직은 단순해야 한다는 네비우스 선교정책의 원칙에 따라 아무런 규칙도 제정하지 않았다.[7] 그러나 1901년부터는 한국인 총대를 공의회에 참여시키기로 하고, 회의를 둘로 나누어 진행하되 선교사들만 참여하는

3) Ibid.; C. A. Clark, 『한국 교회와 네비우스 선교정책』, 125.

4) 곽안련, 『長老教會史典彙集』, 15-16.

5) Ibid., 16; C. A. Clark, 『한국 교회와 네비우스 선교정책』, 126.

6) C. A. Clark, *The Korean Church and the Nevius Methods*, 94; Idem, 『한국 교회와 네비우스 선교정책』, 126; 곽안련, 『長老教會史典彙集』, 16, 21; 서원모, "한국 장로교회 정치원리와 실제: 1922년 헌법을 중심으로", 67.

7) 곽안련, 『長老教會史典彙集』, 17.

회의는 영어로 진행하고, 선교사들과 한국인 총대가 함께 참여하는
회의는 한국어를 사용하기로 결정하였다.[8] 한국어를 사용하는 위원
회에서는 특별히 한국의 지도자들이 가능한 한 조속히 일반적인 장
로교회의 운영 절차에 익숙해짐으로써 교회를 운영하는 데 능동적
인 역할을 담당할 채비를 갖출 수 있도록 교회의 현안을 토의하는
것을 목적으로 하고 있었다.[9]

  1901년에는 선교사 25명과 한국인 장로 3명, 조사 6명이 참석하
여 처음으로 조선예수교장로회공의회가 개최되었는데,[10] 아직 한국
인 목사가 없고 장로가 될 만한 사람도 희소하며, 공의회 일에도 익
숙하지 못한 관계로 해서 영어를 사용하는 위원회는 1907년까지 계
속해서 치리권을 보유하면서 신학교를 설립하고 총대를 임명하는
등의 일을 처리하였다. 그리고 한국어를 사용하는 위원회에서는 전
국 교회의 소식을 교환하고 총대들 사이의 친목을 도모하였으며, 각
교회의 일과 문제점을 의논하고 교회의 일을 처리하는 규칙과 방법
에 관해 토의하고 실습하는 방식으로 운영하였다.[11] 조선예수교장
로회공의회는 전국 교회가 한 자리에 모여 의논하는 회의체로서 향
후 조직될 노회의 근간이 되었으며, 서구의 장로교회로부터 독립하
는 정치체제를 가진 조선예수교장로회 독노회의 설립을 준비하는
것을 목적으로 하고 있었다.[12]

---

8) Ibid.

9) C. A. Clark, 『한국 교회와 네비우스 선교정책』, 163.

10) 곽안련, 『長老敎會史典彙集』, 18.

11) Ibid.

12) Ibid., 213-214; 황재범, "1907년 대한예수교장로회(독노회) 설립과정 및 그 의의에 대한
    연구", 『韓國敎會史學會誌』 제20집 (2007), 292.

1901년 처음 열린 조선예수교장로회공의회에서 한국어위원회는 흉년으로 인해 어려움을 겪고 있는 김포와 황해도 백천 등지의 교회를 위해 전국 각 교회가 연보하여 구제하기로 결정하였다.[13] 그리고 영어위원회에서는 신학위원을 선정하여 신학 예비과정을 준비하게 하고, 조사 방기창, 김종섭 두 사람을 택하여 신학교육을 시작하였다. 그리고 기존의 경성 공의회위원회와 평양 공의회위원회 외에 전라 공의회위원회와 경상 공의회위원회를 추가로 설립하였다. 또한 호주 장로교 선교부의 헌의에 따라 조선자유장로교회 설립 방침을 결정하고 위원을 선정하였으며, 만국 장로교회의 헌법을 번역할 위원과 공의회의 규칙을 준비할 위원을 선정하였다. 그리고 그동안 미국 북장로교 선교부가 발행하던 『기독신문』을 공의회에서 발행하기로 결정하였으며, 경상남도 지방을 미국 북장로교 선교회와 호주 장로교 선교회에 분할하기로 결정하였다.[14]

1902년에 열린 조선예수교장로회공의회에는 한국인 장로 4명과 조사 5명, 집사 2명, 기타 총대 5명, 그리고 선교사 28명 등 총 42명이 참석하였다. 영어위원회에서는 규칙준비위원이 보고한 헌법과 정치규칙을 임시로 출판하고 신학위원이 보고한 신학생 임시과정을 채택하기로 결정하였다. 그리고 일본인과 중국인에게 전도할 일을 주관할 위원을 선정하였고, 안수로 임직한 자 4명 이상이 있어야 공의회위원회를 설립할 수 있도록 결정하였으며, 함경 공의회위원회를 추가로 설립하였다.[15] 또한 장로 1인 이상이 있는 지교회 12처와 임

---

13) 곽안련, 『長老敎會史典彙集』, 19.

14) Ibid., 20-23; C. A. Clark, 『한국 교회와 네비우스 선교정책』, 168.

15) 곽안련, 『長老敎會史典彙集』, 24-25.

직할 자격이 있는 목사 3인 이상이 있으면 조선자유장로교회를 설립하고, 안수 받은 목사 혹은 장로 선교사, 조선인 목사와 총대 장로 1인씩을 회원으로 하여 고등 치리회인 전국 합노회를 조직하기로 결정하였다. 그리고 선교사는 3분의 2의 가결로 탈퇴하기까지 조선인 노회원과 같은 권리를 가지지만, 여전히 본국 노회의 관할과 치리를 받는다는 것을 주된 내용으로 하는 조선자유장로교회 설립 방침을 채택하였다. 그리고 헌법준비위원과 규칙준비위원으로 하여금 헌법과 정치규칙을 준비하여 보고하게 하고, 이를 공의회에서 채택한 이후 노회에 수의하기로 결정하였다.[16]

1903년에 열린 조선예수교장로회공의회에는 조선인 장로 6명과 조사 8명, 집사 3명, 기타 총대 2명, 그리고 선교사 23명이 참석하였다. 한국어위원회에서는 경상남도와 강계 등지에서 흉년으로 인해 어려움을 겪고 있는 사람들을 전국 각 교회가 연보하여 구제하기로 결정하였다.[17] 그리고 영어위원회에서는 어느 곳이든 시간을 정하여 예배하는 세례교인 1인 이상과 몇 사람이 회집하는 처소가 있으면 이를 미조직 교회로 인정하기로 하였으며, 성경을 순 한글로 출판하기로 결정하였다. 또한 일본 그리스도교회에 조선에 체류하고 있는 일본인들에게 전도할 목사 1인을 파송해 줄 것을 요청하고, 매년 봉급과 용비의 반액(300환)을 지불할 것을 결정하였다.[18] 그리고 조선예수교자유장로교회 설립 청원에 대하여 캐나다 장로교회와 호주 장로교회가 청원이 양호하다는 회신을 보내왔고, 미국 남북장로

---

16) Ibid., 26-28; C. A. Clark, 『한국 교회와 네비우스 선교정책』, 168.

17) 곽안련, 『長老教會史典彙集』, 28-29.

18) Ibid., 29-31.

교회는 아직 결정을 하지 않았으나 청원대로 결정될 것이라는 회신을 보내왔다고 보고하였다.[19]

1904년에 열린 조선예수교장로회공의회에는 조선인 장로 11명, 조사와 기타 총대 9명, 선교사 45명이 참석하여 일련의 새로운 규범을 채택하였다. '장로회(소회)'가 기존의 공의회위원회를 대신하도록 하였고, 조직된 모든 지교회 당회의 회의록은 한국어로 기록하여 잘 보존하도록 결정하였다. 그리고 장로는 장로회의 동의를 받아 선출하도록 하며, 안수를 받기 전에 최소한 6개월 동안 교회법에 대한 교육을 받도록 결정하였다. 또한 장로회의 책임 아래 목사 후보자를 선정할 수 있지만, 정식 노회가 구성되기 전에는 목사후보자에게 안수를 하지 못하도록 하였다. 그리고 선교사의 감독 아래 한국인 조사가 교인들을 심사하여 학습교인으로 받아들일 수 있는 권한을 부여하였다.[20] 그리고 한국어위원회는 조선 교회의 감사일을 11월 10일로 정하고, 1903년에 수합한 구제금 잔액을 경성과 부산, 평양에 있는 고아원에 기부하기로 결정하였다.[21] 영어위원회는 헌법준비위원회와 규칙준비위원회가 준비한 헌법과 정치규칙을 채택하였고,[22] 신학생들을 모두 평양에 모아 교육하며,[23] 웨스트민스터 소요리문답 5천 부를 발행하기로 결정하였다.[24] 또한 미국 남북장로교회가 현재 조선인 목사가 없고 당회가 소수이므로 조선예수교자유장로교

---

19) Ibid., 30-31.
20) C. A. Clark, 『한국 교회와 네비우스 선교정책』, 169-170.
21) 곽안련, 『長老教會史典彙集』, 32.
22) Ibid., 33.
23) Ibid., 35.
24) Ibid., 38.

회 설립을 유안하는 것이 좋겠다는 회신을 보내온 것에 대해, 현재 조선에 장로 1인 이상이 있는 교회가 이미 9곳이나 되고, 공의회가 장로 14인 선정을 허락하였으며, 조선예수교자유장로교회를 조직할 때가 되면 당회가 40곳 이상에 달할 것이고, 신학생도 3학년에 진학할 학생이 6명, 1학년에 진학할 학생이 18명이 있으며, 조선인 총대의 수가 매년 증가할 것이므로 선교사보다 조선인이 다수가 될 것이라는 내용의 서신을 다시 보내기로 결정하였다.[25]

1905년에 열린 조선예수교장로회공의회에서 한국어위원회는 하와이 교민들이 장로교회 설립을 청원한 것에 대해 마포삼열 선교사에게 위임하여 감리교와 연합하는 것이 가능한지 형편을 살펴보고 그것이 합당하면 연합교회를 설립하도록 하고, 만일 그렇지 않으면 장로교회를 설립할 것을 결정하였다. 그리고 전도위원회를 설립하기로 하고 언더우드 등 선교사 3명과 길선주 등 조선인 3명을 위원으로 선정하였다.[26] 그리고 영어위원회에서는 장로를 선택할 때는 3분의 2의 가결로 선택할 것과 국한문 성경을 발간할 것을 결정하였으며, 감리교와 친목을 나누고 선교 활동에 대해 서로 상의하기 위하여 '연합공의회'를 설립하기로 결정하였다.[27] 그리고 각 선교회의 본국 교회에서 조선예수교자유장로교회 설립을 허락함에 따라 1907년에 '조선예수교장로회 독노회'를 조직하기 위한 준비위원을 선정할 것과 조선인 목사를 전도목사로 장립할 것을 결정하였다. 또한 각 소회가 지교회의 목사 청빙을 주관하고 제1회 노회에 청빙서를 제

---

25) Ibid., 36-37.
26) Ibid., 39-40.
27) Ibid., 40.

출하여 임직을 준비할 것도 결정하였다.[28] 또한 조선예수교자유장로교회에 적용할 정치규칙을 임시로 제출하였으나 1년간 유안하기로 결정하였고,[29] 조선예수교자유장로교회의 신경으로 1904년에 인도 장로교회가 채용한 신경을 채택하였다.[30]

1906년에 열린 조선예수교장로회공의회에서 한국어위원회는 마포삼열 선교사가 하와이 교회의 형편을 시찰하고 형제들을 권면하여 장로교와 감리교가 연합하기로 한 내용을 편지로 보고한 것을 채택하기로 결정하였다.[31] 그리고 영어위원회에서는 독노회가 조직된 후에는 한국어위원회는 폐지하고 노회의 총대는 목사와 장로로만 허락할 것을 결정하였다.[32] 그리고 1905년에 유안하였던 연합계약 조문과 고등 치리회에 적용할 정치규칙에 대해 다시 의논하여 결정하였다. 또한 웨스트민스터 정치규칙에 근거하여 완전히 제정한 정치규칙을 규칙준비위원이 제출하였으나, 이를 협의한 후 1년간 유안하기로 결정하였다.[33] 또한 공의회의 잔무를 처리하고 정치규칙을 제정하기 위한 위원을 선정하였으며, 노회 조직 절차위원들은 1907년 공의회 회장이 노회 개회 시 의장이 되어 노회를 조직하고 임원을 선출하며, 신학위원이 신학교를 졸업한 목사후보생들을 시험하여 전도목사로 장립할 것 등을 결정하였다.[34]

---

28) Ibid., 41-42.

29) Ibid., 41.

30) Ibid., 42.

31) Ibid., 43.

32) Ibid., 43-44.

33) Ibid., 44.

34) Ibid., 45.

1907년에 조선예수교장로회공의회의 마지막 잔무를 처리하기 위해 회집한 회의에서는 공의회가 가지고 있던 교회에 대한 치리권 일체를 노회에 위임할 것을 결정하였으며, 노회가 조직된 후에도 영어위원회는 계속 존속하되 신학교 관리와 찬송가 발간, 일본인과 중국인에게 전도하는 일 등 선교사들과 관련된 일들만 처리한다는 결정을 하였와.[35] 그리고 황해 소회와 평북 소회를 설립하였으며, 평양신학교를 장로회신학교로 세우고 합력하기로 결정하였다.[36] 또한고등 치리회에 적용할 정치규칙에 대하여 웨스트민스터 정치규칙에 근거하여 완전히 제정한 정치규칙을 위원들이 제출하였으나, 이 정치규칙은 연약한 한국 교회가 감당하기에는 너무 짐이 무겁다고 판단하여 만국 장로교회의 보통 원리에 기초한 간단한 정치규칙을 제정하여 사용하다가 몇 년 후 교회가 장성하여 장로회 교리에 익숙하게 된 다음에 한국 교회의 형편에 적당한 정치규칙을 새로 제정하는것이 합당하다고 결정하고 독노회에는 간단한 정치규칙을 제출하기로 결정하였다.[37]

2) 장로회공의회 규칙과 정치제도

1891년 내한 미국 북장로교 선교회는 네비우스 선교정책의 원리가 짙게 반영된 '북장로교 선교회 규범과 세칙(Presbyterian Northern Mission Rules and By-laws)'을 채택하였다.[38] 이 규범은 (A) 지회,

---

35) Ibid., 46.
36) Ibid., 47.
37) Ibid., 44; C. A. Clark, 『한국 교회와 네비우스 선교정책』, 172-173.
38) C. A. Clark, *The Korean Church and Nevius Methods,* 75.

(B) 현지 대리인, (C) 교육, (D) 신학교육, (E) 서적, (F) 조직, (G) 신임 선교사에 대한 심사 등 총 7조 59항으로 이루어져 있는데,[39] 교회의 정치와 관련된 조항은 A조와 B조에 나타나 있다. A조에서는 선교회의 정책과 지회에서의 영수의 선출과 임명을 규정하고 있으며, 선교회의 지회 시찰과 지회를 담당하는 선교사의 임무, 선교회의 보고, 그리고 지회의 조직과 지회의 설립, 지회의 정책 등을 규정하고 있다.[40] 그리고 B조에서는 영수(領袖, Leader)와 장로(Elder), 집사(Deacon), 조사(Helper), 전도부인(Bible Woman), 강도사(Licentiate), 전도사(Evangelist), 그리고 목사(Pastor) 등 현지 대리인들에 대한 규정을 포함하고 있다.[41]

이 규범에서는 하나의 선교 지회(Sub-Station)는 하나님을 예배하기 위해 예배당이나 개인의 집에서 안식일(주일)에 함께 모이는 다수의 그리스도인들로 구성된다고 규정하면서,[42] 서로 가깝게 근접해 있는 지회들을 가능한 한 연합시키는 것이 선교회의 정책이라고 밝히고 있다(A조 1항).[43] 그리고 각 지회에 완벽한 교회 조직을 갖추어 주고 그 전에라도 유능한 사람을 통한 복음 설교 사역을 정기적으로 제공하는 것이 선교회의 목표이며(A조 6항),[44] 다수의 약한 지회보다는 중요한 핵심 지점에 인적 자원을 잘 갖춘 강력한 지회를 설립하는 것이 선교회의 정책이며(A조 12항),[45] 새로운 지회의 설립

---

39) Ibid., 75-81.
40) Ibid., 75-77.
41) Ibid., 77-78.
42) Ibid., 75.
43) Ibid.
44) Ibid., 76.

은 주의 깊은 감독이 적절하게 이루어질 수 있을 때에만 권해야 한다고 밝히고 있다(A조 11항).[46] 모든 지회는 1년에 한 차례 선교회의 시찰을 받아야 하고(A조 3항),[47] 각 지회에는 교인들에 의해 선출되거나 선교사가 임명한 영수가 있어, 조사나 담당자가 부재할 경우 안식일 예배를 주관하도록 하고 있다(A조 2항).[48] 그리고 지회를 담당하는 선교사는 관할하에 있는 현지인 사역자들에게 순회교구를 할당하고 사역에 관한 가르침을 주어야 한다고 규정하고 있다. 또한 선교사는 영수의 선출을 지정하거나 배려하고 그들에게 임무를 가르치며, 징계를 집행해야 한다고 규정하고 있다. 또한 선교사는 교회에 입교할 후보자를 심사하며, 그 후보자를 해당 소재지에 대한 관할권을 가진 선교사 치리회나 교단 치리회에 보고해야 할 임무가 있다고 규정하고 있다(A조 4항).[49]

현지인 사역자들은 영수와 장로, 집사, 조사, 전도부인, 강도사, 전도자, 그리고 목사 등으로 이루어지는데(B조 1항),[50] 예배를 담당하는 자가 없을 경우에 정규 예배를 맡아 보고 지회를 감독하는 역할을 맡은 영수는 현지인 그리스도인으로서 교인들에 의해 선출되거나 담당 선교사에 의해 임명되어야 한다고 규정하고 있다(B조 2항).[51] 그리고 성경에 규정되어 있고 장로교 정치형태에 명시된 교회의 정식

---

45) Ibid., 77.
46) Ibid.
47) Ibid., 75.
48) Ibid.
49) Ibid., 75-76.
50) Ibid., 77.
51) Ibid.

직원인 장로와 집사는 교회에서 만장일치로 선출되고 선교지부의 승인을 받고 6개월 동안 시험과 가르침을 받은 연후에 안수를 받아야 하며(B조 3항),[52] 사례금을 받지 않아야 한다고 규정하고 있다(B조 1항).[53] 그리고 선교사의 사역을 특별히 보조하는 조사는 선교사에게 부속되는 그리스도인이며(B조 5항),[54] 강도사는 선교회나 장로회에 의해 권한이 부여된다고 규정하고 있다(B조 7항).[55] 또한 전도자는 선교지부에 의해 임명되고(B조 8항),[56] 매서인과 전도부인은 기독교적 인격과 그들이 배포할 서적에 대한 지식, 그리고 그 사역에 대한 열정을 가지고 있다는 명백한 증거가 있는 자들 중에서 지부가 의결한 자들만을 임명해야 한다고 규정하고 있다(B조 4항, 6항).[57]

또한 선교회의 모든 현지인 사역자들은 선교회의 연례 회의에 출석하여 자신의 사역을 보고하고 평가를 받아야 하며(B조 10항),[58] 선교회의 회원은 선교회나 지부의 승인 없이는 현지인 사역자를 고용할 수 없다고 규정하고 있다(B조 11항).[59]

네비우스 선교정책이 대폭 반영되어 있는 이 규범은 선교 초기의 상황에서 선교사와 선교회의 관할권을 엄격하게 규정하고 있지만, 교회의 직원인 장로와 집사가 무보수의 봉사직으로서 교인들의 만장일치에 의해 선출되고, 교육과 시험을 거친 후에 안수를 받도록

---

52) Ibid.

53) Ibid.

54) Ibid.

55) Ibid.

56) Ibid.

57) Ibid.

58) Ibid., 78.

59) Ibid.

규정하고 있다. 그리고 향후 한국 장로교회가 장로교 정치제도를 기반으로 안정적으로 성장할 수 있도록 선교사들에게 한국인 영수의 선출을 지도하고 그들의 사역과 역할에 대해 가르침을 주도록 임무를 부여하고 있다. 이는 장로교회의 정치와 운영에 대한 지식과 경험이 전혀 없고 근대 민주주의에 대한 이해가 없었던 초기 한국 교회의 상황에서 교인들이 장로교 정치제도를 학습하고 경험하며, 민주적 교회정치를 실현해 나가는 과정에서 대단히 중요한 의미를 지니는 것이었다고 할 수 있다. 나아가 이 규범은 1907년에 조직된 조선예수교장로회 독노회의 정치규칙과 총회가 채택한 1922년의 완전한 헌법의 정치를 형성하는 과정에서 그 출발점이 되었다는 점에서도 매우 중요한 역사적 의미를 갖는다고 할 수 있다.

조선에 개혁교회 신경과 장로교 정치형태를 사용하는 단 하나의 교회를 설립하고,[60] 조선에 자유장로교회가 설립될 때까지 발생하는 제반 교회법적 문제를 지도하며, 각 선교회에 대한 자문을 목적으로[61] 1893년에 조직된 장로회선교사공의회는 1900년까지는 교회 치리에 관한 권한이 없었기 때문에 선교사들 사이의 친목을 도모하고 선교에 관한 일을 의논하는 데 머물러 있었으며, 규칙이나 세칙과 같은 법적 규범들을 만들지는 않았다.[62] 하지만 1901년부터 한국인 총대가 공의회에 참여하게 됨에 따라 장로회선교사공의회는 조선예수교장로회공의회로 개편되었으며, 10개 조항으로 이루어진 회칙을 제정하여 사용하였다.[63] 이 회칙은 조선예수교장로회공의회

---

60) Ibid., 93; 곽안련, 『長老敎會史典彙集』, 15.

61) C. A. Clark, 『한국 교회와 네비우스 선교정책』, 125-126.

62) 곽안련, 『長老敎會史典彙集』, 15; Idem, "朝鮮耶蘇敎長老會憲法", 71-72.

의 목적을 "공의회를 구성하는 각 선교회의 활동에서 방법의 균일성과 노력의 경제성을 확보하는 데"(제2조)[64] 두었다. 그리고 공의회는 권고적 권한과 여러 선교회들로부터 위임을 받은 권한을 가지지만(제3조 1항),[65] "여러 선교회들로부터 회부될 수 있는 문제에서 공의회의 결정은 구속력이 없다."(제3조 2항)[66]고 규정하였다. 또한 "개별 선교사들의 신분과 그들의 선교방법, 선교회 자금의 사용, 그리고 여러 선교회를 관할하는 본국 선교국이나 본국 총회의 지시와 통제 등에 관하여 공의회는 선교회의 자율성을 침해하지 못한다." (제3조 2항)[67]고 규정하고 있다. 그리고 공의회 회원은 4개의 재한 장로교 선교회의 모든 남성 회원으로 구성되며, 한국 장로교회의 헌법, 특히 신앙고백에 먼저 서명해야만 투표권을 가질 수 있고, 어떤 직위나 위원으로 선출될 자격을 갖는다고 규정하고 있다(제4조).[68] 그리고 공의회 회장은 매년 선출하고, 서기와 회계는 3년마다 선출하도록 규정하고 있으며(제5조 1, 2항),[69] 공의회에서 선출되는 8명의 선교사와 한국 장로교회 총회에 의해 선출되는 6명의 한국인 회원으로 구성되는 이사회를 통해 한국의 신학교를 관장하도록 하였다(제8조 7항).[70]

한편, 여러 지방에서의 교회법적 문제는 공의회위원회가 관할하

63) C. A. Clark, 『한국 교회와 네비우스 선교정책』, 403-405.
64) Ibid., 403.
65) Ibid.
66) Ibid.
67) Ibid.
68) Ibid.
69) Ibid.
70) Ibid., 404.

고, 그 위원회는 공의회가 소집될 때마다 이를 보고하도록 규정하고 있다.[71] 1901년까지는 공의회위원회가 경성 위원회와 평양 위원회 둘밖에 없었지만, 1902년에 전라 위원회와 경상 위원회가 추가로 조직되었다.[72] 그리고 1893년부터 1902년까지는 안수를 받은 여부와 상관없이 현지의 모든 남성 선교사들이 공의회위원회의 회원으로 참여하였으나, 1901년에 이 규칙이 변경되어 본국 교회에서 안수를 받은 치리장로를 포함하여 안수를 받은 선교사들만 회원으로 참여할 수 있게 되었다. 하지만 여성 사역에 관한 일을 의논할 때에는 선교회에 소속된 안수를 받지 않은 여성 사역자들도 수시로 공의회에 초대되었다.[73]

그리고 선교지 한국의 국토가 넓고 사역지가 여러 지역에 흩어져 있었기 때문에 공의회위원회가 세례를 주는 일을 포함하여 각 지교회의 제반 사무를 직접 관할하는 당회의 역할을 하는 것이 불가능했다. 따라서 공의회위원회는 소속 회원 가운데 선교지 여러 곳에 소재한 지교회들의 제반 사무를 담당하여 처리할 분과위원회(Sessional Committees: 당회)를 임명하도록 하였다. 그리고 미국 북장로교 총회는 재한 선교회의 건의에 따라 안수를 받은 장로가 없을 경우 현지에서 사역을 담당하는 선교사들로 당회를 구성할 수 있다고 의결하였다.[74] 1901년에는 공의회 산하에서 업무를 수행하던 기존의 분과위원회(당회)가 공식적으로 인정을 받게 되었으며, 일정한 구역

---

71) Ibid., 126.
72) Ibid.
73) Ibid., 127.
74) Ibid., 126.

내의 모든 선교사들이 이 위원회의 회원이 되었다.[75] 공의회위원회의 시찰과 통제를 받는 분과위원회(당회)는 세례 희망자를 심사하고, 성례를 집행하며, 권징을 시행하고, 장로의 선출을 예정하는 등 실제적으로 정식 당회의 역할을 수행하였다. 하지만 장로를 선출하는 일에 있어서는 각각의 특정한 경우에 공의회위원회의 동의를 받도록 요구되었다.[76]

1904년에는 공의회에서 일련의 새로운 규칙을 채용하였는데, '장로회(소회)'가 기존의 공의회위원회를 대신하게 되었고,[77] 장로를 선출할 때에는 장로회의 동의가 있어야 하며, 선출된 장로는 안수를 받기 전 최소한 6개월 동안 교회법에 대한 교육을 받아야 한다는 규정을 마련하였다.[78] 그리고 장로회의 책임 아래 목사 후보자를 선정하는 규범도 마련하였는데, 장로회에는 목사 후보자를 지교회에 배치시키고 그 후보자에 대한 교회의 요구를 조정하는 일이 허용되었다. 하지만 정식으로 노회가 구성되기 전에는 목사 후보자에게 안수하는 일은 허락되지 않았다. 그리고 장로회에는 특별한 경우 선교사의 감독 아래 있는 조사에게, 교인을 심사하여 학습교인으로 받아들일 수 있도록 하는 권한을 부여하는 것이 허용되었다.[79]

1904년 공의회는 처음으로 정치규칙을 제정하여 사용하였으나, 독노회가 설립될 때까지 임시로 사용하다가 폐지하였다.[80] 그리고

---

75) Ibid., 169; H. A. Rhodes, 『미국 북장로교 한국선교회사(1884-1934)』, 370.

76) C. A. Clark, 『한국 교회와 네비우스 선교정책』, 127.

77) C. A. Clark, *The Korean Church and Nevius Methods,* 139.

78) Ibid., 141.

79) C. A. Clark, 『한국 교회와 네비우스 선교정책』, 170.

80) 곽안련, "朝鮮耶蘇教長老會憲法", 74.

1905년에는 공의회에서 조선 장로교회 고등 치리회에 적용할 정치
규칙을 임시로 제출하였으나, 1년 동안 더 연구하기로 하고 유안하
였다.[81] 그리고 1906년에 공의회 영어위원회는 웨스트민스터 헌법
에 기초한 하나의 완벽한 장로교 정치제도를 수립할 것을 고려하였
다. 그러나 웨스트민스터 정치규칙과 만국 장로회 정치체제에 관해
이틀 동안 토론한 끝에 더 깊은 연구와 검토를 위해 1년 동안 심의
를 보류하였다.[82] 1907년에 이 초안이 완전히 번역되어 인쇄되었지
만 채택되지 못하고, 대신 짧고 간단한 정치규칙이 채택되었다.[83]

1901년에 조직된 조선예수교장로회공의회에서 제정하여 사용한
회칙은 아직 예비적이고 임시적인 것이기는 하였지만, 한국에 장로
교회 전통에 부합하는 교회의 정치체제가 존재하기 시작했다는 것
을 의미한다.[84] 따라서 장로회선교사공의회와 조선예수교장로회공
의회가 활동했던 1893년에서 1907년까지 한국 장로교회는 선교사
들을 파송한 서구 장로교회로부터 독립적인 정치제도를 가진 조선
예수교자유장로교회를 설립하기 위해 총체적 노력을 기울였으며, 조
선예수교장로회공의회는 1907년 조선예수교장로회 독노회 설립을
위한 토대였다고 할 수 있을 것이다.[85]

---

81) 곽안련, 『長老教會史典彙集』, 41.

82) Ibid., 44.

83) C. A. Clark, 『한국 교회와 네비우스 선교정책』, 172.

84) 황재범, "1907년 대한예수교장로회(독노회) 설립과정 및 그 의의에 대한 연구", 292.

85) Ibid.

2. 조선예수교장로회 독노회 조직과 정치제도

1) 조선예수교장로회 독노회 조직과 의의

조직될 당시부터 장로교 정치체제를 갖는 독립교회 설립을 천명했던 조선예수교장로회공의회는 1901년 처음 열린 회의에서 호주 장로교 선교회의 헌의에 따라 조선예수교자유장로교회 설립방침을 결정하였다.[86] 곽안련 선교사는 1918년에 저술한 『長老敎會史典彙集』에서 아래에서 보는 바와 같이 조선예수교장로회공의회는 장차 목사와 치리장로로 조직되는 당회와 노회, 대회, 총회라고 하는 장로교회의 4종의 치리회가 완전히 성립되기를 희망하였다는 것을 밝히고 있다.[87] 곽안련은 당회는 한 지교회를 치리하는 목사와 장로로 조직되고, 노회는 여러 당회가 파송하는 목사와 장로로 조직되며, 대회는 모든 노회가 파송하는 목사와 장로로 조직되고, 총회는 각 노회가 파송하는 목사와 장로로 조직된다고 했다. 그리고 당회는 한 지교회를 치리하고 노회는 소속 당회를 치리하며, 대회는 소속 노회를 치리하고 총회는 소속 대회를 치리한다고 했다. 그리고 그는 전국 교회의 문제를 의논하기 위해 조직된 조선예수교장로회공의회가 토대가 되어 장차 당회, 노회, 대회, 총회라고 하는 4종의 치리회가 설립되기를 희망하였다.

장로교회에 ᄉ종(四種)의 회명(會名)이 잇스니 일(一)은 당회(堂

---

86) 곽안련, 『長老敎會史典彙集』, 213-214.

87) Ibid., 20-23; C. A. Clark, 『한국 교회와 네비우스 선교정책』, 168.

會)니 추(此)는 흔지회(一支會)를 치리ᄒᆞᄂᆞᆫ 목ᄉᆞ와 쟝로가 회집ᄒᆞᄂᆞᆫ 것이오. 이(二)는 로회(老會)니 여러 당회가 파숑(波送)ᄒᆞᆫ 목ᄉᆞ와 쟝로가 회집ᄒᆞᄂᆞᆫ 것이오. 삼(三)은 대회(大會)니 모든 로회가 파숑ᄒᆞᆫ 목ᄉᆞ와 쟝로가 회집ᄒᆞᄂᆞᆫ 것이오. ᄉᆞ(四)는 총회(總會)니 각쳐(各處) 로회가 파숑ᄒᆞᆫ 목ᄉᆞ와 쟝로가 회집ᄒᆞᆫ 것이라. 연즉(然則) 당회는 흔 지회를 치리ᄒᆞ고 로회는 속(屬)한 당회를 치리하고 대회는 속한 로회를 치리ᄒᆞ고 총회ᄂᆞᆫ 속흔 대회를 치리ᄒᆞᄂᆞ니. 우리 죠션(朝鮮)은 각쳐에 교회를 셜립흔지 수 년에 아직 당회는 다 셜립되지 못하엿스나, 의론홀 ᄉᆞ건(事件)이 너무 만(多)흔 고로 ᄌᆞ금(自今) 위시(爲始)ᄒᆞ야는 전국(全國) 지회(支會)가 일쳐(一處)에 회집ᄒᆞ야 의론ᄒᆞ게 되ᄆᆡ 그 명칭을 됴션쟝로회공의회(朝鮮長老會公義會)라 ᄒᆞ니 이는 쟝ᄎᆞ(將次) 로회가 셩립(成立)될 쟝본(張本)이라. 여(余)ᄂᆞᆫ 이 회가 속히 조직되여 쟝차 이 나라에 이 네 가지 치리회가 완전히 셩립되기를 희망ᄒᆞ노라.[88]

그리고 1902년에 조선예수교장로회공의회는 곽안련 선교사의 『長老敎會史典彙集』에서 언급하고 있는 바와 같이 조선예수교장로회 독노회 설립 방침을 결정하였다. 공의회는 장로 1인 이상이 있는 지교회 12처가 있고, 목사로 임직할 사람이 3인 이상이 있으면, 언제든지 고등치리회로 독립노회를 조직하고 조선예수교자유장로교회를 설립할 방침을 채택하였다.[89]

금후(今後) 하시(何時)에던지 쟝로 일인(一人) 이상(以上)이 잇ᄂᆞᆫ

---

88) 곽안련, 『長老敎會史典彙集』, 213-214.
89) C. A. Clark, 『한국 교회와 네비우스 선교정책』, 168.

지교회 십이쳐(處) 목ㅅ에 임직홀 자격이 잇ᄂᆞᆫ 쟈(者)가 삼인(三人) 이샹에 달ᄒᆞ면 죠션ᄌᆞ유예수교장로교회를 셜립ᄒᆞ겟고 몬져(先次) 고등치리회로 전국합로회(全國合老會)를 조직홀 것이오. 대회 혹 총회가 셩립되ᄂᆞᆫ 날짜지ᄂᆞᆫ 그 로회만 고등(高等)이 될지니라.[90]

1903년에 캐나다 장로교회와 호주 장로교회 본국 치리회가 내한 선교부가 보낸 조선예수교자유장로교회 설립에 관한 청원을 허락하고,[91] 1905년에 미국 남북장로교회 본국 치리회가 조선예수교자유장로교회 설립을 허락함에 따라 조선예수교장로회공의회는 1907년에 조선예수교장로회 독노회를 조직하고 조선인 목사를 전도목사로 장립할 것을 결정하였다.[92] 그리고 1905년에 공의회는 만국 장로교회에서 예전부터 사용하던 신경과 해석, 도리 등을 검토한 결과 새로 설립되는 조선예수교장로회 독노회의 신경을 새롭게 제정하지 않고, 한국 교회의 형편을 고려하여 1904년에 인도 자유장로교회가 채택한 신경인 '12신조'를 채택하기로 결정하였는데, 다음의 글은 이를 잘 보여 주고 있다.

1905년에 교회 신경(信經)을 공의회가 의뎡ᄎᆡ용(義定採用)ᄒᆞ얏ᄂᆞᆫ디 그 위원이 보고ᄒᆞ기를 새로히 신경을 제뎡(制定)ᄒᆞ지 아니ᄒᆞ고 만국쟝로회(萬國長老會)에셔 젼(前)브터 ᄉᆞ용ᄒᆞᄂᆞᆫ 신경과 신경에 딕ᄒᆞ야 개졍(改定)ᄒᆞᆫ 것과 해셕(解釋)ᄒᆞᆫ 것과 신경 도리(道理)에 대ᄒᆞᆫ 광고와 ᄯᅩ 션교(宣敎) 각 디방(地方)에셔 통용ᄒᆞᄂᆞᆫ

---

90) 곽안련, 『長老敎會史典彙集』, 26.

91) Ibid., 30-31.

92) Ibid., 41-42.

신경을 비교ᄒᆞ야 죠션예수교쟝로회 형편에 뎍합(適合)ᄒᆞᆫ 신경을 퇴ᄒᆞᄂᆞᆫ 거시 가(可)ᄒᆞᆫ 줄노 인뎡(認定)ᄒᆞ노라.[93]

곽안련 선교사는 『長老敎會史典彙集』에서 조선예수교장로회공의회가 1904년 인도 자유장로교회가 채택한 12신조를 한국 장로교회의 신경으로 채용한 까닭을 다음과 같이 기록하고 있다.

이 신경(信經)은 몃 개월 젼(前)에 새로 조직ᄒᆞᆫ 인도나라 ᄌᆞ유쟝로회(自由長老會)에셔 ᄎᆡ용(採用)ᄒᆞᆫ 신경과 동일ᄒᆞ니 우리가 이 신경을 보고ᄒᆞᆫ 째에 희망ᄒᆞᄂᆞᆫ 바ᄂᆞᆫ 이 신경이 죠션(朝鮮), 인도 두 나라 쟝로회의 신경만 될 샏 아니라 아세아 각 나라 쟝로회의 신경이 되야 각 교회가 셔로 련락(聯絡)ᄒᆞᄂᆞᆫ 긔관이 되기를 옹망(顒望)ᄒᆞ다 ᄒᆞ니라.[94]

곽안련은 공의회가 인도 자유장로교회의 12신조를 조선예수교장로회 독노회의 신경으로 채택하기로 결정한 것은 이 12신조가 한국교회와 인도 교회의 신경이 될 뿐만 아니라, 아시아 각국 장로교회의 신경이 되어 아시아 각국의 교회가 서로 유대하고 연합할 수 있도록 하기 위함이었다고 했다.

또한 곽안련은 『長老敎會史典彙集』에서 공의회가 독노회에서 사용할 정치규칙을 만국 장로교회의 보통 원리에 기초한 간단한 정치규칙을 채택하기로 결정한 사실을 다음과 같이 언급하고 있다.

_____

93) Ibid., 42.
94) Ibid., 42-43.

완젼(完全)혼 졍치(政治)는 1907년 영어공의회에서 다시 의론 후 결뎡(決定)ᄒ기를 이 졍치(政治)는 너무 즁(重)혼 짐이 되야 연약 혼 교회가 감당키 란(難)ᄒ니 맛당히 만국쟝로회의 보통 원리에 터(基)ᄒ야 간단히 졔뎡(制定) 사용ᄒ다가 멷 히 후 교회가 쟝셩 (成長)ᄒ야 쟝로회 교리에 한슉(嫺熟)케 된 후에 교회가 ᄌ긔의 형편에 뎍당(適當)혼 졍치(政治)를 졔뎡(制定)ᄒᄂᆫ 것이 합당ᄒ 다 ᄒ고 몬저(先次) 편즙(編輯)한 졍치(政治)는 임의 번역긴간(繹 刊)ᄒ얏슬지라도 로회에 데츌(提出)치 안코 간단혼 졍치(政治)를 졔뎡(制定) 데츌(提出)ᄒ얏ᄂᆞ니라.[95]

곽안련은 1906년에 조선예수교장로회공의회는 웨스트민스터 정 치규칙에 기초한 완전한 정치는 연약한 한국 교회가 감당하기에는 너무 과중한 부담이 될 것을 우려하여 간단한 정치를 채택하여 사용 하다가 몇 년 후 교회가 장성하여 장로교 정치에 익숙하게 된 후에 한국 교회의 형편에 맞는 정치규칙을 새롭게 제정하는 것이 합당하 다고 보고 고등 치리회에 적용할 정치로 웨스트민스터 정치규칙 대 신 만국 장로교회의 보통 원리에 기초하여 간단히 제정한 정치규칙 을 제출하였다고 했다.[96]

1907년 9월 17일 오후 2시, 선교사들과 한국인 총대들이 참석한 가운데 평양 장대현교회에서 역사적인 조선예수교장로회 독노회가 창립되었다.[97] 창립 이후 독노회는 공의회 교회신경위원과 정치위 원이 보고한 12신조와 간단한 정치규칙을 1년간 채용하기로 결정하

95) Ibid., 44.

96) Ibid.; C. A. Clark, 『한국 교회와 네비우스 선교정책』, 172-173.

97) 곽안련, 『長老教會史典彙集』, 47; 대한예수교장로회 부산노회, 『대한예수교장로회 노회 록(독노회, 제1회-5회)』, 4.

였다.[98]

1907년 조선예수교장로회 독노회가 채택한 12신조는 1904년 인도 자유장로교회가 채택한 12신조를 서문의 일부만을 약간 수정하여 채택한 것이다.[99] 곽안련 선교사는 공의회위원회가 새로운 신앙고백문을 만들기보다는 본국 교회와 선교부가 수용해 온 역사적인 신앙고백문들을 검토한 후에 인도 장로교회가 채택한 12신조를 서문만 수정하여 조선예수교장로회 독노회의 신앙의 표준으로 채택하는 것이 한국 장로교회의 필요를 충족시켜 줄 것으로 확신하였다고 밝히고 있다.[100]

조선예수교장로회 독노회가 채택하고 이후 한국 장로교회가 신앙의 근간으로 삼고 있는 이 12신조는 개혁주의 신학의 관점에서 본다면 상당한 문제점을 가지고 있다. 그럼에도 불구하고 한국에 내한한 4개 장로교 선교부를 하나로 묶는 장로교회의 헌법적 정신으로서 한국 장로교회가 독립된 정치조직으로서의 독노회를 조직하는 이념적 기틀이 되었으며,[101] 한국과 인도를 비롯한 아시아 여러 나라에서 교회의 연합의 기초가 되었다는 점에서 중요한 역사적 의미를 지니고 있다고 할 수 있다.[102] 황재범에 의하면, 인도 장로교회에서 1904년 교리적 표준으로 채택된 12신조는 인도의 여러 장로교단

---

98) 곽안련, 『長老敎會史典彙集』, 48.

99) 12신조의 작성과 수용과정에 대해서는 황재범, "대한장로교회신경 혹은 12신조의 작성 및 수용과정에 대한 연구", 『기독교사상』 제573호 (2006. 9.); Idem, "대한장로교회신경 및 12신조 영어원문의 새로운 번역과 신학적 분석", 『한국기독교신학논총』 제56집 (2008)을 볼 것.

100) C. A. Clark, *The Korean Church and Nevius Methods*, 129.

101) 황재범, "1907년 대한예수교장로회(독노회) 설립과정 및 그 의의에 대한 연구", 296.

102) Ibid., 301.

들이 서로 연합할 수 있는 기틀을 마련해 주었을 뿐만 아니라, 감리교와 침례교를 비롯한 인도의 여러 교파들과 장로교단의 연합에도 기여하였다. 그리고 이 12신조는 파키스탄과 미얀마를 비롯한 인도와 인접한 여러 아시아 국가의 교회들에서도 교리적 표준으로 사용됨으로써 인도와 서남아시아 교회들의 연합에 크게 기여하였으며, 향후 아시아 전체 교회의 연합에도 긍정적인 역할을 할 것으로 기대되고 있다.[103]

선교사들과 한국인 장로들은 1893년부터 1906년까지 13년 동안의 준비 기간을 거쳐 마침내 1907년 9월 17일, 한국인 장로 40명과 선교사 38명이 참석한 가운데 조선예수교장로회 독노회를 창립했다. 조선예수교장로회 독노회의 창립은 단순히 개별 장로교회 지교회들의 상급 치리회로서의 노회를 설립한 것이 아니라, 치리회로서의 교회의 조직과 신조와 정치규칙을 포함하는 교회의 헌법을 갖춘 명실상부한 한국 장로교회의 탄생을 의미하는 것이었다.[104] 황재범에 의하면 진정한 의미에서 장로교회는 참다운 말씀의 설교와 성례의 합법적 집행, 그리고 교인의 대표로 선출되는 장로와 목사로 구성되는 치리회 중심의 대의제 민주정치제도라고 하는 3대 표지가 있을 때 비로소 참다운 장로교회라고 할 수 있다.[105] 그리고 장로교회는 교인들의 합의로 채택한 신앙고백과 장로교 정치체제를 포함하는 헌법을 토대로 조직되고 운영되어야 하기 때문에, 12신조와 정치규칙

---

103) 황재범, "대한장로교회신경 혹은 12신조의 작성 및 수용과정에 대한 연구", 202; Idem, "대한장로교회신경 및 12신조 영어원문의 새로운 번역과 신학적 분석", 114.
104) 황재범, "1907년 대한예수교장로회(독노회) 설립과정 및 그 의의에 대한 연구", 298-299.
105) Ibid., 284.

을 헌법으로 채택한 1907년 조선예수교장로회 독노회의 설립이야말로 진정한 의미에서의 한국 장로교회의 시작이라고 할 수 있다.[106]

2) 조선예수교장로회 독노회 규칙과 정치제도

1907년 조선예수교장로회 독노회에 제출되어 1년간 임시로 채택되었다가 1908년 독노회에서 완전히 채택된 정치규칙인[107] '대한예수교장로회 규칙'은 12신조가 인도 장로교회의 신조를 차용했다고 밝힌 것과는 대조적으로 곽안련 선교사의 『長老教會史典彙集』이나 『대한예수교장로회 노회록』에서도 그 근거에 대해 아무런 언급이 없지만, 1904년 채택된 인도 장로교회의 정치규칙을 약간 수정한 것이었다.[108] 독노회가 채택한 대한예수교장로회 규칙은 전문 5조 14항과 세칙 7조로 구성되어 있는데, 제1조 교회론, 제2조 교회율례론, 제3조 교회직원론, 제4조 교회정치론, 그리고 제5조 규칙개정으로 되어 있다.[109]

대한예수교장로회 규칙의 교회에 대한 규정을 담고 있는 제1조는 다음과 같다.

---

106) Ibid., 299-300.

107) 곽안련에 의하면 1907년의 독노회 정치규칙은 1907년 독노회가 창립될 때 1년간 임시로 채택되었다가 1908년에 완전히 채택되었는데, 서기 한석진 목사가 회록에 기재하는 것을 누락하였다고 한다. 곽안련, 『長老教會史典彙集』, 50-51.

108) 황재범은 곽안련 선교사나 독노회 회록에서 조선예수교장로회 독노회의 정치규칙이 1904년 인도 자유장로교회의 정치규칙을 차용한 것임을 밝히지 않은 것은 이 정치규칙이 12신조보다 인도 자유장로교회의 정치규칙에서 더 많이 수정했기 때문이거나, 12신조뿐만 아니라 정치규칙마저 인도 자유장로교회의 정치규칙에서 차용하는 것에 대해 선교사들이 어느 정도 양심에 거리낌이 있었기 때문일 것이라고 추측하고 있다. 황재범, "1907년 대한예수교장로회(독노회) 설립과정 및 그 의의에 대한 연구", 297-298.

109) 대한예수교장로회 부산노회, 『대한예수교장로회 노회록(독노회, 제1회-5회)』, 31-41.

하ᄂᆞ님끠셔 만국 가온ᄃᆡ셔 큰 무리를 튁ᄒᆞ샤 그 무리로 영원토
록 무한ᄒᆞ신 은혜와 지혜를 나타내실 터이니 이 무리는 살아계
신 하ᄂᆞ님의 교회요 예수의 몸이오 셩신의 뎐이라. 젼과 지금과
후에 만국의 셩도니 그 일홈은 거룩ᄒᆞᆫ 공회라. 교회에 두 가지
구별이 잇스니 보이지 아니ᄒᆞᄂᆞᆫ 교회와 보이ᄂᆞᆫ 교회라. 보이지
아니ᄒᆞᄂᆞᆫ 교회의 교인은 하ᄂᆞ님끠만 아신 바 됨이오 보이ᄂᆞᆫ 교
회는 온 셰샹에 셜립ᄒᆞᆫ 교회니 그 교인은 스스로 그리스도인이
라 ᄒᆞ고, 셩부, 셩ᄌᆞ, 셩신 삼위일톄(三位一體) 되신 하ᄂᆞ님을 공
경ᄒᆞᄂᆞᆫ 쟈니라.110)

대한예수교장로회 규칙은 교회를 하나님께서 만국 가운데서 큰
무리를 택하여 그 무리로 하여금 영원토록 무한하신 은혜와 지혜를
나타내시는데, 이 무리는 살아계신 하나님의 교회요, 예수 그리스도
의 몸이요, 성령의 전이며, 과거와 현재와 미래의 만국의 성도들의
거룩한 공회라고 삼위일체적으로 규정하고 있다. 그리고 전통적으로
교회가 구분해 왔던 것처럼 하나님만 아시는 보이지 않는 교회와 만
국에 흩어져 있는 교회로서 성부와 성자, 성령의 삼위일체 하나님을
공경하는 그리스도인들의 모임인 보이는 교회를 제시하고 있다(제1
조 1항).

그리고 지교회를 "예수교인 몃 사름이 합ᄒᆞ야 ᄒᆞᆫ 규측을 좃차 ᄒᆞᆫ
모양으로 하ᄂᆞ님을 셤기며 ᄒᆡᆼ위가 거룩ᄒᆞ고 셩경의 계명을 좃치며
예수의 나라 넓히기를 힘쓰며 ᄯᅢ를 뎡ᄒᆞ야 흠ᄭᅴ모혀 례빅ᄒᆞ면 교회
라 칭ᄒᆞᄂᆞ니라."(제1조 2항)111)고 정의하고 있다). 즉, 지교회를 졍

---

110) Ibid., 31.
111) Ibid., 31-32.

해진 규칙에 따라 하나님을 섬기고 성경에 제시된 계명을 따라 거룩하게 생활하며, 하나님 나라의 확장에 힘쓰고 날을 정하여 예배하는 예수 그리스도를 믿는 거룩한 백성들의 모임으로 규정하고 있다.

그리고 예배를 다루고 있는 제2조에서는 "셩례는 셰례와 셩찬이니 이 두 가지는 목ᄉ만 베프ᄂ니라."[112]고 규정하고 있다. 대한예수교장로회 규칙은 성례를 세례와 성찬의 두 가지로 구분하면서 성례는 목사만이 행할 수 있다고 규정하고 있다. 이 규칙은 목사의 성례 집행권을 분명히 함으로써 목사의 영적 권위를 명확히 하고 있다.[113]

그리고 대한예수교장로회 규칙의 제3조 1항에서는 장로와 집사를 교회의 직원으로 규정하여[114] 전통적인 장로와 집사의 두 직분론을 제시하고 있다. 그리고 제3조 2항에서는 "쟝로는 두 가지니 강도홈과 치리홈을 겸흔 쟈를 흔이 목ᄉ라 칭ᄒ고, 다만 치리만 ᄒᄂ쟈를 쟝로라 ᄒᄂ니 이는 셩찬에 참예ᄒᄂ 남ᄌ라야 되ᄂ니라."[115]고 하였다. 장로를 말씀의 선포와 치리를 겸한 목사장로와 치리만 하는 치리장로로 구분하면서 교회를 치리하는 데서 목사와 장로의 동등성을 규정하고 있으며, 장로의 자격을 성찬에 참여하는 남자 세례교인으로 규정하고 있다. 그리고 제3조 3항에서는 "목ᄉ는 로회의 안슈홈으로 세움을 밧아 그리스도의 복음을 젼파ᄒ며 셩례를 베플며 교회를 다ᄉ리ᄂ니. 혹 흔 두 지교회나 여러 지교회를 총찰ᄒᄂ 쟈를 지교회 목ᄉ라 ᄒ고, 로회에셔 직분을 맛하 두루 ᄃ니며 젼도ᄒ

---

112) Ibid., 32.

113) C. A. Clark, 『한국 교회와 네비우스 선교정책』, 396.

114) 대한예수교장로회 부산노회, 『대한예수교장로회 노회록(독노회, 제1회-5회)』, 31.

115) Ibid., 32.

는 쟈를 젼도목ᄉ라 칭ᄒᄂ니라."[116]고 규정하고 있다. 목사는 노회에서 안수를 통해 세움을 받아 그리스도의 복음을 전파하고 성례를 집행하며, 교회를 다스리는 직분이라고 규정함으로써 노회에 의한 목사의 안수와 함께 말씀의 선포와 성례의 집행, 그리고 교회의 치리에서 목사의 권위를 명시하고 있다. 그리고 지교회를 총찰하는 자를 지교회 목사라 하고, 노회에서 직분을 맡아 여러 지역에서 전도하는 자를 전도목사라고 규정하여 목사의 구분을 제시하고 있다. 그리고 제3조 4항에서는 "쟝로는 지교회 교인들의게 퇴뎡홈을 밧고 또 목ᄉ의게 안슈홈으로 세움을 밧아 목ᄉ로 더브러 지교회의 신령ᄒᆞᆫ 일을 슬펴 다ᄉ리ᄂᆞᆫ 쟈라."[117]고 하여 교인에 의한 장로의 선출과 목사에 의한 장로의 안수와 임직, 그리고 교회 치리에서의 장로와 목사의 협력을 규정하고 있다. 그리고 제3조 5항에서는 "집ᄉ는 지교회의 교인들의게 퇴뎡홈을 밧고 또 목ᄉ의게 안슈홈으로 세움을 밧아 목ᄉ와 쟝로로 더브러 병인과 궁핍ᄒᆞᆫ 쟈를 도라보며, 지교회 연보젼을 밧기도 ᄒ고 쓰기도 ᄒᄂ니, 이는 성찬을 참예ᄒᄂᆞᆫ 남ᄌ라야 되ᄂ니라."[118]고 하여 교인에 의한 집사의 선출과 목사에 의한 집사의 안수와 임직을 규정하고 있다. 그리고 성찬에 참여하는 남성 세례교인이어야 한다는 집사의 자격과 함께 목사와 장로와 더불어 궁핍한 사람들과 환자들을 돌보고 교회의 재정을 관리하는 집사의 직무에 대해 규정하고 있다. 또한 제3조 6항에서는 "강도인은 로회의게 강도ᄒᄂᆞᆫ 인허를 밧고 로회의 인도홈을 좃차 일ᄒ며, 로회

---

116) Ibid., 32-33.
117) Ibid., 33.
118) Ibid.

가 작뎡흔 목ᄉ 압헤셔 혹 조ᄉ가 되ᄂ니라."[119]고 하여 노회에 의한 강도사 인허를 규정하고 있다.

교회의 치리회를 다루고 있는 대한예수교장로회 규칙 제4조에서는 1항에서 당회, 노회, 총회의 삼단계로 조직되는 교회 치리회의 구성과 직무에 관해 규정하면서 각 치리회는 최소한 1년에 한 차례 이상 회집하여야 한다고 규정하고 있다.[120] 그리고 제4조 2항에서는 다음에서 보는 바와 같이 목사와 장로로 구성되어 교회를 총찰하는 치리권을 가진 당회의 직무와 권리를 규정하고 있다.

> 당회의 회원이 될 쟈는 지교회의 목ᄉ와 쟝로니. 이 지교회를 총찰ᄒ되 입교인과 원입교인을 시취ᄒ며, 교인이 이샤ᄒ야 오거나 가거나 ᄒ면 쳔거셔를 밧고 주며, 교인을 징계ᄒ며 목ᄉ가 업슬 쌔에는 로회의 지휘ᄒᄂ대로 다른 목ᄉ를 쳥ᄒ야 강도ᄒ게 ᄒ고 셩례를 베플게 ᄒ며, 집ᄉ 틱홀 거슬 잘 지휘ᄒ고 로회가 모힐 쌔에 쟝로를 틱ᄒ여 총디로 보낼 거시니라.[121]

지교회 목사와 장로로 조직되는 당회는 입교인과 원입교인을 받아들이고, 이명하는 교인의 천거서를 접수하거나 발송하며, 교인을 징계하고 목사가 없을 경우에는 노회의 지도하에 다른 목사를 청하여 강도하게 하고 성례를 집행하는 등의 직무를 가지고 있다고 규정하고 있다. 그리고 당회는 집사를 선택하는 일을 잘 지휘하고 노회가 회집할 때에는 총대 장로를 택하여 파송해야 한다고 규정하고 있

---

119) Ibid.
120) Ibid., 33-34.
121) Ibid., 34.

다. 그리고 제4조 3항에서는 관할 지역 내의 모든 목사와 지교회에
서 파송된 총대 장로 1인씩으로 구성되는 노회의 직무와 권한을 다
음에 보는 바와 같이 규정하고 있다.

> 로회의 회원될 쟈는 그 디경 안에 젼도ᄒᆞᄂᆞᆫ 모든 목ᄉᆞ들과 각 당
> 회에셔 총ᄃᆡ로 온 쟝로 일인식이니라. 로회는 그 디경 안에 잇ᄂᆞᆫ
> 당회와 지교회와 목ᄉᆞ와 강도인과 아직 지교회로 조직지못ᄒᆞᆫ 교
> 인을 총찰ᄒᆞᄂᆞ니. 지교회를 조직ᄒᆞ기도 ᄒᆞ며, 여러 지교회를 합
> ᄒᆞ야 ᄒᆞ나이 되게도 ᄒᆞ며, 다른 로회에 쇽ᄒᆞ였던 지교회를 밧기
> 도 ᄒᆞ며, 다른 로회로 옴기기도 ᄒᆞ며, 지교회를 폐ᄒᆞ기도 하며,
> … 쏘 안슈홈으로 목ᄉᆞ를 세우며, 위임례식을 힝ᄒᆞ기도 ᄒᆞ며, 젼
> 임도 식히며, 쏘 강도인의게 강도ᄒᆞᄂᆞᆫ 인허를 주기도 ᄒᆞ며, 원위
> 목ᄉᆞ인을 시취ᄒᆞ여 공부를 쥬쟝ᄒᆞ기도 ᄒᆞ며, 당회 회록을 슬펴보
> 기도 ᄒᆞ며, … 호소홈을 판결ᄒᆞ기도 ᄒᆞ며, 호소ᄒᆞᄂᆞᆫ 공함을 밧아
> 총회로 올리기도 ᄒᆞ며, … 총회에 총ᄃᆡ를 튁ᄒᆞ야 보내기도 ᄒᆞᄂᆞ
> 니라.[122]

이 규정에 따르면 노회는 지교회와 목사, 강도사 및 미조직 교회
의 교인들을 총찰하고, 교회를 조직하며, 교회를 합병하거나 폐지할
권한을 가지고 있다. 그리고 노회는 목사의 안수와 위임 및 전임을
관장하고 강도인에 대한 인허와 목사후보생을 관할한다. 또한 노회
는 소속 각 지교회의 당회록을 검사하고 지교회 당회나 교인들이 제
기하는 각종 고소 사건을 재판하거나 총회에 이관하며, 총회에 총대
를 파송하는 등의 직무와 권한을 가지고 있다. 3항에서는 계속해서

---

122) Ibid., 34-35.

한국 교회의 특징적인 면이라 할 수 있는 시찰회의 직무와 권한에 관해 다음과 같이 규정하고 있다.

로회가 시찰위원을 션뎡홀 수 잇ᄂ니. 이 위원은 당회와 지교회와 밋 조직ᄒ지 아니ᄒᆫ 교회에 가셔 시찰ᄒ며, 목ᄉ를 고빙ᄒᄂ 일에 딕ᄒ야 합당ᄒᆫ 여부를 사실ᄒ며, 목ᄉ와 강도인이 어ᄂ 교회를 맛흘 거슬 사실ᄒ며, 아모 일이던지 로회 지휘대로 알아보아 작뎡ᄒᆫ 후에 로회에 보고홀 거시니라. 로회가 이 위원의게 목ᄉ와 인허 강도인 세울 권리를 줄 수 잇ᄂ니라.[123]

시찰위원에게는 당회와 지교회와 미조직 교회를 시찰하고, 지교회 당회의 목사 청빙이 합당한지를 살펴야 하는 직무가 주어져 있다. 그리고 노회는 시찰위원에게 인허 받은 강도인을 세울 권리를 부여할 수 있다.

그리고 선교사의 소속과 관할 및 선교사에 대한 권징과 관련해서는 아래와 같이 규정하고 있다.

안슈홈으로 세움을 밧은 외국 목ᄉ가 대한쟝로교회의 일을 맛핫스면 로회와 총회 회원이 되나 일 식히ᄂ 것과 징계를 밧을 일에 딕ᄒ여는 본 교회에서 쥬쟝홀 거시니라. 외국 목ᄉ 중 삼분지 이가 대한로회와 총회에 참예치 아니키로 가결되면 물너갈 수 잇스나 그러나 대한고등회가 그 형편을 ᄯ라 유익ᄒ도록 외국 목ᄉ와 엇더케 샹관될 서슬 결뎡홀 거시니라.[124]

---

123) Ibid., 36.
124) Ibid., 36-37.

이에 따르면 선교사는 노회와 총회의 회원이 되지만, 그 직위의 임명과 권징은 본국 교회의 관할을 받도록 되어 있다. 그리고 선교사의 3분의 2가 한국 교회의 노회와 총회에서 탈퇴할 것을 결의하면, 선교지 한국에서 물러갈 수 있으나, 선교사의 철수 여부는 한국 교회의 형편을 살펴 유익하도록 결정하도록 하였다.

또한 제4조 4항에서는 각 노회에서 파송하는 목사 총대와 장로 총대로 구성되어 교회의 모든 사업과 관심사를 총괄하는 총회의 직무와 권한을 다음과 같이 규정하고 있다.

> 총회를 조직혼 후에 그 회원 될 쟈는 로회에셔 보낸 총뒤인뒤 곳 로회마다 다슷 지회에셔 목ᄉ ᄒ나와 쟝로 ᄒ나를 보내ᄂ 쟈니, 총회는 온 교회의 모든 일을 보호ᄒ고 쥬쟝ᄒ뒤 로회를 조직ᄒ며, 여러 로회를 합ᄒ야 ᄒ나히 되게 ᄒ여 큰 로회를 ᄂ호기도 ᄒ며 폐홀 거슨 폐ᄒ기도ᄒ며, 로회의 디경을 작뎡ᄒ며 로회의 회록을 ᄉ펴보며, 지시ᄒᄂ 쳥구를 작뎡ᄒ여 주며, 호소홈을 결뎡ᄒ며, 로회 가온뒤와 온 교회 가온뒤 모든 일을 졀ᄎ잇게 ᄒ며, 쏘 쟝로교회 신경과 규측과 셰측 ᄯᆺ슬 ᄀᄅ치며, 쏘ᄒ 젼도회 일을 뒤ᄒ던지 교회의 다른 일에 뒤ᄒ야 위원을 퇵뎡홀 수도 잇고, 신학 학교와 대학교와 다른 학교를 쥬쟝홀 수도 잇ᄂ니라. 쏘 어ᄂ 지교회에 쇽ᄒ 토디나 가옥 일노 변론이 니셔 로회에셔 쳐단치 못ᄒ면 총회가 나죵 결뎡홀 권리가 잇ᄂ니라.125)

이 규정에 의하면 총회는 노회를 조직하거나 폐지하고, 노회를 합병하거나 분할하며, 노회의 구역을 결정할 권한을 가지고 있다. 그

---

125) Ibid., 37.

리고 총회는 소속 노회의 회록을 검사하고, 노회나 지교회에서 제기하는 호소나 청원을 결정하며, 노회나 교회와 관련된 제반 일들을 처리할 권한을 가지고 있다. 또한 교회의 신경과 규칙, 혹은 세칙 등을 가르치고, 복음 전도나 교회의 다른 사무를 위하여 위원을 선정하여 처리해야 할 직무도 가지고 있다. 그리고 신학교를 관할하고, 노회가 처리하지 못한 지교회의 토지나 가옥과 관련된 문제를 처리하는 등의 직무도 가지고 있다.

한편, 7개조로 구성된 세칙에서는 미조직 교회는 해당 지역 노회의 관할을 받는다고 규정하고 있다(제1조).[126] 그리고 목사후보생은 노회의 시험을 거쳐 조사로 승인받을 수 있고, 강도사와 승인 받은 조사는 노회나 위원회의 감독 아래에서 일하며, 다스리는 권한을 가지지는 못하지만 미조직 교회에서는 노회의 동의를 얻어 교인을 심사하여 원입교인으로 받아들일 수 있다고 규정하고 있다(제2조).[127] 또한 지교회 목사는 노회나 시찰위원회의 권면을 받아 성찬에 참여하는 교인 3분의 2의 찬성으로 선출되며, 청원서에는 교인 과반수의 서명이 있어야 한다고 규정하고 있다(제3조).[128] 그리고 목사의 전임은 청빙하는 지교회가 소속한 노회와 해당 목사가 소속한 노회의 허락을 받아야 한다고 규정하고 있다(제4조).[129]

이처럼 1907년 조선예수교장로회 독노회에서 채택된 정치규칙은 삼위일체론적 교회론의 바탕 위에서 장로와 집사의 이중 직제론과

---

126) Ibid., 38.
127) Ibid., 39.
128) Ibid.
129) Ibid., 40.

목사직의 영적 권위를 규정하고 있다. 그리고 목사와 치리장로의 동등성과 교인에 의한 목사와 장로, 집사의 선출, 그리고 당회, 노회, 총회로 이어지는 단계적인 삼심제 치리기구에 관해 명시하고 있다. 삼위일체론적 교회론은 성부, 성자, 성령의 사랑의 관계를 기반으로 교회가 목사로 대표되는 영적 리더십과 장로로 대표되는 회중 리더십 사이의 균형을 지향해야 함을 보여 주고 있다. 그리고 목사의 성례 집행권과 목사에 의한 장로와 집사의 안수와 임직을 통해 목사직의 영적 권위를 규정함으로써 교회에서 영적 리더십과 회중 리더십의 조화와 균형을 강조하면서도 목사의 영적 권위와 리더십이 지니는 우위성을 분명히 하고 있다. 또한 교인에 의한 목사의 선택과 장로와 집사의 선출을 규정함으로써 교인의 주권과 대의제 민주정치를 분명히 하고 있다. 나아가 당회, 노회, 총회로 이어지는 단계적 삼심제 치리기구를 명시함으로써 장로교회의 민주적 정치체제를 분명히 하고 있다. 1907년 조선예수교장로회 독노회의 정치규칙은 한국 장로교회의 상황을 고려하여 간단한 형태로 채택된 것이기는 하지만, 근대 민주정치의 핵심적 원리라고 할 수 있는 주권재민 사상과 회중들의 손으로 선출된 대표에 의해 치리되는 대의제 민주정치, 단계적인 삼심제 치리기구의 조직, 그리고 권한과 리더십의 분리와 균형을 충분히 담아내고 있다. 이러한 독노회의 민주적인 교회정치는 한국에서 근대적 민주주의가 성장하고 발전하는 데 중요한 토대가 되었다고 할 수 있다.

하지만, 선교사들이 한국 노회와 총회의 회원권을 가지고 있으면서도 선교사에 대한 권징권과 임면권이 본국 교회와 선교부에 속하도록 규정하고, 선교사들의 3분의 2가 가결하여 한국 교회에서 탈퇴하고자 할 경우에 총회에서 가장 좋을 대로 결정하도록 규정한 것은 선교사들의 한국 노회에 대한 권리와 함께 치외법권을 인정한 것이라 할 수 있다. 이는 초기 한국 교회의 연약성과 민주적인 장로교 정치에 익숙하지 못했던 한국 교회 지도자들의 상황을 고려한다 하더라도 아쉬운 점이라 하지 않을 수 없다. 선교사들이 본국 교회의 총회와 선교부로부터 파송되었다는 점과 초기 한국 교회에서 그들이 가졌던 지도력과 영향력으로 인해 양국 노회의 이중 회원권을 인정한다 하더라도 선교사들의 위법 행위에 대한 권징권을 한국 교회가 전혀 가지지 못한 것은 시대적 한계임과 동시에 한국 교회의 자립과 자치로 가는 여정에서 드러난 대단히 아쉬운 점의 하나라 할 수 있을 것이다. 그리고 수많은 전도부인들이 한국 교회의 성장과 발전에 지대한 역할을 하고 있음에도 불구하고 장로와 집사의 자격을 남성으로 제한한 것 역시 시대적 한계임과 더불어 초기 한국 장로교회가 보다 민주적으로 발전해 나가는 과정에서 중요한 걸림돌의 하나가 되었다고 평가할 수 있을 것이다.

3. 대한예수교장로회 총회 창립과 정치제도의 형성

1) 교회 조직의 발전과 대한예수교장로회 총회 창립

1886년 7월 18일 노도사(노춘경)가 언더우드로부터 최초로 세례를 받은[130] 이후 한국 교회는 지속적으로 세례교인의 수가 증가하였

---

130) 김인수, 『한국기독교회사』, 106.

다. 선교사들이 내한하기 이전에 이미 서상륜을 비롯한 매서인과 권서인들의 활약으로 많은 사람들이 복음을 듣고 기독교인이 되었다. 그리고 언더우드로부터 세례를 받은 14명의 교인들은 1887년 9월 27일 언더우드와 함께 2명의 장로를 선출하고, 한국 최초의 조직 교회인 정동교회(새문안교회)를 조직하였다.[131]

그리고 1890년 7명의 성도를 대상으로 최초로 성경공부반이 시작된 이래 성경공부에 대한 열정은 사경회를 통한 급속한 교회 성장으로 이어졌다.[132] 또한 1894년의 청일전쟁과 1904년의 러일전쟁, 그리고 1905년의 을사늑약(乙巳勒約)이라는 국가와 민족의 비극적 운명하에서도 1907년 평양 대부흥운동을 거치면서 교회는 폭발적으로 성장하였으며, 1907년에는 조직된 당회가 40개에 달하였다.[133] 그리고 1901년 마포삼열 선교사가 자기 집 사랑방에서 김종섭, 방기창 두 사람의 청년을 데리고 신학을 교육하기 시작한 이래, 평양장로회 신학교는 1902년에 신학생이 6명으로 늘어났고, 1904년에는 19명, 1905년에는 40명으로 늘어났으며, 1907년에는 172명에 달하였다.[134] 그리고 그해 처음으로 길선주, 방기창, 이기풍, 송인서, 양전백, 한석진, 그리고 서경조 등 7명의 졸업생을 배출했다.[135] 1905년 미국 북장로교를 비롯하여 한국에 선교사를 파송한 4개의 장로교 선교부의 본국 치리회가 한국에서의 독립 노회 설립을 허가함에 따라 조선예수교장로회공의회는 독립 노회 설립을 준비하기 시작하였다. 그리하

131) Ibid., 107.
132) C. A. Clark, 『한국 교회와 네비우스 선교정책』, 144.
133) Ibid., 165.
134) Ibid.
135) 김인수, 『한국기독교회사』, 189.

여 마침내 1907년 9월 17일 평양 장대현교회에서 선교사 38명, 한국인 장로 40명 등 78명이 참석한 가운데 조선예수교장로회 독노회를 창립하였다. 그리고 독노회 창립과 함께 한석진 등 평양장로회신학교 제1회 졸업생 7명에게 안수하여 목사로 장립하였다. 그리하여 한국 장로교회는 목사 7명과 장로 53명, 교회 989개, 세례교인 19,000명, 그리고 전체 교인 70,000명을 가진 명실상부한 독립 교회가 되었다.[136]

독노회 창립 이후 한국 장로교회는 국내 여러 지역에서 교회를 치리할 보조적인 기관의 필요성이 제기됨에 따라 그동안의 공의회위원회를 대신하여 7개의 '대리회(sub-presbyteries)'를 설치하여 같은 지역을 담당하게 하였다.[137] 이 대리회에는 장차 장로나 목사 후보자가 될 사람을 심사하고 받아들이며, 목사를 임직하는 권한이 위임되었지만, 목사를 안수하는 일은 여전히 독노회에 의해 직접 집행되었다.[138]

1907년 독노회 창립 이후 1910년의 한일합병이나 1911년의 105인 사건 등 내외적으로 여러 가지 어려운 상황이 계속되었음에도 불구하고 한국 장로교회는 지속적으로 성장했다. 1907년에 목사 7명, 장로 49명, 세례교인 18,081명, 그리고 교인 총수 56,943명이던 것이 1909년에는 목사 16명, 장로 108명, 세례교인 30,374명, 그리고 교인 총수 94,578명으로 증가했다. 그리고 총회 창립을 앞둔 1911년에는 목사 54명, 장로 159명, 세례교인 46,934명, 그리고 교인 총수

---

136) Ibid., 189-190.
137) C. A. Clark, 『한국 교회와 네비우스 선교정책』, 192.
138) Ibid.

140,470명으로 늘어났다.[139]

1911년 9월 17일 대구 남문안 예배당에서 목사 29명, 장로 112명, 그리고 선교사 46명이 참석한 가운데 개최된 조선예수교장로회 독노회 제5회 노회에서는 이듬해인 1912년에 총회를 창립하기로 결정하였다.[140] 그리고 총회가 창립된 후 각 노회는 자기 구역에 조직된 다섯 개 교회의 당회마다 한 사람의 장로와 한 사람의 목사를 총대로 파송할 수 있도록 하는 규정을 채택하였다. 그리고 제1회 총회와 3년에 한 번씩 열리는 총회에는 조직된 모든 당회에서 각각 한 사람의 장로를 총대로 파송하여 대규모 총회를 개최하기로 결정하였다.[141] 곽안련 선교사는 3년에 한 번씩 모든 당회가 한 사람의 장로를 파송하여 대규모 총회를 개최하도록 한 이 결정은 3년의 기간이 돌아오기 전에 그런 총회가 불가능할 정도로 당회의 수가 너무 많이 늘어났기 때문에 1912년을 제외하고는 시행된 적이 없었다고 했다.[142] 한편, 7명의 목사와 40개의 당회가 있었던 1907년 독노회 창립 이래, 초기 한국 장로교회에서는 비록 2개나 4개의 지교회 조직이 종종 한 사람의 목사에 의해 관할되고 있는 경우에도 각 지교회 당회가 노회에 한 사람의 총대 장로를 파송할 수 있도록 하고 있었다. 교회의 수가 크게 증가하고 목사와 장로의 수가 대폭 늘어난 후에도 초기 교회의 이러한 임시적인 총대 파송 규정을 변경하는 것은 불가능했는데, 이러한 정책은 장로교 정치의 기본적인 원리와는

---

139) Ibid., 375-376, 383.

140) 곽안련, 『長老敎會史典彙集』, 55-56.

141) Ibid., 56.

142) C. A. Clark, 『한국 교회와 네비우스 선교정책』, 204.

명백하게 어긋나는 것이었다. 장로교 정치제도의 기본 원리는 성직자나 평신도 양측에 동등한 대표권을 부여하는 것이었다.[143]

조선예수교장로회 독노회는 또한 총회를 조직할 때, 북평안노회, 남평안노회, 황해노회, 경기노회, 충청노회, 전라노회, 경상노회, 그리고 함경노회 등 7개 노회를 조직할 것을 결정하였는데,[144] 이는 독노회 산하의 각 대리회들이 관할 구역과 소속 구성원들을 그대로 둔 채 완전한 노회로 발전하고 독노회가 총회로 승급하기 위한 것이었다. 따라서 전국적으로 대리회를 대신할 노회를 조직하고 독노회를 총회로 전환하는 것은 그다지 어렵지 않았다.[145]

1912년 9월 2일 평양 서문밖 신학교에서 한국인 목사 52명, 총대 장로 125명, 그리고 선교사 44명 등 총 221명이 참석한 가운데 역사적인 대한예수교장로회 총회가 창립되었다. 대한예수교장로회 창립 총회에서는 초대 회장에 언더우드 선교사, 부회장에 길선주 목사, 서기에 한석진 목사, 그리고 회계에 블레어(W. N. Blair) 선교사를 선출하였다.[146] 대한예수교장로회 총회 제1회 회록은 1912년 역사적인 대한예수교장로회 창립 총회가 미가 6장 8절 말씀에 대한 강론과 기도에 이어 회장 이눌서(William D. Reynolds) 선교사의 선언으로 개회되었음을 다음과 같이 기록하고 있다.

쥬 일천 구백 십이년(一千九白十二年) 구(九)월 이(二)일 샹오 구(九)시에 평양 셔문밧 신학교에서 회쟝 리눌셔시가 박례헌시의

143) Ibid.

144) 곽안련, 『長老敎會史典彙集』, 56.

145) C. A. Clark, 『한국 교회와 네비우스 선교정책』, 204.

146) 김인수, 『한국기독교회사』, 192.

미가 6:8에 강론과 긔도로 긔ᄒ다. 회쟝이 총회 취지를 셜명ᄒ 후에 셔긔가 회원의 쳔셔를 검사ᄒ고 조명ᄒᄂ딕, 경긔, 츙쳥로 회, … 젼라로회, … 경샹로회, … 함경로회, … 남평안로회, 평북 로회, 황해로회, … 목ᄉ 합(외국목ᄉ 44인, 조선목ᄉ 52인) 96인 과 쟝로 합 125인 총합계 221인니라.[147]

역사적인 대한예수교장로회 총회 창립을 축하하기 위해 세계 장 로교회와 중국 산동성노회, 일본 그리스도교회, 그리고 세계개혁교 회연맹 등에서 축전을 보내왔고, 총회 창립을 세계개혁교회연맹과 각국 장로교회 총회에 통보함에 따라 한국 장로교회는 명실공히 세 계 장로교회와 세계 교회의 일원이 되었다.[148] 대한예수교장로회 총 회는 산하 각 노회가 대리회 조직을 허용할 수 없고, 미조직 교회에 서는 안수집사를 장립할 수 없다는 규정을 채택하였다.[149] 그리고 200명의 총대 가운데 선교사의 수가 40명을 넘지 못하도록 법으로 규정함으로써 한국 교회의 독립성을 강화하였다.[150] 총회 창립 당시 선교사들이 여전히 중요한 몫을 차지하고 있으며, 영향력을 크게 발 휘하고 있었음에도 불구하고 한국인 목사와 장로 총대가 총회의 절 대 다수를 차지하고 주요 임원에 선출됨으로써 한국 장로교회의 '자 치'를 향한 기반은 총회 창립을 통해 더욱 단단하게 다져지게 되었 다고 할 수 있다.

1913년에 개최된 대한예수교장로회 제2회 총회에서는 선교사들

---

147) 예수敎長老會朝鮮總會, 『뎨一回 會錄』(京城: 朝鮮耶蘇敎書會, 1913), 1-4.

148) 김인수, 『한국기독교회사』, 192.

149) 곽안련, 『長老敎會史典彙集』, 89; 韓國敎會史學會, 『朝鮮예수敎長老會史記(下)』, 14-15.

150) 김인수, 『한국기독교회사』, 192.

도 한국인 총대와 같이 5분의 2만 총회에 출석하는 것이 어떠한가 하는 장로회선교사공의회(쟝로미슌합중회)에서 청원한 헌의에 대하여 1년간 유안하기로 결정하였으며, 이 헌의안은 1914년 개최된 제3회 총회에서 부결되었다.[151] 그리고 1916년 총회에서는 선교사도 한국인과 같이 총대를 선정하자는 안건이 제출되었으나 이 역시 부결되었다.[152] 그리고 1914년에는 매 5개 당회마다 목사와 장로 각 1명씩, 목사 46명, 장로 46명, 그리고 선교사 46명 등 총 138명이 참석한 가운데 개최된 제3회 총회에서 3년마다 1차씩 모든 조직 교회 당회가 1명의 총대 장로를 총회에 파송하여 대총회로 회집하자는 총회 회집 규칙을 폐지하고 원래의 규칙대로 매년 매 5개 당회에서 목사 1명과 장로 1명씩 파송하도록 하자는 헌의를 채택하고 각 노회에 수의하여 허락을 받았다.[153]

1916년에는 매 5개 당회에서 목사 1명과 장로 1명씩을 총대로 파송하던 그동안의 규정을 변경하여 매 7개 당회에서 목사 1명과 장로 1명씩을 파송하자는 헌의를 채택하고 각 노회에 수의하기로 결정하였으며,[154] 1917년에는 이 규정이 완전히 채택되었다.[155]

대한예수교장로회 총회 창립 이후 교회는 계속 성장하여 총회가 창립되던 1912년에 목사 65명, 장로 225명, 그리고 세례교인 53,008명이던 것이 1915년에는 목사 108명, 장로 467명, 그리고 세례교인 62,166명으로 늘어났으며, 1917년에는 목사 143명, 장로 617명, 그

---

151) 곽안련, 『長老敎會史典彙集』, 62.
152) Ibid., 66.
153) Ibid., 62.
154) Ibid., 65.
155) Ibid., 69.

리고 세례교인 68,230명으로 증가하였다. 다만 교인 총수는 1912년에 144,260명이던 것이 1915년에는 121,108명으로 감소하였다가 1917년에는 다시 146,413명으로 증가하였다.156) 교회가 성장함에 따라 총회는 1916년에 경상노회를 경북노회와 경남노회의 2개 노회로 분할하였고, 북평안노회를 북평안노회와 산서노회의 2개 노회로 분할하였다.157) 그리고 1917년에는 전라노회를 전남노회와 전북노회의 2개 노회로 분할하고, 함경노회를 함남노회와 함북노회의 2개 노회로 분할하였다.158)

2) 대한예수교장로회 헌법과 정치제도의 형성과정

1915년에 대한예수교장로회 총회는 1907년 조선예수교장로회 독노회 설립 이래 채택하여 사용해 오던 간단한 정치규칙을 대신할 웨스트민스터 정치규칙에 기초한 완전한 정치규칙을 제정하기 위하여 정치편집위원을 선정하였다.159) 그리고 1916년 9월 2일 평양에서 개최된 제5회 총회에서 정치편집위원들은 그동안 권징조례와 예배모범을 출간하는 등의 활동을 해 왔으나, 앞으로 각종 장정과 규칙을 준비하고 완전한 헌법을 마련하는 데는 위원의 수가 부족하여 막중한 임무를 감당하기 어려우므로 언더우드와 곽안련 선교사를 편집위원으로 선정하고, 왕길지 등을 파송하며, 정치위원과 합동하여 함께 활동할 수 있도록 해 달라는 보고를 하였다.160) 이에 총회는

---

156) C. A. Clark, 『한국 교회와 네비우스 선교정책』, 376, 383.

157) 곽안련, 『長老敎會史典彙集』, 64-65.

158) Ibid., 67.

159) Ibid., 64.

곽안련 선교사를 비롯한 선교사 6명과 양전백을 비롯한 한국인 8명 등 모두 14명의 정치편집위원을 확정하고,[161] 정치위원과 합동하여 정치규칙의 개정을 준비하게 하였다.[162] 그리고 총회에서 정치편집위원들은 완전한 정치규칙과 헌법을 제정하기 위해 교회의 신경과 정치규칙과 각종 예식서를 순 한문으로 제정하고 권징조례를 합하여 정치편집위원에게 위임하는 것이 좋겠다는 보고를 하였다.[163] 계속해서 정치편집위원들은 신경과 정치규칙이 총회가 채용한 것이 아니라 임시로 번역한 것임을 밝히면서 게일 선교사가 번역한 장로교회의 예식서는 양전백, 김선두 등 4명을 특별위원으로 선정하고 이들에게 전권을 위임하여 교열하게 한 후 총회가 인가하도록 하며, 각종 서식은 접수하여 임시로 채용하고, 총회 경비로 인쇄하여 사용하는 것이 좋겠다는 보고를 하였다. 그리고 총회에 파송할 총대의 수와 관련해서는 매 7개 당회에서 목사 1인과 장로 1인씩으로 파송하도록 허락하고 각 노회에 수의하여 다음 총회에서 그것에 대해 투표하는 것이 좋겠다는 보고를 하였다.[164] 그리고 정치편집위원회가 현재 편집 중인 정치규칙의 조목이 너무 많아서 모두 편집하여 본 총회에 제출하기 어렵기 때문에 다음 총회에 편집하여 제출하겠다고 보고하였다.[165] 이에 총회는 정치편집위원들로 하여금 완전한 헌

---

160) 예수教長老會朝鮮總會, 『뎨五回 會錄』, 22.

161) C. A. Clark, *The Korean Church and the Nevius Methods,* 177; 예수教長老會朝鮮總會, 『뎨五回 會錄』, 89; 전재홍, "초기 한국 장로교회에 있어서 헌법의 형성과정 및 내용에 관한 연구", 64.

162) 곽안련, 『長老教會史典彙集』, 65; 韓國教會史學會, 『朝鮮예수教長老會史記(下)』, 20.

163) 예수教長老會朝鮮總會, 『뎨五回 會錄』, 22-23.

164) Ibid., 43-44.

165) Ibid., 47.

법을 준비하기 위해 먼저 교회의 신경과 정치규칙, 권징조례와 각종 예식서 등을 한문으로 완전히 제정하도록 하였다.[166]

그리고 1917년 9월 1일 서울 승동교회에서 개최된 제6회 총회에서 정치편집위원들은 현재 정치편집위원회가 웨스트민스터 정치규칙과 현행 정치규칙을 편집하여 비교 검토하고 있으며, 완전한 정치규칙이 마련되면 이듬해 총회에 제출할 것이라고 보고하였고, 총회는 이를 채택하였다.[167] 정치편집위원들이 검토하고 있다고 보고한 정치규칙은 웨스트민스터 정치규칙과 캐나다 장로교회, 미국 남장로교회, 호주 장로교회, 그리고 일본 장로교회(그리스도교회)에서 사용하고 있는 헌법을 비교하고, 현재 총회에서 사용하고 있는 정치규칙에서 중요한 부분을 발췌하여 편집한 것으로서 어느 정도 완성된 형태를 지닌 것이었다.[168] 정치편집위원들은 또한 권징조례와 예배모범은 출판하여 각 당회와 목사들에게 나누어 줄 것인데, 교열한 후 개정할 부분이 있으면 그 의견을 다음 해 5월 말까지 마포삼열 선교사에게 보내 달라고 보고하였고, 총회는 이를 채택하였다.[169]

또한 1917년 총회는 곽안련 선교사를 포함하여 14명으로 구성된 정치편집위원회가 계속해서 새로운 정치규칙의 초안을 만들게 하였고, 규칙과 세칙을 구별하여 제정하기 위해 특별위원을 선정하였다.[170] 그리고 규칙부에서 제정하여 보고한 총회 규칙과 회규를 채

---

166) 곽안련, 『長老敎會史典彙集』, 65.

167) Ibid., 69.

168) 곽안련, "朝鮮耶蘇敎長老會憲法", 74-75; 韓國敎會史學會, 『朝鮮예수敎長老會史記(下)』, 21.

169) 곽안련, 『長老敎會史典彙集』, 68.

170) Ibid., 69.

용하였고, 정치위원과 규칙위원의 직권과 책임을 구별한 보고를 채택하였다.[171] 정치편집위원회가 보고한 정치와 규칙의 구분에 따르면, 정치는 교회 헌법에 속하는 정치규칙과 권징조례와 예배모범을 제정하는 것이고, 규칙은 총회의 사무 처리를 위한 규칙과 헌법을 시행하는 방법에 관한 것이었다. 따라서 정치위원의 책임은 교회의 일반 정치규칙과 권징조례와 예배모범에 관한 일과 노회에 수의할 헌법상 사건과 그 처리 방법에 대하여 총회에 제의하는 것이었다. 그리고 규칙위원의 책임은 총회 직원의 정원과 책임, 총회의 사무 처리 방법, 총회에의 제출 방법과 그 모범, 그리고 총회에서 채용할 각종 규칙 등을 제정하여 제출하는 것이었다.[172]

한편, 1918년 8월 31일 평북 선천의 읍복교회에서 열린 제7회 총회에서는 규칙부의 보고에 따라 하지(J. A. Hodge)의 책 *What is Presbyterian Law as Defined by the Church Courts*를 곽안련 선교사가 역술한 『敎會政治問答條例』의 제618문답[173]에 기재된 '장로회 치리회 규칙'[174]을 총회의 장로회 각 치리회 보통회의 규칙으로 적용하기로 결정하였다.[175] 그뿐만 아니라 『敎會政治問答條例』의 제619문답에 제시된 교회규칙에 부가된 '회의세칙'[176]도 11개조 전부를 아무런 수정 없이 총회의 세칙으로 그대로 채택하였다.[177]

---

171) Ibid.

172) 朝鮮예수敎長老會總會, 『데六回 會錄』, 24-25.

173) 곽안련, 『敎會政治問答條例』, 367-379.

174) 총 45개조로 구성된 이 규칙은 1791년 미국 북장로회 총회가 각 장로회 치리회에서 사용하기 위해 1791년 제정한 것이다. 전재홍, "초기 한국 장로교회에 있어서 헌법의 형성과정 및 내용에 관한 연구", 69.

175) 朝鮮예수敎長老會總會, 『데七回 會錄』, 77-89.

176) 곽안련, 『敎會政治問答條例』, 380-384.

또한 1918년에 개최된 제7회 총회에서 정치편집위원들은 1년간 시간을 더 연기해 주면 본 위원들이 완전한 규칙을 준비하여 다음 해 총회에 보고할 것이니 이를 허락해 줄 것을 청원하였고,[178] 정치 규칙은 현재 편집 중에 있으므로 이듬해 총회까지는 마칠 예정이라고 보고하였다. 그리고 권징조례와 예배모범은 이미 출간하여 각 교회에 나누어 주었으니 이전에 작정한 대로 교열하여 바로잡을 것이 있으면 12월까지 정치부장에게 제출해 줄 것을 요청하였다.[179]

평양의 서문밖 신학교에서 1919년 10월 4일 열린 제8회 총회에서는 웨스트민스터 정치규칙과 미국 장로교회의 헌법을 토대로 장로교회의 정치제도와 관련된 주요 내용을 문답 형식으로 해설하여 소개한 하지(J. A. Hodge)의 책 *What is Presbyterian Law as Defined by the Church Courts*를 곽안련 선교사가 역술한 『教會政治問答條例』를 대한예수교장로회 총회의 정치에 관한 정식 참고도서로 채택하였다.[180] 또한 곽안련 선교사는 교회정치에 대한 그동안의 연구와 정치편집위원회에서의 논의를 바탕으로 1919년에 『朝鮮長老教會政治』를 편찬하여 발간하였다. 총 24장과 부록으로 구성된 이 책은 제18장 선교사회에 관한 부분을 제외하면 정치편집위원들이 총회에 제출한 1922년의 대한예수교장로회 헌법에 수록된 완전한 정치규칙의 내용을 거의 그대로 담고 있는 것이었다.

이처럼 곽안련 선교사가 역술한 『教會政治問答條例』가 대한예수

---

177) 朝鮮예수教長老會總會, 『데七回 會錄』, 86-89.

178) Ibid., 14.

179) Ibid., 18.

180) 전재홍, "초기 한국 장로교회에 있어서 헌법의 형성과정 및 내용에 관한 연구", 71.

교장로회총회에 의해 정식 참고도서로 채택되고, 『敎會政治問答條例』에 제시된 총회 회의규칙과 세칙이 원안 그대로 채택되었으며, 그가 편찬한 1919년의 『朝鮮長老敎會政治』의 내용이 거의 원안대로 총회에 의해 1922년 헌법의 완전한 정치규칙으로 채택되었다는 것은 초기 한국 장로교회 정치제도를 형성하는 과정에서 곽안련 선교사가 중심적인 역할을 하였으며, 초기 한국 장로교회의 정치제도에 그의 정치사상이 짙게 반영되어 있다는 것을 잘 드러내고 있다고 할 수 있을 것이다.

『敎會政治問答條例』에 나타난
교회 민주정치

제5장

이상에서 우리는 1907년 조선예수교장로회 독노회를 창립할 당시 간단한 정치규칙을 채택했던 한국 장로교회가 1915년 정치편집위원을 선정하고 본격적으로 웨스트민스터 정치규칙과 미국 남북장로교회, 캐나다 장로교회, 호주 장로교회, 그리고 일본 장로교회(그리스도교회) 등 세계 여러 장로교회의 정치규칙을 검토하면서 완전한 정치규칙을 제정하는 과정을 살펴보았다. 그 과정에서 곽안련 선교사가 중심이 되어 초안을 마련하였고, 이것이 거의 원안 그대로 1922년 대한예수교장로회의 헌법으로 채택되었다는 사실을 확인하였다. 곽안련 선교사는 1917년에 하지(J. A. Hodge)의 *What is Presbyterian Law as Defined by the Church Courts*를 발췌하여 역술한 『敎會政治問答條例』를 발간하였으며, 1919년 총회는 이 책을 한국 장로교회 정치의 참고도서로 공식적으로 선정하였다. 그러므로 『敎會政治問答條例』에는 곽안련 선교사의 교회정치에 대한 이해와 정치사상이 깊게 반영되어 있으며, 이 책이 한국 장로교회 정치제도를 형성하는 과정에서 매우 중요한 역할을 했다고 볼 수 있다.

곽안련 선교사는 『敎會政治問答條例』의 서문에서 하지(J. A. Hodge)의 책을 역술하여 발간하는 목적을 아래와 같이 서술하고 있다.

만국에 산지흔 우리 쟝로회가 거긔(擧皆) 웨스더민스터 교회정
치은 각긔(各基) 즈긔(自己) 교회의 쟝졍(章程)으로 인뎡(認定)ᄒ
고 치용(採用)ᄒᄂᆫ 바 각국 로회, 대회, 총회가 각 ᄉ건에 딕ᄒ야
변론이 싱(生)ᄒᆯ 시에 우(右) 정치를 축됴히셕(逐徒解釋)ᄒ야 시
힝ᄒ얏ᄂᆞ니 그 히셕이 각 교회 내에 원정치와 동일흔 효력이 유
(有)ᄒ야 교회에 유익이 만(多)흔지라. 이런 고로 미국박ᄉ 하져
라ᄂᆫ 션싱(先生)이 각(各) 회(會)의 히셕을 슈집(蒐輯)ᄒ야 뎨목
(題目)과 쟝졀(章節)을 웨스더민스터 정치 목츠에 의(依)ᄒ야 일
편(一篇) 쥬셕(誅釋)을 편셩(編成)ᄒ얏ᄂᆫᄃᆡ, 이것은 미국 북쟝로
회의 히셕만 슈집흔 것 분 아니라 남쟝로회와 스캇란드와 영국
과 기타 각국 쟝로회의 히셕 됴문을 일병(一幷) 슈취(收聚)ᄒ야
춤쟉편셩(參酌編成)흔 바인 고로 각 회의 치리샹 지침이 되ᄂᆫ 바
이오. 웨스더민스터 헌법 각 됴ᄂᆫ 각국 쟝로회가 거다(擧皆) 쥰
힝(遵行)ᄒᄂᆫ 쟈(者)인ᄃᆡ 교회정치ᄂᆫ 긔(其) 헌법(憲法) 즁(中) 일
(一)이며, 쏘흔 1907년 우리 죠션쟝로회의 규뎡(規定)흔 셰측(細
則)에도 후일에 뎡(定)ᄒᄂᆫ 바가 쟝로회 규측(規則)에 위반되지
아님을 요(要)ᄒ얏ᄂᆞ지라. 쟝로교 대쇼(大小) 각회(各會)의 치리
모범이 이(此) 하져시(氏)의 소찬(所纂) 정치문답 각됴(各條)에
샹지무유(詳載無遺)ᄒ야 치리회의 귀감을 가쟉ᄒᆯ지라. 고로 금
(今)에 이 칙를 원문 쟝졀의 목츠딕로 역술ᄒ야 우리 쟝로회 치
리회의 임(任)을 당ᄒ신 쳠위(僉位)의 완람(玩覽)에 공(供)코ᄎ
ᄒᆷ은 림ᄉ론규(臨事論規)에 셔긔유보(庶幾有補)ᄒ올 듯.[1]

곽안련은 세계에 있는 여러 장로교회가 웨스트민스터 정치규칙을
헌법으로 채용하고 있고, 교회 내에서 정치를 실천하는 과정에서 사
용하는 해석이 각 교회 내의 원 정치와 동일한 효력이 있어 유익한

---

1) 곽안련, 『教會政治問答條例』, 1-2.

점이 많기 때문에 장로교회의 치리상 모범이 될 것이라 생각하여 하지(J. A. Hodge) 박사가 각 장로교회의 해석을 수집하여 웨스트민스터 정치규칙의 목차에 따라 주석을 달아 편찬한 이 책을 역술한다고 밝히고 있다.

따라서 이 장에서는 곽안련 선교사가 역술한 『敎會政治問答條例』를 중심으로 그가 장로교 정치제도의 핵심적 내용이라 할 수 있는 교회의 직제와 치리기구, 그리고 영적 리더십과 회중 리더십의 관계 등을 어떻게 이해하고 있는지를 교회 민주주의의 관점에서 살펴보고자 한다. 이는 웨스트민스터 정치규칙과 미국 장로교회의 헌법, 그리고 하지(J. A. Hodge)의 『교회정치문답조례』와의 비교를 통해, 그리고 곽안련의 『敎會政治問答條例』에 나타난 내용이 1919년에 곽안련이 저술한 『朝鮮長老敎會政治』와 1922년의 『朝鮮예수長老敎會憲法』의 정치규칙에 어떻게 반영되고 있는지에 대한 검토를 통해 이루어질 것이다. 이를 통해 초기 한국 장로교회에서 형성된 정치제도의 구체적 내용을 살펴보고자 한다.

1. 교회 직원의 선출과 대의제 민주정치

1) 장로주의 정치와 교회 민주주의

곽안련 선교사가 당시 세계의 여러 장로교회에서 채용하고 있는 정치제도에 대해 어떻게 이해하고 있었으며, 장로교 정치에 대해 어떠한 견해를 가지고 있었는지를 이해하는 것은 한국 장로교회의 정치제도를 이해하는 데 있어 매우 중요한 일이라 할 수 있다. 곽안련 선교사가 당시 세계 교회의 형편을 어떻게 이해하고 있었는가 하는 것은 아래의 글에 잘 나타나 있다.

> 지금 보이는 교회의 형편은 여러 교파로 분렬되야 각기 명칭이 잇고, 각파 교회가 다 예수는 교회의 머리오 셩경(聖經)은 하나님씌셔 셩신(聖神)으로 묵시(默示)ᄒ신 진리와 거룩ᄒ 뜻이신 줄로 알되, 각기 ᄌ긔의 신경과 례식과 규측(規則)과 정치가 잇셔셔 교훈ᄒ는 바가 갓지 아니(不同)ᄒ니라.[2]

곽안련 선교사는 당시 세계 교회의 상황에 대해 세계 교회는 여러 교파로 분열되어 있고, 교회의 머리는 예수시며, 성경은 하나님께서 성령으로 계시하신 진리와 거룩한 뜻인 줄 알면서도 각기 자기의 신경과 예식과 규칙과 정치가 있어 교훈하는 바가 같지 않다고 하였다.

그리고 곽안련은 현재 세계 교회에는 장로정치, 교황정치, 감독정치, 자유정치, 그리고 조합정치의 다섯 가지 정치형태가 존재하고 있다고 보고 있다(총3문답).[3]

곽안련에 의하면 교황정치는 "교황이 젼제(傳制)로 교회를 관리ᄒ는 정치니, 로마교와 히랍교에셔 쓰는 거신듸",[4] 다음과 같은 특징을 지니고 있는 것으로 보고 있다.

1) 교황 ᄒ 사ᄅᆷ을 세우ᄂ니 그리스도의 듸표라 칭ᄒ는 자니라.

---

2) Ibid., 2.

3) Ibid., 2-5.

4) Ibid., 3.

2) 홍의쥬교교회(紅衣主敎會)(곧 교황의 정부)가 잇스니 ᄉ도회라 ᄌ칭ᄒᄂ 것인듸, 교황과 홍의쥬교의 후보쟈를 투표ᄒ야 션거ᄒ ᄂ 권이 이 회에 젼쇽(專屬)ᄒ엿스니 이 회 회원 즁(中)으로서 션 거ᄒᄂ니라. 3) 교인들노 교황의 말슴을 졍확무오(正確無誤)ᄒ 것으로 알고 복종ᄒ기를 하ᄂ님을 복종ᄒ듯 ᄒ게 ᄒᄂ니라(교인 들로 셩경(聖經) 말슴보다 교황의 명령이 더 권세 잇ᄂ 쥴로 싱 각게 함).5)

그는 교황정치는 교회의 최고 통치자로서 교황 한 사람을 세우고 홍의주교라 불리는 추기경들이 마치 사도회처럼 정부를 구성하여 교황 선출권을 독점하고 있으며, 성도들로 하여금 교황의 말을 정확 무오하고 권세가 있는 것으로 알게 하여 교황의 명령을 하나님의 말 씀보다 더 복종하게 하는 정치체제라고 보고 있다.

그리고 곽안련은 감독정치는 다음과 같은 특징이 있다고 지적하 고 있다.

그 교인들은 이 감독회(監督會)가 녯날(昔日) ᄉ도회(使徒會)의 젼리ᄒᄂ 젼권을 받아 교회를 쥬관(主管)ᄒᄂ 쥴로 알고 참 예수 의 도리를 밋으며, 그 쥬관ᄒᄂ 정치에 복종하나니라. 감독회 정 치를 쓰난 교회에셔는 ᄌ희(自解)ᄒ기를 ᄉ도 ᄶ에 교회를 쥬관 ᄒᄂ 쟈 즁(中)에 세 가지의 젼도ᄒᄂ 직분이 잇셧쓴 즉 지금도 그 세 가지 직분이 맛당히 잇슬 거시라 ᄒ고 (1) ᄉ도나 감독 (2) 쟝로(쟝로회의 쟝로의 직분과 갓지 아니함) (3) 젼도ᄒᄂ 집ᄉ(쟝 로회의 직졍을 관리ᄒᄂ 집ᄉ와 갓지 아니함)를 세우ᄂ니라.6)

---

5) Ibid., 3-4.
6) Ibid., 4.

곽안련에 의하면 감독정치는 감독이 주관하는 정치로서 감리교회와 영국 국교회인 성공회에서 사용하는 정치형태이다. 그는 감독정치는 사도회의 전권을 받았다고 하는 감독회가 교회를 주관하고 교인들을 복종하게 하는 정치형태이며, 감독교회에서는 사도나 감독, 장로, 그리고 집사라고 하는 사도시대에 교회를 주관하던 세 직분이 지금도 마땅히 있어야 한다고 주장하고 있는 것으로 이해하고 있다.

또한 곽안련은 자유정치는 "각 기교회(個敎會)가 범ㅅ를 각기 의론ᄒ야 작뎡(作定)ᄒ고 다른 회의 관할과 치리를 밧지 아니ᄒ"[7]는 정치라고 보았다. 그리고 조합정치에 대해서는 다음과 같이 언급하고 있다.

> 이 정치ᄂ 쟈유회(自由會) 정치와 방불(彷佛)ᄒ나 공회(公會)라ᄒᄂ 회가 잇서셔 각 교회가 총ᄃ(總代)를 퇵송(擇送)ᄒ야 각 교회의 유익되ᄂ 문뎨(問題)를 의론ᄒᄂ니라. 그러ᄒ나 이 공회에셔 의론은 홀 수 잇스나 쥬관ᄒᄂ 권은 업고 쟈긔 신경을 져슐(著述)ᄒᄂ 것과 임원을 퇵ᄒᄂ 것과 범죄ᄒ 회원을 지판ᄒᄂ 것과 례식(禮式)을 작뎡(作定)ᄒᄂ 것은 각기 본 교회의 권에 잇다ᄒᄂ니라.[8]

그는 조합교회와 침례교회 등에서 주로 사용하는 조합정치는 자유정치와 유사하며, 각 교회가 총대를 파송하여 공회를 통해 서로의 유익을 위해 서로 의논을 하기도 한다고 했다. 하지만 조합정치에서의 공회는 개별 교회를 주관할 권한이 없고, 임원의 선출이나 권징,

---

7) Ibid., 5.

8) Ibid.

신경과 예식에 관한 권한은 각기 본 교회에 속하는 것으로 이해하고 있다.

이에 반해 장로교 정치가 가지고 있는 특성과 장점을 곽안련은 다음과 같이 설명하고 있다.

이 정치ᄂᆞᆫ 치리ᄒᆞᄂᆞᆫ 권이 쟝로들의계 잇ᄂᆞᆫ디, 쟝로ᄂᆞᆫ 각 교인이 투표로 퇴ᄒᆞ야 세우고 각 교회에 쟝로가 잇서 치리ᄒᆞᄂᆞᆫ 당회를 죠직ᄒᆞᆷ으로 각 회원의계 보통 권한이 잇ᄂᆞ니라. 쟝로 직분 즁에 둘의 구별이 잇스니 하나은 치리쟝로(治理長老)오 하나은 전도쟝로(傳道長老)니 곳 목ᄉᆞ인데 그 즁 전도쟝로들의 직분은 셩경(聖經)과 모든 도리를 교훈ᄒᆞᄂᆞᆫ 거신디 이보다 더 놉흔 직분이 업고 그 권리ᄂᆞᆫ 동등(同等)이니라. 그디방(地方)에 잇ᄂᆞᆫ 교회가 련합(聯合)ᄒᆞ야 ᄒᆞᆫ 몸이 되야 당회의 우(上)에 치리회 되ᄂᆞᆫ 로회가 잇ᄂᆞ니. 각 당회에셔 파숑(派送)ᄒᆞᄂᆞᆫ 총디로 셩립(成立)되고 로회의 우(上)에 대회가 잇ᄂᆞ니. 몃 로회에셔 파숑ᄒᆞᄂᆞᆫ 총디로 셩립되고 ᄯᅩ 총회가 잇스니 이ᄂᆞᆫ 각 로회에셔 파숑ᄒᆞᄂᆞᆫ 총디로 셩립되ᄂᆞ니라. 이 모든 회가 각기 디방(地方) 안에셔ᄂᆞᆫ 전권(專權)으로 일을 쳐리ᄒᆞ나, 교인 즁에 아모던지 압졔(壓制)밧ᄂᆞᆫ 줄노 알면 웃회(上會)에 공소(控訴)ᄒᆞᆯ 수 잇ᄂᆞ니라. 이샹(以上) 모든 회에셔 의ᄉᆞ결뎡의 가부를(可否) 문(問)ᄒᆞᄂᆞᆫ ᄲᅢ에ᄂᆞᆫ 만은 수(多數)의 의견을 좃차서 결뎡ᄒᆞ고 적은 수(小數)ᄂᆞᆫ 복종ᄒᆞᄂᆞ니라.[9]

그에 의하면 장로교 정치는 교인들의 선거에 의해 선출된 장로들로 구성된 당회에 치리권이 있고, 교인들에게 보통 주권이 있는 정치체제이다. 그리고 장로의 직분에는 목사(전도장로)와 치리장로의

---

9) Ibid., 2-3.

구분이 있으며, 목사의 직분은 성경과 모든 도리를 교훈하는 것으로 이보다 더 높은 직분이 없지만, 목사와 장로는 직분상 동등하다. 그리고 장로교 정치체제는 교회의 연합을 위해 각기 하급 치리회에서 총대로 파송하는 장로와 목사로 구성되는 노회, 대회, 총회라는 상급 치리회가 있어 전체 교회를 다스리는 정치체제이다. 각 치리회는 다수결의 원칙에 따라 의사결정을 하고, 치리회의 결정에 불만이 있을 때에는 상급 치리회에 항소할 권한을 가지고 있다. 그러므로 곽안련은 장로교 정치를 교인 주권과 대의제 민주정치를 구현하고 있는 정치체제로 이해하고 있다고 할 수 있다.

곽안련에 의하면, 장로교 정치는 종교개혁 이전부터 존재해 왔으며, "(1) 각 교회 안에 쟝로 여러슬 투표ㅎ야 세우는 것과 (2) 목ㅅ들은 다 동등이 되는것과 (3) 삼심(三審)의 졔도(制度)와 갓흔 치리회가 잇는 것",[10] 이 세 가지는 모세 때부터 있어 왔다고 보았다. 그리고 교회의 직분과 관련해서는 다음에서 보는 바와 같이 예수께서 오신 후에는 구약시대의 예식과 제물과 제사장의 직분뿐만 아니라 사도의 직분까지 다 폐지되었고, 오직 목사와 장로, 서기와 율법 학사의 직분은 폐지되지 아니하였다고 했다.

> 예수 오신 후브터는 례식과 재물과 제ㅅ쟝의 직분ㅅ지 다 폐ㅎ엿고, 오직 셩경(聖經)을 ᄀᄅ치는 쟝로의 직분과 셔긔관(書記官)과 률법학ㅅ(律法學士)의 직분은 폐지되지 아니ㅎ고, 오늘ㅅ지 계속ㅎ야 젼릭ㅎ엿스며, 예수 당시에 ㅅ도의 직분도 ᄯᅩᄒ 특별히 림시로 세운 직분인 고로 ㅅ도들의 죽은 후에 그 직분은 폐지되

---

10) Ibid., 6.

엿고, 오직 ᄉ도들의 싱시(生時)에 친히 각 교회 안에 쟝립(將立)
ᄒᆞᆫ 쟝로와 편지 즁에 죵죵(種種) 훈시(訓示)ᄒᆞᆫ 쟝로의 직분은 오
ᄂᆞᆯᄭᆞ지 유래ᄒᆞ얏ᄂᆞ니라.[11]

곽안련 선교사는 그럼에도 불구하고 교황정치나 감독정치는 교황
이나 감독이 사도권을 계승한 것으로 주장하면서 교회의 주권이 계
급적으로 되어 있는 대주교(대감독)와 주교(감독), 신부나 목사, 장
로와 집사에게 있으며, 상급 직원이 하급 직원을 개인적으로 주관하
여 교회정치와 교인에 대한 권한을 독점적으로 행사하는 잘못을 범
하고 있다고 보고 있다.[12] 그리고 그는 자유정치나 조합정치는 각
지교회의 독자성만을 강조한 나머지 흩어져 있는 전체 교회가 그리
스도를 머리로 하여 한 몸으로 연합해야 하는 본분을 망각하고 있다
고 비판하고 있다.

곽안련 선교사는 목사와 교인들에 의해 민주적으로 선출된 장로
들로 조직된 당회와 노회, 대회, 총회라고 하는 치리 기구를 통해 관
리되는 장로교 정치체제는 교회의 치리가 개인적인 주관이 아니라,
치리회를 통한 회의적 주관으로 이루어지는 정치체제라고 했다.[13]
그는 장로교 정치체제는 교회에서 대의제 민주정치를 구현하고 각
교인과 하급 치리회의 상급 치리회로의 공소권을 보장함으로써 개
인에 의한 권한의 독점과 독단적 권한의 행사를 방지하고, 교회와
교인들의 연합과 통일을 담아낼 수 있는 공동체 중심의 정치체제로
서 가장 성경적인 정치체제라고 이해하고 있다. 그는 "예수교회의

---

11) Ibid., 6-7.
12) 곽안련, "本 長老敎會 新憲法", 92.
13) Ibid.

셜립쟈(設立者)는 모든 일흠우(名上)에 뛰여나는 일흠을 엇으신 하느님의 독싱셩ᄌ(獨生聖子) 예수 그리스도"[14])로서 교회의 주권이 "지금과 영원ᄭ지 홀노 ᄌ긔의 교회의 머리(首)가 되시"[15])는 예수 그리스도에게 있고, 교회의 보통 주권이 교황이나 감독이 아니라 교인에게 있는 민주적 정치체제임을 역설하고 있다. 그리고 그는 아래에서 보는 바와 같이 장로교 정치체제야말로 고대 교회로부터 이어져 내려오는 예수 그리스도의 교회들이 모두 채택하고 있는 정치체제임을 강조하고 있다. 그는 이탈리아 북방의 왈덴시아 교회와 보헤미아 교회, 수리아 교회, 영국 교회, 그리고 스코틀랜드 교회 등은 모두 장로교 정치체제를 가지고 있으며, 특별히 스코틀랜드 교회는 사도 요한이 세상을 떠나기 전에 세워졌고, 12사도의 계보를 따라 세워진 교회라고 초대 교회의 교부 터툴리안이 언급했음을 지적하고 있다.

> 셰샹(世上)에 가쟝 오릭 젼에 세우고 오ᄂᆞᆫ(今日)ᄭ지 계속 젼릭흔 예수교회ᄂᆞᆫ 쟝로회 졍치를 다 쓰ᄂᆞ니라. 가량 이달니아국 북방에 잇ᄂᆞᆫ 왈덴시아 교회와 ᄲᅩ희미야 교회와 수리아 교회와 녯적 영국 교회와 스캇틀란드 교회들인딕 그 즁 스캇틀란드 교회ᄂᆞᆫ 쥬 강싱 삼빅년에 더둘니안이라 ᄒᆞᄂᆞᆫ 션싱이 말ᄒᆞ기를 ᄉᆞ도 요한이 셰샹 ᄯᅥ나시기 젼에 그 교회가 세운바 되엿다 ᄒᆞ고, ᄲᅩᄌᆞ고(自古)로 젼릭ᄒᆞᄂᆞᆫ ᄉᆞ긔췩(史記冊)에 다 말ᄒᆞ기를 우리 스캇틀난드 교회ᄂᆞᆫ 바로 십이ᄉᆞ도의 계도(道)를 맛아 세운 바 된 교회라 ᄒᆞᅪᆺᄂᆞ니라.[16])

---

14) 곽안련, 『敎會政治問答條例』, 24.

15) Ibid., 25.

또한 곽안련은 말씀을 가르치는 목사와 치리장로가 직분상 동등한 권한을 가지고 있지만, 말씀을 가르치는 목사보다 더 높은 직분이 없음을 명확히 하고 있다. 이는 목사직의 영적 권위를 강조함으로써 목사로 대표되는 영적 리더십과 교인들에 의해 선출되는 장로로 대표되는 회중 리더십 사이의 균형을 강조하면서도 교회 공동체에서의 영적 리더십의 우위성을 분명히 하고 있는 것이라 할 수 있다.[17]

2) 목사의 자격과 임직

곽안련 선교사가 교회의 직분에 대해 어떻게 이해하고 있는가 하는 것은 아래에 잘 나타나 있다.

> 예수 지림(再臨)ᄒ실 쌔ᄭ지 계속 존지ᄒᆞᆯ 직분은 셋이니 (1) 목ᄉ (2) 쟝로 (3) 집ᄉ니라. … 이 세 가지 직분이 계속ᄒ야 존지ᄒᆞᆯ 리유(理由)가 셋이 잇스니 이 직분은 젼도ᄒᆞ고 교육ᄒᆞᄂ 것과 신령(神靈)ᄒᆞ 즁에셔 치리ᄒᆞᄂ 것과 구제ᄒᆞᄂ 거신ᄃᆡ, 이는 교회에 뎨일(第一) 필요한 쟈인 고로 ᄒᆞᆼ샹(恒常) 잇슬 거시니라. 또ᄒ 셩경(聖經)에 이 세 가지 직분의 칙임(責任)과 ᄌᆞ격(資格)과 션뎡방법(選定方法)을 ᄌᆞ셔(仔細)히 ᄀᆞᄅ침을 보니 ᄒᆞᆼ샹 존지ᄒᆞᆯ 증거니라.[18]

---

16) Ibid., 7.

17) 하지(J. A. Hodge)의 『교회정치문답조례』에서는 장로회 정치에서 말씀과 교리를 가르치는 장로인 목사는 교회의 최고 항존직으로서 계급에서는 동일하며, 유형 교회는 3심제처럼 하회는 상회에, 상회는 최고회에 종속된다는 의미에서 하나이며 하나가 되어야 함을 강조하고 있다. J. A. Hodge, 『교회정치문답조례』, 20-21.

18) 곽안련, 『敎會政治問答條例』, 42.

곽안련은 복음을 전파하고 성도를 교육하며, 신령한 가운데 교회를 다스리고 구제하기 위하여 교회에 항상 존재할 직분은 목사, 장로, 그리고 집사의 세 가지라고 했다. 그는 이 세 가지 직분이 항상 존재해야 할 것은 이 세 직분은 교회에서 가장 중요하고 필요한 자들이며, 성경이 이 세 가지 직분의 자격과 선정 방법, 그리고 그 직분의 책임에 대해 자세히 가르치고 있기 때문이라고 하였다.

곽안련에 의하면 성경에 그 이름과 직분, 권한, 자격 및 상 받을 것에 대해 진중하게 가르쳐 말한 바대로 목사는 교회의 가장 귀중한 직분으로서 감독(행 20:28)과 목자(벧전 5:2), 그리스도의 삯꾼(고전 4:1), 장로(딛 1:5-9, 딤전 5:17, 벧전 5:1-3), 교회의 사자(눅 1:20, 2:1), 그리스도의 사신(고후 5:20), 그리고 그리스도의 청지기(눅 12:42, 고전 4:1)라는 칭호를 가지고 있다.[19] 그리고 "셩경(聖經)의 지시ᄒᆞᆫ 바에 의지ᄒᆞ면 목ᄉᆞ의 ᄌᆞ격과 명칭과 직무가 다 동일ᄒᆞ고 등분(等分)의 구별은 업ᄂᆞ니라."[20]고 했다. 다시 말해 목사를 지칭하는 명칭은 여러 가지이지만, 성경의 가르침에 따르면 목사의 자격과 명칭, 직무는 모두 동일하며, 등급의 구분은 없다는 것이었다. 하지만 곽안련은 감독정치를 쓰는 교회에서는 감독과 장로목사 혹은 신부, 집사목사라는 세 계급이 있으며, 감독은 그가 관할하는 지방 안에 있는 모든 목사와 집사를 감독하고, 모든 회원의 입회와 각 직임의 장립 일체를 주관한다고 했다. 그리고 그는 장로목사 혹은 신부는 한 교회에서 집사를 지휘하고 감독의 명령을 따르며, 집사목사는 장로목사를 보조하고 그 지도대로 행한다고 했다. 그런데 로마 가톨릭

---

19) Ibid., 44-45.
20) Ibid., 46.

교회에는 이 세 계급 위에 교황이 존재한다고 그는 설명하고 있다.[21] 곽안련은 목사의 직무에 대해 언급하면서, 목사에게는 "(1) 성경(聖經)에 터(基)하야 강도ᄒᆞᄂᆞᆫ 일 (2) 셩찬(聖餐)과 셰례(洗禮) 베푸ᄂᆞᆫ 일 (3) 교인의게 축복ᄒᆞᄂᆞᆫ 일(안수기도라) (4) 쟝로를 쟝립(將立)ᄒᆞᄂᆞᆫ 일"[22] 등을 행할 직무가 있는데, 장로와 더불어 "본 교회 안에서 치리ᄒᆞᄂᆞᆫ 것과 당회와 로회와 대회와 총회에셔 힁홀 일"[23]을 행하고, 집사와 더불어 "빈핍(貧乏) 곤고(困苦)ᄒᆞᆫ 교우를 고견(顧見)ᄒᆞᄂᆞᆫ 것과 구졔ᄒᆞᄂᆞᆫ 일과 ᄯᅩᄒᆞᆫ 교회 유지 방침을 의논ᄒᆞ고 실시ᄒᆞᄂᆞᆫ 것"[24] 등을 행하는 것이라고 했다. 즉, 목사에게는 성경을 토대로 말씀을 선포하고, 세례와 성찬을 베풀며, 교인을 축복하고 장로를 안수하여 임직하는 직무가 주어져 있으며, 장로와 더불어 교회를 다스리고 당회와 노회, 총회에서 치리를 행하며, 집사와 함께 빈핍하고 곤고한 교인들을 보살피고 구제하며, 교회를 유지할 방침을 의논하여 시행하는 직무가 주어져 있다는 것이다.

곽안련은 목사의 자격에 대하여 별도로 언급하지는 않았다. 그러나 본 장로교회의 무흠 세례교인(입교인)이라야 목사 후보자가 될 수 있으며, 다른 교회와 교파의 교인들은 이명하여 장로교회에 속한 지교회의 회원이 되어야만 목사 후보자가 될 수 있다고 언급하고 있다.[25] 한편, 웨스트민스터 정치규칙에서는 목사의 자격에 대해 학문에 성실하고 능숙하며, 생활이 거룩하게 구별되고 새 왕국의 언약을

---

21) Ibid.

22) Ibid., 47.

23) Ibid.

24) Ibid.

25) Ibid., 287.

가지고 있다는 증거가 있는 24세 된 자여야 한다고 규정하고 있다.26) 그리고 미국 장로교회 헌법에서는 선한 일을 사모하고(딤전 3:1)(제3장 2조),27) 도덕적 성품이 훌륭하고 지교회의 정규 회원이라는 만족할 만한 증거가 있으며(제14장 3조),28) 총회가 인가한 신학교나 신학교수에게서 최소한 2년의 신학 수업을 받은 자라야 한다(제14장 6조)29)고 규정하고 있다. 그리고 곽안련이 1919년에 저술한 『朝鮮長老敎會政治』30)와 1922년의 『朝鮮예수長老敎會憲法』에서는 목사의 자격에 대해 다음과 같이 규정하고 있다.

이 직분을 밧을 쟈(者)는 학식(과학, 신학)이 유여(裕餘)ᄒ고 힝실(行實)이 션량(善良)ᄒ며 밋음이 진실ᄒ고 교훈을 잘 ᄒᄂ 쟈(者)가 될지니. 모든 힝위가 복음에 덕흡(適合)ᄒ야 범ᄉ에 존졀(尊節)흠과 셩결(聖潔)흠을 나타낼 것이오. ᄌ긔의 집을 잘 치리ᄒ며 외인에셔 아름다은 증거를 밧ᄂ 쟈(者)라야 가합(可合)ᄒ니라.31)

목사가 되려는 사람은 학식이 풍부하고 행실이 선량하며, 믿음이 진실하고 교훈을 잘 하며, 모든 행위가 복음에 적합하고 범사에 성결하며, 자기의 집을 잘 다스리고 다른 사람에게서 아름다운 증거를 받는 자라야 한다는 것이다.

---

26) D. W. Hall and J. H. Hall, (eds.), *Paradigms in Polity*, 272.

27) *CPC*, 354.

28) Ibid., 372.

29) Ibid., 374.

30) 곽안련, 『朝鮮長老敎會政治』, 9.

31) 朝鮮예수敎長老會總會, 『朝鮮예수長老敎會憲法』 (京城: 朝鮮耶蘇敎書會, 1922), 93.

그리고 웨스트민스터 정치규칙에서는 목사의 나이를 24세 이상으로 규정하고 있으나, 곽안련의 『敎會政治問答條例』나 미국 장로교회의 헌법에서는 목사의 나이에 대한 특별한 언급은 나타나지 않고 있다. 그리고 이는 1919년의 『朝鮮長老敎會政治』와 1922년의 『朝鮮예수長老敎會憲法』에서도 마찬가지였다.

곽안련은 목사는 각 지교회에서 무흠 세례교인(입교인)들이 공동의회에서 과반수의 찬성으로 선택하고 노회에 청빙하면, 노회의 허락을 받아 지교회의 목사로 위임될 수 있다고 하였다.[32] 그리고 목사 청빙을 위한 공동의회에서 투표권은 무흠 세례교인(입교인)에게 있지만, 당회의 결정에 따라 무흠 세례교인(입교인) 외에 매 주일에 연보하는 자와 목사비를 위해 연보하는 교인에게도 투표권을 부여할 수 있다고 했다. 그러나 교회 치리에 복종하지 않는 자와 연보하지 않는 자, 책벌 중에 있는 자, 그리고 1년 이상 교회에 출석하지 않는 자는 투표권이 없다고 했다.[33] 그리고 공동의회에서 과반수의 찬성으로 목사를 선택하지만, 과반수가 선택한 목사를 소수의 교인들이 계속해서 반대한다면, 공동의회 의장이 모든 교인들을 권하여 얼마 동안 목사 청빙에 관한 사항을 유안하게 할 수 있다고 했다. 그리고 반대하는 교인이 별로 없거나 과반수가 결집하여 투표한 그대로 노회에 청원하기를 원하면 간절히 교회를 권하여 화합하게 한 후에 청빙서를 작성하고 투표한 교인들이 날인하여 노회에 제출하도록 하고 있다.[34] 이는 다수결에 의한 의사결정이라는 민주적 절차를

---

32) 곽안련, 『敎會政治問答條例』, 310.

33) Ibid., 309.

34) Ibid., 310.

교회 운영의 기본적인 원리로 하면서도 교회 내의 소수의 의견을 존중하고 의견이 다른 교인들이 서로 화합하여 공동체를 건강하고 화평하게 이끌어 갈 수 있도록 하기 위한 조치라고 할 수 있을 것이다. 1919년의 『朝鮮長老教會政治』[35]와 1922년의 『朝鮮예수長老教會憲法』에서는 지교회에서 목사를 선출할 때 "투표ㅎ야 표수의 삼(三)분의 이(二)와 입교인이 과반수가 승낙ㅎ여야 션거(選擧)ㅎㄴ니라."[36]고 하여 투표자의 과반수가 아니라 투표자의 3분의 2 이상과 입교인의 과반수가 찬성해야 한다고 규정하고 있다. 이는 목사의 선출에서 각 지교회 교인들의 주권과 공동체의 연합과 통일성을 더욱 강조하고 있는 것으로 볼 수 있을 것이다.

하지만 곽안련은 "녀즈(女子)는 목ᄉ후보쟈가 못되ᄂ니라."[37]고 하여 여성의 목사직 진출을 제한하고 있다. 그러나 웨스트민스터 정치규칙이나 미국 장로교회의 헌법, 그리고 하지(J. A. Hodge)의 『교회정치문답조례』에는 목사직을 특별히 남성에게만 한정하고 여성에게 제한하는 규정은 나타나 있지 않다. 이는 1919년의 『朝鮮長老教會政治』와 1922년의 『朝鮮예수長老教會憲法』에서도 마찬가지였다. 곽안련이 근대 민주주의의 기본적인 이념이라 할 수 있는 남녀평등 사상을 가지고 있지 못했던 것은 당시의 시대적 상황이라 할 수도 있지만, 신약성경에서 예수께서 남성과 여성을 차별하지 않았던 점을 고려한다면 대단히 아쉬운 점이라 아니할 수 없을 것이다.

곽안련은 목사를 담임목사와 부목사, 임시목사 등 몇 가지로 구분

---

35) 곽안련, 『朝鮮長老教會政治』, 51.

36) 朝鮮예수教長老會總會, 『朝鮮예수長老教會憲法』, 146.

37) 곽안련, 『教會政治問答條例』, 285.

하면서 "로회가 본 디방(地方)안에 잇ᄂ 교회 ᄒ나 이샹을 관리케 ᄒ고 그 교회에셔 위임례식(委任禮式)을 ᄒᆼᄒ면 그 목ᄉᆞ를 담임목ᄉᆞ라 ᄒᄂ니라."[38]고 하였다. 그리고 "어ᄂ 교회던지 로회에 허락을 밧고 림시(臨詩)로 고빙(雇聘)ᄒᆞ야 위임례식은 ᄒᆼ치 아니ᄒ고 목ᄉᆞ의 직무만 ᄒᆼ케 ᄒᆞ난 쟈(者)를 림시목ᄉᆞ라 ᄒᄂ니라."[39]고 하였다. 그리고 "부목ᄉᆞ라 ᄒᄂ 거ᄉ 위임목ᄉᆞ를 도와주ᄂ 쟈(者)니. … 당회에 참예(參預)ᄒ 권과 치리권이 업고 담임목ᄉᆞ의 지도틱로만 직무ᄒᆞᆯ 거시니라(이ᄂ 조사(助事)와 방불(防彿)ᄒ니라)."[40]고 하였다. 즉, 그는 노회가 그 지방 안에 있는 교회 하나 이상을 관리하게 하고 위임 예식을 행한 목사를 담임목사라 하고, 어느 교회에서든지 노회의 허락을 받고 임시로 청빙하여 위임 예식은 하지 않고 목사의 직무만 행하게 하는 목사를 임시목사라고 하였다. 그리고 부목사는 담임목사를 도와서 일하는 목사로서 당회에 참여할 권한과 치리권이 없고, 담임목사의 지시대로만 직무를 수행하는 목사이며, 마치 조사와 같다고 하였다.

한편, 곽안련은 교회가 임시목사를 청빙하는 것에 대해 다음과 같이 언급하고 있다.

본 교회 목ᄉᆞ가 유고(有故)ᄒᆞ거나 유병(有病)ᄒ든지 교회가 잔약(殘弱)ᄒᆞ야 담임목ᄉᆞ를 두지 못ᄒᆞᆯ 경우에 혹 림시목ᄉᆞ(臨時牧師)를 두ᄂ니라. 림시목ᄉᆞ난 로회의 특별 결뎡(決定)이 업스면 당회권과 교회치리권이 업ᄂ니라. 림시목ᄉᆞ를 연(年)ᄉᆞ히 톄임(遞任)

---

38) Ibid., 49.

39) Ibid.

40) Ibid., 51.

ᄒ면 교회에 큰 히(害)가 되ᄂ니 본 교회 담임목ᄉ가 업게 되면 속히 그(其) 딕(代)를 틱(擇)ᄒ야 위임홈이 가(可)ᄒ고, 샹당(相當)ᄒ 사름을 엇지 못ᄒ면 강도ᄉ가 셔리목ᄉ(署理牧師)로 교회 ᄉ무를 보ᄂ 거시 가ᄒ니라.[41]

곽안련은 담임목사가 병을 얻거나 유고할 때, 혹은 교회 사정상 담임목사를 청빙하기 어려운 특별한 사정이 있는 예외적인 경우에 노회가 임시목사를 파송할 수 있으며, 임시목사에게는 노회의 특별한 결정이 없다면 당회권과 치리권이 없다고 했다. 그는 교회가 임시목사를 남용하게 되면 교회에 큰 해가 될 것이므로, 교회는 속히 담임목사를 청빙하도록 해야 하며, 만일 마땅한 사람을 찾지 못한 경우에는 강도사가 서리목사로서 교회의 사무를 볼 수 있다고 했다. 이처럼 곽안련은 특별한 사정이 있는 경우가 아니라면 임시목사를 남용하지 말 것을 강조하고 있다. 그러나 오늘날 한국 장로교회에서는 목사를 위임하지 않기 위하여 임시목사 제도를 남용하는 예가 허다한 실정이다.

한편, 하지(J. A. Hodge)의 『교회정치문답조례』에서는 부목사는 위임목사를 임시로나 영구적으로 보조하도록 택한 목사로서 당회에 참석하거나 교회의 공적인 치리를 행할 권한이 없으며, 담임목사의 지도대로 일할 의무가 있다고 하였다.[42] 그러나 웨스트민스터 정치 규칙과 미국 장로교회의 헌법에서는 부목사에 대한 특별한 언급이 없고, 1919년의 『朝鮮長老敎會政治』와 1922년의 『朝鮮예수長老敎

---

41) Ibid., 49.
42) J. A. Hodge, 『교회정치문답조례』, 63.

會憲法』에서도 부목사에 대한 특별한 규정은 나타나고 있지 않다. 곽안련은 모든 목사는 계급이 없고 동등한 영적 권위를 가지고 있다고 하면서도 한 지교회 내에서 부목사는 담임목사를 보조하는 목사로서 담임목사의 지시대로만 직무를 수행하는, 마치 조사와 같은 존재로서 당회에 참여할 권한도 없고 치리권도 없다고 언급하고 있다. 이러한 부목사의 지위에 대한 곽안련 선교사의 견해는 오늘날에도 한국 장로교회 내에 그대로 남아 있다. 비록 현행 한국 장로교회에서는 부목사가 당회와 제직회 등에 참여하고는 있지만, 제대로 된 발언권과 치리권을 가지고 있다고 보기는 어렵다. 개별 지교회 내에서의 담임목사와 부목사 사이의 이와 같은 실질적인 계층구조는 교회 내 민주주의의 실천을 가로막고 있는 중요한 걸림돌의 하나가 되고 있다고 할 수 있다.

그리고 담임목사의 임기에 대해 곽안련은 "쟝로교회 정치에 의하면 임긔를 뎡(定)한 바이 업스니 부득이한 경우 외에는 목ᄉᆞ가 흔 지교회에서 년구(年久)히 시무ᄒᆞ야 죵신(綜身)ᄒᆞᄂᆞ 거시 가(可)ᄒᆞ니라. 위임례식ᄒᆞᆯ시에 교회와 목ᄉᆞ가 셔로 영구(永久)히 역ᄉᆞ(役事)ᄒᆞᆯ 쥴로 알고 쟉뎡(作定)ᄒᆞᄂᆞ 거시니라."[43]고 하였다. 그는 장로교 정치 제도에서는 목사의 임기를 정한 바가 없으므로 부득이한 경우 외에는 목사가 지교회에서 종신토록 시무하는 것이 바람직하다고 보았던 것이다. 그리고 그는 교회에서 위임예식을 행하는 것은 목사가 영구히 시무할 것을 교회와 목사가 서로 작정하는 것을 의미한다고 보았던 것이다. 오늘날 한국 장로교회에서는 목사의 정년을 70세로

---

43) 곽안련, 『敎會政治問答條例』, 333.

규정하고 있다. 하지만 한편에서는 사회의 고령화를 계기로 목사의 정년을 연장하자는 논의가 일어나고 있으며, 다른 한편에서는 담임 목사에 의한 교회 권한의 독점과 교인들과의 분쟁을 이유로 목사의 임기제를 도입하자는 논의가 제기되고 있기도 한 실정이다. 목사의 임기를 종신으로 보고 있는 것은 초기 한국 교회가 급속히 성장하고 있는 상황에서 시무할 목사의 수가 부족하고 일본 제국주의의 압제 하에서 교회를 견고하게 지켜 나가야 할 당시의 시대적 요청이 반영 된 것이라 할 수 있다. 하지만 교회가 처음 조직되었던 초기의 상황 과는 달리 교회가 직면하고 있는 내외적 상황이 크게 변화된 오늘의 현실에서 목사의 정년 연장이나 임기제의 도입과 같은 목사의 임기 에 관한 논의는 교회 공동체의 화합과 교회 내 민주주의의 확대와 강화라는 방향에서 보다 심도 있게 진행될 필요가 있을 것이다.

3) 장로의 자격과 선출

곽안련 선교사는 장로의 직분이 충분한 성경적 근거를 갖고 오랜 역사를 통해 발전되어 왔음을 다음과 같이 밝히고 있다.

> 쟝로의 직분은 아브라함 째부터 잇섯고(창 24:2, 50:7, 츌 3:16, 4:29-30, 12:21, 18:12, 신 5:23, 시 107:32), 모세 째에 지(至)ᄒ 야 빅셩(白姓)의 딕표로 쟝로를 세우되 직판소와 여(如)히 등급 을 분(分)ᄒ야 인민의 징숑(爭訟)을 심판케 ᄒ엿ᄂᄃᆡ 수ᄂᆫ 칠십 인이니라(츌 18:21-25, 민 11:16-25, 24:1). 그 후 유대(猶太) ᄉ 긔(史記) 즁(中)에도 쟝로에 관흔 일을 긔록(記錄)ᄒ얏고 신약에 도 쳐ᄉ(處處)에 기록ᄒ얏스며(마 5:22, 26:3, 눅 7:3, 행 4:8, 23,

6:12, 23:40, 24:1, 25:15), 예수교회를 셜립ᄒᆞ기 시쟉홀 때에 쳐
음으로 밋ᄂᆞᆫ 쟈(者)가 거의다 유대인(猶太)이오 혹시 유대인의
회당 젼톄(全體)가 교회로 귀(歸)ᄒᆞ야 그 회당을 례빈당으로 공
(供)ᄒᆞᆫ 쟈가 잇슴으로 교회 졍치를 각기 본 회당의 졍치와 여(如)
히 립(立)ᄒᆞ엿고 이방 사ᄅᆞᆷ 교회에서도 동일ᄒᆞᆫ 졍치를 사용ᄒᆞ얏
ᄂᆞ니(행 14:23, 20:17, 딤젼 5:1, 17, 19, 딛 1:5, 약 5:14, 벧젼
5:1-5) 쥬후 일이삼빅년(一二三百年)간 교회 즁 박ᄉᆞ의 져셔 즁
에 목ᄉᆞ라 칭ᄒᆞᆫ 것도 잇고 ᄯᅩᄒᆞᆫ 교회를 치리ᄒᆞᄂᆞᆫ 쟝로라 칭ᄒᆞᆫ 것
도 잇스며, 이태리 북방에 잇ᄂᆞᆫ 왈덴시아 교회와 기타 ᄉᆞ도 째브
터 오ᄂᆞᆯᄭᆞ지 계속지ᄒᆞᆫ 각 교회에 목ᄉᆞ 직분 외에 쟝로 직분을 두
엇나니라. 유대회당과 갓치 예수교회에셔도 이 직분을 둔 것은
ᄉᆞ도들이 힝ᄒᆞᆫ 일이니라.[44]

곽안련은 장로의 직분이 아브라함 때부터 있었고, 모세 때에는 백
성의 대표로 장로를 세워 백성을 재판하게 했다고 하였다. 그리고
신약시대에 와서 교회가 처음 세워질 때 유대교의 회당 제도를 따라
교회의 정치를 세웠고, 이방인 교회에서도 동일한 정치를 사용하였
다고 했다. 그리고 주후 300년 동안 여러 박사들의 저서 가운데 목
사라 칭한 것도 있고, 교회를 치리하는 장로라 칭한 것도 있지만, 사
도들이 이 직분을 세운 이래로 초대 교회를 거쳐 지금까지 계속되고
있다고 하였다.

곽안련은 장로와 집사의 두 직분론을 기반으로 장로를 목사와 치
리장로로 구분하였다. 그는 "치리쟝로라 ᄒᆞᄂᆞᆫ 거슨 목ᄉᆞ로 더브러
본 교회를 치리ᄒᆞᄂᆞᆫ 쟈(者)니, 셩찬(聖餐)에 참여ᄒᆞᄂᆞᆫ 무흠(無欠)ᄒᆞᆫ

---

44) Ibid., 55-56.

남ᄌ로 본 교회 교인들이 투표ᄒᆞ야 션뎡(選定)ᄒᆞᄂ니라."45)고 하였
다. 그는 치리장로는 목사와 더불어 교회를 치리하는 자로서 성찬에
참여하는 무흠한 남자 가운데 본 교회 교인들의 직접 투표에 의해서
만 장로로 선출될 수 있다고 했다. 그리고 "투표를 밧은 본 교회와 총
ᄃᆡ로 파견된 로회나 대회나 총회에셔만 그 직무를 힝행ᄒᆞᄂ니라."46)
고 하였다. 그는 장로들이 교인들의 투표에 의해 선출된 본 교회와
총대로 파송된 노회와 대회, 총회라고 하는 치리회 내에서만 직무를
수행할 수 있음을 명확히 하였던 것이다. 그는 목사의 경우와 마찬
가지로 장로가 될 자격이 있는 사람 역시 무흠 세례교인이어야 하고
교회에서 교인들의 투표로 선출되어야 한다는 것을 분명히 함으로
써 회중의 대표이자 지도자요, 교회를 다스리는 치리장로의 선택에
서 교인들의 주권을 분명히 하고 있다. 그리고 장로는 당회나 노회,
총회와 같은 치리회 내에서만 직무를 수행할 수 있다는 것을 분명히
하고 있다. 따라서 그는 장로교 정치가 개인적 차원의 치리가 아니
라 교인들의 주권에 의한 대의제 민주정치임과 동시에 치리기구를
통한 회의제 치리이며, 목사나 다른 장로들과 공동으로 치리하는 공
동체적 치리임을 명확히 하고 있다고 할 수 있다. 또한 교회의 영적
거룩성을 유지하기 위해 장로가 될 사람은 무흠한 세례교인(입교인)
이어야 한다는 자격 조건을 명시함으로써 교회의 거룩성이 중요함
을 역설하고 있다.

하지만 곽안련은 여성이 목사가 될 수 없다고 한 것처럼 치리장로
의 경우에도 남자만이 장로가 될 수 있다고 함으로써 아쉽게도 교회

---

45) Ibid., 55.
46) Ibid., 59.

의 영적 리더십에서뿐만 아니라 회중 리더십에서도 남녀차별이라는 시대적 한계를 드러내고 있다. 한편, 웨스트민스터 정치규칙에서는 장로직에 여성을 제한하는 규정을 두고 있지 않지만, 미국 장로교회의 헌법[47]과 하지(J. A. Hodge)의 『교회정치문답조례』에서는 무흠한 남자 세례교인만이 장로가 될 자격이 있음을 명확하게 제시하고 있다.[48] 그러나 1919년의 『朝鮮長老敎會政治』[49]와 1922년의 『朝鮮예수長老敎會憲法』에서는 장로의 자격에 대해 "쟝로는 행위가 선량(善良)하고 신앙이 진실하고 지혜와 분별력이 잇스며, 언행이 성결(聖潔)함으로 온 교회의 모범이 될 쟈(者)라야 가합(可合)하니라."[50]고 하여 여성의 장로직 진출을 제한하는 규정을 명시적으로 두고 있지는 않고 있다. 하지만 한국 장로교회는 한국기독교장로회와 대한예수교장로회 통합총회가 여성에게 목사와 장로 안수를 허용하기 전까지 관례적으로 여성의 장로직 진출을 금지해 왔다. 그리고 지금도 대한예수교장로회 고신총회와 대한예수교장로회 합동총회에서는 여전히 여성의 장로직 진출을 엄격하게 제한하고 있다.

또한 곽안련 선교사는 장로의 직무에 대해 다음과 같이 이야기하고 있다.

쟝로의 힝ᄒᄂᆫ ᄉ무ᄂᆫ 목ᄉ로 더브러 당회와 로회와 대회와 총회에셔 교회를 치리ᄒ고 교인을 교육ᄒ며, 심방ᄒᄂᆫ 모든 일에 교회를 유익케 ᄒᆯ 것과 련합(聯合)ᄒ게 ᄒᆯ 것과 거룩ᄒ게 ᄒᆯ 거

---

47) *CPC*, 369.

48) J. A. Hodge, 『교회정치문답조례』, 288.

49) 곽안련, 『朝鮮長老敎會政治』, 11.

50) 朝鮮예수敎長老會總會, 『朝鮮예수長老敎會憲法』, 95-96.

슬 구(求)ᄒ야 힝홀 거시오. 목ᄉ가 업ᄂ 째에ᄂ 목ᄉ를 구홀 동
안에 로회 위원과 협의ᄒ고 쥬일(主日)마다 인도홀 강도인(講道
人)을 퇴청(擇請)ᄒ며 퇴쳥홀 사름을 엇지 못ᄒ면 ᄌ긔가 친히
인도홀 거시니라.[51]

　곽안련은 장로에게는 교회의 치리회인 당회, 노회, 총회에서 목사
와 함께 치리를 행하고, 교인을 교육하고 심방하며, 모든 일에서 교
회를 유익하고 거룩하게 하며, 서로 연합하게 해야 할 직무가 주어
져 있다고 하였다. 그리고 목사가 없는 경우에는 노회의 위원과 협
의하여 주일마다 설교할 목사를 택하여 청해야 한다고 했다. 만일
설교할 목사를 택하여 청하지 못한 경우에는 장로 자신이 직접 설교
를 해야 한다고 했다.
　하지만, 곽안련에 의하면 목사와 치리장로는 그 자격과 관할, 명
칭과 직분에서 서로 다른 구분이 있었다. 그는 "쟝로ᄂ 목ᄉ가 쟝립
(將立)ᄒ고 목ᄉᄂ 로회에서 쟝립ᄒᄂ니, 쟝로ᄂ 당회 관하(管下)에
잇고 목ᄉᄂ 로회 관하에 잇ᄂ니라. 목ᄉ를 쟝립홀 째에 쟝로들이
안수ᄒ지 못ᄒ고 쟝로는 셩찬(聖餐)과 셰례(洗禮)를 베풀지 못"[52]한
다고 하였다. 그는 장로는 목사가 장립하고 목사는 노회에서 장립하
며, 장로는 당회 관할하에 있고 목사는 노회 관할하에 있다고 했던
것이다. 그리고 목사를 장립할 때 장로가 안수를 하지 못하고 장로
는 성찬과 세례를 베풀지 못한다고 하였던 것이다. 그리고 "목ᄉᄂ
하ᄂ님의 ᄉ쟈(使者)라 칭ᄒ며 혹 그리스도의 ᄉ신(使臣)이라고도

---

51) Ibid., 58.
52) 곽안련, 『敎會政治問答條例』, 57.

칭ᄒ나, 쟝로는 교인의 딕표라고만 칭ᄒ며 쟝로의 직분은 목ᄉ를 도
아 함ᄭᅴ 일ᄒ 수 잇스나 셰례(洗禮), 셩찬(聖餐)과 외 타(他)일에 ᄌ
의(自意)로 젼(傳)ᄒᆼ치 못ᄒᄂ니라."[53]고 하였다. 그는 목사를 하나
님의 사자나 그리스도의 사신이라고 칭하는 것과는 달리 장로는 교
인의 대표라고만 칭하고 있으며, 장로는 목사를 도와 함께 일을 할
수는 있으나, 세례와 성찬을 베푸는 일과 기타의 일에서 자의로 일
을 할 수는 없다는 것을 밝히고 있는 것이다.

결국 곽안련은 장로는 목사가 장립하고 목사는 노회에서 장립하
며, 장로는 당회 관할하에 있고, 목사는 노회 관할하에 있으며, 목사
의 장립에서 장로들이 안수를 하지 못하고 장로들은 세례와 성찬을
베풀지 못한다고 하였다. 이는 그가 교회 내에서의 장로의 리더십을
명확히 하면서도 영적 리더십의 핵심인 목사와의 차별성과 장로직
의 한계를 분명히 하고 있는 것이라고 할 수 있을 것이다.

또한 곽안련은 "목ᄉ가 ᄌ긔의 임의딕로 교우의 투표업시 쟝로를
ᄌ벽(自辟)ᄒ야 쟝립ᄒ면 그 사름을 쟝로라 칭ᄒ 수 업고 시무도 못
ᄒᄂ니라."[54]고 하였다. 그는 목사가 교인의 투표 없이 임의로 장로
를 장립하는 경우에는 그 사람을 장로라 칭할 수 없고, 시무도 못 한
다는 것을 지적하고 있는 것이다. 이는 장로를 선택하고 세우는 일
에서 교인의 주권을 분명히 하고, 목사의 권한 남용을 방지하여 교
회의 정치에서 영적 리더십과 회중 리더십 사이의 분립과 균형을 도
모하기 위한 것이라고 할 수 있을 것이다.

그리고 곽안련 선교사는 장로의 임기에 대해 다음과 같이 이야기

---

53) Ibid.
54) Ibid., 60.

하고 있다.

> 쟝로의 임기(任期)는 종신식지니 즈긔의 임의되로 샤소(些少)흔
> 곡절(曲折)을 인흐야 직분을 경솔히 히면(解免)홀 수 업고 샹회
> (上會)에셔도 직판(裁判)을 힝치 아니흐면 쟝로의 직을 히면홀
> 수 업느니라. 그러하나 혹 림시(臨時)로 쟝로가 즈긔 직무는 스
> 면흐고 휴식홀 수 잇느니라.[55]

곽안련은 장로의 임기는 종신직이므로 사소한 일로 인하여 자기
임의대로 경솔하게 직분을 사면할 수 없으며, 노회나 총회와 같은
상급 치리회에서도 재판을 거치지 않고서는 장로의 직분을 면직시
킬 수 없다고 했다. 그러나 장로는 사정이 있으면 임시로 자기 직무
를 휴직할 수는 있다고 했다.

장로가 안수를 통해 임직한 후에는 사사로이 그 직분을 사면하지
못하도록 한 것은 교회의 지도적 직분으로서의 장로직에 대한 엄중
함과 공적인 측면을 강조하는 것이라 볼 수 있다. 그리고 상급 치리
회라 할지라도 지교회 교인들의 직접선거를 통해 교인의 대표로 선
출된 장로를 합법적인 재판 절차를 거치지 않고 임의로 그 직분을
면직시켜서는 안 된다고 규정한 것은 교회법에 따른 정식 재판을 통
해서만 권징과 책벌을 가할 수 있다는 근대 민주주의의 사법 정신을
강조하고 있는 것이며, 교인의 주권과 대의제 민주정치의 이념을 분
명히 한 것이라 볼 수 있을 것이다.

또한 곽안련 선교사는 장로가 이단에 빠지는 등의 범죄를 범하거

---

55) Ibid., 61.

나 아니면 범죄는 하지 않았더라도 교인들과 불협하고 교회에 덕이
되지 않을 때에는 당회의 권고나 재판을 거쳐 면직할 수 있고, 노회
나 대회, 총회에 복종하지 않는 경우에도 교회의 화평을 위하여 총
회가 사직을 권고하거나 면직시킬 수 있다고 하였다.[56] 그리고 장로
가 면직을 당하거나 다른 교회로 이거했지만 입회를 하지 않고 있다
가 다시 본 교회로 돌아오는 경우에는 본 교회 교인들의 투표와 장
립 예식을 다시 거친 후에야 장로로 시무할 수 있다고 하였다.[57] 교
인들의 투표에 의해 선출되어 직무를 수행하던 장로가 자신의 개인
적 사정에 의해 사직하거나 다른 지방, 다른 교회로 이거할 수 있고,
치리회의 권징에 의해 면직을 당한 후에도 회개한 후에는 다시 장로
로 세워질 수 있지만, 그 어떠한 경우에도 다시 장로로서의 직무를
수행하기 위해서는 노회의 허락을 받고 교인들에 의해 다시 선출되
어 임직 예식을 행하도록 한 것은 교회정치에서의 교인 주권과 노회
의 권한을 명확히 함과 동시에 장로직의 거룩성을 분명히 한 것이라
할 수 있을 것이다.

그리고 곽안련은 교회가 "쟝로나 집ᄉᆞ의 시무ᄒᆞᆯ 긔한(期限)을 뎡
(定)ᄒᆞ고 튁ᄒᆞᆯ 수 잇스니, 이 두 직분은 종신직(終身職)이라도 샹임
(常任)ᄒᆞᆯ 리유(理由)가 업ᄂᆞ니라."[58]고 하였다. 그는 교회가 장로의
시무 기한을 정하여 시무하도록 할 수 있는데, 장로가 비록 종신직
이라 하더라도 상임할 이유가 없으며, 장로의 시무 기한을 교회가
결정하여 운영할 수 있다고 했던 것이다.

---

56) Ibid., 62-63.
57) Ibid., 64.
58) Ibid., 281.

곽안련은 장로의 시무 기한에 대해 다음과 같이 이야기하고 있다.

> 시무 긔흔(視務 期限)은 삼긔 년 이상(以上)으로 뎡(定)홈이 가흐니, 온 당회의 쟝로를 삼반으로 분(分)ᄒ야 민년 삼분지 일을 휴직ᄒ고 서로의 투표 션퇵(選擇)ᄒ되, 휴직 쟝로나 무임 쟝로나 다른 사ᄅᆷ을 투표 션퇵홀 수 잇ᄂᆞ니라. 만약 그 륜회(輪回) 시무홀 반ᄎᆞ(班次)와 긔한(期限)을 쳐음 죠직홀 시(時)에ᄂᆞ 삼분지 일은 일년, 삼분지 일은 이년, 삼분지 일은 삼년으로 뎡(定)홀 거시오. 긔한(期限) 안에 쟝로가 ᄉᆞ망(死亡)ᄒ든지 ᄉᆞ직(辭職)ᄒ면 교회가 그 뒤(代)를 션츙(選充)ᄒ되 그 임긔ᄂᆞ 젼쟈(前者)의 잔여(殘餘)흔 긔한(期限)을 보츙홀 쑨이니라.[59]

그는 장로의 시무 기한은 3년 이상으로 하는 것이 좋으며, 당회에 소속된 모든 장로를 3개조로 나누어 매년 3분의 1씩 선출하되, 휴직 중인 장로나 무임 장로, 혹은 다른 교인들 가운데 투표를 하여 선출하는 것이 바람직하다고 보았다. 그리고 반차 제도를 처음 시행할 때에는 장로의 3분의 1은 임기를 1년으로 하고, 3분의 1은 2년으로 하며, 나머지 3분의 1은 3년으로 임기를 정하여 선출할 수 있다고 했다. 그리고 만일 장로가 그 시무 기한 내에 사망하거나 사직할 경우에는 그 사람을 대신할 자를 교회에서 선출하여 충원할 수 있으며, 그의 임기는 전임자의 잔여기간으로 해야 한다고 하였다.

한편, 장로의 시무 기한을 정하여 선출할 수 있다는 규정은 웨스트민스터 정치규칙에는 특별히 나타나고 있지 않지만, 미국 장로교회의 헌법[60]이나 하지(J. A. Hodge)의 『교회정치문답조례』[61]에서도 확인

---

59) Ibid.

할 수 있다. 그리고 이 규정은 1919년의 『朝鮮長老教會政治』[62]와 1922년의 『朝鮮예수長老教會憲法』[63]에도 반영되어 나타나고 있다. 하지만 오늘날 한국 장로교회 각 교단 가운데 장로직의 반차 제도를 규정하고 있는 곳은 없다. 다만, 대한예수교장로회 고신총회의 경우 당회에서 3분의 2 이상의 가결로 장로의 윤번 시무에 관한 규정을 제정할 수 있도록 하고 있으며,[64] 한국기독교장로회의 경우 시무 장로가 한 지교회에서 6년 동안 계속 시무하였을 때, 다음 해를 안식년으로 정하여 휴양하도록 할 수 있다고 규정하고 있을 뿐이다.[65]

장로직을 항존직으로 규정하고 장로의 임기를 종신제로 설정한 것은 스코틀랜드 장로교회가 앤드류 멜빌의 『제2 치리서』를 기반으로 장로직을 종신제로 규정한[66] 것과 마찬가지로 초기 한국 교회에서 장로직을 수행할 만한 사람이 드물고 일제 식민지 치하에서 강압적인 국가권력에 대항하여 교회를 건설하고 유지하며 보존해야 하는 막중한 교회적 사명 앞에서 필수불가결한 일이었을지 모른다. 하지만 곽안련은 장로직을 종신제로 규정하면서도 장로직이 상임직이 될 필요는 없다고 하면서 교회가 시무 기한을 정하여 운영할 수 있음을 지적함으로써 장로직의 종신제로 인한 폐단을 방지할 수 있는

---

60) *CPC*, 371.

61) J. A. Hodge, 『교회정치문답조례』, 298.

62) 곽안련, 『朝鮮長老教會政治』, 42.

63) 朝鮮예수教長老會總會, 『朝鮮예수長老教會憲法』, 135.

64) 대한예수교장로회고신총회, **『헌법』** (서울: 대한예수교장로회고신총회출판국, 2015), 280.

65) 한국기독교장로회총회, **『헌법』** (서울: 한국기독교장로회출판사, 2014), 125.

66) 존 녹스(John Knox)가 1560년에 작성한 스코틀랜드 장로교회의 『제1 치리서』에서는 장로의 임기가 1년으로 되어 있었다. 그러나 앤드류 멜빌(Andrew Melville)이 1578년에 작성한 『제2 치리서』에서는 장로직이 종신직이 되었다. D. W. Hall and J. H. Hall, (eds.), *Paradigms in Polity*, 219, 239.

방안을 함께 제시하고 있다. 이렇게 함으로써 그는 초기 한국 장로교회가 직면하고 있는 내외적 상황하에서 교회의 회중 리더십을 대표하는 장로들이 종신토록 교회를 위해 헌신하도록 소명을 부여함과 동시에 종신제 장로직이 가지고 있는 폐단을 방지하여 한국 장로교회가 보다 거룩하고 건강한 공동체로 성장하고 발전할 수 있는 방안을 제시하였다고 볼 수 있다. 하지만 오늘의 한국 장로교회는 곽안련을 비롯한 초기 선교사들과 한국 교회 지도자들의 소중한 뜻을 제대로 이어받아 실천하지 못하고 있는 실정이다.

4) 집사의 자격과 선출

곽안련 선교사는 집사의 직분에 대해 "집ᄉ(執事)라 ᄒᆞᄂᆞᆫ 거슨 목ᄉ와 쟝로 외에 ᄯᅩ 잇ᄂᆞᆫ 직분이니 집ᄉ의 직무ᄂᆞᆫ 교회에 속흔 일체 직졍(財政)을 관리ᄒᆞᄂᆞᆫ 것과 빈핍(貧乏) 곤란(困難)흔 교인을 ᄉᆞᆯ혀 구제ᄒᆞᄂᆞᆫ 일을 쥬관ᄒᆞ고 직졍에 관흔 문셔(文書)를 보관ᄒᆞᄂᆞᆫ 거시니라."[67]고 했다. 그는 집사의 직분이 목사와 장로 외에 교회에 존재하는 또 하나의 직분으로서 교회의 재정을 관리하고 재정에 관한 문서를 보관하며, 가난하고 궁핍하며 고난 가운데 있는 자들을 살펴 구제하는 일을 주관하는 직분이라고 한 것이다.

그리고 곽안련은 구약시대에는 교회에서 구제하는 것보다는 개인적으로 구제하는 것을 더 중요하게 여겼기 때문에(출 23:11; 레 19:9-10, 25:25-55) 집사를 별도로 세웠다는 언급이 없고, 성전에 속한 모든 재정은 레위 족속과 제사장들이 관리하였다고 보았다(출

---

67) 곽안련, 『敎會政治問答條例』, 65.

28:21; 민 1:50-53; 스 8:24-33).[68] 하지만 예수 그리스도께서 오시기 수백 년 전부터 유대 회당에 집사의 직분이 존재해 왔음을 다음과 같이 밝히고 있다.

> 쥬젼 수백 년부터 예루살렘 셩뎐(聖殿)의 각 디방(地方) 촌리(邨里)에셔 셩경(聖經)을 교육하난 회당이 잇셧ᄂᆞᆫ듸(행 15:21), 유대 ᄉᆞ긔(史記)에 의ᄒᆞ면 그 회당에 쟝로 외에 집ᄉᆞ라ᄂᆞᆫ 직분이 잇셔셔 그 집ᄉᆞ들이 셩경(聖經)과 례식쳑(禮式冊)과 회당 긔명(器皿)을 보관ᄒᆞ고 구제비와 기타 모든 직졍(財政)을 다 관리ᄒᆞ엿나니라. 그런 고로 ᄉᆞ도들이 이것을 모방(模倣)ᄒᆞ야 예수교회 즁(中)에도 ᄎᆞ(此)등 직분을 셜립(設立)ᄒᆞ엿ᄂᆞᆫ듸, ᄌᆞ격과 직무와 션뎡(選定)ᄒᆞᄂᆞᆫ 방침과 쟝립(將立)ᄒᆞᄂᆞᆫ 모본(模本)은 (행 6:)에 긔쟉(記載)ᄒᆞ엿나니라.[69]

그는 예수 그리스도께서 오시기 수백 년 전부터 유대 회당에 장로 외에 집사의 직분이 있어서 성경과 예식 책과 회당의 기명을 보관하고 구제비와 기타 모든 재정을 관리하였는데, 사도들이 이를 모방하여 교회 안에 집사의 직분을 세웠다고 했다.

계속해서 곽안련은 집사의 직무에 대해 다음과 같이 언급하고 있다.

> (1) 교인을 심방ᄒᆞ야 싱활ᄒᆞᄂᆞᆫ 형편을 삷혀 위로ᄒᆞ며 샹당(相當)ᄒᆞᆫ 싱업(生業)에 죵ᄉᆞᄒᆞ도록 권ᄒᆞ고 인도홀 일 (2) 구제금을 수합(收合)ᄒᆞᄂᆞᆫ 일과 빈궁(貧窮) 무력(無力)ᄒᆞᆫ 교우 혹 외인(外人)의게 시졔(施濟)ᄒᆞᄂᆞᆫ 일 (3) 교회 모든 경비와 례빅당(禮拜) 문권

---

68) Ibid., 65-66.

69) Ibid., 66.

(文券)을 보관ᄒᆞᄂᆞᆫ 일 (4) 셩찬(聖餐) 긔명(器皿)을 보존ᄒᆞ며 셩찬 용품을 예비ᄒᆞᄂᆞᆫ 일 (5) 집ᄉᆞᄂᆞᆫ 교회의 ᄌᆡ졍(財政)과 구졔ᄒᆞᄂᆞᆫ 일을 젼관(專管)ᄒᆞᄂᆞᆫ 직분이로ᄃᆡ ᄯᅩ흔 긔도ᄒᆞ며 셩경(聖經) 말ᄉᆞᆷ으로 위로ᄒᆞᄂᆞᆫ 신령흔 직무도 힝홀 거시니라.[70]

곽안련에 의하면 집사는 교인들을 심방하여 생활 형편을 살피고 위로하며, 구제금을 수납하여 배분하고 교회 재정을 관리하는 일 외에도 기도하고 성경의 말씀으로 교인들을 위로하는 신령한 직무를 가지고 있었다.

하지만 집사는 당회나 노회, 총회와 같은 치리회에 참여할 수 없고, 장로를 장립하거나 세례와 성찬을 베푸는 일에도 참여하지 못한다고 하였다. 그리고 집사는 교회를 치리하지 못하고 전도는 할 수 있으나 설교는 할 수 없다고 하였다.[71] 그는 사도시대에도 스데반이나 빌립처럼 집사들이 개인적으로 설교를 한 예는 있었지만(행 21:8), 그들도 집사의 직분으로 설교를 행한 것은 아니라고 하였다.[72]

곽안련은 집사의 자격에 대해 디모데전서 3장 8-9절의 말씀에 근거하여 "(1) 본 교회 입교인 즁(中) 무흠한 남자 (2) 셩신(聖神)과 지혜가 츙만ᄒᆞ야 칭찬을 듯ᄂᆞᆫ 쟈(者)와 단졍ᄒᆞ고 일구이언(一口二言)을 아니하고 술을 먹지 아니하고 더러운 리(鄙利)를 취(取)치 아니하고 쳥결한 량심(良心)으로 믿음의 오묘한 거슬 가진 쟈(者)"[73]로 규정하고 있다. 그가 집사의 자격을 본 교회 무흠한 세례교인(입교인)

---

70) Ibid., 67-68.
71) Ibid., 69-70.
72) Ibid., 70.
73) Ibid., 71.

가운데 성령과 지혜가 충만하여 다른 사람들로부터 칭찬을 받고 술을 마시지 아니하며, 단정하고 일구이언을 하지 아니하며, 더러운 이익을 취하지 아니하고 정결한 양심으로 믿음의 오묘한 비밀을 가진 자로 규정한 것은 목사나 장로와 마찬가지로 집사 역시 그리스도의 몸 된 교회와 성도들을 섬기는 거룩한 직분으로서 성결함을 지켜야 한다는 것을 강조한 것이라 할 수 있을 것이다. 또한 그는 본 교회에서 시무하는 목사는 노회의 회원이기 때문에 집사로 선택될 수 없다고 하였다.

곽안련 선교사는 또한 집사 직분의 경우에도 여성은 참여할 수 없다는 것을 다음과 같이 밝히고 있다.

> 스도 째에 교회 즁(中)에 혹 림시(臨時)로 주벽(自辟)한 녀집스(女執事)는 잇셔스나 쟝립(將立)혼 일은 업섯고, 여러 교회가 다 녀집스를 두지 아니ᄒ얏스며, 투표ᄒ야 퇴혼 일이 업섯ᄂ니라. (롬 6:1)의 뵈뵈는 혹 녀집스라고도 ᄒ고 (롬 16:12, 행 9:36)에 잇는 녀인(女人)을 혹 녀집스라고도 ᄒ며, (딤전 3:11, 5:11)에 닐은 바 녀인은 녀집스를 ᄀ르친 말이라고 ᄒ니라 명빅지 못ᄒ니. 녀즉 스역쟈(使役者)를 교육ᄒ는 거시 됴ᄒ나 녀집스를 쟝립(將立) 홀 리유는 업ᄂ니라.[74]

그는 사도시대에 임시로 여성을 집사로 택한 일이 있었으나, 장립하여 세운 일은 없었으며, 여러 교회가 모두 여성 집사를 두지 아니하였고, 투표하여 택한 일도 없었다고 했다. 그는 로마서 6장 1절에 나오는 뵈뵈처럼 여성 신자 가운데 스스로 자원하여 집사의 일을 행

---

74) Ibid., 71-72.

한 경우가 있었지만, 투표로 선택하고 안수로 장립하여 세우지는 않았으며, 디모데전서 3장 11절과 5장 11절에 기록된 여인은 여성 집사를 가리키는 것이라고 명백하게 단언할 수 없다고 했다. 그러므로 성경에도 여성 집사에 관한 언급이 분명하게 나와 있지 않기 때문에 여성 사역자를 교육하는 것은 좋으나 집사로 장립해야 할 이유는 없다고 하였다.

교회 내에서 여성들이 실제로 많은 역할을 하고 있고, 성경에도 많은 여성들이 사역자로 일을 하고 있는 모습이 나타나지만, 성경에 나타나는 여성 사역자들이 집사로 장립을 받은 근거가 불분명하다는 이유로 여성에게 안수 예식으로 장립하는 집사 직분을 허용할 수 없다고 하는 곽안련의 견해는 목사직이나 장로직에 여성의 진출을 제한하는 것과 마찬가지로 한국 장로교회 정치제도가 형성되던 초기의 시대적 한계와 더불어 곽안련의 정치사상이 지니는 일단의 편향성에서 기인하는 것이라 할 수 있을 것이다.

한편, 웨스트민스터 정치규칙에서는 집사직에 여성을 특별히 제한하는 규정은 나타나 있지 않다. 하지만 미국 장로교회의 헌법에서는 집사로 선출되는 사람은 무흠한 남자 교인이어야 한다고 명기하고 있으며(제13장 2조),[75] 하지(J. A. Hodge)의 『교회정치문답조례』에서도 사도시대 교회에서는 여성 집사가 피택 되거나 장립되었다는 증거가 없고, 많은 여인들이 물질로 사도들을 섬기고, 집사의 아내들과 더불어 가난한 사람을 위해 시간과 노력을 들였지만, 공적인 직위가 없는 조력자로 간주되었다고 언급하고 있다.[76]

---

75) *CPC*, 369.

76) J. A. Hodge, 『교회정치문답조례』, 79.

1919년의 『朝鮮長老敎會政治』[77]와 1922년의 『朝鮮예수長老敎會憲法』에서는 "당회가 녀집ᄉ(女執事)를 션틱(選擇)홀 경우에ᄂ 그 직무는 환쟈(患者), 피슈쟈(被囚者), 과부, 고ᄋ, 기타 환란 당흔 쟈(者)를 위로ᄒ며, 고호(顧護)ᄒ되 하ᄉ(何事)던지 당회 감독 하에서 힝ᄒ게 홀지니라."[78]고 하였다. 이는 환자들과 고아 및 과부 등 환란 중에 있는 사람들을 위로하고 보살피기 위해 여성 집사를 선정할 필요가 있을 때에도 반드시 당회의 감독하에서 선정해야 한다는 것을 분명히 한 것이라 할 수 있을 것이다. 1919년의 『朝鮮長老敎會政治』[79]와 1922년의 『朝鮮예수長老敎會憲法』에서는 또한 "녀집ᄉ를 션틱(選擇)홀 필요가 잇스면 당회ᄂ 진실ᄒ고 셩결(聖潔)흔 녀인(女人) 즁(中)에셔 ᄌ벽(自辟) 션뎡(選定)할 수 잇ᄂ니. 긔도(祈禱)로 임직(任職)ᄒ되 안슈식(按手式)은 업ᄂ니라."[80]고 하였다.

초기 한국 장로교회는 여성 집사의 필요성을 인정하면서도 당회가 성결하고 진실한 여인 가운데 여성 집사를 선정하여 세울 수 있지만, 안수하여 장립하는 것이 아니라 기도로 임직할 수 있다고 규정하고 있다. 이는 당회가 아니라 교인들의 투표를 통해 선출하고 안수 예식을 통해 장립하는 남성 집사와 비교해 본다면, 여전히 남녀차별의 벽을 넘어서지 못하고 있는 한계를 드러내는 것이라 할 수 있을 것이다. 한국 장로교회에서는 초기부터 전도부인을 비롯한 많은 여성 사역자들이 활동하였고, 그 후에도 여성 사역자들의 필요성

---

77) 곽안련, 『朝鮮長老敎會政治』, 15.

78) 朝鮮예수敎長老會總會, 『朝鮮예수長老敎會憲法』, 100.

79) 곽안련, 『朝鮮長老敎會政治』, 43.

80) 朝鮮예수敎長老會總會, 『朝鮮예수長老敎會憲法』, 136.

이 증가함에 따라 여성에게 집사직을 허용하지 않으면서도 여성 집사의 역할을 수행하도록 하기 위해 여성 집사 대신 권사 제도를 도입하여 운영하고 있다.

곽안련에 의하면 집사는 공동의회에서 교인들의 투표로 선출하는데, 장로의 선출에서와 마찬가지로 성찬에 참여하는 세례교인(입교인)에게만 투표권이 있었다.[81] 그리고 한 사람이 하나의 직분을 갖는 것이 원칙이지만, 적당한 사람을 택할 수 없고 부득이한 경우에는 한 사람이 장로와 집사의 두 직분을 겸할 수 있다고 하였다.[82] 그리고 집사가 교회에서 공식적으로 시무를 담당하기 위해서는 장로와 마찬가지로 안수로 장립하고 위임도 받아야 한다고 했다.[83] 이는 집사 역시 목사나 장로와 마찬가지로 교인들의 선택을 받고 안수로 임직하도록 함으로써 집사직이 교회의 재정과 제반 사무를 담당하는 단순한 교인의 일꾼이 아니라, 하나님으로부터 직분을 부여받은 신성하고 거룩한 직분임을 분명히 하고 있는 것이라 할 수 있다. 하지만 이러한 안수 예식에 의한 장립과 임직은 집사 직분으로 하여금 교회 내의 평신도와는 구별되는 상층의 계급적 지위로 오해하게 만드는 부작용을 낳기도 하였다.

곽안련 선교사는 집사의 직무에 대해 다음과 같이 언급하고 있다.

집ᄉᆞ의 직무 즁(中)에 뎨일(第一) 긴즁(緊重)ᄒᆞᆫ 거슨 구졔(救濟)ᄒᆞᄂᆞᆫ 일인듸 구졔를 밧을 만한 사름은 흥샹(恒常) 잇ᄂᆞᆫ 고로 사

---

81) 곽안련, 『教會政治問答條例』, 72.

82) Ibid.

83) Ibid.

도 바울이 구제ㅎᆞᄂᆞᆫ 일에 디ㅎᆞ야 쟝구(長久)히 힝홀 방침을 ᄀᆞᄅ 첫스며, 집ᄉ의 ᄌᆞ격(資格)에 디한 셩경(聖經)(행 6:3, 딤전 3:8-13)을 보아도 영구히 치홀 직분으로 립(立)ᄒᆞᆫ 쥴을 알지니라. ᄯᅩᄒᆞᆫ (빌 1:1, 롬 12:7)의 말ᄉᆞᆷ을 보면 집ᄉᆞᄂᆞᆫ 샹비(常備)의 직분일 쥴로 알 거시니라.[84]

곽안련은 집사의 직무 가운데 가장 중요한 것은 구제하는 일이며, 구제를 받아야 하는 사람은 항상 있기 때문에 집사의 직분은 항상 존재할 직분이라고 하였다. 사도 바울도 구제하는 일을 오랜 방침으로 가르쳤으며, 집사의 자격에 대해 언급하고 있는 사도행전 6장 3절과 디모데전서 3장 8-13절의 말씀, 그리고 빌립보서 1장 1절과 로마서 12장 7절의 말씀을 보더라도 집사는 영구히 세워야 할 직분이라고 했다.

그리고 집사의 임기에 대해 곽안련은 "쟝립집ᄉ(將立執事)의 임긔ᄂᆞᆫ 죵신(種身)인디 쟝로의 직분과 ᄀᆞᆺ치 임의로 ᄉᆞ면(辭免)치 못홀 거시오. 샹회(上會)가 직판(裁判)ᄒᆞ기 젼(前)에ᄂᆞᆫ 파면치 못ᄒᆞᄂᆞ니라. 그러ᄒᆞ나 혹 림시(或臨時)로 뎡지(停止)홀 수 잇ᄂᆞ니라."[85]고 하였다. 그는 장로의 직분과 마찬가지로 집사의 직분도 그 임기가 종신이며, 안수로 장립하고 임직한 후에는 자기 임의대로 직분을 사임할 수 없고, 상급 치리회라 할지라도 재판 절차를 거치지 않고서는 그 직분을 사면시킬 수 없으나 혹 임시로 그 직무를 정지시킬 수는 있다는 것을 명확히 하였다. 이는 장로직의 경우와 마찬가지로 집사직도 하나님으로부터 권위가 부여된 영적이고 거룩한 직분임과 동시

---

84) Ibid., 66-67.
85) Ibid., 67.

에 교인들에 의해 선출되어 교인들의 주권을 대변하는 직분임을 분명히 한 것이라 할 수 있다.

하지만 곽안련은 장로의 직분과 마찬가지로 집사의 직분이 비록 종신직이라 할지라도 상임할 이유가 없기 때문에 시무 기한을 3년으로 정하고 3개조로 반차를 나누어 매년 3분의 1씩 시무하도록 할 수 있다고 하였다.[86] 장로의 반차 제도와 마찬가지로 집사의 반차 제도 역시 미국 장로교회의 헌법[87]에 규정되어 있고, 1919년의『朝鮮長老教會政治』[88]와 1922년의『朝鮮예수長老教會憲法』[89]에도 반영되어 나타나고 있다. 하지만 현재 한국 장로교회 각 교단 가운데 집사직의 반차 제도를 시행하고 있는 교단은 없다.

또한 곽안련은 집사의 직무 수행과 관련하여 다음과 같이 언급하고 있다.

> 쟝립집ᄉ들이 긔인으로 집무홀 수 업고, 집무에 편리ᄒ기 위ᄒ야 집ᄉ회(執事會)를 조직ᄒ고 회장과 셔긔와 회계를 튁ᄒ고 회록을 쥰비ᄒ며, 규측(規則)을 쟉뎡(作定)ᄒ고 범빅(凡百) ᄉ무를 그 규측에 뎡(定)ᄒᄃᆡ로 진행ᄒ며, 빈한(貧寒)ᄒ 쟈(者)를 엇더케 도와줄 것과 얼마를 구졔(救濟)홀 거슬 항샹(恒常) 가부(可否)를 문(問)ᄒ야 결뎡(決定)홀 거시니라.[90]

곽안련은 쟝립집사들은 개인적으로 직무를 수행할 수 없고, 집사

---

86) Ibid., 73.

87) *CPC*, 371.

88) 곽안련,『朝鮮長老教會政治』, 42.

89) 朝鮮예수教長老會總會,『朝鮮예수長老教會憲法』, 135.

90) 곽안련,『教會政治問答條例』, 73.

회를 조직하여 회장과 서기와 회계를 택하여 직무를 수행해야 한다고 했다. 그리고 집사회는 회록을 준비하고, 규칙을 제정하여 모든 사무를 그 규칙에 따라 진행해야 한다고 했다. 그뿐만 아니라 집사회는 가난한 사람들을 어떻게 도와주고 얼마를 구제할 것인가를 항상 가부를 물어 결정해야 한다고 했다. 이것은 장로교회의 정치가 개인이 아니라 공동체에 의해 공적으로 수행되어야 한다는 것을 명확히 한 것이라 할 수 있을 것이다.

또한 곽안련은 집사가 당회의 관할하에 있으며, 매년 한 차례 집사회의 회록을 당회에서 검사를 받고 그 직무에 관해 수시로 당회와 협의해야 한다고 함으로써 집사가 장로와 마찬가지로 안수를 받고 임직하는 거룩한 직분이지만, 당회의 지도와 감독 아래 있다는 것을 분명히 하고 있다.[91]

곽안련은 집사의 임기를 종신제로 규정함으로써 초기 한국 교회에서 충성스러운 일꾼의 부족 문제를 해결하고 외부적인 압력으로부터 교회를 지키고 성장시켜야 하는 과업을 효과적으로 달성하고자 하였다. 동시에 시무 기한을 규정하고 반차를 두어 해마다 새로운 일꾼들이 교회의 중요 직분에 선출되어 역할을 수행할 수 있도록 함으로써 교회 직분의 종신제에 따른 권력의 독점과 부패와 같은 폐단을 방지하고자 했다고 할 수 있다. 하지만 그의 이러한 민주적 정신과 사상은 한국 장로교회에서 제대로 실천되지 못했으며, 이는 오늘날 한국 교회가 안고 있는 많은 문제의 중요한 원인의 하나가 되었다고 할 수 있을 것이다.

---

91) Ibid.

5) 대의제 정치와 교회 민주주의

근대 민주주의의 핵심적인 원리는 개인의 자유에 근거한 국민주권과 국민에 의해 선출된 대표에 의해 다스려지는 대의제 정치라 할 수 있다. 국민의 자유로운 직접선거에 의해 선출된 국민의 대표가 전체 국민을 대신하여 국가를 다스리지만, 이들 국민의 대표들은 국민주권에 의해 권한의 행사가 제한을 받게 된다. 곽안련 선교사는 장로교 정치야말로 교회의 주권이 교회의 머리 되신 그리스도와 함께 교인에게 있고, 교인의 자유로운 직접선거에 의해 선출된 회중의 대표인 장로들에 의해 다스려지는 가장 민주적인 정치형태라고 보았다.

장로교 정치제도의 핵심적인 원리는 곽안련이 제시하는 장로교 정치의 공리를 통해 확인할 수 있다. 그는 장로교 정치의 첫 번째 공리(公理)에 대하여 다음과 같이 언급하고 있다.

> 제1 공리(公理)는 량심(良心)과 주유니 하느님씌셔 사름의 량심의 쥬지(主宰)가 되샤 량심(良心)의 주유를 주셧느니, 셩경(聖經)에 위비(違背)되는 사름의 교훈 급(及) 명령과 셩경에 업는 밋음과 례비에 관계된 스건에 되흐야 사름의 량심(良心)을 주유흐게 흐셧느니라(신 20:2, 신 21:1).[92]

곽안련은 장로교회의 정치원리에서 가장 중요한 것은 바로 하나님께서 주신 개인의 양심의 자유라고 했다. 이 양심의 자유는 누구나 성경에 위배되거나 성경에서 가르치지 않은 어떠한 가르침과 예

---

92) Ibid., 13.

배에 대해서도 복종하지 않을 자유가 있다는 것이다.

곽안련은 계속해서 믿음의 자유에 대해 다음과 같이 이야기하고 있다.

> 밋음의 주유라 홈은 당연흔 나라의 치리 급(及) 질셔(秩序)와 교회의 치리 급 질셔를 문란케 ᄒᄂᆞᆫ 거시 아니니. ᄎᆞ(此)등 힝위는 하ᄂᆞ님의 률례(律例)를 위협ᄒᄂᆞᆫ 거시니 신앙의 주유가 아니며 (롬 13:1), ᄯᅩ 밋음과 례비와 힝위에 되ᄒᆞ야 텬디(天地) 만물 즁(中)에 나타나ᄂᆞᆫ 리치(理致)와 묵시(默示)ᄒᆞ신 진리에 명현(明現)흔 공리를 반듸ᄒᄂᆞᆫ ᄉᆞ상(思想)을 두ᄂᆞᆫ 것과 이로써 교훈ᄒᄂᆞᆫ 것도 밋음의 주유가 아니오. 텬디(天地) 만물 즁에와 묵시로 나타내신 하ᄂᆞ님의 셩의(聖意)를 타인의 구속(拘束)을 받지 안코 완전히 복종ᄒᄂᆞᆫ 거시 밋음의 주유니라.[93]

곽안련은 믿음의 자유라고 하는 것은 국가의 정치질서나 교회의 치리질서를 문란하게 하는 것이 아니라고 했다. 그러한 행위는 하나님의 율례를 위협하는 것으로 신앙의 행위가 아니라고 했다. 그리고 믿음과 예배와 행위에 대하여 천지 만물 가운데 나타나는 이치와 묵시하신 진리에 명백히 드러난 공리에 반하는 사상으로 교훈하는 것도 믿음의 자유가 아니라고 했다. 그는 믿음의 자유라는 것은 하나님께서 계시하신 거룩한 뜻을 다른 사람의 구속을 받지 않고 완전히 복종하는 것이라고 했다.

또한 곽안련은 장로교회의 두 번째 공리로 교회의 자유를 이야기하면서 하나님께서 각 개인에게 양심의 자유와 믿음의 자유를 주셨

---

93) Ibid., 13-14.

듯이 교회에도 자유를 주셨다고 했다. 모든 교회는 어떤 교파, 어떤 교회를 막론하고 교인의 입회 규칙과 회원과 임원의 자격과 교회 내 모든 제도와 규칙을 예수 그리스도께서 명하신 바대로 설정할 자유가 있다고 했다.[94]

그리고 곽안련은 장로교회의 제3 공리를 교회의 직임으로 들면서 다음과 같이 제시하고 있다.

> 우리에게 복을 주시는 쥬 예수씌셔 이 보이는 교회의 머리신디 그 신톄(身體)되는 교회에 덕을 세우기 위ㅎ야 직임(職任)을 세우샤 다만 젼도ㅎ고 셩례(聖禮)만 셜ㅎ(設行)ㅎ게 ㅎ 거시 아니오. 신쟈들로 ㅎ여곰 진리와 본분을 각수(恪守)케 ㅎ도록 치리ㅎ게 하신 거시니라.[95]

곽안련은 우리에게 복을 주시는 교회의 머리이신 예수 그리스도께서 교회의 직임을 세운 것은 교회의 덕을 세우기 위해서라고 했다. 그리고 교회의 직임을 세운 것은 복음을 전하고 성례를 거행하는 것뿐만 아니라 신자들로 하여금 진리와 본분을 지킬 수 있도록 치리하기 위한 것이라고 했다. 그리고 "그 직칙(職責)은 예수씌셔 셜립(設立)ㅎ신 거신디 복음을 젼(傳)ㅎ는 것과 셩례(聖禮)를 베푸는 것과 권징ㅎ는 것"[96]이라고 했다. 그는 교회의 직책은 예수 그리스도께서 세우신 것으로 복음을 전하고 성례를 거행하며, 교인을 권징하는 것임을 명백히 하고 있는 것이다.

---

94) Ibid., 15.

95) Ibid., 17.

96) Ibid.

이처럼 개인의 양심의 자유와 교회의 자유에 기반하여 장로교 정치는 교회의 직원인 목사와 장로, 집사를 교인들의 직접비밀선거에 의해 선출한다. 그리고 민주적 절차에 의해 선출된 회중의 대표인 장로와 교인들의 선택에 의해 청빙된 목사가 당회를 구성하여 교회를 다스리게 된다.

곽안련은 장로교회의 항존직인 목사와 장로, 그리고 집사는 성경에 제시되어 있는 바대로(딤전 3:1-13) 선한 양심과 거룩한 성품, 견실한 믿음을 가진 무흠 세례교인(입교인)으로서 해당 지교회의 무흠 세례교인(입교인)들에 의해 직접 선출되어야 한다고 했다. 그렇게 함으로써 개별 교인들이 하나님께서 허락하신 양심의 자유에 따라 주권을 가지고 교회를 치리할 대표를 선출하여 권한을 위임한다는 대의제 민주정치의 기본 원리를 제시하고 있다. 그리고 특별히 목사를 선택할 때 교인의 과반수나 3분의 2 이상의 찬성으로 선출한다는 다수결 원칙을 제시하면서도, 목사직이 가지고 있는 영적 리더십으로서의 특수성을 고려하여 비록 소수라 할지라도 반대하는 사람이 있으면 회중 전체의 만장일치를 이끌어 내기 위한 노력을 기울여야 한다고 강조하고 있다. 이렇게 함으로써 그는 교인들의 연합과 공동체적 지향을 역설하고 있는 것이다. 이는 교회의 정치가 단순한 민주적 의사결정이라는 차원을 넘어 사랑의 공동체임을 드러내야 한다는 의미와 더불어 목사직이 지니는 영적 리더십을 공고히 하려는 의미 또한 함축하고 있는 것이라 할 수 있을 것이다. 하지만 곽안련은 여성은 목사가 될 수 없다고 분명하게 여성의 목사직 진출을 제한함으로써 민주주의의 핵심적인 가치의 하나라고 할 수 있는 남녀평등사상을 구현하지는 못하고 있다. 이것은 근대 민주주의가 아직 충분하게 성숙하지 못했던 20세기 초엽의 시대적 한계 속에 그가 머물러 있었던 탓이라고도 할 수 있을 것이다. 하지만 성경에 많은 여성 사역자들이 남성 사역자들과 차별 없이 일을 해 왔다는 점을 고려한다면 매우 아쉬운 점이라 하지 않을 수 없을 것이다. 그리고 1919년의 『朝鮮長老教會政治』와 1922년의 『朝鮮예수長老教會憲法』에 여성을 목사직에 제한하는 명시적 규정이 포함되어 있지 않음에도 불구하고 오랜 기간 한국 장로교회가 관례적으로 여성에게 목사직을 개방하지 않았고, 현재에도 일부 교단에서는 여성의 목사직 안수를 엄격하게 제한하고 있음을 볼 때 곽안련 선교사의 이러한 견해가 끼친 영향은 과소평가할 수 없다고 할 수 있을 것이다.

또한 곽안련은 목사가 교회의 가장 귀한 직분으로서 목사의 자격과 명칭과 직무가 모두 동일하고 등급의 차이가 없다고 하면서 로마 가톨릭교회와 감독교회의 성직제도가 가지고 있는 계급적 위계구조를 비판하고 있다. 그러면서도 곽안련은 부목사를 위임목사를 도와주는 사역자로서 당회에 참여할 권한도 없고, 치리권도 없으며, 위임목사의 지시대로만 직무를 수행해야 하는 마치 조사와 같은 사역자로 규정하고 있다. 목사가 그 직무에서 동등하다면, 한 지교회 내에서 담임목사와 부교역자 사이의 지도력과 역할의 구분과 교회 공동체 내의 질서 차원에서 구별이 있어야 하는 것은 당연한 일이라 할 수 있겠지만, 담임목사와 부교역자 사이의 영적 지도력과 역할의 차이와 구분을 계급적 위계구조로 이해해서는 안 될 것이다. 위임목사와 부목사 사이의 관계와 교회 내에서의 부목사의 위치에 대한 곽안련의 이러한 입장은 오늘날 한국 장로교회에서 일어나고 있는 담임목사와 부교역자 사이의 잘못된 위계구조를 형성하는 근간이 되었다는 점에서 이 역시 곽안련 선교사가 지니고 있었던 한계라고 지적할 수 있을 것이다.

목사의 경우와 마찬가지로 교인의 대표인 장로와 집사에 대해서도 곽안련은 교인들의 직접선거에 의해 선출되어야 한다는 것을 분명히 함으로써 장로교 정치에서 주권이 교인들에게 있음을 명확히 하고 있다. 그리고 그는 교인의 대표로 선출된 장로가 당회나 노회, 총회와 같은 치리회 내에서 자신의 직분을 수행한다는 것을 명확히 함으로써 장로교 정치가 개인에 의한 정치가 아니라 대의제 민주정치이며, 치리회 구성원들 간의 연합과 협력을 통한 공동체적 정치임을 분명히 하고 있다. 동시에 그는 장로와 집사가 될 사람이 신앙인으로서의 도덕성과 거룩성을 가진 모범이 될 만한 사람이어야 한다는 것을 강조함으로써 교회 직분의 거룩성과 교회 공동체의 영적인 특성을 명확히 하고 있다. 그러나 곽안련은 목사직에 여성 사역자의 진출을 제한한 것과 마찬가지로 교인의 대표인 장로와 집사의 경우에도 여성의 진출을 제한함으로써 영적 리더십에서뿐만 아니라 교회의 회중 리더십에서도 남녀차별이라는 한계를 드러내고 있다. 하지만 1919년의 『朝鮮長老敎會政治』와 1922년의 『朝鮮예수長老敎會憲法』에서는 필요할 경우 당회가 여성 집사를 선정하여 안수로 장립하는 대신 기도로 임직하여 당회의 감독 아래 직무를 수행하도록 할 수 있다고 규정하고 있다. 한국 장로교회에서는 설립 초기부터 전도부인을 비롯한 많은 여성 사역자들이 교회의 충실한 일꾼으로서 역할을 해 왔으며, 여성 사역자의 필요성이 증가함에 따라 권사 제도를 마련하여 여성 집사가 수행하던 직무를 수행하게 하였다. 하지만 목사직과 장로직에 여성 진출을 허용하고, 권사 역시 안수로 임직하는 항존직으로 규정하고 있는 교단에서도 여성의 집사직 진출을 허용하고 있지는 않고 있다. 남성은 집사, 여성은 권사라는 도식을 벗어나 남성과 여성이 공히 집사가 되어 집사회를 통한 교회 사역에 임한다면 보다 성경적이고 남녀차별을 넘어서는 교회문화를 만들어 가는 데 기여할 수 있을 것이다.

한편, 곽안련은 초기 한국 장로교회에서 장로와 집사의 직분을 수행할 근실한 믿음을 가진 교회 지도자가 부족하고, 일본 제국주의의 국권 침탈과 105인 사건으로 대표되는 기독교 탄압이라는 위기적 상황하에서 장로교 정치에서 회중 리더십을 대표하는 장로와 집사를 항존직으로 규정하여 그들의 헌신과 열정을 이끌어 내고자 하였다. 동시에 장로와 집사의 시무 기한을 각 지교회가 자유롭게 규정하여 운영할 수 있도록 함으로써 종신제가 가지고 있는 위험성을 차단하고자 했다. 시대적 위기 상황하에서 교회를 건설하고 유지시키며, 보존하기 위해서는 신실하고 헌신적인 믿음을 가진 교회의 일꾼이 절실히 요청되고 있다. 근실하고 헌신적인 믿음의 일꾼들이 평생토록 교회를 위해 일할 수 있도록 하기 위해 장로와 집사를 안수로 임직하여 종신제로 직분을 맡긴 것은 그 나름의 의미가 있다고 할 수 있다. 그러나 아무리 신실한 믿음과 선한 성품을 지녔다 하더라도 교회 치리회 내에서 종신토록 다스리는 역할을 하다 보면 권한을 독점하고 남용하며 타락할 위험이 상존해 있다. 따라서 각 지교회가 교회 형편에 맞게 장로와 집사의 시무 기한을 3년으로 한정하고 매년 3분의 1씩 반차를 따라 시무에 참여하게 함으로써 소수의 장로나 집사가 권한을 독점함으로써 발생하는 교회정치의 비민주화를 방지하고, 다양한 은사를 지닌 교회의 여러 지도자들이 서로 협력하며 교회 민주주의를 발전시키고 교회의 공동체성을 높이는 데 기여하도록 한 것은 더더욱 중요한 의미를 가지는 것이었다. 하지만 장로나 집사의 반차 제도가 1919년의 『朝鮮長老敎會政治』와 1922년의 『朝鮮예수長老敎會憲法』에도 잘 반영되어 있지만, 그 후 한국 장로교회는 곽안련의 이러한 정치사상을 제대로 발전시키지 못했다.

2. 리더십의 분립과 균형

장로교 정치는 목사로 대표되는 영적 리더십과 장로로 대표되는 회중 리더십의 분립과 균형을 그 특징으로 하고 있다. 이는 근대 민주정치에서의 입법, 사법, 행정의 삼권분립과 마찬가지로 교회 공동체 내에서의 권한의 독점을 방지하고 민주적 질서를 강화하기 위한 가장 기본적인 토대라 할 수 있다. 기독교 신앙은 삼위일체 하나님에 대한 믿음을 고백하고 있다. 그리고 성부, 성자, 성령의 삼위일체 하나님은 서로의 독자성과 사랑의 관계를 통해 인간의 역사를 섭리해 가신다. 따라서 하나님의 말씀을 맡은 목사의 영적 리더십과 교인의 대표로 선출되어 교회를 치리하는 장로의 회중 리더십의 분립과 균형은 이러한 삼위일체 하나님의 사랑의 관계를 반영하고 있다. 교회의 정치는 영적 리더십과 회중 리더십의 조화와 균형을 통해 교회 공동체 내에서 삼위일체 하나님의 사랑의 관계를 실천함으로써 하나님의 영광을 드러내야 할 사명이 있다.

1) 영적 리더십과 회중 리더십의 분립과 균형

곽안련 선교사는 장로를 중심으로 하는 장로교회의 치리에 대해 다음과 같이 언급하고 있다.

> 이 졍치(政治)는 치리ᄒᆞᆫ 권(權)이 쟝로들의계 잇ᄂᆞᆫ딕, 쟝로는 각 교인이 투표로 퇴(擇)ᄒᆞ야 세우고 각 교회에 쟝로가 잇서 치리ᄒᆞᆫ 당회를 죠직홈으로 각 회원의계 보통 권한이 잇ᄂᆞ니라. 쟝로 직분 즁(中)에 둘의 구별이 잇스니 하나(一)은 치리쟝로오 하나(一)은 젼도(傳道)쟝로니 곳 목ᄉᆞ인데, 그 즁 젼도쟝로들의 직분은 셩경(聖經)과 모든 도리를 교훈ᄒᆞᆫ 거신딕 이보다 더 놉흔 직분이 업고, 그 권리는 동등이니라.[97]

곽안련은 장로교 정치는 치리하는 권한이 장로에게 있고, 각 교인들이 직접 투표하여 장로를 선출하며, 각 교회의 장로들이 당회를 조직하여 교회를 치리하며, 각 회원에게 보통 권한이 있다고 했다. 그리고 장로에는 성경과 도리를 교훈하는 목사장로와 교회를 치리하는 치리장로의 구분이 있으며, 이보다 더 높은 직분이 없고 그 권리는 동등하다고 했다.

곽안련은 또한 목사와 치리장로의 구분에 대해 다음과 같이 이야기하고 있다.

> 목ᄉᆞ와 치리쟝로가 분간(分揀)이 잇ᄂᆞ니 ᄌᆞ격과 퇴ᄒᆞᆫ 회(會)가 갓지 아니ᄒᆞ니라. 쟝로는 목ᄉᆞ가 쟝립ᄒᆞ고 목ᄉᆞ는 로회에셔 쟝립ᄒᆞᄂᆞ니, 쟝로는 당회 관하(管下)에 잇고 목ᄉᆞ는 로회 관하에 잇

---

97) Ibid., 2.

느니라. 목ᄉ를 쟝립ᄒᆞᆯ 쌔에 쟝로들이 안수ᄒᆞ지 못ᄒ고, 쟝로는 성찬(聖餐)과 셰례(洗禮)를 베풀지 못ᄒᆞᄂᆞ니, … 쟝로 쟝립을 밧은 쟈가 목ᄉ 될 쌔에ᄂᆞᆫ 목ᄉ 쟝립을 밧아야 ᄒᆞᆯ 거시오. 특별ᄒᆞᆫ 일 외에는 목ᄉ가 치리쟝로의 직분을 림시(臨時)라도 ᄒᆡᆼ치 못ᄒᆞ며, 다른 교회의 쳥함을 밧아셔 림시회장은 될 수 잇스ᄂᆞ, 다른 교회 안에셔 치리쟝로의 직무ᄂᆞᆫ ᄒᆡᆼᄒᆞᆯ 수 업ᄂᆞ니라.[98]

곽안련은 목사와 치리장로 사이에는 관할과 명칭, 그리고 직분에서 분명한 차이와 구분이 있다고 했다. 목사는 하나님의 사자요, 그리스도의 사신이라 불리지만 치리장로는 교인의 대표라고 불리며, 노회에서 장립하는 목사는 노회 관할하에 있지만, 목사가 장립하는 장로는 당회 관할하에 있다고 했다. 그리고 장로의 직분은 목사를 도와 함께 일할 수 있으나, 세례와 성찬을 집행하지 못하고 여타의 일들도 자의로 전횡하지 못한다고 했다. 또한 장로 장립을 받은 사람이 목사가 되고자 할 때에는 다시 목사로 장립을 받아야 하고, 특별한 일 외에는 목사가 치리장로의 직분을 임시로라도 행할 수 없다고 했다. 그리고 다른 교회의 청함을 받아 임시회장은 될 수 있으나 다른 교회 내에서 치리장로의 직무는 행할 수 없다고 했다.

그러나 곽안련은 목사와 장로가 직분에서 분명한 구분이 있지만 교회 안에서 치리를 위해 서로 협력해야 하는 관계임을 아래와 같이 언급하고 있다.

쟝로의 행ᄒᆞᄂᆞ 스무ᄂᆞ 목ᄉ로 더브러 당회와 로회와 대회와 총회에셔 교회를 치리ᄒᆞ고 교인을 교육ᄒᆞ며 심방ᄒᆞᄂᆞ 모든 일에

---

98) Ibid., 57.

교회를 유익케 홀 것과 련합(聯合)ᄒ게 홀 것과 거룩ᄒ게 홀 거
슬 구ᄒ야 힝홀 거시오. 목ᄉ가 업ᄂ 째에ᄂ 목ᄉ를 구홀 동안에
로회 위원과 협의ᄒ고 쥬일(主日)마다 인도홀 강도인을 퇴청(擇
請)ᄒ며 퇴청홀 사름을 엇지 못ᄒ면 ᄌ긔가 친히 인도홀 거시니
라.[99]

곽안련은 목사와 장로가 직분과 관할에서 분명한 구분이 있지만,
당회와 노회, 총회라고 하는 장로교회의 각 치리회 내에서 교인을
가르치고 심방하는 등 모든 일에서 교회의 유익과 연합, 그리고 교
회의 거룩함을 위하여 더불어 일하는 관계에 있다고 언급하고 있다.
그리고 장로는 목사가 없을 때 노회의 위원과 협의하여 주일마다 인
도할 강도인을 택하여 청하고, 만일 택하여 청할 사람을 구하지 못
하였을 경우에는 자신이 직접 인도해야 한다고 이야기하고 있다.

하지만 곽안련은 "목ᄉ가 ᄌ긔의 임의ᄃ로 교우의 투표업시 쟝로
를 ᄌ벽(自辟)ᄒ야 쟝립ᄒ면 그 사름을 쟝로라 칭홀 수 업고, 시무도
못ᄒᄂ니라."[100]라고 하였다. 그는 목사가 교인들의 투표 없이 자기
임의대로 장로를 세워 장립하는 경우에 그 사람을 장로라 할 수 없
고 시무도 할 수 없다는 것을 분명히 한 것이다. 그리고 그는 "쟝로
가 쟝립과 위임을 밧기 젼(前)에 당회에 참여홀 수 업고, 교회를 치
리ᄒ지 못ᄒᄂ니"[101]라고 하였다. 그는 장로가 장립을 받고 임직하
기 전에는 당회에 참여할 수도 없고, 시무도 행할 수 없다는 것을 명
확히 하고 있는 것이다.

---

99) Ibid., 58.

100) Ibid., 60.

101) Ibid.

곽안련은 목사가 교인들의 투표 없이 자기 임의대로 장로를 선정하여 장립할 수 없도록 함으로써 교회의 영적 리더십을 대표하는 목사라 할지라도 교인의 주권을 침해하지 못하도록 하고, 회중 리더십을 대표하는 장로와의 균형을 도모하도록 하고 있다. 그뿐만 아니라 장로 역시 장립과 임직을 통하지 않고서는 당회에 참여할 수 없고 교회를 치리하지 못하도록 함으로써 장로의 회중 리더십이 목사의 영적 리더십을 침해하지 못하도록 하고 있다.

곽안련은 "당회는 본 지교회의 위임목사들과 위임쟝로들로써 조직"[102]하고, "로회가 긴급흔 사건이 잇스면 시찰원(視察員)을 파견ᄒ야 시찰케 ᄒᆯ 수 잇스ᄂ 타 당회 회원으로ᄂ 림시(臨時) 당회라도 조직흠을 득(得)지 못ᄒᄂ니라."[103]고 하였다. 그는 당회는 본 교회 위임목사와 장로들로 조직하며, 노회가 긴급한 사건이 있을 경우에는 시찰위원을 파견하여 시찰하도록 할 수 있으나, 다른 당회의 회원으로는 임시당회라도 개최할 수 없다는 것을 분명히 한 것이다. 이는 노회나 다른 지교회의 목사나 장로가 개별 지교회 교인들의 주권에 의해 선택된 영적 리더십과 회중 리더십을 결코 침해할 수 없으며, 이들 두 리더십을 대표하는 지교회 당회는 침해할 수 없는 자유권을 가지고 있다는 것을 명확히 한 것이라고 할 수 있다. 비록 노회가 목사에 대해 관할권을 가지고 있고, 소속 지교회를 시찰하고 치리하는 권한을 가지고 있다 하더라도 지교회의 교인들이 선택하지 않은 다른 당회 소속 목사나 장로가 당회를 조직할 수 없음을 분명히 함으로써 교인의 주권과 회중 리더십과 영적 리더십 사이의 분

---

102) Ibid., 116.
103) Ibid.

립과 균형이 장로교 정치의 기본적 토대임을 잘 드러내 주고 있다고 할 수 있을 것이다.

또한 곽안련 선교사는 목사의 사면과 관련하여 다음과 같이 언급하고 있다.

> 목ᄉ 위임은 교회와 목ᄉ간 계약으로만 셩립(成立)된 거시 아니오. 로회에 관흔 일인즉 목ᄉ가 본 로회의 승인을 엇은 후에 그 담임을 ᄉ면홀 거시오, 임의로 못ᄒᄂ니라. 목ᄉ의 임면(任免)은 로회의 젼권(傳權)에 쇽(屬)흔 일인 고로 교회가 로회의 승인을 엇지 못ᄒ면 그 임의ᄃᆡ로 히임ᄒ거나 쳥빙(請聘)ᄒ지 못ᄒᄂ니라.[104]

곽안련은 목사의 위임은 교회와 목사 사이의 계약만으로 성립되는 것이 아니라 노회와 관계되는 일이기 때문에 목사가 자기 임의대로 교회의 담임목사직을 사면할 수 없고, 노회의 승인을 얻은 후에라야 그 직을 사면할 수 있다고 했다. 그리고 목사의 위임과 사면은 노회의 전권에 속하는 일이기 때문에 교회가 노회의 승인을 얻지 못하면 임의대로 목사를 해임하거나 청빙할 수 없다고 했다. 이는 목사의 선택은 교인들의 주권에 속하지만, 목사를 지교회 목사로 위임하는 것은 노회의 전권에 속하고, 노회의 승인 없이 교회가 목사를 해임하거나 청빙할 수 없음을 분명히 함으로써 교회의 회중 리더십이 목사의 영적 리더십을 침해하지 못하도록 하고 영적 리더십과 회중 리더십의 균형을 도모하기 위한 것이라고 할 수 있을 것이다.

---

104) Ibid., 344.

또한 곽안련은 임시당회장의 청빙에 대해 다음과 같이 이야기하고 있다.

> 본 교회에 담당 목ᄉ가 업스면 로회가 맛당히 당회 ᄉ쟝(長)될 목ᄉ를 ᄌ벽(自辟)ᄒ야 파숑(派送)ᄒ거나 혹은 그 당회가 본 로회 ᄉ원(員) 즁(中)에서 당일 림시회쟝(臨時會長) 될 목ᄉ를 청홀 수 잇스며, 만일 목ᄉ를 청요(請邀)키 어렵고 ᄉ건은 긴급ᄒ면 본 당회 쟝로 즁에 ᄒ 사ᄅᆷ(人)을 당일 림시회쟝으로 뎡(定)ᄒ고 ᄉ건을 쳐리홀 수 잇ᄂᆞ니라.[105]

곽안련은 지교회를 시무할 목사가 없을 경우에는 노회가 해당 교회에 당회장이 될 목사를 파송하거나 지교회 당회가 노회 회원 목사 가운데 임시당회장을 청할 수 있다고 했다. 그러나 만일 목사를 청하기 어렵고 사안이 긴급한 경우에는 본 당회 소속 장로를 임시회장으로 세워 사무를 처리할 수 있다고 하였다. 여기서도 그는 지교회와 목사에 대한 노회의 관할권을 명시하면서도 지교회 당회의 자율적 권한을 존중함으로써 역시 회중 리더십과 영적 리더십의 조화와 균형을 도모하고 있음을 확인할 수 있다.

목사와 치리장로를 서로 협력하여 교회를 다스리는 같은 장로로 칭하면서도 목사의 소속과 관할을 노회에 두고, 치리장로의 소속과 관할을 당회에 둔 것은 목사로 대표되는 영적 리더십과 장로로 대표되는 회중 리더십의 분립과 균형을 명확히 한 것이라 할 수 있을 것이다. 교인들이 주권을 갖고 지교회에서 시무할 목사와 치리장로를

---

105) Ibid., 116-117.

선택하게 하는데, 목사와 치리장로를 모두 당회 관할하에 둔다면, 교인의 대표인 장로가 다수인 당회에서 영적 리더십과 회중 리더십 사이의 균형은 이루어질 수 없게 된다. 하지만 목사의 관할을 당회가 아니라 노회에 두고 노회가 지교회에 시무할 목사를 위임하도록 함으로써 목사의 영적 리더십과 장로의 회중 리더십이 균형을 이루도록 한 것이라 할 수 있을 것이다.

한편, 개별 지교회 내에는 장로 외에 또 다른 회중 리더십을 대표하는 항존할 직분으로서 교회의 재정을 관리하고 가난하고 어려움에 처한 교인을 위로하고 보살피며 구제하는 직무를 수행하는 집사 직분이 있다.[106] 곽안련 선교사는 집사와 목사 사이에도 분명한 구분과 역할의 차이가 존재하고 있음을 다음과 같이 지적하고 있다.

> 목ᄉᆞ와 쟝립집ᄉᆞ의 분간은 (1) 집ᄉᆞᄂᆞᆫ ᄌᆞ긔의 영업을 ᄒᆞ면셔도 직분을 밧을 수 잇스되, 목ᄉᆞᄂᆞᆫ 다른 영업을 못홈. (2) 집ᄉᆞᄂᆞᆫ 빈궁한 사름만 위ᄒᆞ야 특별히 일ᄒᆞ고, 목ᄉᆞᄂᆞᆫ 모든 사름을 위ᄒᆞ야 일홈. (3) 쟝립집ᄉᆞᄂᆞᆫ 당회나 로회나 대회나 총회에 참여치 못ᄒᆞ며, 쟝로 쟝립ᄒᆞᄂᆞᆫ 것과 셩찬(聖餐)과 셰례(洗禮) 베푸ᄂᆞᆫ 일에 참여치 못홈. (4) 교회를 치리ᄒᆞ지 못ᄒᆞ며, 젼도ᄂᆞᆫ 홀 수 잇스나 강도ᄒᆞᄂᆞᆫ 직칙은 무홈.[107]

곽안련은 집사는 목사와 더불어 가난하고 고난에 처한 교인을 보살피고 구제하며, 교회를 유지할 방침을 의논하고 실천한다고 했다.[108] 그러나 집사는 당회나 노회, 총회 등 교회의 치리회에 참여하

---

106) Ibid., 65.
107) Ibid., 69-70.

지 못하고 장로를 장립하는 일과 세례를 베풀고 성찬을 집행하는 일
에도 참여하지 못한다고 했다. 그리고 집사는 전도는 할 수 있으나
강도는 하지 못한다는 것을 명시하고 있다. 그는 장로의 경우와 마
찬가지로 집사의 경우에도 지교회 내에서 목사와 더불어 교인들과
교회의 영적 유익을 위해 서로 협력하여 일할 직무가 있지만, 목사
와 집사의 관할과 역할의 한계를 분명히 함으로써 영적 리더십과 회
중 리더십의 분립과 균형을 강조하고 있다고 할 수 있다.

　　하지만 곽안련은 목사로 대표되는 영적 리더십과 장로와 집사로
대표되는 회중 리더십의 분립과 균형을 분명히 하면서도 "교회에 가
쟝 귀흔 직분은 목ᄉ니, 셩경(聖經)에 그 일흠(名)과 직분과 권한과
ᄌ격과 샹(常)밧을 거슬 긴즁(繁重)히 ᄀᄅ쳐 말ᄒ엿ᄂ니라."[109]고
하였다. 그는 교회에서 가장 귀중한 직분은 목사로서 그 직분과 명
칭과 자격과 권한 및 상 받을 것에 대하여 성경이 자세히 기록하고
있다고 강조한 것이다. 그리고 그는 장로와 집사가 목사로부터 안수
를 받고 임직하도록 함으로써[110] 교회 공동체 내에서의 목사의 영적
리더십이 지니는 우위성을 강조하고 있다. 또한 곽안련은 "본 당회
가 직판회로 회집ᄒᆯ 째에 불가불(不可不) 목ᄉ 일인(一人)이 츌셕(出
席)ᄒ여야 기회ᄒᆯ 거시오, 기(基) 외(外)에도 중대(重大)ᄒᆫ 일이 잇슬
째에ᄂ 반다시 목ᄉ의 츌셕을 요(要)ᄒᄂ니라."[111]고 하였다. 그는
당회가 재판회로 회집할 때에는 반드시 목사 1인이 참석해야 하며,

---

108) Ibid., 47.
109) Ibid., 44.
110) Ibid., 72, 189.
111) Ibid., 121.

그 외에도 중대한 사안이 있으면 반드시 목사가 당회에 출석해야 한다는 것을 강조하고 있는 것이다. 또한 곽안련은 "직판ᄒᆞᄂᆞᆫ 일은 당회 사무 즁(中)에 뎨일(第一) 즁대(重大)ᄒᆞᆫ 거신되 목ᄉᆞᄂᆞᆫ 임의 교회 정치와 권징됴례(勸懲條例) 등셔(等書)를 슈학(受學)ᄒᆞ얏스므로 심리상(審理上)에 잘못됨이 업게 ᄒᆞ기 위ᄒᆞ야 반다시 목ᄉᆞ가 그 회쟝됨을 요(要)ᄒᆞᄂᆞ니라."[112]고 하였다. 그는 당회가 재판회로 회집할 때, 목사가 반드시 1인 이상 참석해야 하는 것은 물론 재판이 교회의 사무 가운데 가장 중요한 것 가운데 하나이기 때문에 재판 사건을 심리함에 있어 잘못을 범하지 않기 위하여 이미 교회정치와 권징조례 등을 수학하여 잘 알고 있는 목사가 반드시 재판회의 회장이되어야 한다는 것을 강조하고 있는 것이다. 이처럼 재판사무와 같이교회의 중대사를 처리할 때에는 반드시 목사가 참여하여야 하고, 목사가 재판회의 회장이 되어야 한다고 규정한 것은 목사의 영적 권위와 우위성을 분명히 한 것이라 할 수 있을 것이다.

또한 곽안련 선교사는 목사가 반드시 당회의 회장이 되어야 하는이유에 대해 다음과 같이 언급하고 있다.

> 본 교회 목ᄉᆞ가 흥샹(恒常) 당회 ᄉᆞ쟝(長)이 되ᄂᆞ니, 이는 ᄌᆞ긔의 직분과 로회에셔 위임ᄒᆞᆫ 권셰(權勢)로 회쟝이 되ᄂᆞ니라. 목ᄉᆞ가 회쟝으로 시무ᄒᆞᄂᆞᆫ 즁(中)에ᄂᆞᆫ 본 교회나 본 당회 치리권(治理權) 하(下)에 잇지 아니ᄒᆞ니 설혹 회쟝의 허물이 잇슬지라도 로회 앞에셔만 질변(質卞)ᄒᆞᆯ 것이니라.[113]

---

112) Ibid., 122.
113) Ibid., 119.

곽안련은 당회의 회장과 관련하여 자기의 직분과 노회에서 위임한 권한에 따라 본 교회의 목사가 항상 당회의 회장이 되어야 한다고 했다. 그리고 당회장으로 시무하는 중에 목사는 본 교회나 당회의 치리권 아래에 있는 것이 아니기 때문에 설령 목사에게 허물이 있다 하더라도 노회 앞에서만 질변(質卞)할 수 있다고 했다.

각 지교회 당회에서 목사가 항상 당회장이 되고, 당회장으로 시무하는 동안 목사는 교회나 당회의 관할하에 있는 것이 아니라 노회의 관할하에 있기 때문에 목사에게 허물이 있는 경우에도 오직 노회 앞에서만 질변(質卞)할 수 있다고 한 것은 지교회 내에서의 목사직의 영적 권위와 우위성을 강조한 것이라 할 수 있다. 이러한 점은 미국 장로교회의 헌법[114]과 하지(J. A. Hodge)의 『교회정치문답조례』[115]에서도 그대로 나타나고 있다. 그리고 1919년의 『朝鮮長老敎會政治』와 1922년의 『朝鮮예수長老敎會憲法』에도 그대로 반영되어 나타나고 있다. 하지만 1919년의 『朝鮮長老敎會政治』[116]와 1922년의 『朝鮮예수長老敎會憲法』에서는 교회 내에 특별한 사정이 있을 경우에 본 교회의 담임목사 대신 다른 목사를 대리당회장으로 청할 수 있음을 다음과 같이 언급하고 있다.

당회 슈쟝 당회쟝은 의례(依例)히 그 지교회 목ᄉ가 될 거시니라. 그러나 만일 ᄉ단(事端)이 잇셔 다른 교회 목ᄉ가 회쟝이 되는 것이 합당흔 듯흔 경우에는 당회의 허락으로 본 교회 목ᄉ가 그 로회에 쇽(屬)흔 목ᄉ 즁(中) 일인(一人)을 쳥(請)ᄒ야 디리(代

114) CPC, 354.
115) J. A. Hodge, 『교회정치문답조례』, 135-136.
116) 곽안련, 『朝鮮長老敎會政治』, 20.

理)회쟝이 되게 홀 수 잇느니라.[117]

곽안련은 본 지교회 담임목사가 당회장이 되는 것이 당연한 일이
지만, 만일 특별한 사정이 생겨 다른 교회 목사가 당회장이 되는 것
이 합당한 경우에는 당회의 허락을 얻어 그 노회에 소속된 다른 목
사를 대리당회장으로 청할 수 있다고 했다.

한편, 미국 장로교회의 헌법에서는 치리회의 의결과정에서 가부
가 동수일 경우, 회장의 결정권을 인정하고 있다. 만일 치리회 내에
서 의견이 양분되어 가부가 동수일 경우에는 회장이 결정투표(casting
vote)를 하거나, 자신이 결정하기를 원하지 않으면 다시 가부를 물어
야 한다고 규정하고 있다. 만일 두 번째에도 가부가 동수일 경우에
회장이 결정권을 행사하지 않으면 그 안건은 부결된다고 규정하고
있다.[118] 그리고 『敎會政治問答條例』에서 곽안련 선교사는 각 치리
회에서 가부가 동수일 경우에 목사의 결정권에 대해 언급하고 있지
않지만, 1919년의 『朝鮮長老敎會政治』[119]와 1922년의 『朝鮮예수長
老敎會憲法』에서는 각 치리회에서 의결을 할 때 "가부표(可否票)가
동수(同數)될 째에는 결뎡(決定)ᄒᄂᆫ 권(權)이 회쟝의게 잇ᄂᆫᄃᆡ 회쟝
이 결뎡ᄒ기를 즐겨 아니ᄒ면 가부(可否)를 다시 물을 것이요. ᄯᅩ 가
부가 동수되고 회쟝이 결뎡ᄒ지 아니ᄒ면 그 ᄉ건은 ᄌ연히 부결(否
決) 되ᄂ니라."[120]고 하였다. 1919년의 『朝鮮長老敎會政治』와 1922
년의 『朝鮮예수長老敎會憲法』에서는 미국 장로교회의 헌법에서와

---

117) 朝鮮예수敎長老會總會, 『朝鮮예수長老敎會憲法』, 106.
118) *CPC*, 386.
119) 곽안련, 『朝鮮長老敎會政治』, 67.
120) 朝鮮예수敎長老會總會, 『朝鮮예수長老敎會憲法』, 169.

마찬가지로 각 치리회 내에서 가부가 동수일 경우에 회장의 결정투표권을 인정하고 있으며, 회장이 결정권을 행사하기를 원하지 않으면 다시 가부를 물어야 하고, 이때에도 가부가 동수이고 회장이 결정권을 행사하지 않으면 그 안건은 부결된다고 규정하고 있는 것이다. 그러므로 1919년의 『朝鮮長老教會政治』와 1922년의 『朝鮮예수長老教會憲法』에서는 각 치리회에서 가부가 동수일 경우 당회장인 목사의 결정권을 인정함으로써 목사의 영적 리더십에 대한 우위를 인정하고 있다고 할 수 있다.

하지만 곽안련 선교사는 목사의 영적 권위가 지니는 한계에 대해서도 다음과 같이 지적하고 있다.

> 목ㅅ는 예수의 종인즉 온젼히 예수의 권하(權下)에 직(在)ᄒ야 범ㅅ(凡事)에 복종(服從)ᄒ며, 함ᄭ 쟝로된 쟈(者)의게도 순죵(順從)홀 거시오. 교회를 억지로 쥬쟝(主掌)ᄒ지 말고 반ᄃ시 덕(德)을 셰우며 유익ᄒ도록 교도(教導)ᄒ고 치리(治理)홀지니라.[121]

곽안련은 목사는 예수 그리스도의 종으로서 오직 모든 일에서 예수의 권위 아래 복종해야 하고, 장로들에게도 순종하며, 교회를 억지로 주장하지 말고 반드시 덕을 세우고 유익이 되도록 가르치고 인도하며 치리를 행해야 한다는 것을 강조했다. 이는 비록 목사의 영적 리더십이 지교회 내에서 권위와 우위성을 가지고 있다 하더라도 교회의 머리요, 진정한 주권자인 예수 그리스도에게 복종하고, 교인들에 의해 직접 선출되고 회중 리더십을 대표하는 장로들에게도 서

---

121) 곽안련, 『教會政治問答條例』, 48.

로 순종해야 한다는 것을 지적한 것이라 할 수 있다. 그리고 교회의
덕을 세우기 위해 목사가 장로와 더불어 서로 협력하고 연합하여 교
회를 다스리는 겸손과 섬김의 자세를 보일 때 목사의 참다운 권위와
리더십이 발휘된다는 점을 보여 주고 있다고 할 수 있을 것이다.

그리고 곽안련은 예수 그리스도의 몸 된 교회 내에서 목사와 교인
들이 서로 화합해야 할 것에 대해 다음과 같이 언급하고 있다.

> 샤쇼(些少)혼 슨고를 인호야 목슨를 쳔동(遷動)호는 거시 불가
> (不可)호니라. 만약 불협(不協)되는 일이 잇슬지라도 량방(兩方)
> 이 셔로 용셔(容恕)호고 인닌(忍耐)호다가 부득이(不得已)혼 경
> 우에 슨면홀 거시오. 슨면쳥원셔(辭免請願書)가 잇슬지라도 로회
> 가 경솔히 쳐리호지 말고 화목케 호기를 면력(勉力)호다가 부득
> 이혼 경우에 허시(許施)홀 거시니라. 위임은 일싱(一生)에 관혼
> 일인즉 즁대(重大)혼 슨고(事故)가 업스면 경솔(經率)히 희제(解
> 除)호지 못호느니라.[122]

곽안련은 교인들과 목사 사이에 불협하는 일이 있다 하더라도 경
솔하게 목사를 사면하려고 하지 말고 서로 용서하고 인내해야 하며,
부득이하게 목사의 사면을 원하는 청원서가 제출된다 하더라도 노
회는 다시 한번 서로의 화합을 위해 노력해야 한다는 것을 역설하고
있다. 그는 교회의 정치에 있어 사랑과 화평, 영적 리더십과 회중 리
더십의 조화와 균형이 무엇보다 중요하다는 것을 강조하고 있는 것
이다.

교회는 예수 그리스도의 몸이요, 성령이 거하시는 전이며, 하나님

---

122) Ibid., 346-347.

의 집이다. 따라서 교회의 중대사를 처리할 때 목사가 영적 권위를 행사하고 목사의 영적 리더십이 우위성을 갖는 것은 당연하면서도 중요한 의미를 지닌다. 장로교 정치는 교회 공동체를 치리할 때 장로와 집사로 대표되는 회중 리더십과 목사로 대표되는 영적 리더십의 조화와 균형을 꾀하면서도 교회 공동체가 지니는 영적 리더십의 우위성을 중요시하고 있다. 장로교 정치에서의 두 리더십 사이의 이러한 성격은 근대 민주주의의 이념과 함의를 넘어서는 민주적 교회 정치가 가지고 있는 우월성이라고 할 수 있을 것이다.

2) 회중 리더십의 견제와 균형

목사로 대표되는 영적 리더십과 장로와 집사로 대표되는 회중 리더십의 분립과 균형을 강조한 데 이어 곽안련은 장로가 중심이 되는 당회와 집사가 중심이 되는 집사회의 서로 다른 역할을 지적함으로써 교회 내 회중 리더십 사이의 견제와 균형을 언급하고 있다. 그리고 공동의회를 통해 당회의 권한 남용과 독주를 방지하고 교인들의 기본적 주권을 보장할 수 있는 방안을 제시함으로써 장로교회의 대의제 민주정치에서의 견제와 균형을 강조하고 있다.

곽안련은 "집ᄉᆞ라 ᄒᆞᄂᆞᆫ 거슨 목ᄉᆞ와 쟝로 외에 ᄯᅩ 잇ᄂᆞᆫ 직분이니, 집ᄉᆞ의 직무ᄂᆞᆫ 교회에 속ᄒᆞᆫ 일체(一切) 재정을 관리ᄒᆞᄂᆞᆫ 것과 빈핍곤란(貧乏困難)ᄒᆞᆫ 교인을 ᄉᆞᆲ혀 구제ᄒᆞᄂᆞᆫ 일을 쥬관ᄒᆞ고, 지정(財定)에 관ᄒᆞᆫ 문셔(文書)를 보관ᄒᆞᄂᆞᆫ 거시니라."[123)]고 하였다. 그는 집사는 목사와 장로 외에 교회에 존재하는 또 하나의 항존직으로서 교회

_____

123) Ibid., 65.

의 재정을 관리하고 재정에 관한 문서를 보관하며, 가난하고 고난 가운데 있는 사람들을 살펴 구제하는 일을 주된 직무로 가지고 있음을 지적하고 있다. 나아가 곽안련은 집사의 직무 수행과 관련하여 다음과 같이 이야기하고 있다.

> 쟝립집ᄉ(將立執事)들이 ᄀ인으로 집무ᄒᆯ 수 업고, 집무에 편리ᄒ기 위ᄒ야 집ᄉ회(執事會)를 조직ᄒ고 회쟝과 셔긔(書記)와 회계를 퇵ᄒ고 회록(會錄)을 준비(準備)ᄒ며 규측(規則)을 작뎡(作定)ᄒ고 범빅(凡百) ᄉ무(事務)를 그 규측에 뎡(定)ᄒᄃᆡ로 진힝(進行)ᄒ며 빈한(貧寒)한 쟈(者)를 엇더케 도와줄 것과 얼마를 구졔(救濟)ᄒᆯ 거슬 항샹(恒常) 가부를 문(問)ᄒ야 결뎡(決定)ᄒᆯ 거시니라.124)

곽안련은 쟝립집사는 개인으로서가 아니라 집사회를 통하여 집무를 수행해야 한다고 했다. 그리고 그는 집사회는 회장과 서기, 회계를 선출하고 회록을 준비하며, 규칙을 정하여 모든 사무를 규칙에 따라 처리해야 한다고 했다. 또한 집사회는 가난한 자들을 어떻게 도와주고 구제할 것인지를 항상 가부를 물어 결정해야 한다고 했다. 이는 장로들이 개인적으로 직무를 수행할 수 없고, 당회와 노회, 총회라고 하는 치리회를 통해 직무를 수행하는 것과 마찬가지로 집사들 역시 자신의 직무를 수행할 때 개인적으로가 아니라 집사회를 통해 직무를 수행해야 한다는 것을 명확히 한 것이라고 할 수 있다. 이는 장로교 정치가 지니고 있는 공동체적 성격을 분명하게 드러내는 것이라 할 수 있을 것이다.

---

124) Ibid., 73.

한편, 1919년의 『朝鮮長老敎會政治』[125]와 1922년의 『朝鮮예수長老敎會憲法』에서는 집사회 대신 제직회를 조직할 것에 대해 다음과 같이 규정하고 있다.

지교회의 온 당회와 집ᄉ들이 합(合)ᄒ야 제직회(諸職會)를 조직홀 수 잇스니, 회쟝은 목사가 례겸(例兼)ᄒ고 셔긔(書記) 회계(會計)를 션뎡(選定)ᄒ고 왕(往)ᄉ 회집ᄒᄂ니, 단현금간(但當分間)은 당회가 각기 형편에 의ᄒ야 제직회 ᄉ무를 쳐리(處理)ᄒ기 위(爲)ᄒ야 션뎡(選定)ᄒ 셔리집ᄉ(署理執事)와 조ᄉ(助事) 령슈(嶺袖)의게 제직회원의 권리를 줄 수 잇ᄂ니라. 미조직교회(未組織敎會)에셔는 목ᄉ, 조ᄉ, 령슈, 셔리집ᄉ들이 그 제직회의 ᄉ무를 림시(臨時)로 집힝(執行)ᄒᄂ니라.[126]

1919년의 『朝鮮長老敎會政治』와 1922년의 『朝鮮예수長老敎會憲法』에서는 교회가 원할 경우에 온 당회와 집사들이 연합하여 제직회를 조직하여 재정과 사무를 처리하게 하되 당회 관할하에 두어야 한다고 규정하고 있다. 그리고 당분간은 당회가 형편에 따라 서리집사와 조사 및 영수에게 제직회원의 권리를 줄 수 있으며, 미조직 교회에서는 목사와 조사, 영수, 그리고 서리집사가 제직회의 사무를 임시로 처리할 수 있다고 규정하고 있는 것이다.

또한 곽안련은 장로와 집사의 직분을 구분하면서 "쟝로는 교회의 신령(神靈)ᄒ일을 쥬관(主管)ᄒᄂ 쟈(者)요, 쟝립집ᄉ(長立執事)는 교회의 직산(財産)과 시졔등ᄉ(施濟等事)만 쥬관(主管) 쟈니라."[127]

---

125) 곽안련, 『朝鮮長老敎會政治』, 14.

126) 朝鮮예수敎長老會總會, 『朝鮮예수長老敎會憲法』, 98-99.

고 하였다. 이는 장로는 교회의 신령한 일을 주관하는 자요, 집사는 교회의 재산을 관리하는 등의 일을 주관하는 자로서 장로와 집사라고 하는 두 직분 사이에는 분명히 구별되는 역할과 직임이 있음을 지적한 것이다. 그리고 그는 "쟝립집스(將立執事)는 본 교회 당회 치리권(治理權) 하(下)에 잇느니, 일년에 일츠(一次)식 집스회(執事會)의 회록을 당회의 검스(檢查)를 밧음이 가(可)ᄒ고, 그 직무에 관ᄒ야 시(時)스로 당회와 협의ᄒ는 거시 합당ᄒᄂ니라."[128]고 하였다. 그는 장립집사는 본 교회 당회의 치리권하에 있으므로 집사회 회록을 매년 한 차례 당회에 의해 검사를 받아야 하고 직무와 관련하여 당회와 협력해야 한다고 지적하고 있는 것이다. 이를 통해 그는 집사회가 당회의 관할과 치리권하에 있음을 명확히 하고 있다. 하지만, 그는 동시에 "당회 스원(員)이 혹시 그 집스회에 언권(言權)이 잇스나 투표권은 업느니라."[129]고 했으며, "구제비(救濟費)에 ᄃᆡᄒ야 당회가 집스회와 의논 ᄒᆯ 수 잇스나, 쥬관(主管)ᄒᄂ 권(權)은 온전히 쟝립집스회(將立執事)에 잇느니라."[130]고 하였다. 그는 당회원은 집사회에 언권을 가질 수는 있으나 투표권은 없으며, 구제비와 관련하여 당회가 집사회와 의논할 수는 있으나 구제비를 주관할 권한은 오직 집사회에 있음을 지적하고 있는 것이다. 이는 장립집사들로 구성되는 집사회가 기본적으로 당회의 치리하에 있다 하더라도 당회가 침해할 수 없는 고유의 직무와 권한을 가지고 있다는 것을 분명하게

---

127) 곽안련, 『敎會政治問答條例』, 70.

128) Ibid., 73.

129) Ibid., 74.

130) Ibid., 69.

지적한 것이라고 할 수 있다. 곽안련은 장로교 정치는 당회와 집사회로 대표되는 두 회중 리더십 사이에 권한과 역할에서 분명한 구별과 한계가 있음을 지적한 것이다. 이는 지교회 내에서 두 회중 리더십이 견제와 균형을 이루어야 함을 분명히 한 것이라고 이해할 수 있을 것이다.

한편, 곽안련은 "투표권(投標權)이 잇는 회즁(會中) 과반수가 쇼집(召集)홈을 청구(請求)ᄒᄂᆞ 째 공동쳐리회(共同處里)를 쇼집ᄒᄂᆞ니라."[131]고 하였다. 그는 투표권이 있는 교인 과반수가 요청하면 공동의회를 개최할 수 있다고 언급한 것이다. 이는 교회 내의 중대한 사안에 대하여 교인들이 공동의회를 소집하여 당회나 집사회를 견제할 권한이 있다는 것을 명시한 것이라 할 수 있다. 하지만 곽안련은 동시에 교인들의 공동의회 소집 요구를 당회가 제한할 수 있는 권한에 대해 다음과 같이 언급하고 있다.

> 회원이 공동쳐리회(共同處里) 쇼집(召集)을 청원(請願)홀지라도 회를 쇼집홈으로 교회에 히(害)가 될 쥴로 인뎡(認定)ᄒ면 당회가 쇼집ᄒ지 아니홀 수 잇ᄂᆞ니라. 이에 디ᄒᄋᆞ야 교우들은 로회에 긔소(起訴)홀 수 잇고, 당회ᄂᆞ 로회가 판결(判決)ᄒ기까지 쇼집 아니홀 수 잇ᄂᆞ니라.[132]

곽안련은 교인들이 공동의회 소집을 요구한다 하더라도 공동의회를 소집하는 것이 전체 교회에 해가 될 것이라 판단되면 당회가 공동의회를 소집하지 않을 수 있다고 하였다. 하지만 이 경우에 교인

---

131) Ibid., 147.

132) Ibid.

들은 당회를 노회에 기소할 수 있고 당회는 노회의 결정이 내려질 때까지 공동의회를 소집하지 않을 수 있다는 것을 지적하고 있는 것이다. 이는 교인들이 무분별하게 공동의회를 소집하여 당회의 치리권을 방해하고 교회에 해를 끼치는 행위를 하지 못하도록 할 권한을 당회에 부여하고 있는 것이라 할 수 있다. 물론 그는 당회의 권한 남용과 독주를 막기 위해 당회가 교인들의 공동의회 소집권을 제한하는 경우, 교인들은 당회를 노회에 기소함으로써 교인들의 기본적 주권을 보장할 수 있는 권한을 가지고 있다는 것 또한 분명히 제시하고 있다고 할 수 있다.

또한 곽안련은 교인의 대표 선출을 위한 공동의회 소집권과 관련하여 다음과 같이 언급하고 있다.

당회가 전권(專權)으로 작뎡(作定)ᄒᆞᄂᆞᆫ 거시나 교회가 (무흠 입교인) 당회에 되ᄒᆞ야 투표ᄒᆞᆯ 시(時)와 쳐소(處所)를 쳥원(請願)ᄒᆞᆯ 수 잇스며, 당회가 투표ᄒᆞᆯ 공동처리회(共同處里會)를 쇼집(召集)지 아니ᄒᆞ면 교회가 로회에 고소(告訴)ᄒᆞᆯ 거시오. 로회가 당회에 되ᄒᆞ야 공동처리회를 쇼집ᄒᆞ라고 명령ᄒᆞᆯ 수 잇ᄂᆞ니라. 당회가 회집ᄒᆞᆯ 시(時)와 쳐소(處所)를 쥭뎡(作定)ᄒᆞ며 퇴ᄒᆞᆯ 명수(名數)를 광고ᄒᆞ고 공쳔(公薦)ᄭᅵ지 ᄒᆞᆯ 수 잇스ᄂᆞ, 교인의 투표ᄒᆞᄂᆞᆫ 거슨 간섭지 못ᄒᆞᄂᆞ니라.[133]

곽안련은 교인들이 공동의회를 소집하여 장로나 집사를 선출하고자 할 때, 당회가 전권으로 투표할 일시와 장소를 결정할 권한을 가지고 있다고 했다. 그와 동시에 그는 무흠 세례교인(입교인)들 역시

133) Ibid., 267.

교회 직분자 선출을 위한 공동의회 소집을 당회에 요구할 수 있다고 했다. 만일 당회가 교인들의 청원을 무시하고 공동의회를 소집하지 않을 경우에는 노회에 고소할 권한을 가지고 있다고 했다. 그리고 비록 당회가 투표할 일시와 장소를 결정하고 후보자를 공천할 권한을 가지고 있다 하더라도 교인들의 투표권에는 결코 간섭할 수 없다는 것을 명확하게 제시하고 있다. 이를 통해 곽안련은 교회 직원의 선출 과정에서 교인들이 침해당할 수 없는 기본적 주권을 가지고 있으며, 당회의 권한 남용과 전횡을 방지할 수 있는 견제권을 가지고 있다는 것을 분명히 하고 있다.

곽안련 선교사는 "본 당회ᄂ 샹회(上會)가 쇼집(召集)ᄒ 회에셔만 쟝로를 투표 션거(選擧)ᄒᆯ 거시니, 만일 회원의 ᄌ의(自意)대로 회집ᄒ야 쟝로를 투표 션거ᄒ면 무효 되ᄂ니라."[134]고 하였다. 그는 당회나 상급 치리회가 소집하는 공동의회에서만 교인들의 대표를 투표하여 선출할 수 있으며, 만일 교인들이 임의대로 회집하여 장로를 투표하여 선출하는 것은 무효임을 지적하고 있는 것이다. 이는 교인들이 당회의 권한 남용을 방지할 수 있는 견제권을 가지고 있지만, 교인들이 임의로 자신의 대표인 장로를 선출할 수 없고 오직 당회가 소집하거나 상회의 지시에 의해 소집된 공동의회에서만 교인들의 대표를 선출할 수 있도록 함으로써 교인들의 투표로 선출된 당회의 치리권을 분명하게 지적하고 있다고 할 수 있다. 하지만 교회에서 치리권을 가지고 있는 당회의 소집과 관련하여 곽안련은 "(1) 본 교회 목ᄉ가 필요ᄒ 줄로 아는 쌔 (2) 쟝로 즁(中) 이인 이샹(以上)의

---

134) Ibid., 148.

쇼집(召集) 청원(請願)이 잇는 째 (3) 로회의 쇼집 명령이 잇는 째 (4) 보통으로 일개월에 일회식 회집ᄒᆞ는 뎡긔(定期)가 잇는 째"135) 당회를 소집할 수 있다고 하였다. 그는 본 교회 담임목사의 요구나 장로 2인 이상의 청원이 있을 때, 노회의 명령이 있을 때, 그리고 매월 한 차례 회집하는 정기회가 있을 때 당회를 소집할 수 있다는 당회 소집권에 대해 언급하고 있다. 이렇게 함으로써 곽안련은 목사와 장로, 그리고 노회의 당회 소집권은 명시적으로 인정하면서도 집사회나 교인들의 당회 소집권에 대해서는 명시적인 언급을 피함으로써 집사회나 일반 교인들의 당회 소집권을 실질적으로 제한하고 있다. 이는 곽안련 선교사가 교인의 대표를 선출하기 위한 공동의회 외에 교회의 제반 사무와 중대사를 결정하고 처리하는 데서 당회의 권한 남용과 독주를 견제할 수 있는 집사회나 일반 교인들의 권한에 대해서는 소극적으로 접근하고 있음을 보여 주는 것이라 할 수 있을 것이다. 이러한 측면은 1919년의 『朝鮮長老敎會政治』와 1922년의 『朝鮮예수長老敎會憲法』에서도 그대로 반영되고 있다. 1919년의 『朝鮮長老敎會政治』136)와 1922년의 『朝鮮예수長老敎會憲法』에서는 당회의 소집과 관련하여 다음과 같이 규정하고 있다.

당회는 편리대로 삼(三)기월에 일회(一回式)식 뎡긔히(定期會)로 회집ᄒᆞ되 본 교회 목ᄉᆞ가 필요ᄒᆞᆫ 줄노 인뎡(認定)ᄒᆞᆯ 째와 쟝로 이인(二人) 이샹이 청구(請求)ᄒᆞᆯ 째와 로회가 회집을 명ᄒᆞᆯ 째에 쇼집ᄒᆞᆯ 거시오. 만일 목ᄉᆞ가 업는 경우에는 쟝로 이인(二人)이

---

135) Ibid., 151.
136) 곽안련, 『朝鮮長老敎會政治』, 23.

당회를 쇼집홀 수 잇느니라.[137]

1919년의 『朝鮮長老敎會政治』와 1922년의 『朝鮮예수長老敎會憲法』에서는 당회는 편리한 대로 3개월에 한 차례씩 정기 당회로 회집할 수 있으며, 본 교회 담임목사가 필요하다고 인정할 경우나 장로 2인 이상의 청원이 있을 때, 그리고 노회의 소집 명령이 있을 때 임시당회를 소집할 수 있다고 규정하고 있다. 그리고 만일 목사가 없는 경우에는 장로 2인이 당회를 소집할 수 있다고 규정하고 있다. 교인들의 당회 소집 요구권에 대한 규정을 두지 않고 있는 것에 비해 목사가 없을 경우에 장로 2인만으로 당회를 소집할 수 있도록 규정한 것은 집사회나 일반 교인들의 당회 소집권은 여전히 제한하면서도 장로의 당회 소집권을 강화하고 있음을 보여 주는 것이라 할 수 있다.

비록 당회의 권한 남용과 전횡에 대해 교인들이 노회에 고소할 수 있는 권리를 가지고 있다 하더라도 각 지교회 내에서 집사회나 일반 교인들이 교회의 중대한 일에 대해 당회를 소집하여 공개적인 논의를 하도록 요구할 수 있는 당회소집권을 부여하지 않음으로 인해 교회 내 직접 민주정치의 실현을 일정 정도 제한하고 있는 것은 교회 내 회중 리더십의 견제와 균형이라는 측면에서 아쉬운 점이라 하지 않을 수 없다. 집사회나 공동의회가 당회에 대한 적절한 견제권을 행사하지 못할 때, 인간의 죄성과 연약성은 권한의 남용과 독주로 나아갈 수밖에 없는 약점을 지니고 있다. 대의제 민주정치는 일반 회중이 자신들의 대표를 선출하고 그들에게 치리권을 위임하지만,

---

137) 朝鮮예수敎長老會總會, 『朝鮮예수長老敎會憲法』, 110.

필요할 경우 정해진 규정에 따라 대표를 소환하여 자신들이 위임한 치리권을 적절히 사용하여 직무를 제대로 수행하고 있는지를 감시하고 평가할 수 있는 권한을 보장해야만 한다. 특별히 장로나 집사가 종신제로 직무를 수행하는 상황에서 공동의회가 당회와 집사회를 감시하고 소환하며, 평가할 수 있는 권한을 갖는 것은 장로교회의 민주정치를 발전시키기 위한 무엇보다도 소중한 제도적 장치가 될 수 있을 것이다.

그리고 곽안련은 각 치리회의 비공개 회의에 대해 다음과 같이 언급하고 있다.

> 쟝로회 각 치리회가 의회를 다 공기(開)ᄒᆞᄃᆡ 혹 비밀회(秘密會)로 회집ᄒᆞᆯ 수 잇ᄂᆞ니, 당회가 회집시(會集時)마다 공기ᄒᆞᆯᄂᆞ지 비밀회 ᄒᆞᆯᄂᆞ지 미리 쟉뎡(酌定)ᄒᆞᄃᆡ 투표ᄒᆞ여 삼분지(之) 이(二)의 가표(可)를 득(得)ᄒᆞ여야 비밀회로 긔회ᄒᆞᆯ 수 잇ᄂᆞ니라. 당회가 일ᄎᆞ(一次) 회집ᄒᆞᄂᆞ 동안에 반분(半分)은 공기로 반분은 비밀회로 긔회(開時)ᄒᆞᆯ 수 잇ᄂᆞ니라.[138]

곽안련은 장로교회의 각 치리회는 모든 회의를 공개적으로 진행하되, 필요한 경우에는 3분의 2의 찬성을 얻어 비공개 회의로 진행할 수 있다고 했다. 또한 그는 당회가 1차 회집할 때 절반은 공개 회의로, 나머지 절반은 비공개 회의로 진행할 수 있다고도 했다.

비록 기본적으로는 당회를 공개하여 진행해야 하고, 비공개 회의를 소집하려면 당회원 3분의 2의 찬성을 요구하는 엄격한 규정을

---

138) 곽안련, 『教會政治問答條例』, 151.

두고는 있지만, 당회가 비공개 회의를 소집할 수 있도록 규정함으로써 당회의 권한 남용과 독주의 여지를 남기고 있는 것은 교회 민주주의를 위해 아쉬운 점이라 할 수 있을 것이다.

당회의 비공개 회의의 소집에 관한 사항은 하지(J. A. Hodge)의『교회정치문답조례』에서도 나타나고 있다. 하지는 장로교회의 모든 치리회는 공개되어야 하지만, 회중들에게 공개하지 않아야 할 사항이라고 판단되거나 비공개로 재판을 해야 하는 경우에는 비공개로 회집할 권리가 있다고 했다.[139] 그러나 당회의 비공개 회의에 관한 규정은 1919년의『朝鮮長老敎會政治』와 1922년의『朝鮮예수長老敎會憲法』에서는 나타나지 않고 있다.

비록 비공개 당회에 관한 규정이 1919년의『朝鮮長老敎會政治』와 1922년의『朝鮮예수長老敎會憲法』에는 반영되지 않았고, 초기 한국 교회에서 일제의 교회 탄압과 장로교 정치에 대한 한국 교인들의 경험 부족과 미숙함을 전제로 한다 할지라도 당회원이 합심하여 비밀리에 교회의 중대사를 결정할 수 있는 여지를 남겨 둠으로써 교회 민주주의의 정착과 발전에 일정한 한계를 드러내고 있음은 아쉬운 일이 아닐 수 없다. 오늘날 일부 교회에서 벌어지고 있는 당회와 제직회 사이의 갈등, 장로와 집사의 갈등, 그리고 교회를 치리하는 대표들과 평신도들 사이의 갈등이 당회의 정보 독점과 미공개, 권한 남용과 전횡에 기인하고 있음을 볼 때, 당회의 비공개 회의를 인정한 것은 시대적 한계를 고려한다 하더라도 아쉬운 일이라 하지 않을 수 없다. 교인에 대한 재판 사건과 같이 교인들의 사적인 인권을 보

---

139) J. A. Hodge,『교회정치문답조례』, 166.

장하기 위해 당회를 비공개로 소집해야 할 필요가 있을 경우에도 그 요건과 한계를 명확하고 엄격하게 규정함으로써 무분별한 비공개 회의의 소집을 막는 것은 정보의 투명한 공개와 교인의 알권리의 충족이라고 하는 민주적 교회정치의 실현을 위해 필수적인 것이라 할 수 있을 것이다. 그리고 교회 내 민주주의의 발전과 교회의 화평을 위해서는 당회의 권한 남용과 독주를 막아 교회 내 분쟁의 씨앗을 원천적으로 차단할 필요가 있을 것이다.

곽안련은 목사로 대표되는 영적 리더십과 장로로 대표되는 회중 리더십의 분립과 균형, 당회와 집사회로 대표되는 회중 리더십 사이의 견제와 균형을 강조함으로써 초기 한국 장로교회의 정치에서 민주주의적 토대를 마련하였다고 할 수 있다. 장로교회의 정치는 리더십 사이의 견제와 균형을 적절하게 유지하지 못한다면, 대의제 민주정치의 장점과 가치를 상실하고 소수의 사람들이 권한을 남용하고 전횡을 일삼게 되어 결국은 교회 내 민주정치의 실종과 교회의 분쟁으로 이어질 수밖에 없다. 비록 초기 한국 장로교회에서 영적 리더십과 회중 리더십의 분립과 균형, 회중 리더십의 견제와 균형을 위한 제도적 장치를 만들어 가는 과정에서 일정한 시대적 한계와 부족함이 드러나고 있기는 하지만, 곽안련에 의해 기초가 놓인 한국 장로교회의 정치제도는 장로교 정치제도의 근간이라 할 수 있는 교인 주권과 리더십 사이의 조화와 균형의 틀을 마련했다는 점에서 이후 교회 내 민주정치를 정착시키는 데 결정적인 역할을 했다. 그리고 한국 사회의 민주주의를 발전시키는 데에도 중대한 영향을 미쳤다고 할 수 있을 것이다.

3. 삼심제 치리기구의 형성과 민주적 교회정치

1) 삼심제 치리기구의 조직

곽안련 선교사는 장로교회의 치리회에는 당회, 노회, 대회, 그리고 총회의 네 가지가 있지만, 한국 장로교회에서는 대회를 조직하지 않고 있다고 했다.[140] 따라서 한국 교회는 당회, 노회, 총회의 삼심제 치리기구를 단계적으로 조직하고 있다. 곽안련은 장로교회의 치리기구에 대해 다음과 같이 언급하고 있다.

> 본 쟝로회의 치리회는 당회, 로회, 대회, 총회니라. (1) 당회는 일기(一個)의 지교회를 치리ㅎ는 회인듸 회원은 본 교회 모든 담임목사와 모든 위임쟝로이느니라. (2) 로회흔 디방(地方) 안에 잇는 모든 교회를 치리ㅎ는 회인듸 회원은 그 디방 안에 잇는 모든 목ᄉ들과 각 교회에서 총듸(總代)로 파숑(派送)ㅎ는 쟝로들이니라 (목ᄉ 오인 이샹(以上)이라야 될 일). (3) 대회는 더 광활(廣闊)한 디방을 치리ㅎ는 회인듸 삼기(三個) 이샹의 로회가 그 구역 안에 잇서야 조직는 거시오, 회원은 그 각 로회에서 파숑ㅎ는 목ᄉ, 쟝로들이느니라. (4) 총회는 최샹급(最上級) 되는 치리회인듸 회원은 각 로회에서 파숑ㅎ는 총듸 목ᄉ와 쟝로들이느니라.[141]

곽안련은 당회는 한 지교회를 치리하는 회로서 본 교회 소속 모든 목사와 장로들로 구성된다고 했다. 그리고 노회는 한 지방 내에 있는 모든 지교회를 치리하는 회로서 그 지방 안에 있는 모든 목사와

---

140) 곽안련, 『朝鮮長老敎會政治』, 35.
141) 곽안련, 『敎會政治問答條例』, 114.

각 지교회에서 총대로 파송한 장로로 구성되며, 목사 5인 이상이 있어야 조직할 수 있다고 했다. 그리고 총회는 노회에서 총대로 파송한 목사와 장로로 구성되는 최상급 치리회라고 했다.

그리고 곽안련은 "당회는 본 지교회의 위임목수(委任牧師)들과 위임쟝로(委任長老)들로써 조직"[142]된다고 하면서 당회의 조직 요건에 대해 다음과 같이 언급하고 있다.

> 당회 뎡원(定員)의 수는 목수 일(一)인 쟝로 이(二)인 이샹(以上)이 잇슴을 요(要)ᄒᆞᆫ니, 목수 쟝로 각 일(一)인이 잇스면 당회의 ᄉᆞ무를 쳐리ᄒᆞᆯ 수 잇스나 완젼(完全)ᄒᆞᆫ 당회라 칭(稱)ᄒᆞ기 불가(不可)ᄒᆞ니라. 혹 쟝로 이(二)인 즁(中)에 결원(決員)이 잇게 되면 로회의 허낙(許諾)을 엇어야 현샹ᄃᆡ로 당회가 되ᄂᆞ니라. 션교ᄉᆞ(宣敎師)가 젼도(傳道)ᄒᆞᄂᆞᆫ 곳에 아즉 쟝로를 틱(擇)ᄒᆞ지 못ᄒᆞᄋᆞᆺ스면 션교ᄉᆞ가 홀로 당회의 ᄉᆞ무를 쳐리ᄒᆞᆯ 거시니, 이는 준당회(準當會)라.[143]

곽안련은 당회는 본 지교회의 목사와 장로들로 조직되는데, 목사 1인과 장로 2인 이상이 있어야 당회의 성수가 된다고 했다. 그리고 목사 1인과 장로 1인만 있는 경우에는 당회 사무를 처리할 수는 있지만, 완전한 당회가 될 수는 없다고 했다. 그리고 장로 2인 가운데 결원이 생긴 경우에는 노회의 허락을 얻어야만 현재의 상태로 당회가 될 수 있다고 했다. 또한 선교사가 전도하는 곳에서 아직 장로를 택하지 못한 경우에는 선교사가 단독으로 당회 사무를 처리할 수 있

---

142) Ibid., 116.
143) Ibid., 117.

는데, 이는 준당회(準當會)가 된다고 했다.

그리고 곽안련은 본 교회 목사와 관계되는 일을 처리할 때나 본 교회 목사가 신병이 있거나 유고한 상황에서 긴급하게 사무를 처리해야 할 때에는 당회의 결의로 같은 노회에 속한 이웃 교회 목사를 임시당회장으로 청할 수 있다고 했다.[144] 하지만 그는 원칙적으로는 본 교회 목사만이 자기의 직분과 노회에서 위임한 권한에 따라 본 교회의 당회장이 될 수 있으며,[145] 특별히 재판회에서는 반드시 목사가 회장이 되어야 한다고 했다.[146] 그리고 당회가 재판회로 회집할 때에는 반드시 목사 1인 이상이 출석하여야 개회할 수 있고, 개회 후에도 중대한 일을 결정할 때에는 반드시 목사가 참석해야 한다고 했다.[147] 그리고 당회는 본 교회 목사가 필요하다고 생각할 때나 장로 2인 이상이 소집을 청원할 때, 노회가 소집을 명할 때, 그리고 1개월에 한 차례씩 정기회로 개최되어야 할 때 당회장 목사가 소집한다고 하였다.[148]

또한 곽안련은 노회의 조직과 관련하여 다음과 같이 언급하고 있다.

구역(區域)이 일뎡(一定)흔 디방(地方) 안에서 잇는 모든 목ᄉᆞ와 각 지교회에서 총ᄃᆡ(總代)로 파숑(派送)ᄒᆞ는 치리쟝로(治理長老)가 회집(會集)ᄒᆞ야 로회를 조직ᄒᆞ되, 목ᄉᆞ 다ᄉᆞᆺ(五人) 이상(以上)이 잇셔야 완젼(完全)히 셩립(成立)되ᄂᆞ니라. 혹 ᄉᆡ로 전도흔 디

144) Ibid., 119.
145) Ibid.
146) Ibid., 122.
147) Ibid., 121.
148) Ibid., 151.

방에셔 쟝로를 퇵(擇)ᄒ야 완전ᄒᆫ 지교회를 셰우지 못ᄒ얏스나 목ᄉ 다숫(五人) 이샹(以上)이 잇고 일뎡(一定)ᄒᆫ 구역이 잇스면 총회의 허낙(許諾)을 엇어셔 로회를 셩립(成立)ᄒᆯ 수 잇ᄂᆞ니라.149)

곽안련은 노회는 일정한 지역 안에 있는 모든 목사와 각 지교회에서 총대로 파송하는 장로로 조직되는데, 목사 5인 이상이 있어야 한다고 했다. 그리고 새로 전도한 지방에서 아직 장로를 택하여 세우지 못하고 완전한 지교회를 조직하지 못한 경우에는 일정한 구역이 있고 목사 5인 이상이 있으면, 총회의 허락을 얻어 노회를 조직할 수 있다고 했다.

그리고 곽안련은 선교 지역에서의 노회 조직에 대해 다음과 같이 언급하고 있다.

션교ᄉ(宣敎師)의 젼도(傳道)ᄒᄂ 디방(地方)이라도 지교회 넷(四) 이샹(以上)이 잇스면 목ᄉ 다숫(五人) 이샹이 잇셔야 (지교회 넷(四) 이샹이 잇ᄂ 디방에 목ᄉ 오(五)인 이샹이 잇슴을 요구흠은 목ᄉ 션뎡(選定)ᄒᄂ 일에 게을흘가 념려흠이라) 로회가 셩립(成立)되고 지교회가 별로 업고 목ᄉ 넷(四)만 잇ᄂ 디방이라도 총회가 특별히 허낙(許諾)ᄒ야 로회를 셰울 수 잇고 또 그러ᄒᆫ 디방에 목ᄉ가 다수히 잇셧다가 넷(四) 사름만 잇셔도 로회는 잉존(仍存)ᄒᆯ 거시니라.150)

곽안련은 선교사가 전도하는 지역이라 하더라도 4개 이상의 지교

149) Ibid., 164-165.
150) Ibid., 166.

회가 있으면 목사 5인 이상이 있어야 노회가 성립될 수 있다고 했다. 그리고 지교회가 별로 없고 목사가 네 사람만 있는 지방이라 하더라도 총회가 특별히 허락하여 노회를 설립할 수 있다고 했다. 그리고 그러한 지방에 다수의 목사가 있었다가 네 사람만 남은 경우에도 노회로 인준할 수 있다고 했다. 그리고 특별히 4개 이상의 지교회가 있는 지역에서 목사 5인 이상이 있어야 노회를 조직할 수 있다고 한 것은 목사를 선정하는 일에 게으르지 않도록 하기 위해서라고 덧붙이고 있다.

그리고 곽안련은 노회의 관할에 대해 다음과 같이 언급하고 있다.

> 그 디경너(該境內)에 잇는 모든 쟝로회 목수는 맛당히 그 로회 관할(管轄) 하(下)에 잇스나, 다른 디방(地方)에서 이리(移來)한 목수는 이명셔(移名書)를 지리(持來)홀 째신지 그 본 로회 관할 하(下)에 잇느니라. 이리(移來)한 목수가 그 디방에서 무슴 일이든지 경영(經營)코져 즛하면 몬져 이명셔를 지리(持來)하야 그 로회에 입회(入會)한 후에 일하는 거시 합당(合當)하니라. 혹 림시(臨時)로 이명셔가 업슬지라도 그 로회의 허낙(許諾)을 엇으면 무슴 일이든지 홀 수 잇스나, 무임목수(無任牧師)들은 특별히 그 디방 로회에 입회하는 거시 가(可)하니라.[151]

곽안련은 해당 구역 내에 있는 모든 지교회와 전도하는 사무가 모두 노회의 관할하에 있으며, 그 구역 내에 있는 모든 목사도 그 노회의 관할하에 있다고 했다. 그러므로 다른 지역에서 옮겨 온 목사는 이명서가 접수되어 처리될 때까지는 본 노회 관할하에 있으므로 해

---

151) Ibid., 165.

당 지역에서 사역을 행하고자 하면 먼저 이명서를 제출하여 그 노회에 입회해야 한다고 했다. 그리고 노회의 허락이 있으면 이명서가 처리되기 전에도 임시로 사역을 할 수 있지만, 무임목사는 특별히 그 지방 노회에 입회하는 것이 바람직하다고 했다.

그리고 곽안련은 장로교 정치나 신경에 대한 해석을 같이하는 지교회들이 정해진 노회 구역을 무시하고 별도로 노회를 설립하는 것에 대해 다음과 같이 언급하고 있다.

> 일뎡(一定)흔 디방(地方) 경계(境界)를 파훼(破毀)ᄒ고 ᄌ의(自意)로 로회를 셜립(設立)홈은 허(許)치 못홀 거시니, 그딕로 ᄒ면 여러 가지 불법(不法)흔 일이 발생하기 쉽고 교회의 도리(道理)와 정치가 문란(紊亂)ᄒ야 분쟁(紛爭)이 쉬지 아니 홀 거시니라.152)

곽안련은 정해진 노회 구역을 무시하고 별도로 노회를 설립하게 되면, 여러 가지 불법한 일이 발생하기 쉽고, 교회의 도리와 정치가 문란하게 되어 분쟁이 끊이지 않을 것이기 때문에 정해진 노회 구역을 무시하고 별도로 노회를 설립하는 것은 허락할 수 없다는 것을 분명히 하였다. 그리고 특별한 사정이 없다면 노회는 일정한 관할 구역이 있어야 하고, 노회의 관할 구역은 총회가 관계되는 두 노회의 허락을 얻어 결정할 수 있다고 했다. 그러나 만일 관계되는 두 노회가 반대한다면 총회가 전권으로 노회의 구역을 결정할 수 있다고 했다.153)

---

152) Ibid., 165-166.
153) Ibid., 170.

그리고 곽안련은 각 지교회가 노회에 파송하는 총대장로의 비율에 대해 다음과 같이 제시하고 있다.

각 지교회가 총ᄃᆡ쟝로(總代長老) ᄒᆞᄂᆞ(一人)씩 파숑홀 거시니라. 그러ᄒᆞ나 교회에 동ᄉᆞ목ᄉᆞ(同事牧師)가 다수(多數)히 잇스면 혹 그 목ᄉᆞ의 수에 의ᄒᆞ야 총ᄃᆡ쟝로를 파숑홀 수 잇ᄂᆞ니, 엇던 곳에ᄂᆞᆫ 교회 하ᄂᆞ(一)에 목ᄉᆞ가 다수히 잇고 엇던 곳에ᄂᆞᆫ 다수한 교회가 ᄒᆞᆫ 몸이 되니, 동ᄉᆞ목ᄉᆞ가 다수히 잇스면 다 ᄀᆞᆺ(同一)ᄒᆞᆫ 방침으로써 목ᄉᆞ의 수와 여(如)히 총ᄃᆡ쟝로를 로회에 파숑ᄒᆞ되 만일 그 목ᄉᆞ 즁(中)에 로흔(老昏)ᄒᆞᆫ 쟈(者)나 병든 쟈(者)가 잇셔 일인(一人)만 왕참(往參)ᄒᆞ게 되면 쟝로도 일인(一人)만 파숑홀 거시니라. 이 방침은 목ᄉᆞ와 쟝로의 수를 동일(同一)케ᄒᆞᄂᆞᆫ 거시됴타홈이니, 그러나 로회의 결뎡(決定)ᄃᆡ로 홀 거시니라.154)

곽안련은 각 지교회가 노회에 총대장로 1인씩을 파송해야 한다고 했다. 하지만 어떤 교회에는 하나의 교회에 다수의 목사가 있고 어떤 교회에는 다수가 한 몸이 되어 있으므로 노회에서 목사와 장로의 수를 동일하게 만들기 위해 동사목사가 많은 경우에는 목사의 수와 같이 총대장로를 파송할 수 있다고 했다. 그러나 만일 그 목사 가운데 연로한 자나 병든 자가 있어 한 명의 목사만이 참석하게 되면 총대장로도 한 사람만 파송해야 할 것이지만, 이 역시 노회의 방침을 따라야 한다고 했다. 그리고 곽안련은 목사 한 사람에 다수의 장로가 있는 교회에서는 총대장로도 한 사람만 파송해야 하지만, 한국 장로교회에서는 여러 교회에 담임목사는 한 사람밖에 없더라도 각

154) Ibid., 169.

지교회마다 장로를 장립하였으면, 각기 총대장로를 파송할 수 있도록 결정하였다고 했다.155) 한국 장로교회에 40개의 당회가 조직되어 있었지만, 한국인 목사는 불과 7명에 불과했던 1907년에 결정된 이 정책은 목회자와 회중 사이의 균형을 추구하기 위해 양측에 동등한 대표권을 부여하는 장로교회의 정치원리와는 명백하게 어긋나는 것이었다. 하지만 한국 교회의 장로들은 자신들에게 주어진 특권을 포기하려고 하지 않았다. 그래서 노회에 참여하는 목사의 수와 총대장로의 수를 같게 하여 목사의 영적 리더십과 회중 리더십 사이의 균형을 유지하고 목사와 장로에게 동등한 대표권을 부여하려는 장로교 정치의 민주적 이상은 초기 한국 장로교회에서 제대로 실현되지 못했다.156)

한편, 『敎會政治問答條例』에서 곽안련 선교사는 지교회에 담임목사가 없는 허위교회의 총대장로 파송 문제에 대해 특별한 언급을 하지 않고 있다. 그러나 하지(J. A. Hodge)의 『교회정치문답조례』157)와 1919년의 『朝鮮長老敎會政治』158)와 1922년의 『朝鮮예수長老敎會憲法』159)에서는 담임목사가 없는 허위교회라 하더라도 총대장로 1인을 노회에 파송할 수 있도록 규정하고 있다.

곽안련은 총대장로의 기한을 정하여 파송하든지 아니면 순서를 정하여 윤번제로 파송하든지 총대장로를 파송하는 방식은 각 지교회의 당회가 결정할 것이라고 했다.160) 그리고 곽안련은 노회에 참

---

155) Ibid., 170.
156) C. A. Clark, 『한국 교회와 네비우스 선교정책』, 204.
157) J. A. Hodge, 『교회정치문답조례』, 183.
158) 곽안련, 『朝鮮長老敎會政治』, 28.
159) 朝鮮예수敎長老會總會, 『朝鮮예수長老敎會憲法』, 101.

석하지 않은 총대의 문책에 대해 다음과 같이 언급하고 있다.

> 로회에 총ᄃᆡ(總代)가 불참(不參)ᄒᆞ면 로회가 그 당회에게 그 리
> 유(理由)를 치문(採問)ᄒᆞ야 당회가 총ᄃᆡ를 퇴(擇)ᄒᆞ지 아니하얏
> 스면 당회를 칙(責)하고, 만일 총ᄃᆡ가 무고(無故) 불참ᄒᆞ얏스면
> 로회가 당회에 명ᄒᆞ야 견칙(譴責)케 ᄒᆞᆯ 거시니라.[161]

곽안련은 총대가 노회에 참석하지 않은 경우에는 노회가 해당 지
교회 당회에 문의하여 만일 당회가 총대를 선정하지 않았으면 당회
를 문책하고, 당회가 총대를 선정하였음에도 불구하고 총대가 임의
로 노회에 참석하지 않은 경우에는 당회에 명령하여 해당 총대를 견
책해야 한다고 했다.

곽안련은 노회는 1년에 2회 이상 정기노회로 예정한 시일과 장소
에 회집하되, 원하면 매월 정기노회로 회집할 수도 있다고 했다.[162]
그리고 목사 2인과 각 지교회 장로 2인 이상이 청원하면 임시노회로
회집할 수 있지만, 재판 사건은 임시노회에서 처리하는 것이 바람직
하지 않다고 했다.[163] 그런데 곽안련은 그저 목사 2인과 장로 2인 이
상의 청원에 의해 임시노회가 소집될 수 있다고 했지만, 미국 장로교
회의 헌법[164]이나 하지(J. A. Hodge)의 『교회정치문답조례』[165]에서
는 임시노회 소집을 청원할 때, 각각 소속 교회가 다른 목사 2인과

---

160) 곽안련, 『教會政治問答條例』, 168.

161) Ibid.

162) Ibid., 218.

163) Ibid., 218-219.

164) *CPC*, 364.

165) J. A. Hodge, 『교회정치문답조례』, 225.

소속 교회가 다른 장로 2인이 청원해야 한다고 규정하여 임시노회 소집을 청원할 때의 요건에 대해 보다 분명하게 규정하고 있다.

그리고 곽안련은 노회의 정기회는 공개해야 하지만, 노회원 3분의 2가 찬성하면 비공개 회의로 회집할 수 있으며, 특별히 재판 사건의 경우 회의를 공개로 진행함으로 인해 교회가 훼방을 받을 우려가 있을 때에는 노회가 시간을 정하여 비공개 회의로 심리를 진행할 수 있다고 했다.[166] 또한 그는 노회가 회집할 일시와 장소를 미리 예정하여 광고한 경우에는 출석한 장로의 수와 무관하게 목사 3인만 출석하면 노회를 개회할 수 있고, 장로가 한 명도 출석하지 않더라도 개회할 수 있지만, 미국 남장로교에서는 장로 1인 이상과 목사 3인 이상이 출석해야만 개회할 수 있다고 규정하고 있으며, 한국 장로교회의 경우에도 이와 같다고 했다.[167] 그런데 미국 장로교회의 헌법에서는 노회에 속한 목사 3인과 장로 3인 이상이 출석하면 회무를 처리할 수 있도록 규정하고 있다고 했다.[168] 그리고 하지(J. A. Hodge)의 『교회정치문답조례』에서는 직임상 노회 소속 목사 3인과 장로 3인 이상이 출석하면 사무를 처리할 수 있지만, 목사는 말씀의 선포자일 뿐만 아니라 치리장로도 겸하고 있기 때문에 장로가 출석하지 않더라도 목사 3인만 출석하면 회무를 진행할 수 있다고 했다.[169] 그리고 1919년의 『朝鮮長老敎會政治』[170]와 1922년의 『朝鮮예수長老敎會憲法』에서는 "로회가 예뎡(預定)한 쳐소(處所)와 시일

---

166) 곽안련, 『敎會政治問答條例』, 222.
167) Ibid., 173; J. A. Hodge, 『교회정치문답조례』, 184.
168) *CPC*, 362.
169) J. A. Hodge, 『교회정치문답조례』, 184.
170) 곽안련, 『朝鮮長老敎會政治』, 28.

(時日)에 본 로회에 쇽(屬)흔 목ᄉ 삼인(三人) 이샹(以上)과 쟝로 이인(二人) 이샹이 회집ᄒ면 기회(開會)홀 셩수(成數)가 되ᄂ니, 로회의 일체(一切) ᄉ무(事務)를 쳐리(處理)홀 수 잇ᄂ니라."171)고 규정하고 있다. 예정한 시일과 장소에 본 노회 소속 목사 3인 이상과 장로 2인 이상이 회집하면 노회의 개회성수가 되고, 노회의 사무 일체를 처리할 수 있다는 것이다.

곽안련은 또한 본 노회의 회원 목사가 모두 사망하고 2인만 남은 경우에는 그 두 사람이 회집하여 신입 회원을 받아들이기도 하고, 그 신입 회원과 함께 모든 노회 사무를 처리할 수 있다고 했다. 하지만 성수가 부족한 가운데 개회한 노회에서는 어떤 사건도 재판을 진행할 수 없고 총회에 파송할 총대도 선출할 수 없으며, 처리한 사무는 추후에 총회의 승인을 얻어야만 완전한 사무 처리가 될 수 있다고 했다.172)

곽안련은 "총회라 ᄒᄂ 거슨 쟝로교회 즁(中) 최고급(最高級) 치리회"173)이며, "젼국(全國) 교회의 ᄃ표(代表)가 되되 총ᄃ(總代)들은 기인(個人)으로 각 로회의 ᄃ표만 되ᄂ니라."174)고 했다. 그는 총회는 장로교회의 최고급 치리회로서 전국 교회를 대표하지만, 각 총대들은 개인으로서 각 노회의 대표만 된다고 언급하고 있다. 그리고 그는 "그 소쇽(所屬) 로회가 뎡(定)흔 방법에 의ᄒ야 총ᄃ(總代)로 션퇵(選擇) 파숑(派送)ᄒᄂ 목ᄉ와 치리쟝로가 총회 ᄉ원(員)이 되되

171) 朝鮮예수敎長老會總會, 『朝鮮예수長老敎會憲法』, 117.
172) 곽안련, 『敎會政治問答條例』, 173-174.
173) Ibid., 239.
174) Ibid., 240.

목ᄉ와 쟝로의 수ᄂᆞᆫ 샹동(相同)ᄒᆞ게 됨을 요구ᄒᆞᄂᆞ니라."[175]고 했다. 그는 소속 노회가 정한 방법에 따라 선택하여 파송한 총대목사와 총대장로가 총회의 성원이 되며, 총대목사와 총대장로는 그 수가 같아야 한다고 언급했다.

한편, 총회 총대 파송 비율에 대해 하지(J. A. Hodge)의 『교회정치문답조례』에서는 24인 미만의 목사로 구성된 각 노회는 목사 1인당 장로 1인씩 총대를 파송하고, 24인을 초과하는 목사로 구성된 각 노회는 목사가 24인을 초과할 때마다 목사 1인에 장로 1인씩을 추가로 파송하며, 목사가 12인만 되면 반올림하여 적용할 수 있다고 했다.[176] 그리고 1919년의 『朝鮮長老敎會政治』[177]와 1922년의 『朝鮮예수長老敎會憲法』에서는 총회에 파송할 총대의 비율에 대해 다음과 같이 규정하고 있다.

> 각 로회 디방(地方)에 잇ᄂᆞᆫ 당회 수대로 ᄆᆡ칠(七)기 당회에셔 목ᄉ 일인(一人)과 쟝로 일인(一人)씩을 총ᄃᆡ(總代)로 파송(派送)ᄒᆞᆯ 것이니라(단 수가 싱(生)ᄒᆞᄂᆞᆫ 경우에ᄂᆞᆫ 칠(七)분지 ᄉᆞ(四) 이샹(以上)은 당회에 준(準)ᄒᆞ야 총ᄃᆡ를 파송(派送)ᄒᆞᆯ 것).[178]

1919년의 『朝鮮長老敎會政治』와 1922년의 『朝鮮예수長老敎會憲法』에서는 각 노회의 관할 지역에 있는 당회의 수대로 7개 당회마다 목사 1인과 장로 1인씩을 총대로 파송하되, 그 수가 생(生)하는 경우

---

175) Ibid., 241.

176) J. A. Hodge, 『교회정치문답조례』, 248.

177) 곽안련, 『朝鮮長老敎會政治』, 35-36.

178) 朝鮮예수敎長老會總會, 『朝鮮예수長老敎會憲法』, 126.

에는 7분의 4 이상은 당회에 준하여 총대를 파송할 수 있다는 것이었다.

곽안련은 미국 북장로교에서는 개회성수인 14인이 모두 목사라 하더라도 총회를 개회할 수 있고, 남장로교에서는 18인의 개회성수 가운데 목사가 9인 이상, 장로가 5인 이상 출석해야 총회를 개회할 수 있다고 규정하고 있다고 했다.[179] 하지만 그는 "총회가 이뎡(已定)한 쌔와 쳐소(處所)에 총디 십사(十四)인이 회집ᄒ면 수무를 쳐리 ᄒᆯ 만한 셩수(成數)가 되되, 그 즁(中) 칠(七)인은 목ᄉ라야 되ᄂᆞ니라."[180]고 하였다. 그는 예정한 일시와 장소에 총대 14인이 참석하면 총회의 개회성수가 되지만, 14인의 총대 가운데 7인은 반드시 목사라야 한다는 점을 강조하고 있는 것이다. 하지만 1919년의 『朝鮮長老教會政治』[181]와 1922년의 『朝鮮예수長老教會憲法』에서는 "출셕원(出席員) 즁(中) 반수(半數)가 목ᄉ라야 셩수(成數)가 되고, ᄯ또 총디 목ᄉ 즁 과반수(過半數)가 출셕ᄒᆞ여야 긔회(開會)ᄒᆯ 수 잇"[182]다고 규정하고 있다. 이는 총회가 성립되려면 출석한 총대 가운데 과반수가 목사여야 하고, 총대목사 가운데 과반수가 출석하여야 개회성수가 된다는 점을 강조하고 있는 것이다.

또한 곽안련은 만일 예정한 일시와 장소에 필요한 개회성수가 회집하지 못하면 다시 총회로 회집할 일시와 장소를 결정하고 정회할 것이며, 사무는 처리할 수 없다고 했다.[183]

---

179) 곽안련, 『教會政治問答條例』, 242.

180) Ibid.

181) 곽안련, 『朝鮮長老教會政治』, 36.

182) 朝鮮예수教長老會總會, 『朝鮮예수長老教會憲法』, 127.

183) 곽안련, 『教會政治問答條例』, 242.

그리고 곽안련은 총회를 얼마나 자주 회집할 것인지에 대해서 다음과 같이 언급하고 있다.

(1) 쟝로회 졍치ᄂᆞᆫ 치리권(治理權)이 ᄀᆡ인(個人)에게 잇지 안코 계급(階級)을 ᄯᅡ라 치리회에 잇스나, 그 각 회가 자조(頻數) 회집 (會集)홈이 가(可)흔 일. (2) 본 교회의 ᄂᆡ디(內地) 급(及) 외디(外 地) 젼도국(傳道局) ᄉᆞ건(事件)과 기타 각 ᄃᆡ리국(代理局)의 ᄉᆞ건 을 쳐리(處理)ᄒᆞ기 위ᄒᆞ야 자조 회집홈이 가흔 일. (3) 총회에 쇽 (屬)흔 교회 ᄉᆞ이에 련합(聯合)과 화평과 교통과 샹신(相信)ᄒᆞ기 를 위ᄒᆞ야 자조 회집홈이 가흔 일. (4) 공소(控訴)와 고소(告訴) 를 결뎡(決定)ᄒᆞ기 위ᄒᆞ야 자조 회집홈이 가흔 일.184)

곽안련은 3년마다 한 차례 총회를 회집하자는 논의가 있었지만, 장로교 정치는 치리권이 개인이 아니라 각 치리회에 있으므로 각 치리회가 자주 회집하는 것이 좋다고 했다. 그리고 본 교회 내외지(內 外地) 전도국의 사건과 기타 각 대리국의 사건을 처리하고, 공소(控 訴)와 고소(告訴)를 결정하며, 소속 교회들 사이의 연합과 화평과 교 통을 위하여 자주 회집하는 것이 좋기 때문에 총회는 매년 한 차례 이상 회집하는 것이 바람직하다고 했다. 그리고 총회는 임시회로 회 집할 수 없고, 총회가 폐회하게 되면 해산된 것이기 때문에 아무런 권한도 없으며, 다음 해에 새롭게 파송되는 총대로 새로 개회해야 한다고 했다.185)

한편, 곽안련은 총회 회장의 결정투표권에 대해 다음과 같이 언급

---

184) Ibid., 259-260.
185) Ibid., 260-261.

하고 있다.

> 총회 ᄉ쟝(長)이 다른 회원과 ᄀᆞ치 투표홀 수 잇스나, 다른 회원
> 투표 홀 째에 회쟝은 흔히 투표 아니ᄒᆞᄂᆞ니라. 회원의 투표 가부
> 수(可不數)가 서로 ᄀᆞ홀 째에ᄂᆞᆫ 회쟝은 결녕(決定)ᄒᆞᄂᆞᆫ 투표를
> 홀수 잇스되, 그 째에도 투표 아니ᄒᆞ면 그 문뎨(問題)ᄂᆞᆫ ᄌᆞ연(自
> 然)히 부결(否決)되고, 회원 투표시에 회쟝이 투표ᄒᆞ얏스면 가부
> 표(可不標)가 셔로 ᄀᆞ할지라도 회쟝이 ᄯᅩ 투표ᄒᆞ지 못ᄒᆞᄂᆞ니
> 라.186)

곽안련은 총회의 회장은 다른 회원들과 마찬가지로 투표권을 가
지고 있지만, 대체로 다른 회원들이 투표할 때에는 투표를 하지 않
으며, 가부가 동수일 때는 결정권(casting vote)을 행사할 수 있다고
했다. 그러나 회장이 결정권을 행사하지 않으면 그 안건은 부결되며,
만일 다른 회원들이 투표를 할 때 회장도 투표를 했다면 가부가 동
수일 때에도 회장은 결정권을 행사하지 못한다고 했다. 그리고 총회
회장은 부회장이나 마지막 증경 총회장에게 그 직무를 임시로 대리
하게 할 수 있다고 했다. 특별히 회장이 소속된 노회와 관련된 사건
을 다루는 재판회에서는 임시회장을 택하여 대리로 시무하게 하는
것이 바람직하다고 했다.187)

2) 치리기구의 권한과 책임

곽안련 선교사에 의하면 당회는 시벌 아래 있는 교인을 포함하여

---

186) Ibid., 263-264.
187) Ibid., 264.

모든 세례교인(입교인)과 모든 유아세례교인과 모든 학습교인들을 관할한다.[188] 그는 당회가 본 교회에 대한 치리에서 다음과 같은 권한을 가지고 있다고 했다.

첫지 권(權)은 교인들의 지식과 힝위(行爲)를 심찰(審察)ᄒᆞᄂᆞᆫ 거시니, 이ᄂᆞᆫ 교인들이 도리(道理)에 듸ᄒᆞ야 엇더케 밋ᄂᆞᆫ 것과 진리 즁(中)에 쟝셩(長成)ᄒᆞᄂᆞᆫ 것과 모든 힝위를 삷혀셔 위반되ᄂᆞᆫ 일이 업도록 쥬의ᄒᆞᆯ지니라. … 데이(第二) 권(權)은 지판(裁判)ᄒᆞᄂᆞᆫ 거시니, 이ᄂᆞᆫ 본 교회 교인 즁에 범죄쟈(犯罪者)가 잇스면 당회가 그 범죄쟈와 관계되ᄂᆞᆫ 교회 ᄉᆞ원(員)과 증인을 소집ᄒᆞ야 진리에 합당하도록 심판ᄒᆞᄂᆞᆫ 거시니, 지교회 교인은 그 교회 당회라야 지판ᄒᆞᄂᆞᆫ 권(權)이 잇ᄂᆞ니라.[189]

곽안련은 당회가 가지고 있는 첫 번째 권한은 교인들의 지식과 행위를 심찰하는 것인데, 교인들이 교리를 어떻게 믿는 것과 진리 가운데 성장하는 것과 모든 행위가 위반되는 일이 없도록 살피는 것이라고 했다. 그리고 당회가 가지고 있는 두 번째 권한은 교인들 가운데 범죄를 범한 자가 있으면 그 범죄자와 관계가 있는 교회 직원과 증인을 소환하여 진리에 합당하도록 재판하는 것이며, 각 지교회 교인들에 대한 재판권은 해당 교회 당회만이 가질 수 있다고 했다.

그리고 곽안련은 당회가 가지고 있는 세 번째 권한에 대해 다음과 같이 언급하고 있다.

---

188) Ibid., 123.
189) Ibid., 125-126.

셋지 권(權)은 입교(入敎)ᄒ게 ᄒᄂ 권이니, 이에 네(四) 됴건(條件)이 잇ᄂ니라. (1) 교회 외(外)에 잇던 쟈(者)가 죄를 회기ᄌ복(悔改自服)ᄒ고 밋노라 ᄒᄂ 쟈를 문답(問答)홈으로 셰례(洗禮)를 베푸러 입교케 ᄒᄂ것이라. 이 권(權)은 다른 치리회에는 업고 당회에만 잇ᄂ니라. (2) 다른 교회에셔 본 교회로 이명셔(移名書)를 가지고 이릭(移來)ᄒᄂ 회원을 문답업시 입회케 ᄒᄂ 거시라. (3) 유ᄋ셰례(洗禮)를 밧은 쟈를 문답 입회케 ᄒᄂ 일이라. (4) 히벌(解罰)ᄒᄂ 일이라. 회기(悔改)ᄒᆫ 참 증거가 잇서야 힝(行)ᄒᄂ니라.190)

곽안련은 당회가 가지고 있는 세 번째 권한은 교인을 입교시키는 것인데, 이는 교회의 사무 가운데 가장 중요한 것이라고 했다. 그는 또한 당회는 믿지 않던 자가 회개하고 믿음을 고백할 때 그를 문답하고 세례를 주어 입회하게 하고, 다른 교회에서 이명하는 자를 문답 없이 입회하게 하며, 유아세례교인을 문답하여 입교하게 할 권한을 가지고 있다고 했다. 그뿐만 아니라 당회는 참되게 회개한 증거가 있는 책벌 교인을 해벌하는 권한도 가지고 있다고 했다.

곽안련은 또한 당회가 가지고 있는 네 번째 권한은 "교인에게 딕ᄒ야 권면(勸勉)이나 견칙(譴責)이나 시벌(施罰)이나 츌교(黜敎)ᄒᄂ 일이니라."191)고 했다. 그리고 "교인의 범죄 ᄉ실(事實)이 직판(裁判)홈으로 발각된 쟈(者)에게 경즁(輕重)을 ᄯ라 베풀 거시오, 쵸문(貂問)ᄒ지 아니ᄒ고 직판ᄒ지 아니ᄒ 쟈(者)에게ᄂ 이런 벌을 베풀지 못ᄒᄂ니라."192)고 하였다. 그는 당회가 교인에 대하여 권면이나 견

---

190) Ibid., 130-131.
191) Ibid., 139.
192) Ibid.

책, 시벌과 출교를 할 수 있는 권한을 가지고 있지만, 반드시 범죄를 저지른 사실이 재판을 통해 입증된 교인에 대해서만 죄과의 경중을 따라 시벌해야 하고, 심문이나 재판을 거치지 않고 시벌해서는 안 된다는 것을 강조하고 있다.

그리고 곽안련은 당회가 가지고 있는 다섯 번째 권한은 교회의 신령적 유익을 구하기 위해 다음과 같은 일을 수행하는 것이라고 했다.

> (1) 당회가 교인을 심방ᄒ야 긔인으로 ᄒ지(行止)를 단정ᄒ게 홀 것과 모든 교인이 련합(聯合)ᄒ야 ᄒ ᄆᄋᆷ으로 지ᄂᆡ게 되도록 교도(敎導)홀 것. (2) 본 교회 즁(中)에 강셜회(講說會)와 쇼ᄋ회(小兒會)와 긔도회와 찬양ᄃᆡ(讚揚隊)와 찬숑(讚頌)ᄒᄂᆞ 것슬 주관(主管)ᄒ며, ᄯᅩ 긔도 쳐소의 일을 돌아볼 것. (3) 긔인 젼도(個人傳道)와 젼도ᄃᆡ(傳道隊)를 셜립(設立)ᄒᄂᆞ 것과 교회 연보(捐補)와 구졔비(救濟費)를 슈입(收入) 지츌(支出)ᄒᄂᆞ 것을 돌아볼 것. (4) 교회 공동쳐리회(共同處理會)를 소집ᄒ고 목ᄉ, 쟝로, 집ᄉ를 틱ᄒᄂᆞ 것과 이와 갓흔 일체 ᄉ항(事項)을 쥬관(主管)홀 것.[193]

곽안련은 당회는 교회의 신령적 유익을 구하기 위해 교인을 심방하여 행실을 단정하게 하고 모든 교인이 연합하여 한마음이 되도록 가르칠 권한을 가지고 있다고 했다. 그리고 당회는 교인들의 강설회와 소아회, 기도회, 그리고 찬양대 등을 주관하고 기도할 처소의 일을 돌아볼 권한도 가지고 있다고 했다. 또한 당회는 전도대를 설립하는 것과 개인전도 및 연보와 구제비를 수집하고 지출하는 일을 돌아보며, 공동의회를 소집하고 목사와 장로, 집사의 선택을 주관할

---

193) Ibid., 140-141.

권한도 가지고 있다고 했다.

그리고 곽안련은 당회가 가지고 있는 여섯 번째 권한은 "상회(上會)에 파송(派送)홀 총디(總代)를 틱(擇)ᄒᆞᄂᆞᆫ 일"[194]이라고 했다. 그는 노회에 파송할 총대를 선택하여 파송하는 것 역시 당회의 가장 중요한 권한 중의 하나로 이해하고 있다고 할 수 있다.

곽안련은 당회가 이상과 같은 여섯 가지 권한을 가지고 있는 것과 동시에 무흠한 세례교인(입교인)명부, 이명교인명부, 혼인명부, 유아세례교인명부, 성찬문답(입교문답)명부, 책벌교인명부, 그리고 1년 이상 출타한 세례교인(입교인)명부 등의 각종 명부를 작성하여 비치하고 있어야 할 책무가 있다고 했다.[195] 또한 당회는 정기노회가 열릴 때마다 정해진 형식에 따라 노회에 정형 보고를 하고, 교인들에 관한 총계 보고를 매년 한 차례 총회에 상정해야 할 책무가 있다고 했다.[196]

곽안련은 장로교 정치제도의 또 하나의 핵심적 치리기구인 노회 역시 몇 가지 권한을 가지고 있다고 했다. 곽안련은 교회에 대한 치리에서 "로회의 뎨일(第一) 특권(特權)은 교회 규례(規例)에 위반되지 아니흔 공소(控訴)와 고소(告訴)와 문의(問)를 접수ᄒᆞ야 심판ᄒᆞ며, 의뎡(議定)ᄒᆞᄂᆞᆫ 거시"[197]라고 했다. 그는 교회에 대한 치리에서 노회가 가지고 있는 첫 번째 권한은 교회의 규례에 위반되지 않는 공소와 고소와 문의를 접수하여 심판하고 의논하여 결정하는 것임

---

194) Ibid., 149.
195) Ibid., 158-159.
196) Ibid., 159.
197) Ibid., 174.

을 언급한 것이다. 그리고 "로회가 직판스건(裁判事件)이 잇스면 직판국(裁判局)을 셜립(設立)ᄒ야 그 국(局)에서 심판ᄒᆯ 거시오. 로회가 결뎡(決定)ᄒᆫ 안건은 샹회(上會)가 극복ᄒ기 젼(前)에ᄂᆞᆫ 회원들은 순종(順從)홈이 가(可)ᄒᆞ니라."[198]고 했다. 그는 노회에 재판할 사건이 있으면 재판국을 설치하여 재판하고, 노회가 결정한 안건은 상급 치리회인 총회가 번복하기 전에는 회원들이 순종해야 함을 강조한 것이다. 그리고 "로회가 직판국(裁判局)을 셜립(設立)ᄒ야 로회가 회집ᄒ지 못ᄒᆫ 동안 그 지뎡(指定)ᄒᆫ 스건(事件)에 디ᄒ야 림시(臨詩)로 로회를 대리(代里)ᄒ야 젼권(全權)으로 직판(裁判)ᄒ게 ᄒᆯ 수 잇ᄂᆞ니라."[199]고 했다. 이는 노회가 회집되지 아니한 기간 동안 노회가 재판국을 설치하여 지정한 사건에 대하여 임시로 노회를 대리하여 전권으로 재판을 하도록 할 수 있는 권한을 가지고 있다는 것을 지적한 것이다.

그리고 곽안련은 노회가 가지고 있는 두 번째 권한을 다음과 같이 제시하고 있다.

> 로회의 둘지 권(權)은 목스후보쟈(牧師候補者)를 시취(試驗)ᄒ며 감독권을 인허(認許)ᄒᄂᆞᆫ 거시니, 목스후보쟈가 되기를 원ᄒᄂᆞᆫ 쟈(者) 잇ᄂᆞᆫ 째에ᄂᆞᆫ 본 당회가 로회에 쳔(薦)ᄒᆯ거시오, 로회ᄂᆞᆫ 그 사ᄅᆞᆷ의 공부ᄒᄂᆞᆫ 거슬 인도(引導)ᄒ며 학력을 시험ᄒ야 강도를 인허(認許)ᄒᆯ 거시니라.[200]

---

198) Ibid.
199) Ibid., 182.
200) Ibid., 186.

곽안련은 교회에 대한 치리에서 노회가 가지고 있는 두 번째 권한은 목사 후보자를 시험하고 강도권을 인허하는 것이라고 했다. 그는 목사 후보자가 되기를 원하는 자가 있으면 소속 당회가 그 사람을 노회에 천거하고, 노회는 그 사람이 공부하는 것을 인도하며, 학력을 시험하여 강도를 인허해야 한다고 했다.

또한 곽안련은 "로회의 셋지 권(權)은 목ᄉᆞ를 쟝립(將立)ᄒᆞ고 위임(委任)ᄒᆞ고 히임(解任)ᄒᆞ고 심판(審辦)ᄒᆞᄂᆞ 거시니라."[201]고 했다. 이는 교회에 대한 치리에서 노회가 가지고 있는 세 번째 권한은 목사를 장립하고 위임하며, 해임하고 심판하는 것임을 지적한 것이다. 그리고 그는 목사를 장립할 수 있는 노회의 권한에 대해 다음과 같이 언급하고 있다.

> 목ᄉᆞ의 직분이 업ᄂᆞ 쟈(者)나 쟝로나 면직목ᄉᆞ(免職牧師)ᄂᆞ 쟝립ᄒᆞᄂᆞ 권(權)이 업스니, 만일 이 사ᄅᆞᆷ들이 임의로 ᄒᆡᆼᄒᆞᆫ 쟝립(將立)은 로회가 부인(否認)ᄒᆞ고 로회의 투표와 무흠목ᄉᆞ(無欠牧師)의 안슈(按手)홈으로 ᄒᆡᆼᄒᆞᆫ 쟝립이라야 완젼(完全)ᄒᆞᆫ 거스로 인뎡(認定)ᄒᆞᄂᆞ니라.[202]

곽안련은 목사의 직분이 없는 자나 면직된 목사나 장로는 목사를 장립할 권한이 없다고 했다. 그는 이런 사람들이 임의로 행한 목사의 장립은 노회가 부인해야 하며, 노회의 투표와 무흠한 목사의 안수를 통해 이루어진 장립만이 완전한 것으로 인정된다고 했다. 그리고 그는 노회는 "그 목ᄉᆞ를 그 교회에 위임홈으로 그 교회나 온 교

---

201) Ibid., 187.
202) Ibid., 189.

회에 히(害)될 줄로 확인ᄒᆞᄂᆞᆫ 경우에ᄂᆞᆫ 그 위임을 허낙(許諾)지 아니"[203]할 권한을 가지고 있다고 했다. 그는 어떤 목사를 해당 지교회에 위임하는 것이 그 지교회나 온 교회에 해가 될 것으로 판단되는 경우에 노회는 그 목사의 위임을 허락하지 않을 권한을 가지고 있다는 것을 언급한 것이다.

또한 곽안련은 목사의 해임과 관련한 노회의 권한에 대해 다음과 같이 언급하고 있다.

> (1) 목ᄉᆞ의 ᄉᆞ면청원(辭免請願)이 잇ᄂᆞᆫ 경우. (2) 지교회 교우들의 히임청원(解任請願)이 잇ᄂᆞᆫ 경우. (3) 목ᄉᆞ와 교우가 홈씌 셔면(書面)으로 청원(請願)을 뎨츌(提出)ᄒᆞᄂᆞᆫ 경우. (4) 목ᄉᆞ와 교우들이 불합(不合)지 안히도 로회가 히임(解任)ᄒᆞᄂᆞᆫ 거시 합당한 줄로 인뎡(認定)ᄒᆞᄂᆞᆫ 경우. (5) 다른 교회가 그 목ᄉᆞ를 고빙(雇聘)코ᄌᆞ ᄒᆞ야 로회에 청원ᄒᆞᄂᆞᆫ 째에 로회가 그 형편을 심찰(審察)ᄒᆞ야 히임(解任)홀 수 잇음. (6) 대회가 샹고(上告)를 슈리(受理)ᄒᆞ야 로회 결뎡(決定)을 부뎍당(不適堂)한 줄로 인뎡(認定)ᄒᆞᄂᆞᆫ 경우에ᄂᆞᆫ 대회가 그 된 목ᄉᆞ를 히임(解任)홀 수 잇음. (7) 로회가 피소(被訴)된 목ᄉᆞ를 심판ᄒᆞ야 그 무죄(無罪)흔 거슨 변명(辯明)ᄒᆞ얏슬지라도 온 교회에 유익되지 못흔 줄로 인뎡ᄒᆞᄂᆞᆫ 째에ᄂᆞᆫ 그 목ᄉᆞ를 히임(解任)홀 수 잇음. (8) 총회가 그 목ᄉᆞ를 다른 일로 됴용(調用)코ᄌᆞ ᄒᆞᄂᆞᆫ 경우.[204]

곽안련은 목사의 사면 청원이 있는 경우나 지교회 교인들의 해임 청원이 있는 경우, 목사와 교인들이 함께 서면으로 청원을 제출하는

---

203) Ibid., 192.
204) Ibid., 193-194.

경우, 목사와 교인들이 불협하지는 않았다 하더라도 목사를 해임하는 것이 합당하다고 인정하는 경우, 다른 교회가 그 목사를 청빙하고자 노회에 청원하는 경우, 대회가 상고를 수리하여 노회의 결정을 부적당한 것으로 인정하는 경우, 노회가 피소된 목사를 심판하여 그의 무죄함이 판명되었을지라도 교회에 유익이 되지 않는다고 인정되는 경우, 그리고 총회가 그 목사를 다른 일로 도용하고자 할 경우에 목사를 해임하여 해당 지교회의 담임을 해제할 수 있다고 했다.

곽안련은 목사는 당회나 총회의 관할에 속해 있지 않고, 직접 노회의 관할에 속해 있기 때문에 목사의 신앙과 품행, 자격, 그리고 어느 곳에서 어떠한 일을 할 것인가 하는 것은 전적으로 노회가 주관할 일이라고 했다. 그리고 만일 목사가 범죄를 저지른 일이 있으면 노회가 재판하여 책벌을 해야 한다고 했다.[205]

그리고 곽안련은 노회가 관할 지역 내에 있는 지교회들의 형편을 살펴 임시목사나 강도사를 파송할 것에 대해 다음과 같이 언급하고 있다.

(1) 린근(隣近) 교회 목ᄉ 즁(中)에셔 당회 ᄉ쟝(長) 될 쟈(者)를 퇵홀 일. (2) 림시목ᄉ(臨時牧師)를 두던지 강도인을 변(番)ᄉ 파숑(派送)홀 일. 당회가 잇스면 당회가 그 인도쟈(者)를 청(請)홈이 가(可)홈. (3) 형편을 조차 미약한 교회를 합(合)ᄒ야 림시목ᄉ나 담임목ᄉ를 두게 홀 일. (4) 미약ᄒ 교회의 일을 ᄒᄉᆼ(恒常) ᄉᆱ펴볼 일. (5) 홀 수 잇ᄂᄃᆡ로 그 교회로 ᄒ야곰 본 로회에 무임목ᄉ(無任牧師) 즁(中)에셔 목ᄉ를 퇵(擇)ᄒ게 홀 일.[206]

205) Ibid., 194.
206) Ibid., 200-201.

곽안련은 관할 지역 내에 목사가 없는 교회가 있으면 노회는 그 지교회의 형편을 잘 살펴 임시목사나 강도사를 파송하거나 본 노회에 소속된 무임목사를 담임목사로 청빙하도록 권해야 한다고 했다. 그리고 교회의 형편을 항상 살펴 미약한 교회들은 서로 합하여 본 노회에 속한 무임목사를 임시목사나 담임목사로 청빙할 수 있도록 해야 한다고 했다.

곽안련은 또한 노회가 네 번째로 매년 한 차례 당회록을 검사하여 채용하거나 문책할 수 있는 권한을 가지고 있다고 했다.[207] 그리고 그는 노회가 다섯 번째로 가지고 있는 교회의 신경이나 규칙의 개정과 관련된 권한에 대해 다음과 같이 언급하고 있다.

로회가 신경(信經)과 규측(規則)을 곳치는 권(權)이 업스느 그 쇼속(所屬) 교회에게 히셕(解釋)ᄒ야 교훈홀 수 잇고, 쏘흔 지판(裁判)흔 안건에 상고(上告)가 무(無)ᄒ던지 회록을 샹회(上會)가 검사홀 쌔에 기졍(改正)흔 거시 업스면 그 본 디방(地方)안에 그 히셕(解釋)이 법례(法例)가 되느니라. 총회(總會)가 신경이느 졍치를 기졍(改正)ᄒ쟈는 헌의(獻議)에 뒤ᄒ야 각 로회에 슈의(垂議)홀 쌔에 로회가 가부홀 권(權)이 잇느니 로회 즁(中) 과반수가 부결(否決)ᄒ면 기졍(改正)치 못ᄒ느니라.[208]

곽안련은 노회가 교회의 신경과 규칙을 개정할 권한을 가지고 있지는 않지만, 소속 지교회에 그것을 해석하여 교훈할 수 있는 권한을 가지고 있다고 했다. 그리고 총회가 신경이나 규칙을 개정하자는

207) Ibid., 209.
208) Ibid., 211.

헌의에 대하여 각 노회에 수의할 때 노회는 가부 의견을 표현할 권한을 가지고 있으며, 노회의 과반수가 반대하면 신경이나 규칙을 개정하자는 헌의는 부결된다고 했다.[209]

곽안련에 의하면 노회는 여섯 번째로 교회의 거룩함과 평안함을 손상시키는 교리를 제창하는 자를 징계하고 제거할 권한을 가지고 있다.[210] 그리고 일곱 번째로 노회는 각 지교회의 형편을 알고 잘못된 일을 시정하기 위하여 시찰할 권한을 가지고 있다.[211] 또한 여덟 번째로 노회는 교인들의 청원에 의해 교회를 합병하거나 분립하고, 새로운 교회를 설립하거나 폐지할 수 있는 권한을 가지고 있다고 했다.[212]

곽안련은 장로교회의 최고 치리회인 총회에 대하여 다음과 같이 언급하고 있다.

> (1) 총회(總會)는 전국(全國) 교회의 딕표회(代表會)가 됨. (2) 직판(裁判) 〈건(事件)에 딕ᄒ야 최고급(最高級) 종심회(終審會)가 됨. (3) 총회는 그 전국 교회의 정치(政治)를 전권(全權)으로 히셕(解釋)ᄒᄂᆫ 회가 됨. (4) 총회에셔만 교회 헌법(憲法)을 졔뎡(制定)ᄒᄂᆫ 권(權)이 잇슴. (5) 총회는 각 지교회의 긔관(機關)이 되야 다른 교파(敎派)와 본 교회 간 교통(交通)을 쥬관(主管)ᄒᄂᆫ 딕표쟈(代表者) 됨. (6) 교회의 전도국(傳道局)과 다른 딕리국(代理局)을 쥬관(主管)하고 쏘 이와 ᄀᆺᄒᆫ 외디(外地) 교회를 부조(扶助)ᄒᄂᆫ 보통 일을 다 쥬관홈.[213]

---

209) Ibid.

210) Ibid., 211-212.

211) Ibid., 212.

212) Ibid., 213.

곽안련에 의하면 총회는 전국 교회를 대표하는 치리회로서 재판 사건에 대하여 최상급의 종심회가 된다. 그리고 총회는 교회의 정치를 전권으로 해석하고, 헌법을 제정한다. 또한 총회는 각 지교회의 대표기관이 되어 다른 교파와 본 교회 사이의 교통을 주관한다. 그리고 총회는 교회의 전도국과 대리국을 주관하며, 외지의 교회를 부조하는 등의 일체 사무를 주관한다. 이런 점에서 총회는 당회나 노회와는 성격을 달리하는 치리회라고 할 수 있다.

곽안련에 의하면 전국 교회를 대표하는 총회는 교회의 교리와 헌법에 관한 하급 치리회의 문의에 대해 권고하고 교훈하며, 하급 치리회의 상고와 고소를 처리하고, 각 노회의 회록을 검사하여 인준하거나 계책할 권한을 가지고 있다. 그리고 총회는 새로운 노회를 설립하거나 폐지하며, 노회를 분할하거나 합병할 권한을 가지고 있으며, 교회의 모든 사무를 총괄하고, 각 지교회의 연합과 화목, 교통을 위해 일할 권한을 가지고 있다. 또한 총회는 교리와 교회의 정책에 대한 각종 쟁론을 해결하고 교회를 분열시키는 쟁론들을 진압하며, 각 교회가 이단에 물들지 않도록 교훈하고 권고하며 책망할 권한을 가지고 있다. 그리고 다른 교파와 서로 교통하고, 온 교회가 선량한 품행과 성결한 덕을 세우도록 권장할 권한을 가지고 있다.214)

총회는 또한 노회와 마찬가지로 재판국을 설치하여 각종 재판 사무를 전담하게 할 수 있다.215) 그리고 개회성수가 되지 못한 상태에서 처리한 노회의 사건을 완전하게 처리되도록 하고, 노회 내에 불

---

213) Ibid., 244-245.
214) Ibid., 243-244.
215) Ibid., 246.

법한 일이 있다고 판단될 경우에 시찰위원을 파송하여 시찰할 권한도 가지고 있다.216) 그리고 총회는 소속 지교회 당회의 청원이 있고 관계되는 두 노회의 허락이 있을 때 그 교회를 현재 소속된 노회로부터 다른 노회로 이송할 수 있고, 본 교회의 화평과 유익을 위하여 노회에 특정한 목사를 해임하라고 명령할 권한도 가지고 있다.217) 그리고 총회가 노회의 설립과 폐지를 주관할 권한을 가지고 있기 때문에 목사를 배치하는 일에 대해서도 간접적으로 주관할 권한을 가지고 있다. 어느 노회든지 목사의 수가 심히 부족할 경우에는 총회가 목사를 파송할 수 있고, 총회가 필요하면 어떤 목사든지 임의로 채용할 수 있는 권한도 가지고 있다.218)

한편, 곽안련은 총회의 결정이나 해석이 지니는 권위에 대해 다음과 같이 언급하고 있다.

> 총회가 권면만 ᄒᆞ야도 온 교회의 디표(代表)되ᄂᆞᆫ 회의 말인 즉 권력이 잇고, 그 각 디리국(代理)을 디ᄒᆞ야 무엇을 ᄒᆞ라 ᄒᆞ면 그것도 법이 되고, 교회 헌법에 관계되ᄂᆞᆫ 문의(問議)에 디ᄒᆞᆫ 총회(總會)의 결뎡(決定)과 교회 신경(政治)과 힝위(行爲) 모범에 디ᄒᆞᆫ 총회의 언론(言論)이 곳 교회 규뎡(規程)이 되고, 직판(裁判) 안건에 디ᄒᆞ야 총회가 결뎡(決定)ᄒᆞ면 그 결뎡에 디ᄒᆞ야 샹고(上告) 못ᄒᆞ고, 그 결뎡이 곳 판결례(判決例)가 되야 그 후회(後會)가 능히 직론(裁論)ᄒᆞ야 변경(變更)치 못ᄒᆞᄂᆞ니라. 그러ᄒᆞ나 착오(錯誤)된 거시 명빅(明白)히 발현(發現)되면 긔졍(改正)ᄒᆞᆯ 수 잇ᄂᆞ니라.219)

---

216) Ibid., 249.

217) Ibid.

218) Ibid., 249-250.

곽안련에 의하면 총회가 권면만 하여도 온 교회의 대표되는 말로
서 권세가 있고, 소속 각 대리국에 대하여 명한 것은 법이 되며, 교
회의 교리와 헌법에 대한 총회의 해석은 규정이 된다. 그리고 재판
사건에 대하여 총회의 결정에 착오가 있다는 것이 명백하게 드러날
경우에는 개정할 수 있기는 하지만, 총회가 결정하면 더 이상 상고
하지 못하고 판결례가 되어 재론하여 변경하지 못하는 등 총회의 결
정은 특별한 효력을 가지고 있다.

3) 삼심제 치리기구와 민주적 교회정치

장로교 정치에서 삼심제 치리기구의 주된 목적은 교회의 연합과
일치에 있다. 곽안련은 교회가 연합을 추구하는 가장 중요한 목적을
다음과 같이 제시하고 있다.

> 련합(聯合)의 데일(第一) 쥬의(主意)ᄂ 교회 도리(道理)의 진실홈
> 을 보젼(保全)ᄒ랴 홈이니, ᄀᆡ인(個人)이나 지교회가 각립(各立)
> ᄒ야 지내면 이단(異端)을 ᄎᆡ용(採用)ᄒ기 쉽고, ᄯᅩ 일ᄀᆡ(一個)
> 이단에셔 각종(各種) 이단(異端)이 싱ᄒ 쉬우나, 동일ᄒᆫ 정치(政
> 治)로써 셔로 연합(聯合)ᄒ면 이단(異端) 발싱(發生)홀 ᄯᅢ에 이단
> 됨을 ᄒᆡ셕(解釋)ᄒ야 방어(防禦)ᄒ기 쉽고, 거즛(僞)스승(師)의
> 입을 함봉(緘封)ᄒ야 참(眞) 도리를 굿게 셰울 수 잇ᄂ니라.[220]

곽안련은 교회가 연합을 추구하는 가장 중요한 목적은 교리의 진
실함을 보전하는 데 있다고 했다. 그는 개인이나 지교회가 각자 독

---

219) Ibid., 247.
220) Ibid., 161.

립하게 되면 각종 이단에 노출되기 쉽고, 한 이단에서 다른 이단이 발생하기 쉽다고 했다. 하지만 교회가 동일한 정치 아래 서로 연합하게 되면 이단이 발생할 때 이단 됨을 해석하여 이단으로부터 교회를 방어하기 쉽고, 잘못된 가르침이 교회를 어지럽히지 못하도록 방지하여 참된 도리를 굳게 세울 수 있다고 했다.

그리고 곽안련은 교회가 연합을 추구하는 두 번째 목적을 다음과 같이 제시하고 있다.

> 연합(聯合)의 둘지 쥬의(主意)는 각 지교회가 치리ᄒᆞ는 방법을 동일ᄒᆞ계 ᄒᆞ며, 공평(公平)하계 홀 수 잇는 거시니라. 만일 동일한 힝위(行爲)에 디ᄒᆞ야 이 교회에서는 올타ᄒᆞ고 뎌 교회에서는 벌(罰)ᄒᆞ면 주연(自然)히 분징(紛爭)이 싱(生)ᄒᆞᆯ 거시니라. 고로 입교규측(入敎規則)과 지판규측(裁判規則)과 히벌규측(解罰規則)을 각 회가 동일ᄒᆞ게 홀 거시오, 지교회에셔 치리ᄒᆞ는 즁(中)에 잘못ᄒᆞᆫ ᄉᆞ건(事件)에 디ᄒᆞ야 교정(矯正)홈을 구(求)ᄒᆞ는 청원셔(請願書)를 슈리(受理)홀 샹회(上會)가 잇서야 ᄒᆞᄂᆞ니, 이 샹회에는 의론권(議論權)만 잇슬 거시 아니오, 하회(下會)에셔 오결(誤決)ᄒᆞᆫ 안건에 디ᄒᆞ야 번안(反案) 교정(矯正)ᄒᆞ는 권(權)이 잇서야 ᄒᆞᄂᆞ니라.221)

곽안련은 교회가 연합해야 하는 두 번째 목적은 각 지교회가 치리를 하는 과정에서 그 방법을 동일하게 하고 공평하게 하는 데 있다고 했다. 그는 만일 동일한 행위에 대하여 교회마다 옳고 그름을 판단하는 기준이 다르고 서로 다르게 평가하고 치리를 하게 된다면,

---

221) Ibid., 162.

교회의 혼란과 분쟁을 야기하게 될 것이라고 했다. 그러므로 그는 교인의 입교규칙과 재판규칙, 그리고 해벌규칙 등을 동일하게 하고, 각 교회가 치리를 행하는 과정에서 발생하는 문제와 잘못된 판단과 결정을 바로잡기 위해 결정권을 가진 상급 치리회가 있어야 한다고 했다.

또한 곽안련은 교회가 연합을 추구하는 세 번째 목적을 다음과 같이 제시하고 있다.

> 연합(聯合)의 데삼(第三) 쥬의(主意)는 학식과 신령(神靈)흔 도리(道理)를 널리 젼(傳)하고 무도(無道)홈과 이단(異端)과 악힝(惡行)을 금지흐는 거시니라. 본 교회에 목스후보쟈(牧師候補者)를 교육흐며 교회신문과 각종(各種) 셔젹(書籍)을 져술(著述)흐며 ᄋ히(兒孩)를 교육흐고 젼(全) 셰계(世界) 인류를 기션(改善)흐기 위흐야 련합(聯合)홀 거시니라. 교회가 교우에게 딘흐야 담칙(擔責)이 잇슬 뿐 아니오, 외인(外人)을 위흐야셔도 이단(異端)과 악힝(惡行)을 딘뎍(對敵)홀 거신딘, 각 지교회가 각ᄌ(各自) 독립(獨立)흐면 무력(無力)흐야 이것을 힝(行)키 어려우되 연합(聯合)흐야 서로 도운 즉 이 목뎍(目的)을 달(達)홀 수 잇느니라.[222]

곽안련은 교회가 연합해야 하는 세 번째 목적은 학식과 신령한 도리를 널리 전하고 무도함과 이단과 악행을 금하기 위한 것이라고 했다. 그는 교회 내의 아동들을 교육하고 각종 서적과 신문을 발행하며, 목사 후보자를 양성하고, 전 세계 인류의 삶을 개선하기 위해 교회가 연합해야 한다고 했다. 또한 그는 교회는 교인뿐만 아니라 민

---

222) Ibid., 162-163.

지 않는 사람들을 위해서도 각종 악행과 이단을 금해야 하는데, 개별 교회가 각자 독립하게 되면 무력하여 이러한 일들을 수행하기 어렵기 때문에 서로 돕고 연합하여 이 목적을 성취해야 한다고 했다.

곽안련은 "당회의 우(上)에 고급(高級)되ᄂ 치리회 하ᄂ만 잇셔도 족(足)ᄒ 듯 ᄒ나, 다급(多級)을 둠은 불법(不法)히 쳐리(處理)되ᄂ 일이 업고 모든 착ᄒᆫ 일을 잘 일우(善成)게 홈이라."[223]고 하였다. 그는 당회 위에 고급 치리회로서 노회 하나만 있어도 충분할 것 같지만, 노회와 총회라고 하는 단계적 치리회를 두는 것은 모든 일을 합법적으로 잘 치리하기 위해서라고 했다. 그는 교회연합의 목적을 보다 잘 수행하기 위해 당회 위에 노회만이 아니라 총회가 상급 치리회로 존재해야 하는 필요성을 지적하고 있는 것이다.

곽안련은 "예수ᄭ셔 연합(聯合)ᄒᄂ 거시 요긴(要緊)ᄒ 줄 아시고 (요 10:16) 연합ᄒ기를 위ᄒ야 긔도ᄒ셧(요 17:20-21)"[224]으며, "예수ᄭ셔 온 신도(信徒)가 다 ᄒ 지교회에 회집ᄒ기를 원(願)치 아니ᄒ셧스나, ᄌ긔(自己) 안에서 합(合)ᄒ야 하나 되기를 원(願)ᄒ셧스며, ᄉ도(使徒)의 각 편지에도 련합(聯合)함이 요긴(要緊)함을 ᄀᄅ쳣"[225]다고 언급하고 있다. 그리고 그는 "예루살렘 교회도 제ᄌ(弟子)들이 분산(分散)ᄒ기 젼(前)에나 분산한 후를 불문(不問)ᄒ고 ᄒ나(一)이 되엿스나, 여러 지교회로 회집ᄒ엿고, 이 여러 가지 교회가 다 샹회(上會)의 관할(管轄) 하(下)에 이셧"[226]으며, "에베소 교회에

---

223) Ibid., 163.
224) Ibid., 160.
225) Ibid.
226) Ibid., 160-161.

도 여러 가지 교회가 잇셧고, 다 샹회(上會)의 관할(管轄) 하(下)에
이셧"227)으며, "모든 교파(敎派)가 셔로 권고(眷顧)ᄒ고 의론(議論)
ᄒ기 위ᄒ야 여ᄎ(如此)ᄒ 련합긔관(聯合機關)을 두ᄂ 거시 요긴(要
緊)ᄒ 줄로 각지(覺知)ᄒ얏"228)다고 지적하고 있다. 그는 예수께서
도 연합하는 것이 요긴한 줄로 아시고 연합하기를 위하여 기도하셨
으며, 온 성도가 한 지교회에 회집하기를 원하지 않으셨으나 자기
안에서 합하여 하나가 되기를 원하셨으며, 사도들의 각 편지에도 연
합하는 것이 요긴함을 가르쳤다는 것을 언급한 것이다. 그리고 그는
예루살렘교회도 제자들이 흩어지기 전이나 흩어진 후를 막론하고
다 하나가 되었으나 여러 지교회로 회집하였고, 이들 각 지교회들이
하나의 상회의 관할하에 있었으며, 에베소교회에도 여러 지교회가
있었고, 모두 상회의 관할하에 있었다는 것을 지적하고 있다. 그리
고 그는 모든 교파가 서로 의논하고 권고하기 위하여 각기 연합기관
을 두는 것이 요긴함을 알고 있었다는 것을 언급하고 있는 것이다.
  장로교 정치에서 삼심제 치리기구가 가지고 있는 또 하나의 중요
한 목적은 교회를 치리하는 데 있다. 곽안련은 장로교회의 기본적인
정치원리를 다음 세 가지로 제시하고 있다.

  (1) 전국(全國) 지교회가 합(合)ᄒ야 ᄒ 교회만 되고 이 련합(聯
  合)한 ᄒ교회ᄂ 그리스도교회가 됨. (2) 교회 즁(中) 각 항(項) ᄉ
  건(事件)과 징론(爭論)되ᄂ 거슬 회무리(會衆)의 과반수로써 결
  뎡(決定)ᄒ고 소수(小數)ᄂ 복죵(服從)ᄒ 것. (3) 과반수가 결뎡

<hr />

227) Ibid., 161.
228) Ibid.

(決定)할 째에 そ긔(自己)의 지교회만 위ᄒᆞᆫ는 거시 아니오, 곳 각 교회를 위ᄒᆞᆫ는 거신 즉, 그 결뎡(決定)은 련합(聯合)ᄒᆞᆫ 교회들이 맛당히 복죵(服從)ᄒᆞᆯ 거시오, 만일 그 결뎡에 듸하야 불복(不服)ᄒᆞ면 계급(階級)을 ᄯᅡ라 샹고(上告)ᄒᆞ되 결국 총회(總會)의 결뎡(決定)은 반다시 복죵(服從)ᄒᆞᆯ 것.[229]

곽안련은 사도들이 교훈한 법규로서 장로교 정치에서 기초가 되는 원리는 첫째로 전국의 지교회는 연합하여 하나의 교회로서 그리스도의 교회가 되어야 하고, 둘째로 각 치리회가 과반수의 의결로 판단하고 결정한 것에 대해 각 교회는 복종해야 하며, 셋째로 만약 치리회의 결정에 불복한다면 상급 치리회에 상소할 수 있으나 총회의 결정은 최종적인 결정이므로 모든 교회가 순복해야 하는 것이라고 했다.

장로교 정치의 삼심제 치리제도에서 상급 치리회는 하급 치리회는 물론 모든 개별 지교회 교인들을 치리할 권한을 가지고 있다. 그러므로 개별 교인이나 하급 치리회가 상급 치리회의 명령과 결정에 순종하지 않으면 상급 치리회는 해당 교인과 치리회를 책벌할 권한을 가지고 있다.[230] 물론 당회나 노회의 명령과 결정이 부당하거나 잘못이 있다고 판단될 때 개별 교인이나 당회는 노회나 총회에 상소할 권한을 가지고 있다. 하지만 총회의 결정은 삼심제 치리제도에서 최종심이기 때문에 총회가 심리하여 결정한 사안에 대해서는 다시 재론하여 변경할 수 있는 상급 치리회가 없고, 총회에서도 이전의 결정을 재론하여 번복할 수 없다.[231]

---

229) Ibid., 240.
230) Ibid., 107-108.

그러나 장로교 정치의 삼심제 치리제도에서는 상급 치리회가 하급 치리회를 관할하고 치리하는 권한을 가지고 있지만, 각 치리회는 상급 치리회가 침해할 수 없는 고유한 권한을 가지고 있다. 개별 교인들에 대한 원 치리권은 그 교인이 속한 당회에만 있으며, 교인들이 회집하여 투표를 함으로써 교회를 치리하지 못하고 교회는 각 교인들이 교회 내에서 지니고 있는 공적인 권리를 제한하지 못한다. 하지만 당회는 합법적 절차에 따라 정당하게 지교회 내의 사무를 처리할 권한을 가지고 있다. 당회가 소속 장로에 대해 재판권을 행사하지 않을 때 노회가 당회를 대리하여 그 재판사건을 처리할 수 있고, 노회가 본 지교회 교인들 가운데 누군가가 범죄를 저지른 사실을 알았을 때 당회에 해당 교인을 적법하게 처리하라고 명령할 수 있다.232) 그리고 상급 치리회는 교인들이 치리회의 명령이나 결정에 대하여 불복하는 공소를 제기할 경우 하급 치리회를 치리할 권한을 가지고 있으나, 각 지교회의 개별 교인들을 직접 치리할 권한은 가지고 있지 않다.233) 또한 당회는 교인의 이명서를 발급하고 접수할 전권을 가지고 있지만, 아무런 이유 없이 당회가 이명서 발급이나 접수를 거부하면 교인들은 노회에 공소할 수 있고, 노회는 이명서 발급과 접수를 당회에 명령할 수 있다. 만일 노회의 이러한 명령에도 당회가 복종하지 않으면 해당 교인은 다시 총회에 상소할 수 있고, 총회는 이명서 발급과 접수를 당회에 명령할 수 있다.234) 그리고

---

231) Ibid., 239.
232) Ibid., 124.
233) Ibid., 123.
234) Ibid.

교인들이 공동의회 소집을 청원하더라도 공동의회 소집이 교회에 해가 된다고 판단할 경우 당회는 공동의회를 소집하지 않을 수 있지만, 교인들이 당회의 이러한 결정에 불복하는 경우에 교인들은 노회에 당회를 기소할 권리가 있으며, 당회는 노회가 판결하기까지 공동의회를 소집하지 않을 수 있다.[235] 또한 당회는 총대를 선정하여 노회에 파송할 권한을 가지고 있지만, 당회가 총대를 파송하지 않을 경우 노회는 그 당회를 책벌할 권한을 가지고 있다. 그리고 총대가 자기 직분에 성실하지 못할 때 노회는 그 총대가 소속된 당회에 해당 총대를 견책하라고 명령할 수 있으나, 노회가 직접 해당 총대를 견책할 수는 없도록 하고 있다.[236] 그리고 노회는 매년 한 차례 당회록을 검사할 권한을 가지고 있고,[237] 노회가 노회록을 검사하고 채용한 후에 잘못된 사항이 발견되는 경우에 당회가 임의로 그 잘못된 부분을 수정할 수 없고, 반드시 노회에 청원하여 허락을 받아야만 수정할 수 있도록 하고 있다. 그리고 총회에서까지 채용된 당회록은 최고 치리회인 총회의 허락이 있어야만 당회가 수정할 수 있도록 하고 있다.[238] 또한 노회가 당회와 지교회를 시찰하여 잘못된 일이나 악행을 발견할 경우에도 노회가 직접 잘못된 일을 바로잡는 것이 아니라 당회에 실책을 교정하도록 명령하는 방식을 취하고 있다. 물론 당회가 노회의 명령을 이행하지 않을 경우에는 노회가 직접 당회의 실책을 교정할 수 있는 권한을 가지고 있다.[239] 또한 본 지교

---

235) Ibid., 147.
236) Ibid., 150.
237) Ibid., 255.
238) Ibid., 157.
239) Ibid., 212.

회의 모든 교인들이 원하지 않더라도 해당 지교회를 폐지하는 것이 합당할 경우에 노회는 그 지교회를 폐지할 권한을 가지고 있다. 물론 이 경우에 지교회를 폐지하는 결정을 내리기 전에 본 지교회 대표가 노회에 출석하여 설명할 기회가 주어져야 하며, 노회가 먼저 시찰회에 위탁하여 지교회의 회복을 위한 노력을 충분히 경주한 후에 재산상의 손실이 발생하지 않도록 하고 나서 지교회를 폐지할 수 있도록 하고 있다.[240]

또한 총회는 최상급 치리회로서 전국 교회를 관할하지만, 개별 교인이나 치리회의 상고 없이 목사나 지교회를 직접 치리할 수 없도록 하고 있으며,[241] 교회의 헌법에 부과된 헌법적 규칙에 대해서는 총회라 할지라도 임의로 개정할 수 없도록 하고 있다.[242] 헌법적 규칙은 교회의 본 헌법과 동일하지 않지만, 온 교회에 관련된 규칙이므로 이를 제정하거나 개정하고자 할 경우에는 규칙의 제정이나 개정을 원하는 노회가 총회에 헌의한 후에 총회가 이를 전국 노회에 수의하여 과반수의 찬성을 얻어야만 제정하거나 개정할 수 있도록 하고 있다.[243] 그리고 총회가 헌법을 개정하고자 할 때에도 정치와 권징 조례, 예배 모범의 개정은 전국 노회에 수의하여 과반수의 찬성을 얻어야 하고, 교회의 신경이나 대소요리문답의 개정은 역시 전국 노회에 수의하여 3분의 2 이상의 찬성을 얻어야만 개정할 수 있도록 하고 있다.[244]

---

240) Ibid., 215.
241) Ibid., 245.
242) Ibid., 255.
243) Ibid.
244) Ibid., 257.

이처럼 장로교 정치에서 삼심제 치리제도는 노회와 총회의 상급 치리회로서의 권한과 치리권을 인정하면서도 동시에 각 치리회가 가진 고유의 권한을 존중함으로써 노회와 총회가 당회와 노회를 치리하는 과정에서 권한을 남용하거나 전횡을 일삼지 못하도록 하고 있다. 이는 당회, 노회, 총회로 이어지는 삼심제 치리기구가 결코 계급적 구조를 지니고 있지 않다는 것을 의미한다. 각 지교회 당회에 대한 노회의 관할권을 인정하고 노회가 당회와 지교회를 치리하지만, 당회와 개별 지교회 교인들이 가지고 있는 고유의 권한을 침해하지 못하도록 하고 있다. 그리고 총회의 경우에도 소속 노회와 당회를 관할하는 치리권을 인정하면서도 당회나 노회에 대하여 직접 치리권을 행사하기보다는 잘못된 사무처리에 대해 시정하도록 명령하는 방식을 취함으로써 각급 치리회가 가진 고유의 권한을 존중하고 있다. 그리고 각급 치리회의 명령과 결정이 부당하다고 판단될 경우에는 각 지교회의 교인과 치리회가 상급 치리회에 상소할 수 있도록 함으로써 민주적 의사결정과 더불어 약소자의 권리 구제를 위한 방안을 명확히 규정하고 있다. 노회나 총회는 예수 그리스도 안에서 각 지교회들의 연합과 일치를 위한 기구이지 결코 상급 치리회로서 하급 치리회를 지배하는 계급적 통치기구가 아니다. 각 지교회 교인들의 주권과 당회의 고유한 치리권이 제한당하고 노회나 총회가 상급 치리회로서 권한을 남용할 때, 그리스도의 한 몸으로서의 교회의 연합과 일치의 정신은 사라지고 삼심제 치리제도는 로마 가톨릭교회의 교황체제와 같은 계급적 치리기구로 변질되고 말 것이다. 장로교회의 삼심제 치리제도는 교회의 정치가 개인적 차원이 아니라 회의체 기구를 통한 공동체적 차원에서 이루어지는 민주적 의

사결정 구조를 토대로 교회의 연합과 일치에 기여하고 있으며, 신앙과 양심의 자유를 기반으로 민주적 의사결정과 집행이라는 근대 민주주의의 토대를 마련하고 있다.

제6장

한국 교회가 한국의 민주주의 발전에 미친 영향

1. 한국 장로교회의 선교정책과 민주주의의 발전

1) 복음 설교와 민주주의 이념의 확산

한국에 기독교 복음이 전래되던 19세기 말은 봉건적 신분질서가 지배하던 사회였다. 유교를 지배 이데올로기로 하는 사농공상의 신분질서는 철저하게 다수의 백성들을 차별적인 사회구조 속에 통합하고 있었으며, 노비와 백정 같은 천민들은 인간 이하의 삶을 살아가고 있었다. 사회질서와 의식 속에 깊이 내재해 있던 남존여비 사상은 여성의 기본적 인권을 인정하지 않는 사회구조와 문화를 고착시키고 있었다. 인간의 기본적 인권과 자유가 무엇인지에 대한 이해도 제대로 자리 잡지 못했던 당시 한국에 전래된 기독교 신앙은 자유와 민주주의를 향한 문을 활짝 열어 주었다.

장로교회는 첫 번째 정치원리로 양심의 자유를 들고 있다. 하나님께서 우리의 양심을 주재하시고 각 개인에게는 양심에 따른 신앙의 자유를 허락하셨다. 곽안련 선교사는 한국 장로교회가 준비하고 있는 정치제도를 설명하고 보급하기 위해 하지(J. A. Hodge)의 책을 역술하여 1917년에 발간한 『敎會政治問答條例』에서 장로교회의 정치원리 가운데 첫 번째를 양심과 자유라고 밝힌 바 있다.[1] 봉건적 신분질서하에서 민주주의적 자유 개념에 대해 제대로 이해하지 못하고 있던 한국 백성들에게 기독교 신앙의 전래는 근대적 자유 개념을 체화하는 데 중요한 역할을 했다. 그리고 18세기 후반부터 100년 가까이 천주교에 가해진 극심한 박해는 신앙의 자유에 대한 열망을 심화시켰으며, 이는 근대적 자유 민주주의에 대한 열정적 추구로 나아가게 했다.

19세기부터 20세기 초엽에 이루어진 서구 기독교 국가들의 아시아, 아프리카에 대한 선교는 기본적으로 제국주의적 성격과 함의를 갖는 것이었다.[2] 하지만 선교사들의 복음 설교는 그 자체로 민주주의적 의미를 함축하고 있었다.[3] 초기 내한 선교사들은 네비우스 선교정책에 따라 전국 각지로 순회선교여행을 단행하였으며,[4] 사람들이 많이 모이는 장터와 같은 곳에서 가두 설교를 통해 복음을 전했다.[5] 언론의 자유라는 개념조차 생소하던 당시 조선 사회에서 선교사들의 이러한 자유로운 가두 설교는 자신의 생각과 의사를 자유롭게 선포하는 민주주의적인 언론의 자유에 대한 생각을 무의식적으로 확산시킬 수 있었다고 할 수 있다.[6] 또한 선교사들은 설교와 가

---

1) Ibid., 13.

2) 19세기와 20세기 초엽의 기독교 세계선교가 지니는 제국주의적 성격과 함의에 대해서는 황재범, "현대 서구 개신교 선교에 있어서의 제국주의적 경향성에 대한 비판적 관점들", 『한국기독교신학논총』 제31권 (2004); Idem, "한국 개신교 초기 선교사들의 비정치화 신학의 문제: 게일 선교사의 경우", 『종교연구』 제59집 (2010년 여름)을 참고할 것.

3) 황재범, "초기 한국 개신교회가 한국 민주주의 문화의 형성에 끼친 영향: 한국 장로교회를 중심으로", 163.

4) 대한예수교장로회총회 역사위원회, 『대한예수교장로교회사(상)』, 79-80.

5) 곽안련 선교사 역시 내한 초기 서울의 선교본부 앞 거리에 세 개의 가두 설교 처소를 열어 설교를 하였다고 회고하고 있다. C. A. Clark, "곽안련 선교사 60년 회고록", 202.

6) 황재범, "초기 한국 개신교회가 한국 민주주의 문화의 형성에 끼친 영향: 한국 장로교회

르침을 통해 하나님의 주권과 인간의 신앙과 양심의 자유를 역설했는데, 이 역시 봉건적 신분질서하에서 양심과 자유에 관해 무지한 채 살아가고 있던 백성들 사이에서 민주주의 문화와 시민의식이 자라나도록 하는 데 매우 중요한 의미를 지니는 것이었다.[7]

2) 평등사회 실현을 위한 선교정책

한국 교회는 선교 초기부터 한국 사회에 내재한 봉건적 신분질서를 타파하는 일에 앞장섰다. 선교 초기 복음전도가 금지되어 있던 상황에서 선교사들은 학교와 병원을 설립하여 간접적인 방법으로 선교를 시작했다. 근대적 교육시설과 의료시설이 전무했던 상황에서 선교사들과 교회는 학교를 설립하고 병원을 세워 일반 백성들을 교육하고 치료하기 시작했다.[8] 교육과 의료로부터 소외되어 있던 일반 백성과 하층민들에게 평등하게 교육과 의료서비스를 제공함으로써 봉건적 신분질서하에서 고착화되어 있던 차별과 불평등 구조가 사라지기 시작했으며, 백성들 사이에는 근대적 평등의식이 확산되어가기 시작했다. 교육과 의료를 통한 이러한 평등주의적 선교는 장로회선교사공의회의 선교정책을 통해 더욱 구체화되었다. 내한 장로회선교사공의회는 1893년 1월, 네비우스 선교정책을 반영한 10개 항의 선교정책을 수립하였다. 그것은 자전, 자립, 자치의 3자원리를 선교정책의 핵심적 원리로 하여 상류층보다는 근로대중을 전도의 목표로 삼고 부녀자 전도와 학교 설립을 통한 청소년 교육과 병원 설

를 중심으로", 163.

7) Ibid.

8) 대한예수교장로회총회 역사위원회, 『대한예수교장로교회사(상)』, 69.

립을 통한 의료선교에 중점을 두고 있었다. 그리고 선교사공의회는 복음의 확산과 교인들의 교육을 위해 조속히 한글성경 번역을 완수하고 모든 기독교 문서를 순 한글로 발간한다는 원칙을 명확히 천명했다.[9] 이러한 하층민 중심의 선교정책은 조선 사회의 신분질서를 타파하고 평등주의 이념을 확산시키는 데 크게 기여했다. 사회에서는 여전히 양반과 상민, 천민이라는 신분질서가 엄존하고 있었지만, 교회 안에서는 양반과 상민, 천민이 모두 하나님의 백성으로서 자유롭게 예배하고 성찬과 애찬을 같이 나누면서 자연스럽게 자유와 평등을 중심으로 하는 민주적 시민의식이 자리 잡아 가기 시작했다. 그리고 이는 당시의 전근대적 사회질서와 문화 속에서 민주주의적 가치와 문화를 확산시키고 자리 잡게 하는 데 중요한 역할을 하였던 것이다.

　조선 사회에서 대표적인 천민이었던 백정들이[10] 교회에 들어와 아무런 차별 없이 하나님께 예배하고 성도와 교제를 나누었다는 사실은 한국 교회가 전근대적 신분질서를 혁파하고 민주적 가치와 이상을 어떻게 한국 사회에 심어 주고 발전시켰는가를 여실히 보여 주는 것이라 하겠다.[11] 이러한 평등의식의 확산과 전근대적 신분질서 타파에 대한 열망은 1894년 갑오개혁을 통한 신분질서의 혁파로 이어졌다. 물론 갑오개혁을 통해 신분질서가 법적으로 해소된 상황에

---

9) Ibid., 86-87.

10) 백정과 같은 천민 계급에 대한 선교에 남다른 열정을 보였던 선교사는 미국 북장로교 선교사 무어(Samuel F. Moore)였다. 무어의 전도를 받고 기독교인이 된 백정 박춘성은 백정을 비롯한 천민들에게 양반 계급으로부터의 해방과 사회적 자유를 전파하는 데 선구자적 역할을 담당하였다. 그의 열정적 전도를 통해 많은 백정과 천민들이 교회로 들어왔고, 평등과 민주주의, 그리고 자유를 경험했다. Ibid., 118.

11) 김인수, 『한국기독교회사』, 160.

서도 여전히 사회 내에는 양반과 상민, 천민이라는 신분제적 관념과 문화가 잔존하고 있었지만, 교회는 사회로부터 소외되고 있던 하층 민들에게 기독교 신앙의 자유와 평등사상을 지속적으로 심어 주었던 것이다. 하나님을 믿고 기독교 신앙을 갖게 된 양반층이 집에서 종으로 부리던 노비를 속량한 예는 기독교 신앙이 사회의 신분질서를 혁파하는 데 얼마나 중요한 역할을 했는가를 단적으로 보여 주는 것이었다.[12]

또한 한글성경의 번역과 교회를 통한 한글 교육은 백성들의 문맹을 퇴치하고, 교육의 기회를 확대함으로써 자유와 평등의 민주적 문화를 확산하는 데 크게 기여했다. 한국 교회는 선교사들이 내한하기 이전에 이미 만주와 일본에서 한글성경이 번역되었고, 이를 토대로 주체적이고 열정적인 복음 수용이 이루어졌다는 특징을 가지고 있다. 이러한 한글성경의 번역과 보급은 400년 동안 지식인들의 외면 속에서 묻혀 있던 한글의 가치를 재발견하는 데 결정적인 역할을 하였다. 그리고 네비우스 선교정책에서 강조한 기독교 문서의 순 한글 발간은 한글을 대중화시킨 것은 물론, 한국 사회에서 문맹을 퇴치하고 백성들로 하여금 근대적 시민의식을 함양하도록 하는 데 결정적인 역할을 했다. 선교사들과 교회는 하나님의 말씀의 진리를 가르치기 위해 성경을 보급해야 했으며, 교인들에게 성경을 보급하기 위해서는 이들에게 한글을 가르치지 않을 수 없었던 것이다.[13] 한글 교육과 성경 보급을 통한 문맹의 퇴치는 대중들의 사회와 세계에 대한 인식의 지평을 넓혀 주었고, 이는 근대적 시민의식의 성장을 가져왔

---

12) Ibid., 161.

13) 이만열, 『한국기독교문화운동사』 (서울: 한국기독교출판사, 1992), 54.

다. 그리고 여성들을 문맹의 굴레에서 벗어나게 한 이러한 한글의 보급은 여성들에게 교육의 기회를 확대시켜 주었다.[14] 이는 여성의 사회 진출을 확대하고 근대적 시민의식과 남녀평등 사상을 고취시키는 데 중요한 기여를 한 것으로 평가할 수 있다.

3) 남녀평등의 실천과 여성인권의 신장

전통적으로 한국 사회에서는 유교 이념과 남존여비 사상이 남성 중심적 지배 이데올로기를 강화하고 확대재생산 하고 있었으며, 여성들은 인간으로서의 기본적 인권마저 보장받지 못하고 있었다. 이러한 상황에서 교회는 여성들에게 근대 교육의 기회를 제공했고, 교회 안에서 여성들에게 반말을 금하고 남성과 여성이 상호 존중하는 문화를 체득하게 해 주었다.[15] 비록 사회 내에는 여전히 남존여비의 관념이 팽배하게 남아 있었지만, 교회는 남녀평등을 실질적으로 추진해 나갔으며, 이는 사회 전반에 걸쳐 여성의 놀라운 권리 신장과 민주주의의 확대로 나타났다.

당시 조선 사회에는 조혼 풍습이 만연해 있었다. 이성에 대한 관념이 성숙하기도 전에 부모의 선택과 결정에 의해 이른 나이에 결혼한 남편은 성장하면서 대도시로 나가 공부를 하는 일이 많았다. 이러한 과정에서 이성에 눈을 뜨게 되면서 남편은 조혼한 부인을 고향에 홀로 남겨 둔 채 다른 여성과 동거하는 일이 비일비재했다. 그 경우 고향에 남겨진 호적상의 본부인은 청상과부로 남겨지는 일이 허

---

14) Ibid., 56.
15) 김인수, 『한국기독교회사』, 159.

다했다. 교회는 이렇게 버림받은 여성들의 재혼을 허락함으로써 여성들의 인권 신장에 크게 기여했다.[16] 조선의 대표적 문인의 한 사람이었던 춘원 이광수는 여성들이 남성과 같이 교회에 참석하여 찬송을 부르는 것을 통해 상재(하나님) 앞에서 평등한 자녀라는 사상을 갖게 함으로써 여성의 권리를 신장시킨 것과 조혼의 악습을 금하고, 이른바 '불경이부(不更二夫)'를 문자 그대로 해석하여 재혼은 여자의 큰 죄악이라고 했던 전통적인 남성 편향적 유교사상을 깨뜨리고 여성들에게 재혼을 허락함으로써 조선 여성들에게 또 하나의 귀중한 자유를 가져다준 것은 모두 기독교 덕분이라고 지적한 바 있다.[17]

당시는 가정에서 경제권을 갖지 못한 여성들은 교회 내에서도 헌금생활을 자유롭게 할 수 없어 남성들과 동등한 권리를 확보하기 어려운 때였다. 이런 상황에서 광주 기독병원 간호과장이었던 세핑(Elizabeth J. Shepping: 서서평) 선교사는 광주 남문밖교회(광주 양림교회/ 제일교회)에서 여성 교인들을 중심으로 매일 식사를 준비할 때마다 조금씩 쌀을 모았다가 성미로 바치게 함으로써 여성들의 헌금생활에 대한 부담을 덜어 주었다. 그리고 '부인조력회'를 조직하여 여성들이 교회 활동에 적극적으로 참여할 수 있도록 하였다. 이리하여 교회 내에서 여성들의 활동이 점차 확대되어 가면서 사회 전반에 걸쳐 남녀평등 의식이 확산되는 계기가 마련되었다.[18] 한국 YWCA의 창설자 가운데 한 사람인 김필례는 1912년에서 1923년 사이에 초등과정에서 여학생 수가 4,000명에서 40,000명으로, 중등과정에

---

16) 대한예수교장로회총회 역사위원회, 『대한예수교장로회교회사(상)』, 300-301.
17) 이광수, "야소교의 조선에 준 은혜", 『이광수전집 제10권』 (서울: 삼중당, 1971), 17-19.
18) Ibid.

서 300명에서 3,000명으로 대폭 증가하는 등 여성들의 교육 권리가 크게 신장되었다고 했다. 그리고 결혼을 하는 과정에서 아무런 자기 주장을 할 수 없었던 여성들이 약혼자나 약혼을 앞둔 사람에게 자신의 생각을 말할 수 있게 되는 등 여성들에게 새로운 해방이 주어졌으며, 지난날 머리를 쓰개로 덮고, 낮에는 가마를 타지 않고는 거리를 다닐 수 없었던 여성들이 거리를 마음껏 활보할 수 있게 되는 등 사회활동 면에서 여성들의 권리가 대폭 개선되었다고 했다. 또한 가게에 물건을 사러 가지도 못했던 여성들이 지금은 가게를 운영하는 등 여성들의 경제활동이 증가하고 경제적 지위가 크게 향상되었으며, 10년 전에는 전혀 존재하지도 않았던 여성단체가 58개나 등록되어 있는 등 여성들의 사회 참여가 대폭 확대되었다고 언급하고 있다.[19]

교회에서의 여성 교육의 성과는 정동교회에서 있었던 연설회에 한국 여성들이 외국인 여성들과 함께 참가하였다는 데서도 잘 드러나고 있다.[20] 규방 안에 갇혀 지내면서 자신의 생각이나 뜻을 전혀 표현하지 못하고 '삼종지도'라는 이데올로기에 갇혀 지내야만 했던 조선 여성들이 대중들 앞에서 자신의 생각과 의견을 발표하는 연설을 하였다는 것은 교회 공동체에서의 참여와 민주주의 경험이 여성의 근대적 시민의식 성장에 얼마나 중요한 역할을 했는가를 잘 보여준다 하겠다.

---

19) Mrs. Choi Pil Ley, "The Development of Korean Women During the Past Ten Years", *The Korea Mission Field* No. 19 (November 1923), 222-223.

20) 협성회, 『협성회회보』 1권 1호 (1898. 1. 1.).

4) 학교교육과 의료서비스를 통한 남녀평등의 실천

선교사들은 내한 초기 학교 설립을 통한 교육선교에 주력하였다. 학교 설립과 근대 교육에서도 남녀평등을 향한 정책은 굳건하게 유지되었다.

미국 북감리교의 아펜젤러 선교사가 1885년 7월에 배재학당을 시작한 이후, 1886년 5월에는 스크랜턴 부인이 이화학당을 시작하였다. 그리고 미국 북장로교 선교사 언더우드가 1886년 봄, 경신학교를 시작한 이후, 여선교사 엘러즈에 의해 1887년 6월, 정신여학교가 문을 열었다. 이처럼 장로교와 감리교 선교부는 전국 각지에 남학교와 여학교를 설립하여 남성과 여성에게 동등한 교육의 기회를 제공하였다.[21] 내한 선교사들이 중점적으로 시행한 교육선교에서 남녀의 차별을 없애고, 신분과 지위의 고하를 불문하고 학생을 입학시켜 교육을 시행함으로써 한국 교회는 신분과 남녀차별을 없앤 평등한 근대 교육을 실시하였던 것이다. 교육에서의 남녀평등과 신분철폐는 그 자체로 근대적인 민주주의 의식을 확산시키고 민주주의적 사회질서를 제도화하는 것이었다. 이뿐만 아니라 기독교 학교에서의 근대적 시민교육은 한국 사회를 전근대적 봉건사회로부터 근대적인 민주 시민사회로 급속히 변화시켜 나갔다고 할 수 있다. 1920년대 평양 숭실전문학교에서 학생들을 가르쳤던 피셔(James E. Fisher)는 일본 제국주의 식민지 치하에서 기독교 계통의 학교들은 인도주의를 바탕으로 평등과 민주주의를 가르치고 실천함으로써 한국의 민주주의 형성과 발전에 크게 기여했다고 하였다.[22]

---

21) Ibid., 184-189.

학교 설립을 통한 교육선교와 함께 한국 교회 초기 선교에서 또 하나의 핵심적인 위치를 차지했던 의료선교에서도 남녀평등과 신분 차별을 혁파하고자 하는 정신이 깊이 자리하고 있었다. 알렌 선교사에 의해 제중원이 건립되어 서양식 근대적인 의료서비스가 제공되기 시작했고, 스크랜턴에 의해 민간 병원이 문을 열었지만, '남녀 7세 부동석'이라는 전통적인 유교사상이 지배하고 있던 당시 조선 사회에서 가난한 하층민 여성들이 근대적 의료서비스를 받는 것은 거의 불가능한 일이었다. 여성들이 남성들과 함께 병원에서 진료를 받는 것도 어려운 일이었으며, 여성이 남성 의사에게 자신의 몸을 맡긴다는 것은 더더욱 불가능한 일이었다. 이에 여성 병원과 여의사의 필요성을 절감한 미국 북장로교 선교부는 1866년 여의사 엘러즈(A. Ellers)를 여성 환자를 치료하기 위한 의료선교사로 파송하였고, 엘러즈는 신분의 고하를 막론하고 모든 여성들을 진료하기 시작하였다.23) 엘러즈 선교사가 운영하던 제중원 부인과에서 감당하기 어려울 정도로 여성들의 수요가 늘어나자 선교부는 정동 보구녀관과 동대문안교회, 평양교회 등 세 곳에 여성 진료소를 추가로 설립하여 여성들을 진료하였다.24) 신분과 지위의 고하를 막론하고 모든 여성들에게 근대적 의료서비스가 제공됨으로써 당시 인간적인 대접을 받지 못하고 있던 가난한 하층민 여성들이 근대적 의료서비스의 수혜자가 되었다. 이러한 평등하고 보편적인 의료서비스의 제공은 신

---

22) J. E. Fisher, *Democracy and Mission Education in Korea*, (New-York: Teachers College, Columbia University, 1928).

23) *The Annual Report of the Board of the Foreign Missions of the Presbyterian Church*, USA, 1887, 155. 김인수, 『한국기독교회사』, 100에서 재인용.

24) 이만열, 『한국기독교문화운동사』, 47-48.

분의 장벽과 남녀차별이 엄존하던 조선 사회에서 남녀와 신분의 차별이 없는 평등한 민주 시민사회의 실현이라는 가치를 실천하고 체득하게 하였다.

교회를 통한 이러한 사회적 개화와 문명화는 근대적 시민민주주의의 권리 의식을 강화시켰을 뿐만 아니라, 사회의 내적 모순에 대한 자각과 정치의식의 심화를 통해 근대적 민주주의에 대한 열망을 고취시켰다. 이는 나아가 일본 제국주의의 압제가 심화되는 속에서 민주주의와 독립을 향한 저항의식을 고조시켰다.

2. 교회 내 민주정치의 실천과 근대 민주주의의 실현

1) 대의제 민주정치의 경험과 실천

신분질서의 타파와 남녀차별의 철폐를 통해 자유와 평등이라는 민주주의의 가장 기본적인 사상과 가치를 실천하고 확산시켜 나갔던 한국 장로교회는 장로의 선출과 당회를 통한 교회의 치리 과정에서 근대 민주주의의 또 하나의 핵심 원리라 할 수 있는 대의제 민주정치를 경험하고 실천함으로써 민주주의 질서와 이상을 체득하기 시작하였다. 그리고 전근대적 봉건질서하에서 민주적 대의정치에 대해 무지했던 한국 사회 전반에 민주적 사회질서를 확산시켜 나가기 시작했다. 하나의 공동체 안에서 자신들의 손으로 자신들의 대표를 직접 선출하고, 선출된 지도자들이 자신들을 대신하여 교회를 다스리며, 그 지도력에 순종하는 경험과 실천은 교회의 주권이 교회의 머리 되신 예수 그리스도와 교인들에게 있다는 교인 주권 사상을 뿌리내리고 근대적 민주정치가 교회 내에 정착하게 했다. 이는 나아가 국가의 주권이 국민에게 있다는 근대 민주국가의 기본 이념인 국민주권 사상을 자각하게 하고 사회 전반에 근대적 민주주의 정신이 확산되어 나가게 했다. 일본 제국주의의 압제에 의해 비민주적 지배와 통치가 일상화되고 인간으로서의 기본적 인권마저 유린당하던 당시 교회 내에서 경험하고 실천한 민주주의는 조선 백성들에게 사회의 민주주의와 국권과 국민주권의 회복에 대한 열망을 더욱 고조시켰을 것이다.[25]

그뿐만 아니라 교인들 가운데 신앙심이 깊고 헌신적인 교인들이 자발적이고 민주적인 선거를 통해 교회의 지도자로 성장할 수 있는 한국 장로교회의 정치제도는 그동안 사회로부터 멸시받고 소외되어 왔던 하층민들도 신앙의 성숙과 열정, 그리고 그 과정에서 획득된 지도력을 바탕으로 교회의 지도자로 성장할 수 있는 터전을 제공해 주었다. 엄격한 신분질서하에서 계급적 차별과 인권의 멸시가 세습적으로 이어져 왔던 한국 사회에서 평민과 하층민들이 교인들의 자발적이고 민주적인 선거를 통해 교회의 지도자로 성장하여 리더십을 발휘할 수 있었다는 사실은 과히 혁명적인 것이라 할 수 있다. 그리고 그것은 장로주의 정치의 위대성과 민주적 교회정치의 탁월성을 충분히 입증하였음은 물론, 한국 사회의 봉건적 신분질서를 타파하고 민주적 시민사회를 형성하고 발전시키는 데 결정적인 역할을 했다고 할 수 있을 것이다. 과거 봉건적 신분질서가 지배하던 사회

---

25) 황재범, "초기 한국 개신교회가 한국 민주주의 문화의 형성에 끼친 영향: 한국 장로교회를 중심으로", 168.

에서는 상상조차 할 수 없었던 일들이 교회의 민주적 정치 과정을 통해 실현됨으로써 백성들에게는 민주주의에 대한 열망을 더욱 고조시켰을 것이다. 또한 평민과 하층민 출신들이 교회 지도자로 성장하는 것을 경험하고 목격한 사람들은 복음을 전도하고 교회 공동체를 섬기는 일에 더욱 열정적으로 참여했을 것이며, 이는 초기 한국 교회의 놀라운 성장에 커다란 디딤돌이 되었을 것이다.[26]

아울러 한국의 그리스도인들은 당회를 비롯한 교회 내 다양한 모임에서 토론을 통한 의견 수렴과 다수결에 의한 의사결정을 경험하고 실천함으로써 교회정치가 가지고 있는 공동체성과 함께 민주적 의사결정 과정을 체득할 수 있었다. 그리고 교회정치를 실천하는 과정에서 기본적으로 다수결의 원칙에 따르면서도 소수의 반대자들을 포용하려는 교회 지도자들의 노력을 경험함으로써 일반적인 민주적 의사결정 구조를 능가하는 교회 공동체의 사랑과 화합의 정신을 경험하게 되었고, 이는 대의정치와 민주적 의사결정 구조를 넘어서는 사랑의 공동체 실현이라는 기독교 신앙의 근본 의미를 가슴 깊이 새길 수 있는 계기가 되었다. 이는 일본 제국주의에 의해 나라를 상실하고 민족의 정체성과 문화가 말살되어 가는 상황에서 민족 공동체를 자각하게 하는 계기를 마련해 주었고, 교회 공동체를 통한 연합과 연대의 경험은 국권 회복을 위한 3.1 독립만세운동을 주도하는 구체적 실천으로 나아가게 했다고 할 수 있을 것이다.

---

26) Ibid., 172.

2) 권력 분립과 리더십의 균형

교회 내에서의 대의제 민주정치의 경험과 실천뿐만 아니라 목사로 대표되는 영적 리더십과 장로와 집사를 중심으로 하는 회중 리더십 사이의 분립과 균형을 통해 한국 장로교회와 그리스도인들은 근대 민주주의의 또 하나의 핵심 원리라고 할 수 있는 삼권분립의 정신과 민주주의적 가치를 체득하게 되었다. 장로주의 정치는 로마 가톨릭교회나 감독교회의 정치와는 달리 교회 내 권력의 독점과 성직자들의 계급적 위계구조를 철저히 반대하고 있다. 권력은 소수에게 집중되고 독점될 때 부패하기 마련이다. 인간의 죄악 속성은 자신에게 주어진 권력을 자발적으로 제한하고 타인에게 양도하는 선하고 아름다운 모습을 가로막고 권력을 독점하고 남용하게 만드는 경향이 있다. 따라서 교회의 정치제도가 이러한 인간의 죄악 본성을 근원적으로 해결할 수는 없다 하더라도, 인간의 이러한 죄악 본성으로 인해 발생할 수 있는 비민주적 의사결정 구조와 함께 권한의 독점과 남용을 방지할 수 있는 제도적 장치를 마련하는 것은 매우 중요하고 의미 있는 일이라 할 수 있다. 그런 의미에서 교회정치에서 소수가 권한을 독점하고 이를 계급적 위계구조를 통해 고착화시키는 것을 방지하기 위해서는 권력의 분립과 균형, 리더십의 견제와 균형을 이룰 수 있는 제도를 마련하는 것이 매우 중요하다.

장로교 정치는 삼위일체 하나님의 독자성과 사랑의 관계에 기초하여 교회 내 권력의 분산과 리더십의 조화와 균형을 실천해 왔다. 그러한 리더십의 분립과 균형 가운데에서 핵심은 바로 목사로 대표되는 영적 리더십과 장로로 대표되는 회중 리더십의 분립과 균형이다. 영적 리더십의 담당자인 목사는 교인들에 의해 청빙을 받고 당회에서 장로들과 협력하여 교회를 다스리지만, 지교회 당회가 아니라 노회에 소속되고 노회의 관할을 받으며, 노회에 의해 지교회에 위임되도록 함으로써 목사의 영적 지도력이 장로나 교인들에 의해 압도당하고 지배받지 않고 독립성을 유지할 수 있도록 하고 있다. 아울러 교인들에 의해 선출된 장로들이 노회에 총대로 파송되어 목사와 더불어 노회를 구성하고 민주적 의사결정 과정을 거쳐 노회가 각 지교회와 당회를 관할하도록 함으로써 회중 지도력이 영적 지도력에 의해 일방적으로 압도당하거나 지배되지 않도록 하고 있다. 그리고 전국 각 노회에서 총대로 파송된 목사와 장로로 조직되는 총회가 같은 수의 목사와 장로로 구성되도록 함으로써 영적 지도력과 회중 지도력 사이의 균형을 꾀하고 있다.

또한 지교회 내에서의 목사의 영적 지도력과 장로의 회중 지도력 사이의 분립과 균형 외에도 장로교 정치는 당회 외에 집사회(혹은 제직회)를 조직하여 지교회 정치에서 당회의 독주를 방지하고 회중 리더십 사이의 견제와 균형을 도모하고 있다. 집사들이 중심이 되는 제직회가 재정과 구제에 관한 권한을 갖게 됨으로써 장로와 목사가 중심이 되는 당회를 견제하고 교회 재정이 보다 투명하고 민주적으로 집행될 수 있도록 하고 있는 것이다. 그리고 당회와 제직회가 많은 권한을 위임받아 교회를 치리하고 운영해 가지만, 담임목사의 청빙이나 교회 재산의 처분 등과 같은 중대 사안에 대해서는 공동의회를 통해 결정하도록 함으로써 교회 공동체 전체가 당회와 집사회를 견제할 수 있도록 하고 있다.

교회정치를 통해 이러한 영적 리더십과 회중 리더십 사이의 분립과 균형, 회중 리더십 사이의 견제와 균형을 경험하고 실천함으로써 한국 교회 그리스도인들은 근대 민주정치의 삼권분립과 견제와 균형이라는 이념과 가치를 자연스럽게 체득하고 실천해 나갈 수 있었으며, 교회정치에서 경험하고 실천한 민주정치는 일반 백성들의 일상의 삶과 사회생활에서 민주주의 정신과 문화를 급속히 확산시켰다고 할 수 있을 것이다.

3) 삼심제 치리기구와 공동체적 민주정치

민주적 교회정치의 실현에서 리더십의 분립과 균형, 권력의 견제와 조화 및 균형 외에 또 한 가지 중요한 것은 삼심제 치리기구의 제도화였다. 각 지교회는 당회가 소속 교인들에 관한 관할권을 갖고 목사와 장로가 연합하여 교회를 다스리지만, 개별 지교회의 연합과 일치를 위해 장로교 정치는 지역 차원에서 노회를 조직하고 전국 차원에서 총회를 조직하여 교회의 통일성을 도모하고 있다. 노회는 소속 당회를 관할하고 치리하며, 총회는 소속 노회뿐만 아니라 전국의 모든 지교회를 관할하고 치리한다. 그리고 총회는 최상급 치리회로서 최종적 권위를 가지고 있다. 물론 당회, 노회, 총회가 계급적 위계구조를 가진 상하관계로 조직되어 있는 것은 아니다. 노회와 총회가 당회에 비해 상급 치리회라는 것은 개별 지교회 차원을 넘어 지역과 전국이라는 보다 넓은 공동체를 포괄한다는 의미와 당회의 결정보다는 노회와 총회의 결정이 우위성을 갖는다는 의미에서 상급 치리회로 불린다. 삼심제 치리기구하에서 상급 치리회는 하급 치리회에 대해 지도력과 결정의 우위성을 갖는다. 하지만 개별 교인들과 하급 치리회는 각 치리회의 결정과 지도력에 대해 성경과 교회 헌법에 따라 상급 치리회에 상소할 수 있는 권한을 가지고 있다. 교인들의 직접선거에 의해 선출된 장로와 목사로 구성된 치리회가 교인들에 대한 관할과 지도력을 행사하고 교인들은 기본적으로 이러한 지도력에 순복해야 할 의무가 있다. 그리고 상급 치리회는 하급 치리회에 대해 관할과 치리를 행사할 수 있는 권한이 있다. 하지만 각 교인들에게는 신앙과 양심의 자유와 성경과 교회 헌법에 따라 각 치리회의 잘못되고 부당한 지도력과 치리에 대해서 상급 치리회에 상소할 수 있도록 기본권을 보장하고 있다. 그리고 하급 치리회에도 마찬가지로 상급 치리회의 부당한 간섭과 결정에 대해 상급 치리회에 항소할 수 있는 권리를 부여하고 있다. 이처럼 교회 내에서 실천된 삼심제 치리기구를 통한 민주적 정치 과정에 대한 경험은 한국 교회 그리스도인들로 하여금 대의제 민주정치의 기본적인 정치 질서에 관한 이해를 깊게 한 것은 물론 삼심제를 근간으로 하는 근대적 사법제도의 삼심제 구조를 이해하고 실천하는 데 의미 있는 기여를 했다고 할 수 있을 것이다.

한편, 한국 장로교회가 제도화한 삼심제 치리기구는 의사결정과 권력의 행사를 개인이 아니라 목사와 장로로 구성되는 당회, 노회, 총회라고 하는 회의체를 통해 행사하도록 함으로써 공동체성을 실현하고자 했다. 지교회의 치리기구인 당회는 목사나 장로 어느 한 리더십만으로 조직할 수 없도록 하고 여러 명의 장로를 선출하여 당회를 구성하도록 하였으며, 모든 중요한 의사결정을 회의를 통해 공적으로 처리하도록 하였다. 또한 소속 목사와 총대장로로 구성되는 노회와 동일한 수의 총대목사와 총대장로로 구성되는 총회 역시 회의체 치리기구를 통해 공동체적으로 의사를 결정하고 집행하도록 하고 있다. 교회정치에서의 삼심제 치리기구가 가지고 있는 이러한 회의체적인 특성과 공동체적 성격은 삼위일체 하나님의 본성을 드러내고 그 뜻을 실천하기 위한 사랑의 공동체로서의 교회 공동체의 본질적 성격을 구현하는 것이었다. 나아가 그것은 봉건적 신분질서와 비민주적 권위가 지배하고 있던 사회를 개혁하고 자유와 양심이 살아 있고 인권이 보장되는 근대적 민주정치를 실현할 수 있는 소중한 모델이 되었다고 할 수 있을 것이다.

4) 네비우스 3자원리의 실천과 민주적 교회정치의 제도화

한국 교회에서 교회 내 민주정치의 실천은 특별히 초기 한국 장로교회가 채택한 네비우스 선교정책을 통해서 보다 집중적으로 이루어졌다고 할 수 있다. 자립과 자전, 자치를 기본 원리로 하고 있는 네비우스 선교정책[27]은 초기 한국 교회의 성장과 발전은 물론 한국 교회 내에서 민주적 정치구조를 정착시키고 발전시키는 데 크게 기여했다. 주지하다시피 한국 교회는 선교사들이 내한하여 복음을 전파하기 이전부터 서상륜, 이수정 등 만주와 일본에서 주체적으로 복음을 수용한 한국인들의 자발적이고 열정적인 복음 전도에 의해 급속히 성장했다. 언더우드 선교사에 의해 최초의 조직교회인 정동교회(새문안교회)가 설립되기 이전에 이미 황해도 솔내에서는 비록 목사와 장로로 구성된 당회를 가진 완전한 조직교회는 아니라 하더라도 한국 최초의 교회가 세워졌다. 그리고 권서인과 매서인, 전도부

---

27) C. A. Clark, 『한국교회와 네비우스 선교정책』, 44-45.

인 등의 활약에 힘입어 한국인들의 자발적 전도를 통해 예수를 믿고 신앙을 고백한 사람들이 세례를 기다리고 있었을 정도로 네비우스 선교정책이 시행되기 이전부터 '자전'을 통해 복음이 전파되고 교회가 성장하기 시작했다. 선교 초기 선교사들의 복음전파가 여전히 국법에 의해 엄격히 금지되고 있는 상황에서 서상륜을 비롯한 수많은 권서인과 매서인, 전도부인들의 자발적이고 목숨을 내건 헌신적인 전도가 없었더라면 그토록 빨리 복음이 전파되고 교회가 설립되기는 어려웠을 것이다. 그리고 사경회 참가 경비를 스스로 부담하고 자신들이 예배할 처소를 스스로 마련하던 전통은 네비우스 선교정책이 시행되면서 일반화되기 시작했다. 또한 비록 초기에는 선교사들의 지도에 힘입은 바 크지만 교인들 스스로 장로를 선출하고 당회와 노회, 총회에서 민주적 교회정치를 실천하는 경험을 쌓아 가면서 자주적 교회 치리의 터전을 닦아 나가기 시작했다. 한국 장로교회는 네비우스 선교정책과 더불어 자전과 자립, 자치를 주체적으로 실천함으로써 교회 내 민주정치를 정착시켜 나갔으며, 이는 사회 전반의 민주적 질서와 시민정신, 민주주의 문화를 확산시키는 데 크게 기여했다. 네비우스 선교정책이 핵심 원리로 삼고 있는 자전과 자립, 자치는 근대 민주주의의 기본 사상을 그대로 담고 있는 것이었기 때문에 교회의 주인으로서 한국 교회 그리스도인들의 자전과 자립, 자치를 향한 주체적 실천은 한국의 전근대적 봉건사회를 근대 민주주의에 기초한 시민사회로 변화시키는 데 결정적 역할을 했다고 할 수 있을 것이다.

네비우스 선교정책의 주체적 실천을 통해 기반을 닦아 온 초기 한국장로교회의 민주정치는 1907년 독노회 조직과 헌법의 채택, 그리고 1912년 총회 창립과 1922년 완전한 헌법의 채택으로 체계적으로 제도화되었다. 전국의 각 지교회에서 교인들에 의해 직접 선출된 장로와 목사들이 노회를 조직하고, 전국 노회에서 총대로 파송한 목사와 장로들로 총회를 구성한 것은 한국 사회에서 처음으로 근대 민주주의적 절차와 과정을 통해 이루어진 것이었으며, 그동안 교회를 통해 경험하고 실천해 온 민주정치를 제도적으로 실현한 것이었다. 그리고 1907년의 독노회 규칙과 1922년의 헌법을 토대로 형성된 정치체제는 한국 사회가 이전까지 경험하지 못했던 근대적인 민주정치체제였다. 민주적 의사결정과 절차를 통해 교회를 조직하고 민주적 대의정치 체제를 교회의 정치제도로 확립한 한국 교회 그리스도인들은 자신들이 속한 다양한 사회관계와 조직 속에서 교회정치를 통해 경험한 민주적 정치질서와 제도 및 문화를 확산시켜 나갔다고 할 수 있다.

3. 민주주의의 실천과 발전을 위한 운동

신분과 남녀의 차별을 넘어 평등하게 주어지는 교회 공동체 생활과 학교 교육, 병원 진료를 통해 사회 전반에서 근대적 민주주의 이념인 자유와 평등, 박애의 정신이 확산되어 가는 가운데 교회에서 설교를 들으면서 하나님 주권과 양심의 자유, 언론과 집회의 자유를 경험하고, 자신들의 대표를 직접 선출하여 교회 공동체를 운영하는 대의제 민주정치를 실천해 온 한국 교회 그리스도인들은 학교와 지역사회에서 근대 민주주의를 실천하기 위해 힘을 기울였다. 학교에서 근대 민주주의의 이념과 가치, 다양한 실천들을 배운 학생들은 회의와 토론, 연설 등을 훈련하고 실천함으로써 민주주의 이념과 가치를 몸으로 체화하기 시작했다. 또한 교회 공동체를 통해 대의제 민주정치와 민주적 회의 운영 등을 경험하고 실천해 온 그리스도인들은 자신들이 속한 가정과 지역사회에서 신분과 남녀의 차별을 혁파하고 근대 민주주의의 가치와 정신을 실천해 나가기 시작했다.

1) 협성회와 YMCA를 통한 민주주의의 경험과 실천

배재학당을 설립한 감리교 선교사 아펜젤러는 가난한 학생들도 동등한 교육의 기회를 가질 수 있도록 하기 위해 교육 현장에서의 자립과 자주정신을 강조했다. 아펜젤러의 이러한 생각은 네비우스 선교정책의 3대 원리 가운데 하나인 '자립'과도 맥을 같이하는 것이었다. 그는 배재학당에서 가난한 학생들이 자신의 힘으로 학비를 벌어가며 자립적으로 공부할 수 있도록 하기 위해 근로장학제도를 도입했다.[28] 1888년 아펜젤러는 학교 내에 산업부(Industrial Department)를 설치했는데, 이는 학생들에게 근대적 기술을 가르치는 동시에 학교를 돌보고 교실을 청소하며, 불을 피우는 일 등을 학생들에게 맡겨 가난한 학생들이 스스로 학비를 벌어 가며 공부를 계속할 수 있도록 하기 위한 것이었다.[29] 배재학당의 교육 목적과 분위기에 대해 아펜젤러는 학생들에게 자립(Self-support)적인 훈련을 기하고, 자립정신을 함양하려고 했다는 것을 분명히 밝힌 바 있다.[30] 학교에서의

---

28) 이만열, 『한국기독교문화운동사』, 212.

29) Ibid., 213.

30) 『미국 감리회 선교부 연례보고서』(1886), 267. Ibid., 214-215에서 재인용.

이러한 훈련은 가난한 학생들이 자신에게 맡겨진 일을 자발적으로 수행하면서 은연중에 자립정신을 체득할 수 있게 했다.[31] 기숙사를 만들고 산업부를 설립하여 학생들이 근로장학생으로 스스로 일을 하면서 공부를 할 수 있도록 한 것은 배재학당의 교육 목적인 자립 정신을 함양하고, 네비우스 선교정책의 핵심 원리인 자립을 구체적으로 실천하기 위한 방안이었다. 아펜젤러는 학생들에게 자립정신뿐만 아니라 사회의 모순을 개혁하는 데 헌신하는 숭고한 마음을 가질 것을 역설하기도 했다. 그는 예수 그리스도께서 성육신하여 이 세상에 오셔서 몸소 희생과 섬김의 삶을 실천했듯이 학생들도 사회와 국가를 위해 자기를 희생하고 봉사하는 사람이 되어야 한다는 것을 항상 강조했다.[32] 배재학당에서의 이러한 자주적 자립정신을 함양하기 위한 교육과 실천은 학생들에게 나라와 민족을 사랑하고 사회의 모순을 개혁하기 위한 적극적인 실천에 나서게 하는 중요한 동인이 되었으며, 이는 3.1 독립만세운동으로 표출되었다.

1896년 11월 30일 서재필의 지도하에 13명의 학생으로 처음 시작된 학생자치회인 '협성회'는 매주 한 차례 회의 규칙과 연설, 토론 등을 공부하는 모임을 가졌다.[33] 협성회의 창립 목적은 '충군애국지심(忠君愛國之心)'을 함양하고 회원들 상호 간의 친목을 도모하며, 학습과 선행을 이룩하고 전국의 동포를 계몽하는 것이었다. 학생들은 개화기 조선에서 한글 보급과 조혼 폐지 및 권면, 종교의 자유, 서양 의술과 위생 문제 등에 대해 토론하면서 나라의 독립과 민권

---

31) Ibid., 215.

32) Ibid.

33) 『독립신문』, 1896년 12월 1일.

의식, 자강 의식 등을 고취하고자 했다.[34] 협성회에서 학생들은 구체적으로 한글과 한문의 혼용 문제와 부녀자에 대한 교육, 여성에 대한 내외 금지, 노비 속량, 외국인에 대한 철도부설권 인허 반대, 학생들의 백성을 위한 가두연설, 조혼 금지,[35] 상품 매매 시 정가제 도입, 외국인에 대한 지세 부과, 정치에서 상하의원제 도입, 정부 각 부처의 외국인 고문관 폐지, 과거를 통한 인재 등용, 흉년 시 외국으로 수출하는 쌀에 대한 중과세, 개항 확대,[36] 재정과 군권의 외국 이양 반대[37] 등을 토론하였다. 이러한 토론 과정을 통해 협성회는 개화기 한국 사회에서 근대적 시민 민주주의를 학습하고 실천하는 데 중요한 기여를 했다. '동의'와 '재청', '개의' 등 민주적인 회의 진행을 위한 용어들이 협성회에서 처음으로 사용되고 보급되는 등 협성회는 학생들에게 근대 민주주의를 경험하고 실천할 수 있는 역량을 기르고 훈련시키는 역할을 했던 것이다.[38] 협성회 회원들은 1897년부터는 광화문과 종로 등지에서 가두연설을 통해 백성들의 의식을 계몽하고, 민족 자주의식을 고취시키기 위한 활동을 전개하기도 했다.[39] 협성회는 전근대적 사회질서와 문화가 지배하고 있던 개화기 한국 사회에서 근대적 민주주의 이념과 가치를 공부하고, 토론회와 연설회를 통해 민주적 회의 진행 절차와 방법을 경험하고 실천하였으며, 배우고 익힌 것을 시민사회에 적용하여 쓰러져 가는 나라의

---

34) 이만열, 『한국기독교문화운동사』, 234-235.
35) 협성회, 『협성회 회보』 1권 1호 (1898. 1. 1.).
36) 협성회, 『협성회 회보』 1권 2호 (1898. 1. 8.).
37) 협성회, 『협성회 회보』 1권 14호 (1898. 4. 2.).
38) Ibid.
39) Ibid., 237.

회복과 자주적 민권의식을 고취시킴으로써 한국의 근대 민주주의의 형성과 발전에 귀중한 공헌을 했다.

한국 주재 외국인과 개화파 민족운동가들, 그리고 그리스도인들이 참여하여 1899년부터 준비 과정을 거쳐 1903년 10월 28일 발족한 한국 YMCA(황성기독교청년회)는[40] 창설 초기부터 사회 계몽과 각종 교육 사업을 실시하였으며, 각종 강연회와 토론회를 자주 개최하여 청년들을 일깨웠다.[41] 주로 한국인 선각자들이 연사로 나선 강연회에서는 산업과 과학 교육의 필요성과 산업 진흥과 국가 발전, 기업과 사회의 발전, 법치 사회의 건설, 사회적 및 산업적 기구 개선의 필요성 등을 강조함으로써 위기에 처한 한국 사회의 근대적 변화에 대해 역설하였다.[42] 그리고 매일 열리다시피 한 토론회에서는 강당을 꽉 채울 만큼 300-400명 이상의 많은 사람들이 참여하여 새로운 시대에 처한 기독교의 사명, 한국인의 임무, 교육과 기독교, 전통적인 혼인 관습의 개혁, 위대한 민족성의 5대 요소, 청년이 할 수 있는 일 등을 주제로 열띤 토론을 벌였다.[43] 이러한 강연회와 토론회를 통해 YMCA에 참여한 한국의 지식인들과 청년들은 민족의 운명이 경각에 달한 위기의 시대에 조국의 근대화와 민주주의를 위한 개혁과 계몽의 필요성을 자각하게 되었다. 그리고 토론회에서 여러 주제들을 자유롭게 토론하는 과정을 통해 자신의 생각을 전달하고 서로의 견해를 자유롭게 주고받으면서 의견을 수렴해 가는 민주적 의

---

40) 전택부, 『한국 기독교 청년회 운동사』 (서울: 정음사, 1978), 15-20.
41) 이만열, 『한국기독교문화운동사』, 261-262.
42) Ibid., 262.
43) Ibid.

사결정 과정을 학습하고 실천해 갔던 것이다. 그리고 강연회와 토론회를 통해 당시 사회를 지배하고 있던 봉건적 신분질서와 전근대적 폐습들을 극복하고 새로운 근대 민주주의를 실현하는 것이 조국의 위기를 극복하기 위한 필요불가결한 길임을 깊이 자각할 수 있었다. 나아가 한국 사회의 근대화와 근대 민주주의의 실현, 민족적 자강을 위한 사회적 실천과 운동으로 나아갈 수 있었다.

2) 독립협회와 만민공동회를 통한 민주주의의 실천

조선의 지식인들은 기독교를 통해 조국의 독립과 근대화, 민주주의를 실현하고자 했는데, 그 대표적인 움직임이 '독립협회'의 조직과 활동이었다. 갑신정변의 주역이었던 서재필, 윤치호, 이상재 등에 의해 1896년 7월 창립된 독립협회는 국민교육과 민주주의 창달을 목표로 하고 있었다.[44] 독립협회는 창립 이후 만민공동회를 통해 조선 정부의 외국 의존 정책을 비판하면서 국정 개선안을 채택하여 정부에 건의하는 등 입헌군주제를 점진적으로 실현하고자 했다. 하지만 이들의 정치개혁안은 받아들여지지 않았고, 이승만을 비롯한 독립협회 지도자들은 체포되어 감옥에 구금되었다.[45] 독립협회의 중심인물이었던 서재필과 윤치호는 갑신정변 당시에는 기독교인이 아니었으나, 미국과 중국에 도피해 있던 당시 기독교인이 되어 귀국한 이후 독립협회를 창설했다. 이승만 역시 만민공동회 사건으로 체포되던 당시에는 기독교인이 아니었으나, 감옥에서 회심하여 독실한 기

---

44) 한우근, 『한국통사』 (서울: 을유문화사, 1983), 499-500.
45) 김인수, 『한국기독교회사』, 132.

독교인이 되었다. 그리고 평양에 독립협회 지부가 결성될 당시 안창호, 길선주 등의 기독교 지도자들이 중심이 되어 참여하였다는 것[46]과 기독교가 놀랍게 성장한 선천과 강계, 의주 등의 서북지역과 대구지역에 독립협회 지부가 설치되고 다른 어느 지역보다도 왕성한 활동을 보였다는 사실[47]로부터 독립협회의 조직과 활동에서 기독교가 중심적인 역할을 했다는 것을 분명히 확인할 수 있다.

서재필은 1896년 4월 최초의 순 한글 신문인 『독립신문』을 창간하였고, 11월에는 영은문(迎恩門) 옆 모화관(慕華館)을 개축하여 독립관으로 개명하였으며, 영은문을 헐고 그 자리에 독립문을 건립하였다.[48] 서재필의 뒤를 이어 독립협회 회장이 된 윤치호는 1897년 8월 8일 독립협회를 학회화하고 강의실과 도서실, 박물관을 운영하자는 안을 제시하였으며, 독립협회는 윤치호의 이 제안을 정식으로 채택하여 시행하도록 했다.[49] 이를 기반으로 윤치호는 미국 유학 시절부터 관심을 가지고 구상해 왔던 토론회를 독립협회의 주된 활동으로 전개하기 시작했다. 토론회 개최는 독립협회를 이전보다 더 한층 활성화시키는 계기가 되었다.[50] 토론회가 지속적으로 개최되면서 일반 백성들의 참여가 확대되기 시작하였으며, 새로운 지식인층이 응집되기 시작했다. 그리고 『독립신문』을 통해 독립협회의 활동을 여론화함으로써 독립협회를 대중들과 긴밀하게 밀착시켜 나가기 시작했다.[51] 민주국가 건설을 이상으로 삼고 있던 윤치호는 독립협

---

46) 김인서, 『김인서저작전집 제5권』 (서울: 신망애사, 1976), 55.
47) 박정신, 『근대 한국과 기독교』 (서울: 민영사, 1997), 207.
48) 김인수, 『한국기독교회사』, 132.
49) 박정신, 『근대 한국과 기독교』, 161.
50) Ibid.

회 내의 모든 문제를 민주주의 원칙에 따라 처리하는 등 독립협회를 민주적으로 운영함으로써[52] 한국에서 근대 민주주의를 실현하고자 했다. 그는 허레이 로버트(Heray M. Robert)와 요셉 로버트(Joseph J. Robert)가 함께 저술한 "Pocket Manual of Rules of Order for Parliamentaly Assemblies"를 번역하여 민주적인 회의 절차를 가르치고 정착시키고자 했다.[53]

토론회가 활성화되고 대중들의 참여가 확대되면서 봉건적 신분질서의 폐지와 민주주의적 인권 신장, 국권 회복을 위한 정치 개혁을 위한 백성들의 목소리가 높아지기 시작하였으며, 이는 만민공동회를 통해 표출되었다. 만민공동회는 독립협회의 민주적 운영과 자유로운 토론을 통한 민주적 의사결정, 대중들의 계몽과 참여에 의한 주권 의식의 확대를 통해 가능해진 것으로 개화기 한국 사회에서 근대적 자유와 민주주의를 향한 백성들의 열망을 고스란히 담아낸 것이었다. 독립협회와 만민공동회 운동은 교회를 통해 기독교의 보편적 가치와 이념을 배우고, 교회 내에서 근대 민주주의와 자유, 평등을 경험하고 실천했던 교회 지도자와 지식인, 기독교계 학교와 학생들이 교회 울타리를 넘어 시민사회로 나아가 전근대적 사회질서와 유교적 지배 이데올로기, 봉건적 문화에 갇혀 있던 한국 사회와 정치를 계몽과 운동을 통해 변혁시키고자 했던 움직임이었다.[54]

예수를 믿게 된 후 하나님은 모든 사람을 평등하게 지으셨다는 양

---

51) Ibid.

52) Ibid.

53) 『윤치호 영문일기』, 1898년 3월 18일 자. 윤치호, 『윤치호 일기 제5권(1897-1902)』 (서울: 국사편찬위원회, 1975), 143.

54) 박정신, 『근대 한국과 기독교』, 185-186.

반의 고백은 물론 무엇보다도 감히 가까이 갈 수조차 없을 정도로 권위적이고 위세 등등하던 양반이 천대받던 상민과 천민, 부녀자들과 더불어 같은 장소에서 함께 무릎을 꿇고 한 하나님을 향해 찬송을 하고 기도를 드린다는 것은 계급적 신분질서가 엄격하던 당시의 조선 사회에서 가히 혁명적인 것이라 하지 않을 수 없다.[55] 사회의 관습과 문화, 지배 이데올로기를 거슬러 새로운 가치와 이념, 사회 질서를 추구하던 도전적이고 개혁적인 사람들이었던 당시의 기독교인들은 대부분의 조선 사람들과 달리 새로운 정치를 체험하고 새로운 정치를 실현하기 위한 정치 기술을 체득한 사람들이었다. 이들은 교회와 기독교계 학교 및 관련 기관들에서 예배와 기도회, 성경공부 모임, 연설회, 토론회 같은 공중집회와 청년회, 학생회, 전도회, 각종 위원회에서의 활동과 대중들 앞에서 대표로 성경을 읽고 기도를 하며, 찬송을 인도하는 등의 활동을 통해 대중 앞에 서는 훈련을 하였고, 토론과 연설의 기술을 터득했으며, 각종 모임을 조직하고 이끌어 가는 능력을 배우고 익힌 사람들이었다. 그리고 그들은 교회와 각종 공동체에서 대표를 선출하고 대표가 되어 공동체를 이끌어 가는 훈련을 함으로써 근대적 민주 시민으로서의 자질과 능력을 함양한 사람들이었다.[56]

1898년 12월 25일 독립협회가 해산당하고, 지도자 윤치호가 지방 관리로 쫓겨난 이후 만민공동회는 한동안 대중들을 중심으로 계속되었지만, 지도자가 부재한 상태에서 기득권 유지를 위해 개혁에 부정적이었던 정부의 탄압에 의해 만민공동회를 통한 민권 운동은 실

---

55) Ibid., 202.
56) Ibid., 202-203.

패로 돌아갔다.[57] 하지만 만민공동회는 봉건적 신분질서의 억압 속에서 자신들의 기본적 권리마저 박탈된 채 살아왔던 기층 민중들이 자신들의 주장을 대중 연설과 공개적 토론을 통해 펼칠 수 있었던 근대 시민민주주의를 향한 소중한 발걸음이었다. 교회에서 배우고 익혔으며, 독립협회와 만민공동회, 그리고 각종 자주적 사회단체를 통해 민주주의를 실천했던 경험은 일본 제국주의의 강압적 통치가 강화되는 가운데 자유와 민주주의에 대한 열망을 고조시켰으며, 이는 마침내 1919년 3.1 독립만세운동으로 표출되었다.

3) 독립만세운동과 민주주의의 실천

한일 합병 이후 초대 총독으로 부임한 데라우치(寺內正毅)는 수만 명의 헌병과 경찰, 헌병보조원을 동원하여 강압적인 무단통치를 자행하였다. 일반 관리들도 군인들과 마찬가지로 제복을 입고 허리에 칼을 찬 채 근무하였으며, 학교 교사들도 칼을 차고 공포 분위기 속에서 수업을 진행하는 등 권위적이고 강압적인 통치를 자행하였다.[58] 일본 제국주의는 토지조사사업을 통해 토지를 강제로 수탈하고 경제적 침탈을 자행하였으며, 우리 민족의 언어와 문화를 철저히 말살하고 일본에로 동화시키기 위한 정책을 실시하였다.[59] 이뿐만 아니라 일제는 일본에서 수많은 창녀를 이주시켜 공창제도를 도입하고, 아편을 재배하여 판매할 수 있도록 함으로써 청년들의 정신을 부패시키고 문화적 타락을 조장하기도 하였다.[60] 또한 일제는 1915

---

57) Ibid., 162.
58) 강이조, 『일본 통치하의 한국의 종교와 정치』 (서울: 대한기독교서회, 1977), 26-27.
59) Ibid., 40.

년 '포교규칙'을 발표하여 모든 성직자는 총독부로부터 자격증을 받도록 하고, 교회나 종교 집회소를 신설하거나 변경할 때에는 반드시 허가를 받도록 하였다. 그리고 경찰이 모든 예배를 감시하고 설교 내용을 검열하며, 주일의 정기 예배 외에도 기도회나 사경회, 부흥회를 감찰하는 등 교회를 조직적으로 억압하였다. 그리고 사립학교법을 개정하여 각급 학교에서의 수업 도중 성경교육과 예배를 금지하였으며, 한국어 사용을 금하고 반드시 일본어만 사용하도록 강제하였다.61) 또한 일제는 천황숭배와 신사참배를 강요하면서 종교를 탄압하고 민족문화 말살을 가속화하였다. 이러한 군국주의적이고 권위적이며, 강압적인 무단통치와 민족문화 말살정책, 종교 탄압과 천황숭배 강요는 한국인들의 자유와 민주주의에 대한 열망을 증폭시켰으며, 이는 1919년 3.1 독립만세운동으로 표출되었다.

1917년 선언된 미국 대통령 윌슨(Woodrow Wilson)의 민족자결주의와 일제에 의해 강제로 폐위된 고종의 갑작스러운 승하, 그리고 1919년 2월 8일 동경 유학생과 교민들이 발표한 독립선언에 자극을 받은 종교계 지도자들은 독립선언을 추진하였다. 기독교 16인, 천도교 15인, 불교 2인 등 33인의 민족 지도자들은 1919년 3월 1일 종로 명월관에서 역사적인 독립선언서를 낭독하였고, 기독교계 학생을 비롯한 수많은 학생과 시민들이 동참한 가운데 파고다 공원에서 시작된 독립만세운동은 전국으로 빠르게 확산되었다.62) 평양에서는 장로교 총회장 김선두 목사를 필두로 6개 교회가 연합하여 독립선

60) 민경배, 『주기철』 (서울: 동아일보사, 1992), 35.
61) 김인수, 『한국기독교회의 역사(하)』 (서울: 쿰란출판사, 2012), 91.
62) 신용하, 『3.1 독립운동』 (천안: 독립운동사연구소, 1989), 61-62.

언에 동참하였고, 고종의 인산일을 맞아 3천여 명의 교인들이 추모예배를 드렸다. 진남포에서는 감리교 학생 120여 명이 예배당에 모여 독립만세를 외치며 시위를 주도했으며, 선천에서는 신성학교 교사와 학생들이 중심이 되어 선천역 앞 광장에서 독립선언서를 낭독하고 평화적인 만세시위를 벌였으나, 일제의 발포로 10여 명이 사망하기도 하였다. 함경북도 성진에서도 기독교계 보신학교 학생들을 중심으로 만세운동이 벌어졌고, 대구에서는 이만집 목사가 중심이 되어 계성학교와 신명학교 학생들이 만세시위를 벌였다. 그리고 부산에서는 일신여학교 학생들이, 전주에서는 신흥학교 학생들이, 광주에서는 숭일학교와 수피아학교, 광주농업학교 학생들이 중심이 되어 만세시위를 벌이는 등 전국 곳곳에서 기독교학교 학생들과 교인들을 중심으로 독립만세운동이 펼쳐졌다.63)

당시 한국 교회, 특히 장로교회와 감리교회는 총회와 연회를 조직하여 전국적인 조직망을 갖추고 있었고, 기독교계 학교 역시 교회와 선교회를 통해 지역적·전국적 조직망을 가지고 있었다. 이 때문에 교통과 통신이 오늘날에 비해 현저하게 미비했던 상황에서도 3.1 독립만세운동을 체계적으로 전개해 나갈 수 있었다. 교회와 그리스도인들이 독립만세운동의 중심에 있다고 판단한 일제는 수원 제암리교회 학살 사건을 비롯하여 수많은 학살과 방화로 교회와 그리스도인들을 탄압하였으며, 교회와 그리스도인들은 엄청난 수난을 겪어야만 했다.

3.1 독립만세운동은 비록 일제의 강압적인 탄압에 의해 국가의 정

---

63) 김인수, 『한국기독교회의 역사(하)』, 99-100.

제6장 한국 교회가 한국의 민주주의 발전에 미친 영향 | 363

치적 독립을 쟁취하는 데까지는 이르지 못했지만, 우리 민족의 독립 의지를 일제와 전 세계에 알렸고, 조직적인 저항의 힘을 보여 주었다는 점에 중요한 의미가 있다. 특히 한국 장로교회는 1907년 독립노회를 조직함으로써 전국적 조직망을 갖추었고, 1912년 총회 설립을 통해 더욱 굳건한 조직망을 갖추고 있었다. 이는 전국에 산재한 기독교계 학교와 더불어 3.1 독립만세운동을 체계적이고 조직적으로 전개하는 데 가장 중요한 밑거름이 되었다고 할 수 있다. 교회 운영을 통한 근대 민주주의의 경험과 실천, 학교에서 자라나는 청소년과 청년 학생들에게 근대 민주주의 이념을 교육하고, 기독교적인 천부인권사상을 고취시킨 것은 강압적인 일제의 통치에 맞서 강력한 저항을 전개할 수 있는 정신적 원동력이 되었다고 할 수 있다. 민주주의 이념과 정신, 제도에 대한 교육과 교회에서의 민주주의의 실천 경험이 없었더라면, 인권과 민주주의를 향한 전 국민적 저항의 토대를 마련하기는 쉽지 않았을 것이다.

그리고 일제의 무단통치로 인해 종교적인 조직과 활동 외에는 모든 집회와 결사, 언론의 자유 등 모든 기본권이 박탈되어 있었던 상황에서 교회는 일제의 감시를 피해 쉽게 만날 수 있는 장소였고, 나라 잃은 백성들이 서로를 위로하고 여러 가지 정보를 교환하며, 일제의 식민지 지배를 벗어나기 위한 여러 가지 사회적·정치적 활동을 논의하고 계획할 수 있는 유일한 장이었다.[64] 교회는 매일의 새벽기도회와 수요일 저녁예배, 주일 낮예배와 저녁예배를 통해 교인들이 만날 수 있는 조직과 활동을 가지고 있었으며, 인근 지역의 교

---

64) 박정신, 『근대 한국과 기독교』, 209.

인들이 함께 참여할 수 있는 부흥회와 사경회를 가지고 있었다. 일제에 의해 사회적·정치적 모임이 철저하게 금지되어 있는 상황에서, 비록 예배와 기도회, 성경공부와 부흥회, 사경회 등 종교적 활동을 위한 모임이라 할지라도 교인들의 모임 자체가 정치적·사회적 의미를 지니는 것이었다. 그리고 예배를 통해 "믿는 사람들은 주의 군사니 앞서 가신 주를 따라갑시다"(찬송가 351장), "십자가 군병들아 주 위해 일어나 기 들고 앞서 나가 담대히 싸우라"(찬송가 352장)와 같은 찬송을 소리 높여 부르고, 애굽으로부터의 해방과 바벨론 포로지에서의 귀환을 기록한 구약성경과 새 하늘과 새 땅을 노래한 요한계시록의 설교를 들으면서 이스라엘 백성들을 향해 선포되었던 성경 말씀의 의미를 조선의 역사적 상황과 연관 지어 이해했다.65) 이러한 조직적 기반과 교회에서의 민주주의에 대한 학습과 실천 경험은 한국 교회와 그리스도인들로 하여금 3.1 독립만세운동을 조직적이고 체계적으로 이끌어 가면서 나라 잃은 국민들에게 굳건한 독립 의지와 희망을 심어 줄 수 있었던 것이다.

4) 임시정부 수립과 헌법 민주주의의 기반 형성

3.1 독립만세운동은 비록 실패로 끝났지만, 대한민국 임시정부를 태동시키는 데 결정적인 역할을 하였다. 3.1 독립만세운동 이후 조국의 독립을 위한 조직적이고 체계적인 투쟁의 필요성을 깊이 절감한 민족 지도자들은 독립운동을 위한 최고 통치기관의 필요성을 인식하고 자주적인 민주정부 수립에 착수하게 되었으며,66) 안창호와

---

65) Ibid.

김구, 이승만 등이 중심이 된 민족 지도자들은 1919년 가을 중국 상해에서 대한민국 임시정부를 수립했다.[67]

중국과 러시아 등 국내외 여러 지역에서 활동하던 독립운동가들은 항일 투쟁의 목적을 달성하기 위한 비밀 지하단체와 임시정부를 조직하였는데, 1919년 9월 상해 임시정부가 개헌 형식으로 사실상의 정부 조직에 착수했던 국민의회를 흡수하고 한성정부와 통합하여 단일한 독립운동 기구로서 통일성을 가진 상해 임시정부를 수립했다.[68] 상해 임시정부 의정원은 1919년 4월 11일 조소앙이 기초한 헌법안을 심의하여 민주공화제와 임시정부와 의정원의 분리, 남녀와 귀천, 빈부의 계급이 없는 평등주의, 언론의 자유 및 선거권과 피선거권 등을 규정한 10개 항으로 구성된 임시정부 헌법을 제정하였다.[69] 상해 임시정부는 중국 땅 프랑스 조계(租界)에서 무능했던 조선의 왕정과 대한제국의 입헌군주제를 대신할 새로운 민주정치에 대한 갈망을 표출했던 3.1 독립만세운동의 정신을 이어받아 혁명적인 공화제 민주정치를 내용으로 하는 우리나라 최초의 근대적 민주헌법을 제정했던 것이다.[70] 그리고 이 헌법에 의하여 국무총리와 각료들을 민주적으로 인선함으로써[71] 공화제 민주정치에 기초한 근대 민주주의를 발전시켜 나가기 시작했다.

상해 임시정부의 수립과 공화제 민주헌법의 제정 과정에서도 한

---

66) 김영수, 『한국헌법사』 (서울: 학문사, 2000), 213.

67) 오윤태, 『한일기독교교류사』 (서울: 혜선문화사, 1980), 189.

68) 김영수, 『한국헌법사』, 217.

69) Ibid., 226.

70) Ibid., 219.

71) Ibid., 225.

국 교회의 역할은 결정적이었다. 그것은 임시정부의 주요 구성원 8명 가운데 7명이 기독교인이었다는 사실에서 잘 드러난다.[72] 한국 장로교회는 자전, 자립, 자치의 네비우스 3자원리를 기반으로 빠르게 성장하였고, 1907년 9월 역사적인 독노회를 조직하였다. 1905년 을사늑약으로 사실상 국가가 일본 제국주의의 지배하에 들어가고 백성들이 아무런 삶의 희망조차 없이 방황하고 있을 때, 한국 장로교회는 전국적 조직망과 민주적 정치제도를 갖춘 독립 노회를 조직했던 것이다. 특별히 한국 장로교회는 1907년 독노회를 조직하면서 12신조와 정치규칙을 포함하는 헌법을 제정하여 민주적 교회정치를 실천하기 시작했는데, 이는 1919년 대한민국 임시정부가 수립되고 우리나라 최초의 근대적 민주 헌법이라 할 수 있는 대한민국 임시정부의 헌법이 만들어진 때보다 12년이나 앞선 것이었다. '헌법'이라는 용어조차 생소하던 당시 한국 장로교회가 처음으로 헌법을 채택하고, 그에 기반하여 민주적 교회정치를 실천했다는 것은 한국 장로교회가 근대적 헌법 민주주의의 기반을 형성하고 발전시키는 데 결정적인 역할을 했다는 것을 입증하는 것이라 할 수 있다.[73] 그리고 1910년 일제의 강제 병합으로 국가가 사라진 이후에도 한국 장로교회는 1912년 9월 독노회를 총회로 확대 개편하고 일제의 강압적 통치가 계속되는 속에서 근대 민주주의를 실천하면서 나라의 독립과 근대 민주주의 실현의 구심점으로 자리 잡아 가고 있었다.

대한민국 임시정부를 수립한 중심적 인물 가운데 한 사람으로서

---

72) 김인수, 『한국기독교회의 역사(하)』, 108.

73) 황재범, "초기 한국 개신교회가 한국 민주주의 문화의 형성에 끼친 영향: 한국 장로교회를 중심으로", 181.

임시정부 헌법과 민주공화제 형태의 정치체제를 형성하는 데 결정적 역할을 했던 도산 안창호는 한국 교회 최초의 복음선교사 언더우드에게서 배웠고, 평양에서 1907년 독노회에서 최초로 안수를 받은 7인의 한국인 목사 가운데 한 사람이었던 한석진 목사와 교분을 가지면서 장로교회에서 성장하고 활동하였다.[74]

조선왕조가 몰락해 가던 1878년 11월 11일 평안남도 강서군 도롱섬에서 빈농의 아들로 태어나 서북지방의 차별과 홍경래의 난에 관해 들으면서 성장한 안창호는[75] 청일전쟁 직후 16세의 단신으로 서울로 올라와 정동 거리에서 만난 선교사 밀러(F. S. Miller)의 소개로 언더우드가 운영하던 구세학당의 보통부에 입학하여 영어와 서양의 선진 문물을 배웠으며, 장로교회에 입교하여 기독교인이 되었다.[76] 그는 19세 때인 1897년 7월 서재필, 윤치호 등이 창립한 독립협회에 들어가 각종 토론회와 연설회에 참여하면서 대중 계몽 운동을 펼쳤고,[77] 독립협회 관서지부의 책임을 맡아 열정적으로 활동하기도 했다.[78] 독립협회가 해산된 후에는 고향으로 돌아와 강서지방 최초의 남녀공학 학교인 점진학교를 세워 근대 학문을 가르쳤다.[79] 그리고 고향 마을 탄포리에 교회를 설립하여[80] 남녀 그리스도인들과 함께 예배를 드리고 교인들과 마을 주민들에게 한글과 성경을 가르쳤

---

74) 이덕주, 『나라의 독립 교회의 독립: 한국기독교 선구자 한석진 목사의 생애와 사상』 (서울: 기독교문사, 1991), 116.

75) 김삼웅, 『투사와 무사: 안창호 평전』 (서울: 현암사, 2013), 27-29.

76) Ibid., 32.

77) Ibid., 33.

78) Ibid., 35.

79) Ibid., 38-39.

80) 車載明, 『朝鮮예수教長老會史記(上)』, 28.

으며, 전근대적 관습을 개선하기 위해 활동했다.[81]

1899년 8월 조선 정부가 국정개혁을 향한 국민들의 열망을 무시하고 왕권을 강화하기 위해 고종 황제에게 새로 입법권과 사법권, 행정권을 부여한 일종의 헌법이라 할 수 있는 국제(國制)를 발표하고, 1902년 1월 영국과 일본이 아시아에서의 식민지 침탈을 강화하기 위해 영일동맹을 맺는 등 국내외적 상황은 더욱 어려워져 가고 있었다. 그러한 상황에서[82] 조국의 독립이라는 원대한 목표를 가슴에 품고 1902년 미국 유학길에 오른 안창호는 1904년 로스앤젤레스에 있는 기독교가 운영하는 신학 강습소에 입학하여 신학과 영어를 공부했으며, 1905년 4월 5일 로스앤젤레스에 거주하는 노동자 18명으로 최초의 주미 한인단체인 '공립협회'를 조직하여 활동했다.[83] 유학을 마치고 고국으로 돌아오기에 앞서 이강, 임준기 등 측근들과 '대한인 신민회' 결성을 발기하고 국내에서의 비밀단체 결성에 합의하고 취지서와 규약을 작성한 후 1907년 초에 귀국한 안창호는 한국 장로교회에서 배우고 미국에서 경험한 공화제 민주정치를 기반으로 하는 근대적 민족국가 실현을 위한 비밀결사인 '신민회'를 조직했다.[84] 신민회는 1907년 4월 초, 안창호가 발의하고 양기탁, 전덕기, 이동휘, 이동녕, 윤치호, 김구, 신채호 등이 중심이 되어 조직하고, 전국에 걸쳐 독립협회와 만민공동회를 계승한 800여 명의 개화자강, 애국 인사들이 참여한 비밀결사였다.[85] 백성들이 수천 년

---

81) 김삼웅, 『투사와 무사: 안창호 평전』, 40.

82) Ibid., 43.

83) Ibid., 47.

84) Ibid., 55-57.

85) 신용하, 『한국 근대의 민족운동과 사회운동』 (서울: 문학과 지성사, 2001), 126.

동안 이어져 온 왕조체제의 '신민(臣民)'으로부터 근대적 민주국가의 주권을 가진 '신민(新民)'으로 바뀌는 근대적 민주정치 체제로의 혁명적 변화를 추구했던 신민회의 공화주의 정신과 정치 이념은 3.1 독립만세운동 이후 대한민국 임시정부의 정치 이념으로 계승되었다.[86]

1909년 안중근의 이토 히로부미 암살 이후 일제의 폭압적 통치가 강화되자, 국내에서는 더 이상 항일투쟁이 어렵다고 판단한 안창호는 1910년 중국으로 건너갔으나,[87] 활동이 여의치 않자 1911년 봄, 유럽을 거쳐 다시 미국으로 돌아갔다.[88] 안창호는 미국에서 '대한인국민회 중앙총회'를 결성하여 독립운동을 계속했다. 그가 집필한 '중앙총회 결성 선포문'에는 공화제 정치체제에 관한 비전이 뚜렷하게 나타나 있었다.[89] 그는 대한인국민회 조직을 러시아와 만주 지역으로 확산시키는 데 심혈을 기울이는 한편, 35세 되던 1913년 5월 13일에는 '흥사단'을 조직하여[90] 활동을 계속했다. 1919년 3.1 독립만세운동 소식이 전해지자 3월 13일 대한인국민회 중앙총회를 열어 북미와 하와이, 멕시코 각지에 특별위원 파견을 결정하였고, 워싱턴 등 9개 주에 대표를 파견하여 3.1 독립만세운동 소식을 전하면서 동포사회가 독립전쟁 준비를 위해 단결하고 재정을 준비해 줄 것을 당부했다. 이어서 그는 각국에 망명해 있는 민족 지도자들과 정보를 교환하면서 임시정부를 결성하기 위해 5월 25일 홍콩을 거쳐 상해에 도착했다.[91] 그리고 그는 다른 민족 지도자들과 함께 대한민국

---

86) 김삼웅, 『투사와 무사: 안창호 평전』, 58.

87) Ibid., 77-79.

88) Ibid., 87-88.

89) Ibid., 90.

90) Ibid., 91-92.

임시정부를 수립하고 공화제에 기반한 민주정치를 실천하면서 조국의 독립과 근대적 민주국가를 건설하기 위해 노력했다.

안창호는 장로교회에서 배우고 활동하면서 장로교회의 민주적 정치를 충분히 배우고 경험했을 것으로 여겨진다.[92] 한국 장로교회는 네비우스 선교정책을 통해 근대 민주주의의 핵심적인 이념과 가치라고 할 수 있는 자전과 자립, 자치의 핵심 원리를 한국 교회에 뿌리내리고자 했다. 그리고 교인들이 주체적으로 자신의 대표자인 장로를 선출하고 목사를 선택하여 교회를 다스리는 대의제 민주정치와 목사로 대표되는 영적 리더십과 장로로 대표되는 회중 리더십의 분립과 균형, 당회, 노회, 총회로 이어지는 삼심제 치리기구를 제도화하고 실천하였다. 안창호는 자신이 한국 장로교회에서 경험한 민주적 교회정치와 네비우스 선교정책의 자치 원리를 헌법 민주주의를 기반으로 하는 근대적 민주정치를 구현하고 일본 제국주의의 식민지배로 신음하고 있는 조국의 독립과 근대화를 위한 초석으로 삼고자 했다고 볼 수 있을 것이다.[93] 이처럼 초기 한국 장로교회에서 경험되고 실천된 민주적 교회정치는 교회 내 민주주의의 제도화를 넘어 한국 사회 전반에 근대 민주주의 정신과 문화를 확산시키고 민주주의를 정착시키는 데 결정적인 역할을 했다고 할 수 있을 것이다.

---

91) Ibid., 105-106.

92) J. Pak, "Cradle of the Covenant: Ahn Changho and the Christian Roots of the Korean Constitution", Robert E. Buswell, Jr. and Timothy S. Lee (eds.), *Christianity in Korea*, (Honolulu: University of Hawaii Press, 2006), 126.

93) Ibid.

이상에서 우리는 초기 한국 장로교회가 네비우스 선교정책의 자전, 자립, 자치라고 하는 3자원리에 기반하여 민주적 교회정치를 발전시켜 왔음을 살펴보았다.

한국 장로교회는 교회의 머리 되신 예수 그리스도의 주권과 교인 주권을 토대로 장로와 집사 등 교인들의 대표를 직접 선출하는 대의제 민주정치와 당회, 노회, 총회로 이어지는 삼심제 치리기구를 통해 로마 가톨릭교회나 감독교회와 같은 개인적 차원의 치리가 아니라 회의제 치리를 확립함으로써 공동체적 연합과 일치를 발전시켰다. 그리고 목사를 중심으로 하는 영적 리더십과 장로를 중심으로 하는 회중 리더십의 분립과 균형, 당회와 제직회 사이의 견제와 균형을 통해 권력의 집중과 독점을 방지하는 민주적 교회정치를 발전시켜 왔다. 이러한 초기 한국 장로교회에서 경험되고 실천된 민주적 정치제도는 봉건적 신분질서하에서 민주주의에 대한 경험이 전무했던 한국 사회에서 봉건적 이데올로기를 혁파하고 민주적 사회질서와 문화를 발전시키는 데 크게 기여했다.

19세기 후반 봉건사회의 질곡이 심화되는 가운데 통치자의 무능과 극심한 관료들의 부패와 타락으로 백성들의 삶이 도탄에 빠져 있고, 서구 열강들의 식민지 침략이 가속화되는 상황에서 전래된 개신교 복음은 백성들에게 새로운 희망의 빛을 던져 주면서 한국 교회는 급속히 성장하기 시작했다. 한국 교회는 기독교 역사상 매우 특이하게도 선교사들이 입국하여 복음을 전파하기 이전에 이미 만주와 일본에서의 주체적인 복음 수용을 통해 열정적으로 복음이 전파되기 시작하였고, 이는 1884년 선교사들이 공식적으로 내한하면서 체계화된 복음 전도와 교회 설립으로 이어졌다. 1890년대 들어 네비우스 선교정책에 토대를 둔 선교가 본격적으로 진행되면서 복음을 수용하고 세례를 받는 신자들이 급증하기 시작했으며, 1893년 조직된 선교사공의회는 체계적인 복음 전도와 교회 조직의 틀을 닦아 나가기 시작했다.

초기 한국 장로교회의 성장과 발전에서 네비우스 선교정책은 매우 중요한 역할을 담당했다. 네비우스 선교정책의 핵심적 원리는 사경회를 통한 조직적 성경공부와 자전, 자립, 자치의 3자원리였다. 특별히 3자원리는 한국 교회가 조직교회로 발전해 나가는 과정에서 결정적인 역할을 했다. 자진 전도(self-propagation)는 모든 신자들이 다른 사람들에게 스스로 복음을 전함과 동시에 성경과 기독교의 핵심 진리를 가르치고 배우는 자가 되어야 한다는 것이었다. 자력 보급(self-support)은 모든 교회 조직은 선교사들의 지원에 의존하지 않고 스스로 사역자의 사례비를 지불하고 예배당을 건축해야 한다는 것이었다. 그리고 자주 치리(self-government)는 모든 교회는 교인들에 의해 선출된 사례비를 받지 않고 봉사하는 영수(unpaid-leader)의 관할을 받고, 순회 교구들은 유급 조사(paid-helpers)들의 관할을 받아 스스로 교회를 다스려야 한다는 것이었다.

초기 한국 그리스도인들은 예수 그리스도께로 다른 사람들을 인도하기 위해 적극적인 노력을 기울이지 않는 사람은 참된 그리스도인으로서의 자격이 없다는 신념하에서 자신들이 받아들인 복음을 이웃에게 전하기 위해 열정적으로 활동했다. 이는 만주와 일본에서 주체적으로 복음을 수용한 것에서도 확인할 수 있으며, 초기 매서인들과 권서인들의 열정적인 복음전도 사역을 통해서도 입증될 수 있는 것이었다. 그리스도인들은 자신의 믿음과 구원에 대한 확신을 가족과 형제, 이웃을 교회로 인도하기 위해 열과 성을 다해 전도하는 것으로 입증하고자 했다. 그들은 자신들이 믿고 있는 복음의 진리를 전파하고 서로 가르치고 배우면서 자신들이 교회의 주인임을 깊이 인식하였다. 이는 한국의 그리스도인들로 하여금 민주적 주권의식과 주체적 실천의지를 강화시켜 주었던 것이다. 또한 한국의 그리스도인들은 스스로 경비를 부담하면서 사경회에 참석하였고, 자신들의 교회를 관할하는 유급 조사들의 사례비를 직접 지불하였으며, 예배당 건축을 위해 자발적으로 헌금을 하는 등 선교비 지원을 받지 않고 교회를 스스로의 힘으로 자립적으로 운영하기 위해 노력했다. 경제적으로 자립하지 못하는 공동체가 정치적 주권을 갖고 독립성을 유지한다는 것은 불가능하다. 오랜 세월 중국으로부터 정치적·문화적 예속을 경험했던 한국인들은 정치적 독립과 문화적 자주성은 굳건한 경제적 자립의 기반 위에서만 가능하다는 것을 절감했을 것이며, 일본 제국주의에 의해 국권이 침탈되고 문화가 말살되어 가는 상황에서 교회의 독립성에 대한 열망은 더욱 강력하게 불타올랐을 것이다. 그리고 한국의 그리스도인들은 장로교 정치와 민주주의적 대의정치에 대해 제대로 알지 못했지만, 선교사들의 지도하에서 자신들의 대표인 장로를 선출하여 교회를 다스리게 했으며, 선교사공의회에 총대를 파송하는 등 민주적 교회자치의 경험을 쌓아 나가면서 교회의 자주적 치리를 위한 발걸음을 힘차게 내딛기 시작했다.

1893년에 조직된 장로회선교사공의회는 1901년 조선예수교장로회공의회로 개편되어 한국인 총대를 참여시켜 민주적 교회정치를 가르치고 실천하면서 독립적인 장로교회 설립을 추진했으며, 이는 마침내 1907년 조선예수교장로회 독노회 설립으로 결실되었다. 1907년 독노회 창립 이후 한국 장로교회는 보다 광범위한 영역에서 자주적 치리를 향한 발걸음을 넓혀 가기 시작했으며, 1912년에는 총회를 창립하고 1922년의 완전한 헌법을 채택함으로써 완전한 조직과 정치체제 및 헌법을 가진 독립교회로 자리매김하게 되었다.

'조선예수교장로회공의회'는 독립된 장로교회 설립을 추진하면서 앞으로 창립될 한국 교회의 정치체제에 관해 광범위한 연구를 했고, 웨스트민스터 정치규칙을 토대로 하는 완전한 정치규칙 초안을 마련했지만, 1907년 조선예수교장로회 독노회가 조직될 당시에는 연약한 한국 교회의 형편을 고려하여 신경과 마찬가지로 1904년 조직된 인도 장로교회가 채택한 정치규칙을 임시로 채택하였다. 그러나 1912년 총회 창립 이후 웨스트민스터 정치규칙과 미국 장로교회 헌법 등을 참고하면서 한국 교회의 완전한 헌법과 정치규칙을 준비하기 시작했다.

1902년 맥코믹신학교를 졸업하고 한국에 선교사로 내한하여 1941년 일본 제국주의에 의해 강제로 추방될 때까지 약 40년 동안 선교사로 헌신하면서 평양신학교 교수로 사역했던 곽안련 선교사는 1915년 정치편집위원으로 선임되어 한국 장로교회의 정치제도 형성과정에서 결정적인 역할을 했다. 조선예수교장로회 총회는 곽안련 선교사와 양전백 등 선교사 6명과 한국인 총대 8명 등 총 14명으로 구성된 정치편집위원회를 1916년 정치위원회와 연합하여 정치규칙의 개정을 준비하게 했다. 정치편집위원으로서 곽안련 선교사는 정치규칙을 편집하고 권징조례와 예배모범을 번역하는 등 한국 장로교회의 완전한 헌법을 제정하는 과정에서 주도적인 역할을 했다. 곽안련은 1917년 하지(J. A. Hodge)의 *What is Presbyterian Law as Defined by the Church Courts*를 발췌하여 역술한『敎會政治問答條例』를 출간하였으며, 1919년 총회는 이 책을 정식으로 한국 장로교회의 정치를 위한 참고 서적으로 채택하였다. 그리고 1919년 곽안련은 1915년부터 정치편집위원들이 3년간 연구한 것을 토대로 1922년의『朝鮮예수長老敎會憲法』의 모체가 되는『朝鮮長老敎會政治』를 저술하여 발간했다. 또한 그는『神學指南』에 교회정치와 관련된 여러 편의 글을 기고하여 장로교 정치제도와 헌법을 적극적으로 홍보하기도 했다.

교회를 삼위일체론적으로 이해하고 있는 곽안련은 장로교 정치제도가 교인의 주권을 토대로 하는 대의제 민주정치와 당회, 노회, 총회로 이어지는 삼심제 치리기구를 통해 공동체적 정치를 실현할 수 있는 가장 민주적인 정치제도라는 것을 역설하였다. 그의 삼위일체론적 교회 이해는 성부, 성자, 성령 하나님이 독자성을 가지면서도 서로 사랑의 관계 속에서 연합과 일치를 이루고 있는 것처럼 교회 공동체 역시 영적 리더십과 회중 리더십의 분립과 균형을 통해 하나님의 사랑의 공동체를 이루어 가야 한다는 것을 강조하고 있다.

곽안련의『敎會政治問答條例』에 의하면 장로교 정치는 교인들에게 교회의 주권이 있고, 교인들의 직접선거에 의해 선출된 장로와 노회로부터 위임된 목사로 구성되는 당회에 교회의 치리권이 있으며, 목사와 장로는 직분상 동등하다. 그리고 교회의 연합과 일치를 위해 각기 하급 치리회에서 총대로 파송하는 장로와 목사로 구성되는 노회와 총회라고 하는 상급 치리회가 있어 전체 교회를 치리한다. 그리고 각 치리회는 다수결의 원칙에 따라 의사결정을 하고 치리회의 결정에 불만이 있을 때에는 상급 치리회에 상소할 권한을 가지고 있다. 이처럼 장로교 정치제도는 교인 주권과 대의제 민주정치, 목사로 대표되는 영적 리더십과 장로로 대표되는 회중 리더십 사이의 분립과 균형, 그리고 당회, 노회, 총회로 이어지는 삼심제 치리기구를 중심으로 하는 민주적 정치체제이다. 이러한 장로교 정치체제는 성경에 근거를 둔 가장 오랜 역사와 전통을 가진 민주적 정치체제로서 국민주권과 대의제 민주정치, 삼권분립과 삼심제 사법제도를 핵심으로 하는 근대 민주주의의 근간이 되었다고 할 수 있다.

한편, 말씀을 가르치는 목사와 교인의 대표로서 교회를 치리하는 장로는 직분상 동등하고 목사를 중심으로 하는 영적 리더십과 장로를 중심으로 하는 회중 리더십은 서로 분립되고 균형을 이루고 있다. 목사는 지교회가 아닌 노회의 관할하에 있고, 지교회의 청빙을 받고 노회의 위임을 받아 지교회에서 교인들에 의해 선출된 장로들과 함께 당회를 통해 교회를 치리한다. 지교회와 당회는 목사에 대해 노회나 총회에 상소할 권리가 있지만, 당회가 직접 목사에 관한 관할권을 행사하지는 못하고, 당회는 노회와 총회의 관할과 치리를 받도록 함으로써 당회와 당회에서 다수를 차지하고 있는 장로들이 권한을 남용하거나 전횡을 일삼지 못하도록 하고 있다. 로마 가톨릭교회와 감독교회에서는 회중의 대표가 교회를 치리하는 일에 참여할 수 있는 통로가 차단되어 있고, 교황과 주교, 감독들에 의한 권한의 독점과 남용으로 인해 교회는 건강한 공동체성을 상실하고 있다. 그리고 회중교회에서는 교회를 치리하는 권한이 회중들에게 집중되어 있어 영적 리더십의 위축과 함께 교회의 연합과 일치가 상실되고 있다. 그러나 장로교 정치체제에서는 영적 리더십과 회중 리더십이 분립되고 균형을 이루고 있어 민주적인 교회정치를 통해 건강한 공동체성이 확보되고 있다. 하지만 곽안련은 목사와 치리장로가 직분상 동등한 권한을 가지고 있지만, 하나님의 말씀을 맡은 목사가 교회에서 가장 귀한 직분이고 목사보다 더 높은 직분이 없다고 함으로써 목사직의 우위성을 강조하고 있다. 그리고 『敎會政治問答條例』에서는 각 치리회의 의결 과정에서 가부가 동수일 때 목사의 결정권(casting vote)에 대해 언급하고 있지 않지만, 1919년의 『朝鮮長老敎會政治』와 1922년 『朝鮮예수長老敎會憲法』에서는 미국 장로교회의 헌법에서와 마찬가지로 목사의 결정권을 인정하여 목사직의 우위성을 분명히 하고 있다. 장로교 정치제도는 영적 리더십과 회중 리더십의 분립과 균형을 강조하면서도 하나님의 말씀을 맡은 목사직의 우위성을 분명히 함으로써 교회 공동체의 주권이 예수 그리스도에게 있으며, 교회가 하나님의 공동체임을 분명히 하고 있는 것이다. 이는 장로교 정치체제가 근대 민주정치의 토대가 되었음에도 불구하고 근대 민주정치의 국민주권과 대의정치, 삼권분립을 넘어서는 보다 높은 차원의 영적 공동체의 정치체제임을 여실히 드러내는 것이라 할 수 있다.

또한 『敎會政治問答條例』에서는 각 지교회 내에서 당회가 치리권을 갖고 있지만, 집사회(제직회)가 재정과 구제에 관한 권한을 갖고 교인들을 위로하고 돌보는 역할을 맡고 있다는 것을 지적함으로써 지교회 내에서의 회중 리더십 사이의 견제와 균형을 강조하고 있다. 대의제 민주정치는 주권을 가진 사람들의 직접선거에 의해 선출된 대표들이 권한을 위임받아 전체 공동체를 다스리는 정치체제이다. 이들 권한을 위임받은 대표들의 리더십에 대한 견제와 리더십 사이의 균형이 이루어지지 않는다면, 권력의 남용과 전횡이 일어날 가능성은 상존하고 있다. 장로교 정치제도는 재정과 구제에 관한 권한과 역할을 가진 제직회를 통해 교회 치리권을 가진 당회를 견제하고 회중 리더십의 균형을 도모하고 있다. 제직회를 통해 당회를 견제하지 않는다면, 당회에 의한 권한 독점과 남용이 일어날 가능성이 있고, 이는 교회 내 민주주의를 후퇴시키면서 교회 공동체의 건강성을 훼손시키게 될 것이다. 영적 리더십과 회중 리더십의 분립과 균형에 더하여 회중 리더십 사이의 견제와 균형을 달성하는 것은 교회 공동체 내의 민주주의를 발전시키는 것과 더불어 교회 공동체의 건강성을 증진시키기 위해 반드시 이루어져야 할 일이다.

곽안련의 『教會政治問答條例』에서는 또한 장로교 정치제도가 삼심제 치리기구를 통해 민주적으로 의사를 결정하는 구조와 함께 소수자의 권리를 보호할 수 있는 문화를 가진 정치체제임을 언급하고 있다. 장로교 정치제도는 당회, 노회, 총회로 이어지는 삼심제 치리기구를 가지고 있으며, 상급 치리회는 하급 치리회에 대한 관할권과 치리권을 가지고 있다. 각 치리회는 다수결의 원칙에 따라 의사결정을 하지만, 각 치리회는 소수자의 견해를 존중하고 충분한 대화와 의견 개진을 통해 만장일치가 이루어지도록 힘써야 한다. 그리고 교인이나 각 치리회는 치리회의 부당한 결정이나 억울한 판결에 대해 상급 치리회에 상소할 권리를 가지고 있다. 장로교 정치체제에서의 삼심제 치리제도는 근대 삼심제 사법제도를 형성하는 토대가 되었지만, 다수결의 원칙을 명시하면서도 의장에게 만장일치와 교회의 화합을 위해 힘쓸 것을 강조함으로써 근대 시민사회의 어느 공동체보다도 더 공동체의 사랑과 화합을 강조하고 있다는 점에서 사랑의 공동체로서의 교회 공동체의 우월성과 특성, 장로교 정치체제의 우월성과 영적 권위가 부각되고 있다.

『敎會政治問答條例』에 제시된 이러한 장로교회의 민주적 정치체제는 1922년의 『朝鮮예수長老敎會憲法』에 그대로 반영되어 초기 한국 장로교회에서 실천됨으로써 한국 교회 내의 대의제 민주정치를 발전시켰다. 이는 나아가 근대 한국 사회의 민주주의를 발전시키고 민주 시민사회의 형성과 문화 발전에 크게 기여하였다. 특별히 교회정치를 통해 경험되고 실천된 교인 주권과 대의제 민주정치는 일본 제국주의의 압제에 시달리던 한국인들로 하여금 자유와 민주주의에 대한 열망을 갖게 만들었고, 이는 1919년 3.1 독립만세운동으로 표출되었던 것이다. 그리고 1907년 조선예수교장로회 독노회를 조직하면서 채택한 헌법은 비록 인도 장로교회의 12신조와 정치규칙을 차용한 단순한 것이기는 했지만, 최초의 근대적인 민주 헌법이라 할 수 있는 대한민국 임시정부의 헌법이 만들어지기 훨씬 이전에 헌법이라는 용어를 사용함으로써 한국의 근대 민주 헌법의 발전에도 지대한 공헌을 했던 것이다.

하지만 1930년대 이후 심화되는 일본 제국주의의 강압적 통치하에서 한국 장로교회는 신사참배를 받아들이는 등 하나님 말씀의 공동체로서의 성격을 잃어 가기 시작하였고, 교회 내 민주정치는 사라져 갔다. 비록 해방 이후 한국 교회가 재건되기는 했으나, 신학적 차이를 넓게 포용하지 못하고 교회 권력에 집착함으로써 교회 공동체의 연합과 일치에 대한 강한 열망에도 불구하고 여러 교파로 분열되었으며, 장로교 정치체제의 자랑이자 우월성이라 할 수 있는 대의제 민주정치는 빛을 잃고 퇴색되어 버렸다.

존 칼뱅이 교회에 항존할 직분으로 제시했던 항존직 개념이 종신제를 의미하는 것으로 잘못 이해됨으로써 교회 내에서 지도력을 상실하고 덕을 세우지 못하는 경우에도 70세에 은퇴할 때까지 직분이 계속 유지되면서 하나님의 영광을 가리는 경우가 허다하다. 그리고 교회 직분이 하나님의 뜻을 따라 교회 공동체와 교인들을 섬기는 직분이 아니라 교회 내의 권력을 차지하기 위한 계급적 지위로 잘못 이해되고 있으며, 평신도, 서리집사, 안수집사나 권사, 장로로 이어지는 직분의 계급적 서열구조가 고착화되면서 장로교 정치제도가 그토록 벗어나고자 했던 로마 가톨릭교회의 계급적 성직제도를 닮아 가고 있다.

또한 장로교 정치체제의 핵심인 영적 리더십과 회중 리더십 사이의 분립과 균형 역시 상실되어 가고 있다. 목사나 당회 어느 한편으로 권한이 집중되면서 권력 남용과 독주로 인해 교회의 분쟁이 야기되는 경우도 허다하다. 당회를 견제하고 회중 리더십의 균형을 이루어야 할 집사회(제직회)는 견제 기능을 상실한 채 목사나 당회의 결정을 아무런 비판 없이 승인해 주는 통과의례를 위한 기구로 전락해 버린 경우도 많다. 그리고 지교회를 관할하고 치리하면서 교회의 연합과 일치를 추구해야 할 노회와 총회의 권한과 위상이 약화되면서 개교회주의가 확산되고 있으며, 초기 한국 교회에서 엄격하게 시행되었던 권징이 사라지고 유명무실한 것으로 되고 있다. 이러한 교회 내 민주정치의 쇠퇴는 한국 교회로 하여금 우리 사회의 급속한 민주화와 시대의 변화를 따라잡지 못하고 장로교 정치제도의 민주적 가치를 제대로 구현하지 못하게 하고 있다. 이에 더하여 일부 목회자나 교회 지도자들의 도덕적 타락은 한국 교회의 사회적 위상을 급격하게 실추시키고 있으며, 오늘날 한국 교회가 직면하고 있는 위기를 심화시키고 있다. 또한 1970년대 이후 확대된 물량주의적 성장이 진행되는 과정에서 급속히 확산된 번영신학은 세계경제의 글로벌화와 신자유주의가 심화되는 가운데 하나님의 '축복'으로 포장된 물신주의를 양산하고 있으며, 이는 기독교 복음의 본질을 급속히 훼손시키는 것은 물론 복음전도를 통한 하나님 나라의 실현을 가로막는 가장 중요한 원인의 하나가 되고 있다.

한국 교회가 현재의 심화되고 있는 위기를 극복하고 새롭게 도약하기 위해서는 한국 교회의 중심에 서 있는 장로교회의 민주적 교회 정치가 시급히 회복되어야 한다. 이를 위해서는 다음과 같은 개혁이 시급히 이루어져야 할 것이다.

첫째, 교회 직분의 임기제를 도입해야 한다. 성경의 가르침과 칼뱅의 직제론에 의하면 교회 직분에서 항존직은 종신제라는 의미에서의 항존직 개념이 아니라 교회 내에 항상 존재해야 할 직분이라는 의미에서의 항존직이었다. 따라서 현재 종신제로 이해되고 있는 항존직 개념을 성경과 장로교 정치제도의 원래의 항존직 개념으로 회복시켜야 한다. 그리고 교회 직분을 교회 내 권력을 향한 지위가 아니라 하나님의 뜻과 영광을 위해 예수 그리스도의 몸 된 교회와 교인들을 섬기는 봉사직으로서의 직분에 대한 이해를 다시 한번 새롭게 할 필요가 있다. 섬김으로서의 교회 직분의 의미를 새롭게 하기 위해서는 교회 직분의 임기제를 도입할 필요가 있다.[94] 현재 한국 장로교회의 안수집사와 권사, 장로의 직분은 계급적 위계구조로 변질되어 있으며, 그 위계적 구조는 종신제로 인해 강화되고 있다. 한번 교인들에 의해 선출되어 임직을 하게 되면 70세로 은퇴할 때까지 심각한 교회법적 문제나 과오가 없다면 계속해서 직분을 유지하게 된다. 이에 따라 교회에 덕을 세우지 못하고 회중의 지도자로서의 자질이 없다는 것이 확인된 경우에도 계속해서 치리회에 참석하여 교회 운영을 좌우하게 되고, 이로 인해 교회 내에서 여러 형태의 분쟁이 야기되고 있는 실정이다. 그러므로 이들 교회 직분에 3년을 기한으로 하는 임기제를 도입하고 1차에 한하여 연임할 수 있도록 하고, 임기가 끝나면 평신도로 돌아가 교회와 교인들을 섬기게 하는 제도적 장치를 마련할 필요가 있다. 그렇게 한다면, 서로 교회 직분자가 되기 위해 과도하게 경쟁을 하거나 부도덕하고 자질이 부족한 사람이 종신토록 교회를 치리함으로 인해 발생하는 분쟁의 소지를 미연에 방지하고 교회 내 민주주의를 한층 더 발전시켜 나갈 수 있을 것이다. 교회 직분의 임기제를 현실적으로 시행하기 어렵다고 한다면, 적어도 6년에 한 차례 교인들에게 재신임을 물어 부도덕하고 함량 미달의 자질을 가진 사람이 계속해서 직분을 맡지 못하도록 하는 제도를 마련하여 정착시키는 것도 차선의 방법으로 고려해 볼 수 있을 것이다.

---

94) 장로직의 임기제 도입에 관해서는 김지탁, "한국 장로교회의 장로임기제에 관한 연구: 그 역사성 및 신학적 타당성을 중심으로", (계명대학교 박사학위논문, 2017)을 참고할 것.

둘째, 임시목사의 시무 기한을 1년 이내로 제한할 필요가 있다. 현재 한국 장로교회의 각 교단은 위임목사와 별도로 임시목사(혹은 담임목사)에 관한 규정에서 그 임기를 3년으로 규정하고 있다. 미국 장로교회 헌법이나 곽안련의 『敎會政治問答條例』를 비롯하여 1919년의 『朝鮮長老敎會政治』와 1922년의 『朝鮮예수長老敎會憲法』에서도 임시목사를 부득이한 경우에 제한적으로 청빙할 수 있도록 하고 있으며, 그 기간도 1년을 넘지 않도록 하고 있다. 그것은 목사가 각 지교회에서 안정적으로 목회를 할 수 있도록 그 지위와 권한을 보장하기 위한 것이며, 각 지교회가 임시목사 제도를 악용하지 않도록 하기 위한 것이었다. 그럼에도 불구하고 오늘날 많은 교회에서 임시목사를 청빙하여 임기 3년이 경과한 이후에도 위임을 하지 않고 또다시 임시목사로 청빙하는 폐단이 나타나고 있다. 지교회에서 목사의 지도력에 대한 충분한 검증이 이루어지지 않은 상황에서 처음부터 위임목사로 청빙하는 것이 여러 가지 문제를 야기할 수 있는 우려가 있으므로 1년 정도의 시한을 정하여 임시목사로 청빙하는 것도 나쁜 것만은 아니다. 하지만 임시목사의 임기를 1년 이내로 제한하고, 동일한 목사를 계속 시무하게 하려면 1년 이후에는 반드시 위임을 하도록 규정함으로써 회중 지도력의 권한 남용과 독주를 막고 목사의 영적 지도력이 교회에서 안정적으로 발휘될 수 있도록 해야 할 것이다. 목사의 영적 지도력이 회중 지도력과 균형을 이루지 못할 때, 교회 내 민주주의는 상실되고 교회의 영적 성숙은 난관에 부딪히고 말 것이다.

셋째, 부목사의 지위와 권한이 보장되어야 한다. 장로교 정치제도는 목사직의 동등성을 원칙으로 하고 있다. 그럼에도 불구하고 곽안련의 『教會政治問答條例』를 비롯하여 1919년의 『朝鮮長老教會政治』와 1922년의 『朝鮮예수長老敎會憲法』에서는 부목사를 담임(위임)목사를 보조하는 목사로, 담임(위임)목사의 지시에 따라 사역해야 하는 마치 조사와 같은 존재로 그 성격을 규정하고 있다. 한 공동체 내에서 영적 지도력을 대표하는 담임목사(위임목사)를 제외한 모든 부교역자는 담임(위임)목사를 도와 사역하는 위치에 있다. 하지만 장로교 정치제도가 목사의 동등성을 강조했을 때, 그것은 지교회의 영적 지도력을 대표하는 담임(위임)목사와 부교역자 사이의 종속적 관계를 부정하고 하나님이 부여하신 영적 지도력 사이의 동등성을 의미하는 것이며, 서로 간의 협력적 관계를 상정한 것이었다. 하지만 오늘날 한국 장로교회에서 부목사를 비롯한 부교역자는 영적 지도력들 사이의 조화와 협력의 관계가 아니라 종속적 지위를 벗어나지 못하는 경우가 대부분이다. 교회 내 영적 지도력 사이의 조화와 균형을 회복하기 위해서는 부목사와 전도사 등 부교역자들에 대한 지위와 권한이 보장되어야 한다. 현재 한국 장로교회의 모든 교단은 부목사의 임기는 1년이지만, 계속해서 연임할 수 있다고 규정하고 있으며, 현재 시무하고 있는 교회에서 담임(위임)목사가 될 수 없도록 제한하고 있다. 1년이라는 제한된 임기 중에도 담임(위임)목사나 장로의 말 한마디면 교회를 사임해야 할 정도로 부교역자의 지위가 불안정하며 사례비를 포함한 처우 역시 차이가 매우 심하다. 부교역자의 지위와 임기가 보장되지 않는 상황에서 주어진 영적 지도력을 소신껏 발휘하기는 어렵다. 목사 직분의 동등성이라는 성경의 가르침과 장로교 정치제도의 기본적 원리를 회복하고, 부교역자들의 영적 지도력을 충분히 발휘할 수 있도록 하기 위해서는 부교역자들의 지위와 권한이 보장되어야 하며, 처우에서의 심각한 격차 역시 해소되어야 할 것이다. 부목사 역시 교회의 청빙으로 노회가 그 직임을 위임하는 목회자로서 노회에 소속되어 그 관할을 받고 있다. 부목사의 임기를 최소한 3년 이상 보장하고 부목사와 담임(위임)목사의 처우에 대한 격차를 완화할 수 있도록 노회의 관할권과 치리권이 강화될 필요가 있을 것이다.

넷째, 교회 내 민주정치를 회복하기 위해서는 교인 주권을 강화하고 당회와 제직회로 대표되는 회중 지도력 사이의 견제와 균형을 회복해야 한다. 현재 한국 장로교회의 각 교단은 목사와 장로, 집사와 권사, 서리집사로 구성되는 제직회를 두어 교회의 재정과 구제에 관한 직무를 수행하도록 하고 있다. 하지만 제직회는 당회나 목사에 대한 견제와 균형의 역할을 충분히 발휘하지 못하고 있다. 제직회의 역할이 담임목사나 당회가 결정한 일을 형식적으로 승인하는 정도에 머무른다면 당회의 권한 남용과 독주를 견제할 수 없게 된다. 제직회가 견제와 균형이라는 본연의 역할에 충실하기 위해서는 제직회의 개회성수에 대한 규정을 개선할 필요가 있다. 현재 한국 장로교회 각 교단은 제직회의 개회성수를 회집된 수로 규정하고 있다. 이 규정이 교회의 다수 성원들이 제직회에 열성적으로 참여하지 않는 상황에서 제직회의 개회성수를 재적 교인의 과반수로 규정할 경우에 제직회 개회 자체가 어려워질 수 있다는 문제를 해결하기 위한 현실적 고려를 반영한 것이기는 하지만, 오히려 이러한 규정으로 인해 많은 교인들이 제직회에 무관심하고 회의에 제대로 참석하지 않는 결과를 초래하는 경향이 있다. 아울러 목사나 당회는 제직회에 보다 많은 교인들을 참여시키려는 노력을 하지 않게 되고, 그로 인해 제직회가 당회를 견제하고 회중 리더십의 균형을 이루면서 교회의 각종 현안들에 대해 심도 있는 토의와 교감을 이루는 모임이 아니라 당회의 결정을 승인하는 의례적인 모임으로 전락되어 가고 있는 형편이다. 따라서 회중 리더십의 견제와 균형을 회복하기 위해서는 제직회 개회성수를 재적 회원의 과반수로 규정하고 제직회에 모든 회원들이 관심을 갖고 참여할 수 있도록 교회 지도자들이 노력할 필요가 있다. 아울러 교회 내 교인 주권을 강화하기 위해서는 공동의회의 권한 역시 강화할 필요가 있다. 당회가 권한을 남용하거나 교인들의 뜻에 반하는 방향으로 전횡을 일삼을 때 공동의회가 당회원을 소환하여 재신임을 물을 수 있는 제도적 장치를 마련할 필요도 있을 것이다. 물론 현재에도 교인들이 목사나 당회의 권한 남용과 독주에 대해 노회나 총회에 상소할 권한을 가지고 있기는 하지만, 교회 내 민주정치의 발전을 위해서는 공동의회의 권한을 확대하면서 교인 주권을 강화할 필요가 있다.

다섯째, 현재 만연되어 있는 개교회주의를 극복하고 교회의 연합과 일치를 확대하기 위해서는 노회의 권한과 시찰회의 역할이 확대되고 강화될 필요가 있다. 지교회에서 영적 리더십과 회중 리더십 사이에 불균형이 발생하고, 권한의 남용과 전횡으로 인한 분쟁이 발생하는 경우에도 노회의 지도력이 충분히 발휘되지 못하는 경우가 많다. 그리고 개교회주의가 점차 확산되면서 교회의 양극화 현상 또한 심화되고 있다. 노회의 권한이 강화되고 역할이 확대되지 않는다면, 교회의 양극화는 해소되기 어렵고 교회 사이의 연합과 동반 성장, 상생은 이루어지기 어렵다. 현재 한국 장로교회에서 교회의 연합과 일치를 위한 노력은 충분히 이루어지고 있지 않다. 대한예수교장로회 통합 측의 경우 같은 노회 소속 교회들이 미자립 교회를 일부 지원하는 형태로 양극화 해소와 동반 성장, 교회 연합을 위한 시도가 이루어지고 있기는 하지만, 인적 차원의 교류와 지원 및 협력 사업을 통한 동반 성장과 상생의 움직임은 거의 찾아보기 어려운 형편이다. 교회의 양극화를 막고 동반 성장과 상생을 이루어 가기 위해서는 미미한 물적 지원을 넘어서서 인적 지원과 교류 및 협력 사업이 다양한 형태로 전개될 필요가 있다. 이를 위해서는 노회 차원에서 인력이 풍부한 교회가 인력 부족으로 어려움을 겪고 있는 교회에 인력을 지원하고 함께 사업을 추진하며, 재정적인 뒷받침을 하는 총체적 협력과 지원체계를 마련할 필요가 있을 것이다. 그리고 이러한 상생을 위한 협력과 연합은 지역별 시찰위원회의 기능과 역할 확대를 통해 이루어질 필요가 있을 것이다.

여섯째, 교회 민주주의의 회복을 위해서는 무엇보다 교회 헌법의 권위가 회복되고 헌법과 제반 규칙에 근거한 권징이 충실하게 시행되어야 한다. 장로교 정치제도를 확립했던 존 녹스는 교회의 참된 표지의 하나로 올바른 권징의 시행을 들고 있다. 그리고 초기 한국 교회는 엄격하게 권징을 시행해 왔다. 한국 교회에서 민주주의가 쇠퇴하고 도덕성을 상실해 가면서 사회의 비판 대상이 되고 있는 것은 교회 내에서 권징이 제대로 이루어지지 않고 교회법의 권위가 상실된 것에 중요한 원인이 있을 것이다. 한국 장로교회 각 교단은 헌법에 권징에 관한 체계적인 규정을 담고 있으나, 교회 헌법과 규칙을 위반하여 죄과를 범한 교인에 대한 권징을 제대로 집행하는 경우를 찾아보기는 어렵다. 각 지교회와 노회에서 권징이 회복되기 위해서는 노회의 권한이 강화되고 교회의 연합이 이루어져야 한다. 각 지교회들이 재적 교인과 출석 교인에 대한 관리를 철저히 하고, 이를 토대로 교인의 이명에 관한 규정과 그 시행을 재정비할 필요가 있다. 그리고 노회와 지역 내 다른 교단과의 협력을 통해 범죄를 저지른 교인들이 지교회의 권징을 회피하고 다른 지교회나 다른 교파 교회로 옮겨 가는 것을 최대한 방지하는 등 모든 교회가 권징의 회복을 위한 노력을 아끼지 말아야 할 것이다. 물론 권징의 대상이 되는 죄과나 범죄 행위에 대한 규정도 성경과 장로교 교리에 기반하면서 변화된 현실을 충분히 반영하는 차원에서 새롭게 재정비할 필요가 있을 것이다. 세습방지 규정을 비롯한 여러 규정들이 충실하게 지켜지지 않고, 온갖 편법과 헌법 위반 행위들이 정치적 이해관계에 따라 적당하게 타협되고 합리화되는 일이 계속된다면, 한국 교회가 자랑하는 헌법의 권위는 완전히 무너져 버리고 말 것이다. 이는 헌법적 기반 위에서 민주주의를 발전시켜 온 한국 교회의 역사적 유산을 훼손시키는 것은 물론 시민사회의 신뢰 회복을 통한 한국 교회의 위기 극복을 어렵게 만들 것이다.

오늘날 모든 사람들이 한국 교회의 위기를 이야기하고 있다. 그리고 위기의 원인과 해법 역시 다양하게 제시되고 있다. 하지만 위기는 새로운 기회가 될 수 있으며, 그것은 교회 민주주의의 회복을 통해 새롭게 시작될 수 있을 것이다. 한국 교회는 일본 제국주의의 압제와 정치사회적 혼란, 경제적 궁핍과 정신적 위기 속에서 시작되어 희망을 잃고 방황하는 백성들에게 희망의 빛이 되었으며, 한국 사회의 근대적 민주주의의 기틀을 마련해 주었다. 한국 사회는 세계가 주목하는 경제성장과 민주화를 이루었지만, 저출산, 고령화와 사회경제적 양극화, 사회 전반에 만연해 있는 부정과 부패로 신음하고 있으며, 남북 분단과 적대적 대립 상태는 해소될 기미를 보이지 않고 있다. 만연한 물신주의 속에서 민중은 희망을 잃고 어둠과 죽음으로 달려가고 있다. 이러한 혼란과 위기는 극복되어야 하며, 반드시 극복될 것이다. 그리고 그것은 교회 민주주의의 회복을 통해 현실화될 수 있을 것이다. 한국 장로교회가 성경의 가르침과 장로교 정치원리에 입각한 민주적 교회정치를 회복하고 그 밝은 빛을 어두워져 가는 사회를 향해 발산할 때, 오늘의 위기는 희망으로 변화될 것이며, 백성들의 신음소리는 하나님을 향한 찬양으로 바뀌어 드넓은 대지를 향해 울려 퍼질 것이다. 그리고 그 아름다운 노래는 우리가 지금 가다듬는 목청으로부터, 교회 민주주의를 향한 하나님의 사명을 자각한 우리의 발걸음으로부터 시작될 것이다.

참고문헌

강돈구, "한국 근대 종교운동과 민족주의의 관계에 관한 연구: 종교민족주의의 구조적 다양성을 중심으로", 서울대학교 박사학위논문, 1990.

강만길, 『고쳐 쓴 한국근대사』, 경기도: 창작과 비평사, 2010.

강성민, "초기 한국 교회의 네비우스 선교정책 결과와 성장 관계", 백석대학교 석사학위논문, 2008.

강수아, "스코틀랜드 장로교 정치제도와 한국 장로교(합동) 정치제도의 비교 연구", 대신대학교 석사학위논문, 2013.

강이조, 『일본 통치하의 한국의 종교와 정치』, 서울: 대한기독교서회, 1977.

강준만, 『한국근대사 산책 제5권』, 서울: 인물과 사상사, 2007.

강 훈, "교회 내의 정치에 대한 연구: 광주시 D교회의 사례를 중심으로", 전남대학교 석사학위논문, 2011.

곽안련, 『敎會政治問答條例』, 京城: 朝鮮耶穌敎書會, 1917.

_____, 『長老敎會史典彙集』, 京城: 朝鮮耶穌敎書會, 1918.

_____, 『朝鮮長老敎會政治』, 京城: 朝鮮耶穌敎書會, 1919.

_____, "朝鮮耶穌敎長老會 信經論", 『神學指南』 제5호 (1919. 4.): 71-83.

_____, "朝鮮耶穌敎長老會憲法", 『神學指南』 제6호 (1919. 7.): 70-76.

_____, "本 長老敎會 新憲法", 『神學指南』 제7호 (1919. 10.): 89-104.

_____, "권징조례주석", 『神學指南』 제9호 (1920. 4.): 81-99.

_____, "권징조례주석", 『神學指南』 제10호 (1920. 7.): 251-264.

_____, "권징조례주석", 『神學指南』 제12호 (1921. 5.): 495-506.

_____, "권징조례주석", 『神學指南』 제14호 (1922. 11.): 96-110.

_____, "권징조례주석", 『神學指南』 제17호 (1923. 1.): 127-138.

_____, "교회정치의론", 『神學指南』 제26호 (1925. 4.): 158-164.

_____, "교회정치에 대한 문답", 『神學指南』 제27호 (1925. 7.): 150-153.

_____, 『쟝로교회사뎐휘집(長老敎會史典彙集)』, 京城: 朝鮮耶穌敎書會,

1935.

_____, "무임목사를 치리장로로 시무케함이 어떨까", 『神學指南』 제87
호 (1936. 5.): 74-75.

_____, "장로투표시 기표가 갈리는 경우에 엇떠케할가", 『神學指南』 제
88호 (1936. 7.): 82-83.

_____, "말씀하시는 하나님", 『神學指南』 제91호 (1937. 1.): 60-63.

_____, 『표준성경주석 마가복음』, 서울: 대한예수교장로회총회종교교육
부, 1958.

_____, 『설교학』, 서울: 대한기독교서회, 1993.

_____, 『목회학』, 서울: 대한기독교서회, 2005.

김기영, "곽안련의 설교와 그의 선교학이 한국 교회에 끼친 영향", 총신대
학교 석사학위논문, 2002.

김기홍, 『프린스톤 신학과 근본주의』, 서울: 아멘서적, 1992.

김남식, "네비우스 선교방법 연구", 『神學指南』 제52권, 제3호 (1985. 9.):
146-170.

김남식, "네비우스 선교방법 연구", Nevius, L. J./ 김남식 역, 『네비우스
선교방법』, 서울: 성광문화사, 1985.

김득룡, 『개혁파 교회 정치신강』, 서울: 총신대학교출판부, 1984.

_____, "실천신학 교수 곽안련 박사에 관한 소고", 『神學指南』 제52권,
제1호 (1985. 3.): 64-91.

김삼웅, 『투사와 무사: 안창호 평전』, 서울: 현암사, 2013.

김성철, "네비우스 선교방법론에 대한 재해석: 곽안련의 3자원리를 비판
하면서", 호남신학대학교 석사학위논문, 2004.

김성희, 『1면으로 보는 근현대사』, 서울: 서해문집, 2009.

김승태, "미북장로회 해외선교부 총무 스피어의 한국 선교지 방문 보고
서", 『한국기독교와 역사』 제15호 (2001. 8.): 213-271.

김양선, 『한국 기독교사 연구』, 서울: 기독교문사, 1971.

김영수, 『한국헌법사』, 서울: 학문사, 2000.

김영순, "칼빈의 교직제도에 비추어 본 한국 장로교회(예장통합)의 교직제

도 연구", 장로회신학대학교 석사학위논문, 2005.

김영재, "네비우스 선교정책에 대한 재평가", 『神學指南』 제51권, 제3호 (1984. 9.): 111-122.

김인서, 『김인서저작전집 제5권』, 서울: 신망애사, 1976.

김인수, 『한국기독교회사』, 서울: 한국장로교출판사, 2010.

_____, 『한국기독교회의 역사(상)』, 서울: 쿰란출판사, 2012.

_____, 『한국기독교회의 역사(하)』, 서울: 쿰란출판사, 2012.

김주범, "네비우스 선교방법이 한국 장로교 선교정책에 미친 영향", 안양 대학교 석사학위논문, 2000.

김지탁, "한국 장로교회의 장로임기제에 관한 연구: 그 역사성 및 신학적 타당성을 중심으로", 계명대학교 박사학위논문, 2017.

김지환, "곽안련(Charles A. Clark) 선교사의 성례신학과 방법론에 관한 연 구", 장로회신학대학교 석사학위논문, 2002.

김진수, "총회가 설립되던 당시의 시대적 상황에 대한 이해", 황재범 외, 『초기 한국장로교회사』, 서울: 한국장로교출판사, 2012: 15-46.

김철동, "장로제도의 역사와 한국 교회의 바람직한 장로직에 관한 연구", 한신대학교 박사학위논문, 1998.

대한예수교장로회고신총회, 『헌법』, 서울: 대한예수교장로회고신총회출판 국, 2015.

대한예수교장로회부산노회, 『대한예수교장로회 노회록(독노회, 제1회-5회)』, 부산: 성문출판사, 1990.

대한예수교장로회총회, 『헌법해석집: 역대총회 헌법유권해석 모음』, 서울: 대한예수교장로회총회, 1992.

대한예수교장로회총회(통합), 『헌법』, 서울: 한국장로교출판사, 2015.

대한예수교장로회총회(합동), 『헌법』, 서울: 대한예수교장로회총회, 2013.

대한예수교장로회총회역사위원회, 『대한예수교장로교회사(상)』, 서울: 대 한예수교장로회총회, 2003.

류대영, "한말 미국의 대한정책과 선교사업", 『한국기독교와 역사』 제9호 (1998. 9.): 189-219.

_____, 『초기 미국 선교사 연구』, 서울: 한국기독교역사연구소, 2001.

_____, 『개화기 조선과 미국 선교사』, 서울: 한국기독교역사연구소, 2004.

마포삼열박사전기편찬위원회, 『마포삼열 박사 전기』, 서울: 대한예수교장로회총회교육부, 1973.

민경배, 『알렌의 선교와 근대 한미외교』, 서울: 연세대학교출판부, 1991.

_____, 『주기철』, 서울: 동아일보사, 1992.

_____, 『한국기독교회사』, 서울: 연세대학교출판부, 2007.

박근원, 김경제, 박종화 편, 『장로교 신조 모음』, 서울: 한국기독교장로회출판사, 2003.

박남규, "한국 개신교의 제사금지정책에 대한 비판적 고찰과 대안 연구", 계명대학교 박사학위논문, 2009.

박병진, 『교회헌법 대조해설: 기장, 고려, 통합, 합주 원헌법의 비교』, 서울: 성광문화사, 1982.

_____, 『한국 장로교단의 헌법적 오류』, 서울: 성광문화사, 1983.

_____, 『한국 장로교회 헌법 100년 변천의 개관』, 서울: 성광문화사, 1989.

_____, 『교회정치통람』, 서울: 성광문화사, 1993.

박성업, "교회 개혁을 위한 장로임기제 고찰", 안양대학교 석사학위논문, 2003.

박용규, 『한국장로교사상사』, 서울: 총신대학교출판부, 1992.

_____, 『한국기독교회사 2(1910-1960)』, 서울: 생명의 말씀사, 2004.

박윤선, 『(대한예수교장로회) 헌법 주석: 정치, 예배모범』, 서울: 영음사, 1983.

박은열, "네비우스 선교정책이 한국 교회에 미친 영향 및 해외선교에의 적용", 안양대학교 석사학위논문, 2005.

박정신, 『근대 한국과 기독교』, 서울: 민영사, 1997.

박형룡, "한국 장로교회의 신학적 전통", 『神學指南』 제43권, 제3호 (1976. 9.): 11-22.

배광식, 『장로교 정치제도 어떻게 형성되었나』, 서울: 토라, 2006.

_____, 『장로교정치사상사』, 서울: 이레서원, 2008.

백낙준, 『한국개신교사』, 서울: 연세대학교출판부, 1998.

백형기, "한국 장로교 헌법에 나타난 치리회에 관한 연구", 한신대학교 박사학위논문, 1993.

서만선, "곽안련의 설교 원리와 방법 연구", 백석대학교 박사학위논문, 2010.

서원모, "한국 장로교회 정치원리와 실제: 1922년 헌법을 중심으로", 『장신논단』 제45권, 제1호 (2013. 4.): 63-91.

서창원, 『장로교회의 역사와 신앙』, 서울: 진리의 깃발사, 1995.

손병호, 『교회헌법학원론: 장로회 정치, 예배, 권징』, 서울: 유안겔리온, 2001.

송길섭, 『한국신학사상사』, 서울: 대한기독교서회, 1997.

신용하, 『3.1 독립운동』, 천안: 독립운동사연구소, 1989.

_____, 『한국 근대의 민족운동과 사회운동』, 서울: 문학과 지성사, 2001.

신현철, "한국 장로교회 헌법의 정치체계에 관한 연구: 대한예수교장로회 합동측 헌법을 중심으로", 총신대학교 석사학위논문, 1998.

심창섭, "장로교 정치제도의 기원은 무엇인가 2", 『神學指南』 제64권 3호 (1997. 9.): 168-191.

안승모, "장로회주의의 정체성과 위기에 관한 연구", 총신대학교 석사학위논문, 2002.

예수教長老會朝鮮總會, 『뎨一回 會錄』, 京城: 朝鮮耶蘇教書會, 1913.

_____, 『뎨五回 會錄』, 平壤: 光文社, 1916.

오덕교, 『종교개혁사』, 수원: 합동신학대학원출판부, 2002.

_____, 『장로교회사』, 수원: 합동신학대학원출판부, 2005.

오윤태, 『한일기독교교류사』, 서울: 혜선문화사, 1980.

오주철, "한국교회사에 나타난 전천년설의 기원과 발전과정에 대한 교리사적 이해와 연구", 계명대학교 박사학위논문, 2008.

옥성득, "한국 장로교의 초기 선교정책(1884-1903)", 『한국기독교와 역사』

제9호 (1998. 9.): 117-188.

우정우, "한국 장로교회의 장로주의 정체성 회복에 관한 고찰", 안양대학교 석사학위논문, 2004.

유동식, 『한국 종교와 기독교』, 서울: 대한기독교서회, 1996.

윤경로, 『105인 사건과 신민회 연구』, 서울: 일지사, 1990.

_____, 『한국근대사의 기독교사적 이해』, 서울: 역민사, 1992.

윤은수, "개혁신학에 나타난 '권징'에 대한 역사적 고찰", 계명대학교 박사학위논문, 2009.

윤치호, 『윤치호 일기 제5권(1897-1902)』, 서울: 국사편찬위원회, 1975.

이광수, "야소교의 조선에 준 은혜", 『이광수전집 제10권』, 서울: 삼중당, 1971.

이덕식, "곽안련의 목회신학 연구: 『강도학』과 『목사지법』을 중심으로", 호서대학교 박사학위논문, 2007.

이덕주, 『나라의 독립 교회의 독립: 한국기독교 선구자 한석진 목사의 생애와 사상』, 서울: 기독교문사, 1991.

이만열, 『한국기독교사 특강』, 서울: 성경읽기사, 1987.

_____, 『한국기독교문화운동사』, 서울: 대한기독교출판사, 1992.

_____, 『한국 기독교 수용사 연구』, 서울: 두레시대, 1998.

이봉근, "장로회 정치체제의 상호 견제 및 통제구조에 관한 연구", 칼빈대학교 석사학위논문, 2006.

이삼서, "네비우스 선교정책이 한국 장로교 초기 교회 성장에 미친 영향에 관한 연구", 전주대학교 석사학위논문, 1998.

이억주, "장 깔뱅 시대의 제네바 컨시스토리 회의록(1542-1544) 연구", 계명대학교 박사학위논문, 2008.

이종일, 『교회헌법정해: 정치, 권징조례, 통상회의법 해설』, 서울: 성광문화사, 1994.

이창승, 『교회 갱신과 장로교 헌법』, 부산: 교회문제연구원, 1989.

이태세, "한국 개신교 장로제도의 합리적인 운영에 관한 연구", 호서대학교 석사학위논문, 2007.

이형기, 『장로교의 장로직과 직제론』, 서울: 한국장로교출판사, 1998.

_____, 『세계개혁교회의 신앙고백서』, 서울: 한국장로교출판사, 2003.

이호우, "곽안련 선교사의 생애와 신학사상", 『역사신학논총』 제5집 (2003): 170-187.

_____, 『곽안련 선교사의 사역 고찰(e-Book)』, 서울: 크리스천투데이, 2004.

_____, 『초기 내한 선교사 곽안련의 신학과 사상』, 서울: 생명의 말씀사, 2005.

임택진, 『장로회 정치 해설』, 서울: 한국장로교출판사, 1994.

전재홍, "초기 한국 장로교회에 있어서 헌법의 형성과정 및 내용에 관한 연구", 계명대학교 박사학위논문, 2008.

전택부, 『한국기독교청년회운동사』, 서울: 정음사, 1978.

정청송, "장로회 헌법상 치리제도에 관한 연구", 경희대학교 석사학위논문, 1992.

朝鮮예수敎長老會總會, 『뎨六回 會錄』, 平壤: 光文社, 1917.

_____, 『뎨七回 會錄』, 平壤: 光文社, 1918.

_____, 『뎨八回 會錄』, 平壤: 光文社, 1919.

_____, 『朝鮮예수長老敎會憲法』, 京城: 朝鮮耶蘇敎書會, 1922.

주재용, 『한국 그리스도교 신학사』, 서울: 대한기독교서회, 1998.

지영근, 『(문답식) 교회헌법연구』, 성남: 한남성경연구원, 1992.

車載明, 『朝鮮예수敎長老會史記(上)』, 京城: 朝鮮基督敎彰文社, 1928.

최무열, "통전적 선교모델로서의 한국 초기 선교", 『선교와 신학』 제2집 (1998. 10.): 133-156.

최 선, "존 낙스의 생애와 사역", 『역사신학논총』 제14집 (2007): 305-327.

_____, 『존 낙스의 정치사상』, 서울: 그리심, 2008.

최 영, 『개혁교회 신학의 주제』, 서울: 지성과 실천사, 2005.

_____, "교회정치의 신학적 의의", 『한국기독교신학논총』 제62호 (2009): 181-203.

최은수, "스코틀랜드 장로교회의 'Eldership or Presbytery' 형성사 연구",『
　　개혁신학』제14권 (2003): 245-262.

최정일, "곽안련의 예배방법론 분석과 적용에 관한 연구", 백석대학교 석
　　사학위논문, 2008.

한국교회사학연구원,『한국기독교사상』, 서울: 연세대학교출판부, 1998.

韓國敎會史學會,『朝鮮예수敎長老會史記(下)』, 서울: 延世大學校出版部,
　　1968.

한국근현대사학회,『한국근현대사강의』, 서울: 한울, 2013.

한국기독교사연구회,『한국 기독교의 역사 I』, 서울: 기독교문사, 1989.

한국기독교장로회총회,『헌법』, 서울: 한국기독교장로회출판사, 2014.

한국종교연구회,『세계종교사 입문』, 서울: 청년사, 1991.

한영우,『다시 찾는 우리 역사』, 서울: 경세원, 1997.

한우근,『한국통사』, 서울: 을유문화사, 1983.

한철하, "보수주의 신학의 어제와 오늘",『기독교사상』제146호 (1970.
　　7.): 92-100.

협성회,『협성회회보』1권 1호 (1898. 1. 1.).

＿＿＿,『협성회회보』1권 2호 (1898. 1. 8.).

＿＿＿,『협성회 회보』1권 14호 (1898. 4. 2.).

홍 철,『미국 장로교회의 역사와 신학』, 서울: clc, 2005.

홍치모, "초기 미국 선교사들의 신앙과 신학: 장로교회를 중심으로",『神
　　學指南』제51권, 제2호 (1984. 6.): 128-139.

＿＿＿,『스코틀랜드 종교개혁과 영국혁명』, 서울: 총신대학교출판부, 1991.

＿＿＿, "장로제의 기원에 관한 역사적 고찰",『神學指南』제247호 (1996.
　　6.): 153-170.

＿＿＿,『영미 장로교회사』, 서울: 개혁주의신행협회, 1998.

황재범, "현대 서구 개신교 선교에 있어서의 제국주의적 경향성에 대한
　　비판적 관점들",『한국기독교신학논총』제31권 (2004): 237-260.

＿＿＿, "대한장로교회신경 혹은 12신조의 작성 및 수용과정에 대한 연
　　구",『기독교사상』제573호 (2006. 9.): 200-224.

_____, "1907년 대한예수교장로회(독노회) 설립과정 및 그 의의에 대한 연구", 『韓國敎會史學會誌』제20집 (2007): 281-311.

_____, "대한장로교회신경 및 12신조 영어원문의 새로운 번역과 신학적 분석", 『한국기독교신학논총』제56집 (2008): 113-140.

_____, "한국 개신교 초기 선교사들의 비정치화 신학의 문제: 게일 선교 사의 경우", 『종교연구』제59집 (2010년 여름): 71-98.

_____, "초기 한국 개신교회가 한국 민주주의 문화의 형성에 끼친 영향: 한국 장로교회를 중심으로", 『신학사상』제159집 (2012. 12.): 155-190.

Allen, N. H./ 신복룡 역, 『조선견문기』, 서울: 평민사, 1986.

_____./ 김원모 역, 『알렌의 일기』, 서울: 단국대학교출판부, 1991.

Bainton, H. R./ 홍치모, 이훈영 공역, 『16세기 종교개혁』, 서울: 크리스찬 다이제스트, 1993.

Bishop, B. I./ 이인화 역, 『한국과 그 이웃나라들』, 서울: 살림출판사, 1994.

Buckley, P./ 이동진, 윤미경 공역, 『케임브리지 중국사』, 서울: 시공사, 2001.

Calvin, J./ 성서서원 편집부 역, 『새 영한 기독교 강요(하)』, 서울: 성서서 원, 2005.

Clark, A. C., *The Korean Church and the Nevius Methods.* New-York: Fleming H. Revell Company, 1930.

_____, *The Nevius Plan for Mission Work. Seoul: Christian Literature Society of Korea,* 1937.

_____./ 박용규 역, "곽안련 선교사 60년 회고록", 『神學指南』제59권, 제4호 (1993. 12.): 195-226.

_____./ 박용규, 김춘섭 공역, 『한국 교회와 네비우스 선교정책』, 서울: 대한기독교서회, 1994.

Collinson, P./ 이종인 역, 『종교개혁』, 서울: 을유문화사, 2005.

Dallet, C./ 안응렬, 최석우 공역, 『한국천주교회사(상)』, 서울: 한국교회사

연구소, 1990.

_____./ 안응렬, 최석우 공역, 『한국천주교회사(중)』, 서울: 한국교회사
연구소, 1990.

_____./ 안응렬, 최석우 공역, 『한국천주교회사(하)』, 서울: 한국교회사
연구소, 1990.

Estep, R. W./ 라은성 역, 『르네상스와 종교개혁』, 서울: 그리심, 2002.

Fisher, E. J., *Democracy and Mission Education in Korea*. New-York:
Teachers College, Columbia University, 1928.

Gale, S. J./ 신복룡 역, 『전환기의 조선』, 서울: 평민사, 1986.

Gonzalez, I. J./ 엄성옥 역, 『종교개혁사』, 서울: 은성출판사, 2012.

Grayson, H. J./ 강돈구 역, 『한국종교사』, 서울: 민족사, 1995.

Hall, W. D. and J. H. Hall, (eds.), *Paradigms in Polity*. Grand Rapids:
William B. Eerdmans Publishing Company, 1994.

Harrington, H. F./ 이광린 역, 『개화기의 한미관계』, 서울: 일조각, 1983.

Heron, J./ 박영호 역, 『청교도 역사』, 서울: 기독교문서선교회, 1982.

Hodge, A. J./ 배광식, 정준모, 정홍주 공역, 『교회정치문답조례』, 서울: 대
한예수교장로회총회, 2011.

Huntley, M./ 차종순 역, 『한국 개신교 초기의 선교와 교회성장』, 서울:
목양사, 1985.

Knight, G. W., "Two Offices(Elders or Bishops and Deacons) and two
Orders of Elders(Preaching or Teaching Elders and Ruling Elders):
a New Testament Study", *Presbyterian* 11 No. 1, Spr, 1985.

Knox, J., "The Book of Discipline(1560)." Hall, W. D. and J. H. Hall.
Paradigms in Polity. Grand Rapids: William. B. Eerdmans Publishing
Company, 1994.

Lindsay, M. T./ 이형기, 차종순 공역, 『종교개혁사』, 서울: 한국장로교출
판사, 2003.

Macgregor, G. J./ 최은수 역, 『장로교 정치제도 형성사』, 서울: 솔로몬,
2001.

Macperson, J./ 이종전 역, 『장로교회의 정치원리』, 서울: 아벨서원, 1998.

Melville, A., "The Second Book of Discipline(1578)." Hall, W. D. and J. H. Hall. *Paradigms in Polity*. Grand Rapids: William. B. Eerdmans Publishing Company, 1994.

Nevius, L. J./ 김남식 역, 『네비우스 선교방법』, 서울: 성광문화사, 1985.

Pak, J., "Cradle of the Covenant: Ahn Changho and the Christian Roots of the Korean Constitution", Robert E. Buswell, Jr. and Timothy S. Lee eds. *Christianity in Korea*, Honolulu: University of Hawaii Press, 2006.

Parker, T. H. L./ 박희석 역, 『칼빈신학입문』, 서울: 크리스찬다이제스트, 2001.

Pilley, Choi. Mrs., "The Development of Korean Women During the Past Ten Years." *The Korea Mission Field* No. 19 (November 1923): 222-223.

Presbyterian Church of U.S.A., *The Constitution of The Presbyterian Church in The U.S.A.* Philadelphia: Presbyterian Board of Publication and Sabbath-school Work, 1904.

Reid, S. W./ 서영일 역, 『하나님의 나팔수: 존 낙스의 생애와 사상』, 서울: 기독교문서선교회, 1984.

Renwic, A. M./ 홍치모 역, 『스코틀랜드 종교개혁사』, 서울: 생명의 말씀사, 1980.

Rhodes, H. A./ 최재건 역, 『미국 북장로교 한국선교회사(1884-1934)』, 서울: 연세대학교출판부, 2009.

Underwood, G. H./ 옥성득 역, "자립의 객관적 교훈", 『한국기독교와 역사』 제8호 (1998): 269-287.

_____./ 한동수 역, 『와서 우릴 도우라』, 서울: 기독교문서선교회, 2000.

_____./ 김인수 역, 『언더우드 목사의 선교편지』, 서울: 장로회신학대학교출판부, 2002.

Underwood, H. L./ 이만열 역,『언더우드』, 서울: 기독교문사, 1999.

Verkuyl, J./ 최정만 역,『현대 선교신학 개론』, 서울: 기독교문서선교회, 1993.

Walker, W./ 송인설 역,『기독교회사』, 서울: 크리스찬다이제스트, 2002.

『독립신문』(1896. 12. 1.).

장삼식

장삼식 목사는 경북 김천에서 태어나 대구에서 성장했다. 경북대학교 경제학과와 동 대학원을 졸업하고 경제학박사 학위를 받았다. 경북대, 대구대, 대구가톨릭대, 울산대 등에서 강사를 역임했으며, 경북대 새정치경제학연구팀에서 전임연구원으로 일했다. 그 후 영남신학대학교 신학대학원을 거쳐 계명대학교 대학원 신학과를 졸업하고 신학박사 학위를 받았다. 현재 영남신학대학교 특임교수로 있다.

초기 한국 장로교회와 민주주의

초판인쇄 2020년 1월 30일
초판발행 2020년 1월 30일

지은이 장삼식
펴낸이 채종준
펴낸곳 한국학술정보㈜
주소 경기도 파주시 회동길 230(문발동)
전화 031) 908-3181(대표)
팩스 031) 908-3189
홈페이지 http://ebook.kstudy.com
전자우편 출판사업부 publish@kstudy.com
등록 제일산-115호(2000. 6. 19)

ISBN 978-89-268-9823-9 93230